中国现代服务业发展研究报告

2016

主 编　陈章龙

南京大学出版社

图书在版编目(CIP)数据

中国现代服务业发展研究报告. 2016 / 陈章龙主编.
—南京:南京大学出版社,2017.12
ISBN 978-7-305-19114-5

Ⅰ.①中…　Ⅱ.①陈…　Ⅲ.①服务业—经济发展—研究报告—中国—2016　Ⅳ.①F726.9

中国版本图书馆 CIP 数据核字(2017)第 189292 号

出版发行　南京大学出版社
社　　址　南京市汉口路 22 号　　　　邮　编 210093
出 版 人　金鑫荣
书　　名　**中国现代服务业发展研究报告(2016)**
主　　编　陈章龙
责任编辑　秦　露　王日俊
照　　排　南京紫藤制版印务中心
印　　刷　江苏凤凰数码印务有限公司
开　　本　787×1092　1/16　印张 21.5　字数 524 千
版　　次　2017 年 12 月第 1 版　2017 年 12 月第 1 次印刷
ISBN　978-7-305-19114-5
定　　价　149.00 元

网址:http://www.njupco.com
官方微博:http://weibo.com/njupco
官方微信号:njupress
销售咨询热线:(025)83594756

────────────────────────────────

指导委员会

主　　任　陈章龙　宋学锋

委　　员　徐　莹　赵芝明　时　现　王开田

　　　　　鞠兴荣　章寿荣　潘　镇　谢科进

　　　　　邢孝兵　党建兵　张为付　宣　烨

主　　编　陈章龙

副 主 编　杨向阳

编写人员　（按拼音顺序）

　　　　　陈　鑫　韩冰洁　郝东亚　胡　迪

　　　　　黄莉芳　霍　焱　刘敏楼　潘　妍

　　　　　童馨乐　童　瑶　童珠珠　王　娇

　　　　　王竹君　杨　璨　翟书萱　张　菁

　　　　　周　宁　周长富　朱怡铮　宗　颖

本书为江苏高校优势学科建设工程资助项目（PAPD）、江苏高校人文社会科学校外研究基地"江苏现代服务业研究院"、江苏高校现代服务业协同创新中心和江苏省重点培育智库"现代服务业智库"的阶段性研究成果。

书　　名　中国现代服务业发展研究报告（2016）

主　　编　陈章龙

出 版 社　南京大学出版社

目　录
Contents

区　域　篇

行　业　篇

国　际　篇

政　策　篇

区　域　篇

第一章　中国四大区域现代服务业发展分析

第一节　现代服务业概念的界定、四大区域划分

一、现代服务业概念的界定

（一）现代服务业的含义

"现代服务业"这一概念最早出现于1997年9月党的十五大报告中,接着党的十六大报告和《中共中央关于制定国民经济和社会发展第十一个五年规划的建议》中先后使用过。根据2012年2月22日,国家科技部发布的第70号文件,现代服务业是指以现代科学技术特别是信息网络技术为主要支撑,建立在新的商业模式、服务方式和管理方法基础上的服务产业。相对传统服务业而言,现代服务业适应现代人和现代城市发展的需求,它既包括随着技术发展而产生的新兴服务业态,也包括运用现代技术对传统服务业的改造和提升。

伴随着信息技术和知识经济的发展产生,现代服务业的概念有了不同的解释,尽管如此,我们可以从中提炼出对这一概念界定的共同之处:现代服务业是指在工业化比较发达的阶段产生的,那些依靠高新技术和现代管理方法、经营方式及组织形式发展起来的,主要为生产者提供中间投入的知识、技术、信息相对密集的服务业,以及一部分由传统服务业通过技术改造升级和经营模式更新而形成的现代服务业。

（二）现代服务业的内容

自金融危机以来,许多制造业和生产企业发展低迷的同时,服务业发展的增长态势却势如破竹,"十三五"规划中又明确提出加快推动服务业优质高效发展,故现代服务业的发展前景相当乐观。因此,为了科学反映现代服务业的发展现状,为现代服务业的发展提供更好的政策扶持,有必要对现代服务业的内容进行划分与界定。

现代服务业主要包括:交通运输、仓储和邮政业,信息传输、计算机服务和软件业,批发和限额以上零售业,住宿和餐饮业,金融业,房地产业,租赁和商务服务业,科学研究、技术服务和地质勘查业,水利、环境和公共设施管理业,居民服务和其他服务业,教育,卫生、社会保障和社会福利业,文化、体育和娱乐业,公共管理和社会组织,国际组织等方面。国家统计局在1985年《关于建立第三产业统计的报告》中,将第三产业分为四个层次:第一层次是流通部门,包括交通运输业、邮电通讯业、商业饮食业、物资供销和仓储业;第二个层次是为生产和生活服务的部门,包括金融业、保险业、公用事业、居民服务业、旅游业、咨

询信息服务业和各类技术服务业等;第三个层次是为提高科学文化水平和居民素质服务的部门,包括教育、文化、广播电视事业,科研事业,生活福利事业等;第四个层次是为社会公共需要服务的部门,包括国家机关、社会团体以及军队和警察等。该划分以第三产业所包括的所有行业的不同性质为标准,在一定程度上反映了第三产业不同性质行业的发展状况,但在新形势下,随着现代服务业的服务模式和服务领域的不断更新,四个层次划分标准显然没有与时俱进,本报告将根据现代城市和现代产业的发展需求,依据服务对象对第三产业进行划分。

因此,本报告将现代服务业按服务对象划分为:一是生产性服务业,包括交通运输、批发与零售、信息传输、金融、租赁和商务服务、科研等行业;二是生活性服务业,包括住餐、房地产、文体娱乐、居民服务等行业;三是公益性服务业,包括卫生、教育、水利和公共管理组织等行业。

由于篇幅限制,生产性服务业主要分析交通运输和批发与零售,生活性服务业主要分析住餐和房地产,公益性服务业主要分析卫生和教育。

二、四大区域划分

为科学反映我国不同区域的社会经济发展状况,根据国家统计局 2011 年的划分标准,我国经济区域被划分为东部、中部、西部和东北四大地区。其中,东部地区包括:北京、天津、河北、上海、江苏、浙江、福建、山东、广东和海南,共 10 个省市。中部地区包括:山西、安徽、江西、河南、湖北和湖南,共 6 个省。西部地区包括:内蒙古、广西、重庆、四川、贵州、云南、西藏、陕西、甘肃、青海、宁夏和新疆,共 12 个省市。东北地区包括:辽宁、吉林和黑龙江,共 3 个省。

第二节 现代服务业——经济发展的支柱

随着现代服务业的发展,其逐渐成为经济发展的支柱,本部分通过三次产业生产总值、三次产业从业人数予以说明。

一、三次产业生产总值

表 1-1 汇报了 1978 年、2000 年、2013—2015 年国内生产总值、三次产业生产总值以及第三产业占国内生产总值比值。2015 年我国国内生产总值为 685505.80 亿元,其中,第一产业生产总值 60870.50 亿元,占国内生产总值的比重为 8.88%,较 2014 年下降 0.29 个百分点;第二产业生产总值 280560.30 亿元,占国内生产总值的比重为 40.93%,较 2014 年下降 1.79 个百分点;第三产业生产总值 344075.00 亿元,占国内生产总值的比重持续提升,达到 50.19%,较 2014 年提高 2.09 个百分点,首次超过一半,并且高于第二产业 9.26 个百分点。第一产业和第二产业生产总值占国内生产总值比重逐渐下降,而第三产业占国内生产总值比重逐渐上升,意味着中国经济正在由工业主导向服务业主导加快转变,第三产业超过第二产业生产总值,成为拉动经济增长的支柱(如图 1-1)。

表 1-1　按三次产业划分的国内生产总值　（单位:亿元）

年份	1978	2000	2013	2014	2015
国内生产总值	3650.17	99776.25	588018.76	636138.73	685505.80
第一产业	1018.40	14716.22	55321.71	58336.05	60870.50
第二产业	1735.97	45325.98	256810.01	271764.48	280560.30
第三产业	895.80	39734.05	275887.04	306038.20	344075.00
第三产业比重(%)	24.54	39.82	46.92	48.10	50.19

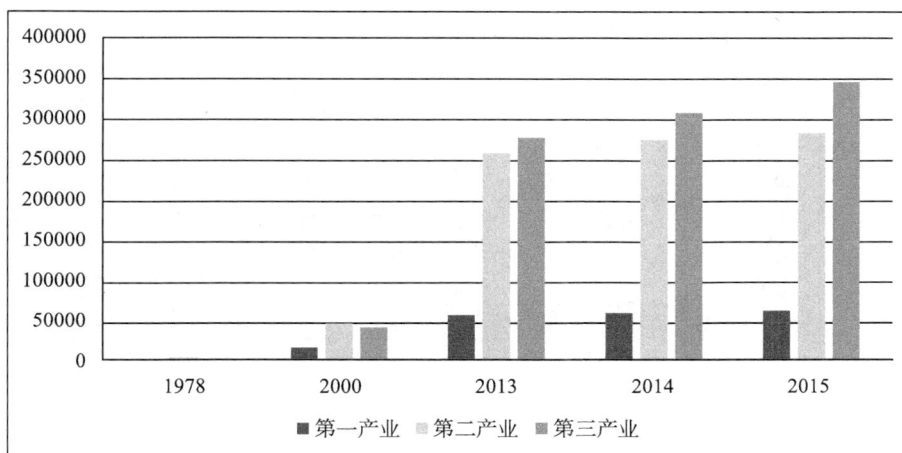

图 1-1　国内生产总值三次产业构成(单位:亿元)

二、三次产业从业人数

表 1-2 汇报了 1978 年、2000 年、2013—2015 年三次产业从业人数以及第三产业从业人数占总从业人数的比重。2015 年我国总从业人数达 77451 万人,其中,第一产业从业人数达 21919 万人,占总从业人数的比重为 28.30%,较 2014 年下降 1.2 个百分点;第二产业从业人数达 22693 万人,占总从业人数的比重为 29.30%,较 2014 年下降 0.6 个百分点;第三产业从业人数达 32839 万人,占总从业人数的比重持续提升,达到 42.40%,比 2014 年提高 1.8 个百分点,并且高于第二产业 13.1 个百分点。同样,第一产业和第二产业从业人数占总从业人数比重逐渐下降,而第三产业从业人数占总从业人数比重逐渐上升,因此第三产业成为拉动经济增长的支柱(如图 1-2)。

表 1-2　按三大产业划分的从业人数　（单位:万人）

年份	1978	2000	2013	2014	2015
总从业人数	40152	72085	76977	77253	77451
第一产业	28318	36043	24171	22790	21919
第二产业	6945	16219	23170	23099	22693

续　表

年份	1978	2000	2013	2014	2015
第三产业	4890	19823	29636	31364	32839
第三产业从业人数占比(%)	12.18	27.50	38.50	40.60	42.40

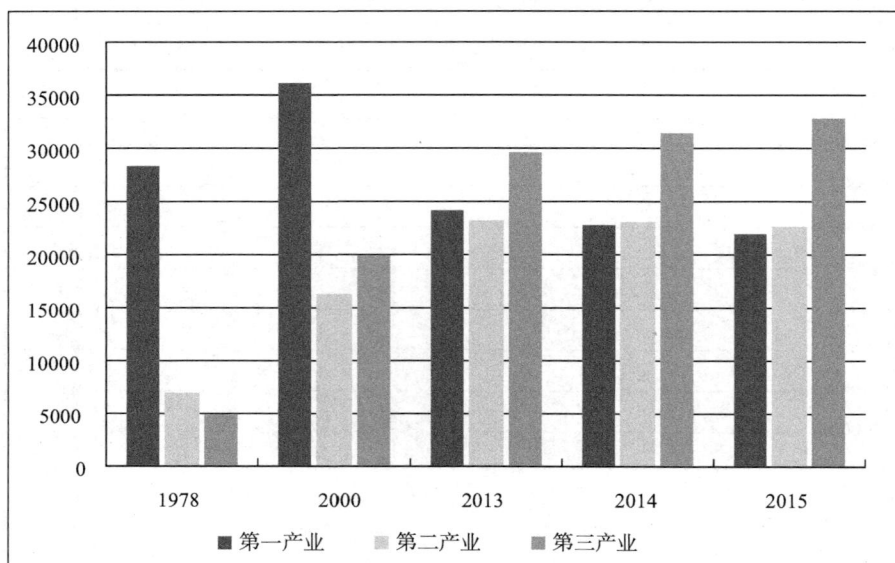

图1-2　按三大产业划分的从业人数(单位:万人)

三、三大产业对国内生产总值增长的拉动

表1-3汇报了2011—2015年三次产业对国内生产总值的拉动指数(以不变价格计算),2015年国内生产总值增长率达6.9%,其中,第三产业对国内生产总值增长的拉动值达3.7%,占增长的总拉动的比重为53.62%,首次超过50%。与此同时,2015年第三产业对国内生产总值增长的拉动也首次超过了第二产业对国内生产总值增长的拉动。2011—2015年,第二产业对国内生产总值增长的拉动均超过第三产业对国内生产总值增长的拉动,但二者之间的差距逐渐减少,直至2014年,差距为零。近五年来,第一产业和第二产业对国内生产总值增长的拉动占总拉动比重逐渐下降,而第三产业对国内生产总值增长的拉动占总拉动比重逐渐上升,第三产业逐渐成为拉动经济增长的支柱(如图1-3)。

表1-3　三大产业对国内生产总值增长的拉动　　　　　　(单位:%)

年份	2011	2012	2013	2014	2015
国内生产总值	9.5	7.8	7.8	7.3	6.9
第一产业	0.4	0.4	0.3	0.3	0.3
第二产业	4.9	3.9	3.8	3.5	2.9

年份	2011	2012	2013	2014	2015
第三产业	4.2	3.5	3.7	3.5	3.7
第三产业占比（%）	44.21	44.87	47.44	47.95	53.62

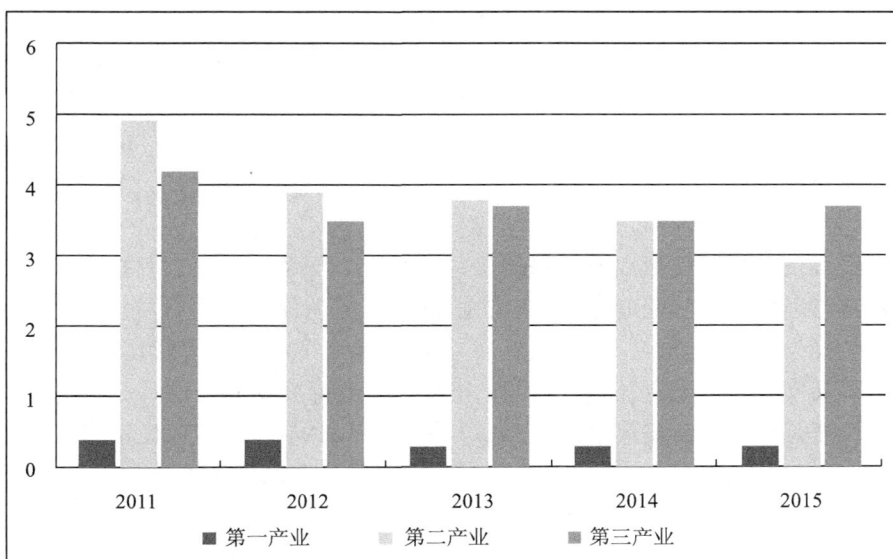

图 1-3　三大产业对国内生产总值增长的拉动（单位：%）

　　根据以上分析，近几年来，我国第三产业比重持续上升，表明我国经济结构正在发生重大变化，居民收入持续增长，从业形势保持稳定，经济发展结果继续得到优化。2013 年，第三产业增加值增长 8.3%；第二产业增加值增长 7.8%，第三产业增加值首次超过第二产业。2014 年和 2015 年，第三产业增速再次超过第二产业，转型升级已到了关键阶段，中国经济由工业主导向服务业主导加快转变，中国"服务化"进程已不可逆转，并且越来越快。

第三节　我国现代服务业的地区差异现状

　　由于各个地区发展水平不一致，现代服务业的内涵和外延也应不同，发达国家与发展中国家对现代服务业的划分存在较大差异，同一国家之中的不同省份或者同一省份的城乡之间，现代服务业的内涵也有所区别，因此需要考虑现代服务业的区域差异性。也正因此，我们反对不考虑区域差别，在全国层面制定统一的现代服务业核算范围，并出台"一刀切"的扶持发展政策。所造成的结果，便是导致欠发达地区可能盲目地去发展脱离当地实际需求的所谓高端服务业。

　　随着近几十年服务业的发展，我国的服务业已经出现了非常明显的集聚现象，东部地区成了服务业主要的聚集地，而中西部地区服务业发展相对薄弱，空间分布上的差异明显加剧了我国服务业地区发展的不平衡。除此之外，发展较为灵活的现代服务业，极易受到国家区域政策和地方政府行为的影响,因此,现代服务业的发展仍然存在许多不确定性因素,我们必须在政策上予以保障。

因此,2007年《国务院关于加快发展服务业的若干意见》中提出将现代服务业作为重要的发展方向,并于"十二五"中对我国各区域加快发展现代服务业提出了更高的要求,即缩小地区差距、寻求区域协调。2011年,东西部经济研究院编制了《区域现代服务业发展规划》,提出将服务业发展建立在三次产业协调发展基础上,对不同经济社会、资源禀赋和文化传承的不同区域,现代服务业发展有所侧重。不仅如此,2009年以来至少有26份区域性规划或文件得到国务院批复,而且国家及地方出台了一系列有助于现代服务业发展的政策。例如,国家发改委出台的《关于产业集群发展的若干意见》中提出,在具备条件的中心城市适度发展现代服务业集群,各省市通过规划布局、政策引导和财税支持等形式力促服务业在本地区实现集聚,对服务要素的争夺日趋激烈。

随着经济发展方式的转变以及经济发展结构的转型,现在乃至未来相当长的一段时间内,我国服务业都将处于集聚和产业同构的过程中,区域差异可能将日益加大。各区域现代服务业是否均衡发展,从宏观层面上来说,标志着区域经济和社会现代化的发展水平,区域经济发展方式转变是否成功,经济社会是否全面协调可持续发展;从微观层面上来说,标志着人民生活水平是否进一步提高,劳动力人口是否可以通畅流动,人民生活是否更加幸福。

那么,如何在服务业集聚发展大背景下促进我国服务业区域平衡发展?我们认为,通过明确不同区域布局与定位和加快区域优势资源整合这两大重点,形成东西共进的区域服务业发展格局。

一方面,明确不同区域布局与定位,突出区域服务业发展特色。在大区域范畴内,不同区县或地区经济社会、资源禀赋、文化传承等都有所不同,所以在发展现代服务业方面的侧重也应差异化、特色化。制定区域现代服务业发展规划应合理确定区域各单元的现代服务业发展方向和发展重点,突出地方特色,发挥地方优势,实现差异化定位与发展,整合服务业发展主体业态,促进大区域服务业多极化和健康、持续、快速发展。

具体而言,坚持把深入实施西部大开发战略放在区域发展总体战略优先位置,发挥资源优势和生态安全屏障作用,加强基础设施建设,大力发展科技教育,积极支持特色优势服务产业发展,推进人才开发,加强国际通道和国际口岸建设,着力推动西部服务业发展尽快上一个新水平。全面振兴东北地区等老工业基地,依托产业和科技基础较强的优势,大力发展生产性服务业,以服务业积极推动老工业基地产业结构优化升级。着力推动生产性服务业与工业的融合,推进工业向设计研发、工程承包、系统集成、供应链管理、市场营销等产业价值链高端发展。加快发展旅游业和服务外包。大力促进中部地区崛起,发挥承东启西的区位优势,拓展服务业领域,完善服务体系,不断提高服务业对经济增长的贡献率。发展壮大具有比较优势的服务业,积极承接国际服务外包和东部地区服务业转移,提升产业发展层次。发挥科技教育资源优势,提高自主创新能力。巩固提升综合交通运输枢纽地位,推进现代物流基础设施建设。积极支持东部地区率先发展,扩大服务业规模,提高服务业水平,率先形成服务业为主的产业结构,使服务业成为东部地区经济增长的主要带动力。着力提高科技创新能力,形成一批拥有自主知识产权、核心技术和现代经营模式的服务业知名企业,推动服务业国际化和攀升全球价值链,在更大范围、更高层次参与国际经济合作与竞争。在改革开放中先行先试,深化深圳等经济特区、上海浦东新区、天津滨海新区开发开放,推动港澳地区和台湾地区在服务业领域的交流合作。

另一方面,加快区域优势资源整合,优化服务业发展结构。充分挖掘区域人文、历史、自然生态等优势资源和人民群众日益增长的物质文化需求,结合区位条件、交通优势、大区域政策环境,以及周边产业配套情况,优化资源配置、引导资金投向,加快生产性服务业和消费性服务业发展,推进传统服务业向现代服务业转型优化区域服务业结构,提升城市品位。同时,按照发挥比较优势、提升服务层次、加强薄弱环节的原则,优化服务业发展布局深化区域服务业合作,通过健全服务业市场机制、打破行政区域的局限,健全合作机制、鼓励和支持各区开展服务要素全方位合作,健全互助机制、倡导发达地区对欠发达地区的扶持和产业转移长效机制,加强国家对欠发达地区服务业集聚区和大项目的支持力度等措施,逐步形成主体功能定位清晰、良性互动、统一有序、各具特色的区域服务业发展格局。

下面根据现代服务业的服务对象划分,更加清晰地分析四大区域现代服务业的区域发展现状及其差异。

第四节　东部区域现代服务业发展

一、东部区域经济发展现状

东部区域是我国经济较发达的区域,其现代服务业发展相对较为成熟,2015 年全国国内生产总值达 685505.8 亿元,东部区域生产总值达 373378.67 亿元,占比 54.47%。

如表 1-4 所示,通过 2015 年东部区域 10 省市按三次产业划分的国内生产总值数据可以看到,东部区域三次产业生产总值的结构比例是,第一产业生产总值仅占 5.63%,第二产业占 43.50%,而第三产业占 50.77%,东部区域第三产业占国内生产总值的比重(50.77%)高于 2015 年全国平均的第三产业生产总值所占比重(53.62%),高达 2.85 个百分点,尽管差距不是很大,但可以说明东部区域第三产业比较发达,高于全国平均水平。因此东部区域生产总值的特点是,第一产业生产总值占比很少,第三产业占绝对主导。再看东部区域各产业占全国的比重,全国第一产业中 34.52% 的生产总值由东部区域生产,全国第二产业中 57.89% 的生产总值由东部区域生产,全国第三产业中 55.09% 的生产总值由东部区域生产。可以看出,无论是第一产业、第二产业,还是第三产业,东部区域都贡献了绝对的生产总值,东部区域尤其是第二产业、第三产业的主要生产区域,依靠第二产业、第三产业成为全国主要的生产总值生产基地。

表 1-4　2015 年东部区域按三次产业划分的国内生产总值　　　　　(单位:亿元)

地　　区	生产总值	按三次产业分		
		第一产业	第二产业	第三产业
北　京	23410.59	140.21	4542.64	18331.74
天　津	16538.19	208.82	7704.22	8625.15

地　　区	生产总值	按三次产业分		
		第一产业	第二产业	第三产业
河　北	29806.11	3439.45	14386.87	11979.79
上　海	25123.45	109.82	7991.00	17022.63
江　苏	70116.38	3986.05	32044.45	34085.88
浙　江	42886.49	1832.91	19711.67	21341.91
福　建	25979.82	2118.10	13064.82	10796.90
山　东	63002.33	4979.07	29485.90	28537.35
广　东	72812.55	3345.54	32613.54	36853.47
海　南	3702.76	854.72	875.82	1972.22
东部区域合计	373378.67	21014.69	162420.93	189547.04
全国	685505.80	60870.50	280560.50	344075.00
东部区域三次产业结构占比(%)		5.63	43.50	50.77
东部区域各产业所占全国比重(%)		34.52	57.89	55.09

二、生产性服务业发展现状

(一)交通运输业

交通运输业是现代服务业的重要组成部分,经济总量占服务业的比例高。随着现代服务业的发展,劳动力从第一产业、第二产业向第三产业转移是必然趋势,交通运输业作为第三产业的重要组成部分,其涵盖领域广泛,可吸纳就业人数众多且层次丰富,具有明显的劳动力吸纳效应,以下对东部区域交通运输业的从业人数进行分析。

如表1-5所示,东部区域的铁路运输业从业人员约占全国的比重为25.19%,较上一年度(24.93%)上涨幅度小,其中北京市铁路运输业从业人员数量最多,达到11.12万人。道路运输业从业人员约占全国的比重为47.90%,较上一年度(47.76%)上涨幅度小,其中广东省道路运输业从业人员数量最大,达到近38.53万人。水上运输业从业人员约占全国的比重为74.68%,较上一年度(73.46%)上涨1.22个百分点,其中江苏省水上运输从业人员数量最大,达到7.95万人以上。航空运输业从业人员约占全国的比重为63.93%,较上一年度(63.30%)上涨0.63个百分点,涨幅较小,其中广东省航空运输业从业人员数量最大,达到近11.46万人。管道运输业从业人员约占全国的比重为63.71%,较上一年度(63.11%)上涨0.60个百分点,其中江苏省管道运输从业人员数量最大,达到1.10万人以上。装卸搬运和运输代理业从业人员约占全国的比重为72.15%,较上一年度(72.61%)下降较小,其中上海市装卸搬运和运输代理业从业人员数量最大,达到7.10万人以上。总体来看,东部区域的运输业占到全国很大比重,东部区域10省市,除了铁路运输业所占份额较小,其余每个分项的运输业从业人数均占到全国的一半左右的比重,水上运输业、装卸搬运和运输代理业从业人数更是占到全国的70%以上,东部区域运输业吸纳劳动力的能力强劲。通过以上的分析可以看出,东部区域不同的省市形成了自己的吸纳劳动力特点,如北京市的铁路运输业吸纳劳动力能力较强,广东省的道路运输业和航空运输业吸纳劳动力能力较强,江苏省的水上运输业和管道运输业吸纳劳动力能力较强,上海市的装卸搬运和运输代理业吸纳劳动力能力较强。

表1－5　东部区域交通运输业从业人数　　　　　　（单位:人）

	铁路运输业	道路运输业	水上运输业	航空运输业	管道运输业	装卸搬运和运输代理业
北　京	111210	288787	279	70708	6249	41671
天　津	20890	56129	19046	9768	414	15829
河　北	58150	150198	24393	5538	1235	10666
上　海	41758	206868	54707	73429	1345	70974
江　苏	23299	253790	79482	14552	11043	35368
浙　江	28719	165240	31376	11490	171	23056
福　建	38941	107797	16678	16818	12	24111
山　东	82517	224541	64010	16125	3768	28567
广　东	60949	385321	51963	114637	287	56017
海　南	5672	19668	6454	20715	28	4852
东部区域合计	472105	1858339	348388	353780	24552	311111
全　国	1874448	3879657	466509	553358	38536	431191
东部占全国比重(%)	25.19	47.90	74.68	63.93	63.71	72.15

（二）批发与零售业

批发与零售业是社会化大生产过程中的重要环节,是决定经济运行速度、质量和效益的引导性力量,是我国市场化程度最高、竞争最为激烈的行业之一,下面分析东部区域的批发与零售业法人企业个数和2015年从业人数。

表1－6　东部区域限额以上批发业与零售业法人企业数和从业人数　　（单位:个,人）

	批发业		零售业	
	法人企业	年末从业人数	法人企业	年末从业人数
北　京	4282	380171	1963	348467
天　津	3986	120150	1181	101068
河　北	1558	107763	2389	249668
上　海	3853	450960	1942	363710
江　苏	10753	408535	8290	557938
浙　江	11336	387872	5238	369376
福　建	5707	178218	4847	248657

	批发业		零售业	
	法人企业	年末从业人数	法人企业	年末从业人数
山　东	8452	389616	8705	590896
广　东	13483	732040	7787	654784
海　南	163	14930	194	26971
东部区域合计	63573	3170255	42536	3511535
全　国	91819	4907387	91258	6828374
东部占全国比重(%)	69.24	64.60	46.61	51.43

由表1-6可知,无论是限额以上批发业还是限额以上零售业,东部区域所占全国比例都遥遥领先,限额以上批发业的法人企业个数以及从业人数甚至超过了65%左右。其中,限额以上批发业法人企业个数达63573个,占全国限额以上批发业法人企业个数(91819个)的69.24%,限额以上批发业从业人数达3170255人,占全国限额以上批发业从业人数(4907387人)的64.60%;限额以上零售业法人企业个数达42536个,占全国限额以上零售业法人企业个数(91258个)的46.61%,限额以上零售业从业人数达3511535人,占全国限额以上零售业从业人数(6828374人)的51.43%。

尽管东部区域限额以上批发业和限额以上零售业在全国范围内来说发展较强,但其内部差异不容忽视,其中就限额以上批发业来说,广东省的法人企业个数最多,达13483个,而海南省的法人企业个数仅有163个,二者相差13320个;广东省的从业人数最多,达732040人,而海南省的从业人数仅有14930人,二者相差717110人。就限额以上零售业来说,山东省的法人企业个数最多,达8705个,而海南省的法人企业个数仅有194个,二者相差8511个;广东省的从业人数最多,达654784人,而海南省的从业人数仅有26971人,二者相差627813人。因此,从这两方面可以看出,海南省的限额以上批发业和限额以上零售业发展较为薄弱,而且体现出了东部区域范围内南北发展的差异。

三、生活性服务业发展现状

(一)住宿业与餐饮业

在国民经济行业分类中,住宿和餐饮业包括住宿业和餐饮业两类。住宿业是指有偿为顾客提供临时住宿的服务活动,不包括提供长期住宿场所的活动,餐饮业是指在一定场所,对食物进行现场烹饪、调制,并出售给顾客主要供现场消费的服务活动。近几年来,住宿业和餐饮业呈现高速增长的发展势头,在国民经济各行业中继续保持领先地位,下面对其进行分析。

由表1-7可知,东部区域限额以上住宿业的法人企业个数以及从业人数占全国的比重较高,发展较为发达。其中,限额以上住宿业法人企业个数达9042个,占全国限额以上批发业法人企业个数(18937个)的47.75%,限额以上住宿业从业人数达1036893人,占全国限额以上批发业从业人数(1911615人)的54.24%。从东部区域范围内来看,天津市的限额以上住宿业法人企业个数只有228个,而广东省有2088个,二者相差1860个,差距较大,天津市的限额以上住宿业从业人员仅有 20841 人,与东部区域从业人数最多的浙江省(134407 人)相差 113566 人,这不仅体现出天津的限额以上住宿业发展较为薄弱,而且体现出了东部区域范围内南北发展差异。

从限额以上住宿业的营业额角度来看,2015 年东部区域营业额达 2214.0 亿元,占全国营业额(3648.2 亿元)的 60.69%,接近三分之二,其中广东省的营业额最高,达 511.5 亿元,占东部区域营业额的 23.1%,天津市的营业额最低,仅有 38 亿元,仅占东部区域营业额的 1.72%,天津市与广东省相差 21.38 个百分点。2015 年东部区域的客房收入与餐费收入分别为 1083 亿元和 802.8 亿元,分别占全国的比重为 60.06%和 58.77%。同样,天津市的客房收入与餐费收入均最低,分别只有 20.1 亿元和 12.7 亿元,广东省的客房收入与餐费收入均最高,分别为 257.3 亿元和 168.0 亿元。

表 1-7 东部区域限额以上住宿业主要指标

	法人企业（个）	年末从业人数（人）	营业额（亿元）		
				客房收入	餐费收入
北　京	987	133024	342.6	181.9	87.3
天　津	228	20841	38.0	20.2	12.7
河　北	476	53900	65.7	27.1	31.5
上　海	739	76934	263.9	141.0	70.4
江　苏	1057	109120	218.7	96.5	99.4
浙　江	1277	134407	284.8	127.9	124.1
福　建	849	87463	168.2	71.4	76.2
山　东	1089	103207	219.1	96.8	102.9
广　东	2088	263851	511.5	257.3	168.0
海　南	252	54146	101.5	62.9	30.3
东部区域合计	9042	1036893	2214.0	1083.0	802.8
全　国	18937	1911615	3648.2	1803.1	1366.1
东部占全国比重(%)	47.75	54.24	60.69	60.06	58.77

(二)房地产业

房地产业是指以土地和建筑物为经营对象,从事房地产开发、建设、经营、管理以及维修、装饰和服务的集多种经济活动为一体的综合性产业,是具有先导性、基础性、带动性和风险性的产业。近几年来,房地产业作为国民经济新的增长点,在现代服务业中发展态势较为迅猛,为中国经济的快速增长作出了贡献。

由表 1-8 可知,2015 年全国房地产开发行业计划总投资金额为 536853.75 亿元,东部区域计划总投资金额达 279309.35 亿元,占比 52.03%,超过其他三个区域的比重。其中江苏省的计划总投资最多,达 50613.49 亿元,占东部区域的计划总投资比重为 18.12%,海南省的计划总投资最低,仅有 9834.05 亿元,占东部区域的计划总投资比重也仅为 3.52%,值得注意的是,天津市的计划总投资也较低,为 14094.61 亿元。

就"自开始建设至本年底累计完成投资"而言,2015 年东部区域达 203090.92 亿元,占全国(378089.48 亿元)的比重为 53.72％,超过其他三个区域的比重。其中广东省的累计完成投资最多,达 537218.78 亿元,占东部区域的计划总投资比重为 18.33％,海南省的计划总投资最低,仅有 6363.63 亿元,占东部区域的计划总投资比重也仅为 3.13％,同样,天津市的累计完成投资也较低,仅有 8957.81 亿元,与广东省的差距较大。

表 1-8　东部区域房地产开发投资总规模　（单位:亿元）

	计划总投资	自开始建设至本年底累计完成投资	本年完成投资
北　京	23192.24	18036.55	4177.05
天　津	14094.61	8957.81	1871.55
河　北	17578.58	12001.97	4285.27
上　海	23212.56	17110.21	3468.94
江　苏	50613.49	35253.66	8153.68
浙　江	33281.85	26208.77	7111.93
福　建	22017.23	18031.78	4469.61
山　东	35191.13	23907.76	5892.16
广　东	50293.61	37218.78	8538.47
海　南	9834.05	6363.63	1704.00
东部区域合计	279309.35	203090.92	49672.66
全　国	536853.75	378089.48	95978.85
东部占全国比重(％)	52.03	53.72	51.75

2015 年东部区域完成投资达 49672.66 亿元,占全国完成投资(95978.85 亿元)的比重为 51.75％,占据了半壁江山。其中,广东省的完成投资最高,达 8538.47 亿元,占东部区域的完成投资比重为 17.19％,海南省的完成投资最低,仅有 1704.00 亿元,占东部区域的完成投资比重仅为 3.43％。

从房地产行业的三个指标来看,东部区域的房地产行业发展在全国范围内处于前列,超过了一半,但不容忽视的是区域内部房地产行业发展的差距较大,没有均衡发展。

四、公益性服务业发展现状

(一) 卫生

医疗服务需求是人类的基本需求之一,在一国居民收入增长的过程中,医疗服务需求通常会优先得到满足,从而使其具有明显的刚性消费特征,近几年来持续增长的医疗服务需求促进了医疗服务业的快速持续发展,为现代服务业的发展增添了新的发展动力。下面就医疗卫生机构和提供社会服务床位数,对我国现代服务业中的卫生服务进行分析。

表 1-9　东部区域医疗卫生机构数　　　　　　　　　　　（单位:个）

	医院	基层医疗卫生机构	专业公共卫生机构
北　京	631	8912	113
天　津	402	4618	151
河　北	1543	75562	1264
上　海	338	4480	116
江　苏	1581	28841	1244
浙　江	1049	29431	483
福　建	570	25876	1401
山　东	1927	73041	2086
广　东	1323	45013	1831
海　南	202	4714	119
东部区域合计	9566	300488	8808
全　国	27587	920770	31927
东部占全国比重(%)	34.68	32.63	27.59

　　表 1-9 汇报了 2015 年东部区域的医院、基层医疗卫生机构和专业公共卫生机构的数量,其中医院包括综合医院、中医医院和专科医院,基层医疗卫生机构包括社区卫生服务中心、街道卫生院、乡镇卫生院和村卫生室,专业公共卫生机构包括疾病预防控制中心、专科疾病防治院和妇幼保健院。2015 年全国的医院、基层医疗卫生机构和专业公共卫生机构的数量分别为 27587 个、920770 个和 31927 个,东部区域分别为 9566 个、300488 个和 8808 个,占比分别为 34.68%、32.63% 和 27.59%。东部区域医疗卫生水平较高,三种医疗卫生机构数均达到四分之一以上,甚至医院数超过了三分之一。

　　表 1-9 显示,医院数量中,山东省最多,达到 1927 个,占东部区域医院比重为 20.14%,基层医疗卫生机构数量中,河北省最多,达到 75562 个,占东部区域基层医疗卫生机构比重为 25.15%,专业公共卫生机构数量中,山东省最多,达到 2086 个,占东部区域专业公共卫生机构比重为 23.68%。

　　由表 1-10 可知,东部区域为养老、儿童提供的社会服务床位数分别为 160.5 万张和 2.5 万张,分别占全国范围的 44.82% 和 25.00%,其中江苏省为养老提供的社会服务床位数最多,达到 38.9 万张,占东部区域总数的 24.24%,海南省为养老提供的社会服务床位数最少,达到 1.1 万张,占东部区域总数的 0.69%,二者相差 23.55 个百分点;山东省和广东省为儿童提供的社会服务床位数最多,均达到 0.5 万张,占东部区域总数的 20.00%,海南省为养老提供的社会服务床位数最少,几乎可以忽略不计,东部区域范围内的社会服务发展差距较大。

表 1-10 东部区域提供社会服务床位数

	养老(万张)	儿童(万张)	每千老年人口养老床位数(张)
北 京	13.3	0.2	28.95
天 津	5.2	0.1	23.73
河 北	16.1	0.1	40.94
上 海	11.2	0.2	27.20
江 苏	38.9	0.4	41.02
浙 江	22.0	0.3	51.74
福 建	4.8	0.2	24.88
山 东	31.7	0.5	37.14
广 东	16.2	0.5	19.87
海 南	1.1	0.0	17.65
东部区域合计	160.5	2.5	31.31*
全 国	358.1	10.0	30.31
东部占全国比重(%)	44.82	25.00	1.03

注:＊表示东部区域每千老年人口养老床位数的平均值。

2015年东部区域每千老年人口养老床位数的平均值为31.31张,超过全国范围内的30.31张,说明东部区域社会服务发展水平整体上较全国其他三个区域好,走在全国的前列。

(二)教育

教育是国家发展的基石,事关民族兴旺、人民福祉和国家未来,涉及千家万户。教育事业作为现代服务业发展必不可少的组成部分,本报告就学校数和专任教师数,对现代服务业中的教育事业进行分析。

由表1-11可知,2015年全国普通高校、高中、中等职业、初中、小学和特殊教育学校数量分别为2560所、13240所、8657所、50405所、190525所和2053所,东部区域分别为989所、4668所、2654所、15324所、49333所和765所,占比分别为38.63%、35.26%、30.55%、30.40%、25.89%和37.26%,除了小学数量占全国比重达四分之一以外,其余阶段学校数量均占全国的30%以上。

表 1-11 东部区域各阶段教育学校数 (单位:所)

	普通高校	高中	中等职业	初中	小学	特殊教育
北 京	91	306	93	340	996	22
天 津	55	180	79	329	849	20
河 北	118	578	628	2378	12126	159
上 海	67	253	98	537	764	29
江 苏	162	569	248	2091	4068	106

	普通高校	高中	中等职业	初中	小学	特殊教育
浙　江	105	563	286	1712	3303	86
福　建	88	540	217	1240	5141	73
山　东	143	555	435	2891	10404	147
广　东	143	1018	481	3415	10126	116
海　南	17	106	80	391	1556	7
东部区域合计	989	4668	2645	15324	49333	765
全　国	2560	13240	8657	50405	190525	2053
东部占全国比重（%）	38.63	35.26	30.55	30.40	25.89	37.26

表 1-12　东部区域各阶段教育学校专任教师数　　　　　　（单位：人）

	普通高校	高中	中等职业	初中	小学	特殊教育
北　京	68739	21322	7048	32855	59267	979
天　津	31128	16162	6496	26345	40202	601
河　北	69397	85356	43936	173824	338901	3164
上　海	41570	17398	8337	37564	52321	1239
江　苏	107154	95387	42304	173386	277885	3285
浙　江	59472	66379	33494	120224	194769	2266
福　建	44791	50463	17103	97965	162496	1924
山　东	104724	125209	48926	97965	396368	4892
广　东	98897	150861	44972	275787	468608	3550
海　南	9028	12604	4576	25717	49752	212
东部区域合计	634900	641141	257192	1061632	2040569	22112
全　国	1572565	1695354	652447	3475636	5685118	50334
东部占全国比重（%）	40.37	37.82	39.42	30.54	35.89	43.93

　　由表 1-12 可知，2015 年全国普通高校、高中、中等职业、初中、小学和特殊教育学校的专任教师数分别为 1572565 人、1695354 人、652447 人、3475636 人、5685118 人和 50334 人，东部区域分别为 634900 人、641141 人、257192 人、1061632 人、2040569 人和 22112 人，占比分别为 40.37%、37.82%、39.42%、30.54%、35.89%和 43.93%，各阶段学校专任教师数均占全国的 30%以上。

　　东部区域的教育是我国教育事业的重点和领头羊，各阶段较多的学校数量和专任教师保证了教育事业的较好发展。就东部区域范围内各阶段学校数量而言，河北省、山东省和广东省各阶段学校数量较多；就东部区域范围内各阶段学校专任教师数而言，江苏省、山东省和广东省较多。

第五节　中部区域现代服务业发展

一、中部区域经济发展现状

自 2006 年中部崛起战略正式实施以来,中部地区的经济发展速度明显加快,长期以来担负着我国粮食、能源、原材料等物质供给的重任,同时也是我国人力资源输出的重要区域,为我国的经济发展作出了重要贡献。

2015 年全国国内生产总值达 685505.8 亿元,中部区域生产总值达 164781.97 亿元,占比 24.04%,接近全国生产总值的四分之一。

如表 1-13 所示,通过 2015 年中部区域 6 省市按三次产业划分的国内生产总值数据可以看到,中部区域三次产业生产总值的结构比例是,第一产业生产总值仅占 10.61%,第二产业占 47.19%,而第三产业占 42.19%,随着国家经济的转型与结构的发展,第二产业逐渐向中部乃至西部区域迁移,因此中部区域的第二产业的比重最高,但随着国家对现代服务业发展提出的新要求、新模式,中部区域范围内的第三产业的发展也相对较好。

表 1-13 显示,中部区域第三产业占国内生产总值的比重(20.20%)低于当年全国平均的第三产业生产总值所占比重(50.09%),低约 29.89 个百分点,差距不是很大,说明中部区域第三产业低于全国平均水平,在全国范围内而言,发展较弱。因此中部区域生产总值的特点是,第一产业生产总值占比很少,第二产业为主,第三产业为辅。再看中部区域各产业占全国的比重,全国第一产业中 28.73% 的生产总值由中部区域生产,全国第二产业中 27.72% 的生产总值由中部区域生产,全国第三产业中 20.20% 的生产总值由中部区域生产,可以看出,无论是第一产业、第二产业,还是第三产业,中部区域都贡献了自己的力量,中部区域尤其是第一产业、第二产业的主要生产区域,依靠第一产业、第二产业成为全国主要的生产总值生产基地。

表 1-13　2015 年中部区域按三次产业划分的国内生产总值　　　（单位:亿元）

地　区	生产总值	按三次产业分		
		第一产业	第二产业	第三产业
山　西	12766.49	778.76	5195.96	6791.77
内蒙古	17831.51	1622.67	9004.91	7221.76
安　徽	22005.63	2464.63	10936.80	8604.20
江　西	16723.78	1772.72	8412.06	6539.00
河　南	37002.16	4218.25	17909.05	14874.87
湖　北	29550.19	3309.62	13504.44	12736.13
湖　南	28902.21	3323.75	12803.68	12745.87
中部区域合计	164781.97	17490.4	77766.9	69513.6

地　　区	生产总值	按三次产业分		
		第一产业	第二产业	第三产业
全国	685505.80	60870.50	280560.50	344075.00
中部区域三次产业结构占比（%）		10.61	47.19	42.19
中部区域各产业所占全国比重（%）		28.73	27.72	20.20

二、生产性服务业发展现状

（一）交通运输业

表1-14　中部区域交通运输业从业人数　　　　　（单位：人）

	铁路运输业	道路运输业	水上运输业	航空运输业	管道运输业	装卸搬运和运输代理业
山　西	120233	84688	70	5121	438	2437
内蒙古	104535	66565	23	4241	0	3165
安　徽	40261	123153	11675	4139	0	6154
江　西	61409	104811	8554	2872	78	1765
河　南	110423	249899	4441	10391	205	12535
湖　北	86920	160326	15410	7232	546	8824
湖　南	79466	103606	2809	8452	208	6407
中部区域合计	603247	893048	42982	42448	1475	41287
全　国	1874448	3879657	466509	553358	38536	431191
中部占全国比重（%）	32.18	23.02	9.21	7.67	3.83	9.58

如表1-14所示，中部区域的铁路运输业从业人员约占全国的比重为32.18%，较上一年度（32.39%）略有下降，其中山西省铁路运输业从业人员数量最多，达到12.02万人；道路运输业从业人员约占全国的比重为23.02%，较上一年度（22.69%）上涨幅度小，其中河南省道路运输业从业人员数量最大，近24.99万人；水上运输业从业人员约占全国的比重为9.21%，较上一年度（9.36%）下降0.15个百分点，其中湖北省水上运输从业人员数量最大，达到1.54万多人；航空运输业从业人员约占全国的比重为7.67%，较上一年度（7.98%）下降0.31个百分点，降幅较小，其中河南省航空运输业从业人员数量最大，达到近1.04万人；管道运输业从业人员约占全国的比重为3.83%，较上一年度（4.71%）下降0.88个百分点，其中湖北省管道运输从业人员数量最大，却仅有546人，值得注意的是，2015年内蒙古和安徽省的管道运输从业人员为零，从另一个角度说明这两个省份的管道运输行业发展停滞了；装卸搬运和运输代理业从业人员约占全国的比重为9.58%，较上一年度（8.96%）上涨0.89个百分点，其中河南省装卸搬运和运输代理业从业人员数量最大，达到1.25万人以上。总体来看，中部区域6省市，铁路运输业和道路运输业的从业人员占全国比重较高，分别为32.18%

和23.02%,中部区域铁路运输业和道路运输业吸纳劳动力的能力强劲,山西省的铁路运输业吸纳劳动力的能力强劲,河南省的道路运输业吸纳劳动力的能力强劲。尽管如此,中部区域的水上运输业、航空运输业、管道运输业、装卸搬运和运输代理业所占全国比重都较小,均未超过10%,其中管道运输业仅有3.83%。中部区域运输业发展的不均衡,对本区域的现代服务业发展造成了一定的障碍。

(二)批发与零售业

由表1-15可知,限额以上批发业法人企业个数和年末从业人数占全国比例较低,分别为14.38%和17.37%,限额以上零售业法人企业个数和年末从业人数占全国比例接近四分之一,分别为27.56%和24.02%。相比较而言,中部区域的零售业发展比批发业好。

2015年中部区域限额以上批发业法人企业个数达13204个,从业人数达852404人,其中河南省的限额以上批发业法人企业个数和从业人数最多,分别为3740个和222332人,占中部区域比重分别为28.32%和26.08%;限额以上零售业法人企业个数达25152个,从业人数达1640446人,同样,河南省的限额以上零售业法人企业个数和从业人数最多,分别为6511个和409571人,占中部区域比重分别为25.89%和24.97%。

表1-15　中部区域限额以上批发业与零售业法人企业数和从业人数　（单位:个,人）

	批发业		零售业	
	法人企业	年末从业人数	法人企业	年末从业人数
山　西	939	81485	2054	159493
内蒙古	692	37748	1284	96701
安　徽	2218	121523	4312	253965
江　西	770	85134	1824	128825
河　南	3740	222332	6511	409571
湖　北	3039	194098	5139	334585
湖　南	1806	110084	4028	257306
中部区域合计	13204	852404	25152	1640446
全　国	91819	4907387	91258	6828374
中部占全国比重(%)	14.38	17.37	27.56	24.02

与东部区域限额以上批发业和限额以上零售业发展情况类似,中部区域限额以上批发业和零售业发展的内部差异不容忽视,其中就限额以上批发业来说,河南省的法人企业个数最多,而内蒙古的法人企业个数仅有692个,二者相差3048个;河南省的从业人数最多,而内蒙古的从业人数仅有37748人,二者相差184584人。就限额以上零售业来说,河南省的法人企业个数最多,而内蒙古的法人企业个数仅有1284个,二者相差5227个;河南省的从业人数最多,而内蒙古的从业人数仅有96701人,二者相差312870人。因此,从这两方面可以看出,内蒙古的限额以上批发业和限额以上零售业发展较为薄弱,而且体现出了中部区域范围内限额以上批发业和限额以上零售业发展的不平衡,内部差异较大,同时,河南省在这方面的发展为中部地区现代服务业的发展贡献了自己的力量。

三、生活性服务业发展现状

(一)住宿业与餐饮业

由表 1-16 可知,中部区域限额以上住宿业的法人企业个数以及从业人数占全国的比重均超过了 20%。其中,限额以上住宿业法人企业个数达 4557 个,占全国限额以上批发业法人企业个数(18937 个)的 24.06%,限额以上住宿业从业人数达 396911 人,占全国限额以上批发业从业人数(1911615 人)的 20.76%。从中部区域范围内来看,内蒙古的限额以上住宿业法人企业个数只有 314 个,而河南省有 1293 个,二者相差 979 个,差距较大,内蒙古的限额以上住宿业从业人员仅有 28649 人,与中部区域从业人数最多的河南省(96603 人)相差 67954 人,这不仅体现出内蒙古的限额以上住宿业发展较为薄弱,而且体现出了中部区域范围内发展差异。

表 1-16 中部区域限额以上住宿业主要指标

	法人企业 (个)	年末从业 人数(人)	营业额 (亿元)	客房收入	餐费收入
山　西	372	35678	33.1	15.7	13.8
内蒙古	314	28649	36.3	16.7	17.0
安　徽	597	49562	72.6	34.1	33.0
江　西	438	41345	59.7	30.2	24.4
河　南	1293	96603	165.2	82.6	65.9
湖　北	812	63914	119.3	60.5	45.8
湖　南	731	81160	151.3	72.1	63.3
中部区域合计	4557	396911	637.5	311.9	263.2
全　国	18937	1911615	3648.2	1803.1	1366.1
中部占全国比重(%)	24.06	20.76	17.47	17.30	19.27

从限额以上住宿业的营业额角度来看,2015 年中部区域营业额达 637.5 亿元,占全国营业额(3648.2 亿元)的 17.47%,其中河南省的营业额最高,达 165.2 亿元,占东部区域营业额的 25.91%,山西省的营业额最低,仅 33.1 亿元,仅占东部区域营业额的 5.19%,山西省与河南省相差 20.72 个百分点。2015 年中部区域的客房收入与餐费收入分别为 311.9 亿元和 263.2 亿元,分别占全国的比重为 17.30% 和 19.27%。同样,山西省的客房收入与餐费收入均最低,分别只有 15.7 亿元和 13.8 亿元,河南省的客房收入与餐费收入均最高,分别为 82.6 亿元和 65.9 亿元。不容忽视的是,湖南省的限额以上住宿业仅次于河南省,发展潜力较大,后劲较足。

(二)房地产业

由表 1-17 可知,2015 年全国房地产开发行业计划总投资金额为 536853.75 亿元,中部区域计划总投资金额达 112163.25 亿元,占比 20.89%,其中安徽省的计划总投资最多,达 25105.30 亿元,占中部区域的计划总投资比重为 22.38%,山西省的计划总投资最低,仅有

7902.71亿元,占中部区域的计划总投资比重也仅为7.05%,值得注意的是,内蒙古的计划总投资也较低,为8147.17亿元。

表1-17 中部区域房地产开发投资总规模 　　　　　　　　　　　　　(单位:亿元)

	计划总投资	自开始建设至本年底累计完成投资	本年完成投资
山　西	7902.71	5075.83	1494.87
内蒙古	8147.17	5449.23	1081.05
安　徽	25105.30	17167.71	4424.86
江　西	9096.57	5811.08	1520.10
河　南	24450.90	14530.53	4818.93
湖　北	19986.24	14093.70	4249.23
湖　南	17474.36	11552.76	2613.75
中部区域合计	112163.25	73680.84	20202.79
全　国	536853.75	378089.48	95978.85
中部占全国比重(%)	20.89	19.49	21.05

就"自开始建设至本年底累计完成投资"而言,2015年中部区域达73680.84亿元,占全国(378089.48亿元)的比重为19.49%。其中安徽省的累计完成投资最多,达17167.71亿元,占中部区域的计划总投资比重为23.3%,接近四分之一,山西省的计划总投资最低,仅有5057.83亿元,占东部区域的计划总投资比重也仅为6.86%,同样,内蒙古的累计完成投资也较低,仅有5449.23亿元,与安徽省的差距较大。

2015年,中部区域完成投资达20202.79亿元,占全国完成投资(95978.85亿元)的比重为21.05%。其中,河南省的完成投资最高,达4818.93亿元,占东部区域的完成投资比重为23.85%,接近四分之一;内蒙古的完成投资最低,仅有1081.05亿元,占东部区域的完成投资比重仅为5.35%。

四、公益性服务业发展现状

(一)卫生

表1-18汇报了2015年中部区域的医院、基层医疗卫生机构和专业公共卫生机构的数量,其中医院包括综合医院、中医医院和专科医院,基层医疗卫生机构包括社区卫生服务中心、街道卫生院、乡镇卫生院和村卫生室,专业公共卫生机构包括疾病预防控制中心、专科疾病防治院和妇幼保健院。2015年中部区域的医院、基层医疗卫生机构和专业公共卫生机构的数量分别为7125个、280954个和9484个,占比分别为25.83%、30.51%和29.71%。随着国家对医疗卫生事业的重视,中部区域医疗卫生水平发展较好,三种医疗卫生机构数均达到四分之一以上,甚至基层医疗卫生机构数超过了30%。

表 1-18　中部区域医疗卫生机构数　　　　　（单位:个）

	医院	基层医疗卫生机构	专业公共卫生机构
山　西	1274	39196	460
内蒙古	702	22421	664
安　徽	1018	22030	1721
江　西	568	37066	812
河　南	1521	67092	2471
湖　北	869	34563	578
湖　南	1173	58586	2778
中部区域合计	7125	280954	9484
全　国	27587	920770	31927
中部占全国比重（%）	25.83	30.51	29.71

　　表 1-18 还显示,医院数量中,河南省最多,达到 1521 个,占中部区域医院比重为 21.35%,基层医疗卫生机构数量中,依旧是河南省最多,达到 67092 个,占中部区域基层医疗卫生机构比重为 23.88%,专业公共卫生机构数量中,湖南省最多,达到 2778 个,占中部区域专业公共卫生机构比重为 29.29%。

　　由表 1-19 可知,中部区域为养老、儿童提供的社会服务床位数分别为 90.6 万张和 2.4 万张,分别占全国范围的 25.30% 和 24.00%,接近四分之一,其中湖北省为养老提供的社会服务床位数最多,达到 22.5 万张,占东部区域总数的 24.83%,山西省为养老提供的社会服务床位数最少,仅有 6.3 万张,占中部区域总数的 6.95%,二者相差 17.88 个百分点;安徽省为儿童提供的社会服务床位数最多,达到 0.6 万张,占中部区域总数的 25%,山西省为养老提供的社会服务床位数最少,仅有 0.1 万张,占中部区域总数的 4.17%,中部区域范围内的社会服务发展差距较大。

　　2015 年中部区域每千老年人口养老床位数的平均值为 30.50 张,超过全国范围内的 30.31 张,但差距很小,说明中部区域社会服务发展水平整体上基本处于全国平均水平。

表 1-19　中部区域提供社会服务床位数

	养老（万张）	儿童（万张）	每千老年人口养老床位数（张）
山　西	6.3	0.1	16.31
内蒙古	8.5	0.2	56.66
安　徽	14.2	0.6	36.06
江　西	14.8	0.2	30.94
河　南	11.6	0.4	24.19
湖　北	22.5	0.5	30.12
湖　南	12.7	0.4	19.21

续　表

	养老(万张)	儿童(万张)	每千老年人口 养老床位数(张)
中部区域合计	90.6	2.4	30.50*
全　国	358.1	10.0	30.31
中部占全国比重(%)	25.30	24.00	1.01

注:＊表示中部区域每千老年人口养老床位数的平均值。

(二)教育

表1-20　中部区域各阶段教育学校数 (单位:所)

	普通高校	高中	中等职业	初中	小学	特殊教育
山　西	79	505	444	1895	6403	64
内蒙古	53	284	250	716	1853	45
安　徽	119	666	412	2858	9119	68
江　西	97	460	400	2131	9465	88
河　南	129	770	691	4565	24673	144
湖　北	126	532	289	2013	5398	83
湖　南	124	575	471	3331	8412	78
中部区域合计	727	3792	2957	17509	65323	570
全　国	2560	13240	8657	52405	190525	2053
中部占全国比重(%)	28.40	28.64	34.16	33.41	34.29	27.76

　　由表1-20可知,2015年中部区域普通高校、高中、中等职业、初中、小学和特殊教育学校数量分别为727所、3792所、2957所、17509所、65323所和570所,占全国的比重分别为28.40%、28.64%、34.16%、33.41%、34.29%和27.76%,各阶段教育学校数量占全国比重的均达四分之一以上,其中小学的数量均占全国的34.29。

　　由表1-21可知,2015年中部区域普通高校、高中、中等职业、初中、小学和特殊教育学校的专任教师数分别为429382人、476624人、182800人、1029301人、1679019人和12188人,占全国比重分别为27.30%、28.11%、28.02%、29.61%、29.53%和24.21%,各阶段学校专任教师数均占全国的30%以内,其中特殊教育学校专任教师数占比最低,为24.21%。

　　中部区域的教育是我国教育事业的后备力量,各阶段较多的学校数量和专任教师数量超过了全国的四分之一,教育事业发展在全国范围内较好。就中部区域范围内各阶段学校数量而言,河南省、安徽省各阶段学校数量较多;就中部区域范围内各阶段学校专任教师数而言,河南省、湖北省和湖南省较多。

表1-21　中部区域各阶段教育学校专任教师数 (单位:人)

	普通高校	高中	中等职业	初中	小学	特殊教育
山　西	40406	61946	25353	113107	172957	1445
内蒙古	25523	34108	13992	59103	101730	1259

	普通高校	高中	中等职业	初中	小学	特殊教育
安 徽	58113	76341	30265	150856	238259	1409
江 西	57271	53156	14921	120729	215906	1221
河 南	98010	114037	51672	285946	500894	3517
湖 北	83444	67017	20550	131325	200158	1682
湖 南	66615	70019	26047	168235	249115	1655
中部区域合计	429382	476624	182800	1029301	1679019	12188
全 国	1572565	1695354	652447	3475636	5685118	50334
中部占全国比重(%)	27.30	28.11	28.02	29.61	29.53	24.21

第六节　西部区域现代服务业发展

一、西部区域经济发展现状

西部区域是我国经济较欠发达的区域,其现代服务业发展相对较为落后,西部区域地缘辽阔,其第一产业发展较第二产业和第三产业来说较好。2015 年全国国内生产总值达685505.8 亿元,西部区域生产总值仅有 127187.41 亿元,占比 18.55%,低于全国国内生产总值的五分之一。

如表 1-22 所示,就西部区域范围内而言,通过 2015 年西部区域 11 个省市按三次产业划分的国内生产总值数据可以看到,西部区域三次产业生产总值的结构比例是,第一产业生产总值仅占 12.38%,第二产业占 43.83%,而第三产业占 43.79%,西部区域内部仍然以第二产业和第三产业为主,并且第二产业比第三产业稍占优势。

表 1-22　2015 年西部区域按三次产业划分的国内生产总值　　　(单位:亿元)

地　区	生产总值	按三次产业分		
		第一产业	第二产业	第三产业
广　西	16803.12	2570.88	7712.63	6519.61
重　庆	15717.27	1147.36	7072.77	7497.14
四　川	30053.10	3666.48	13253.42	13133.20
贵　州	10502.56	1638.40	4148.51	4715.65
云　南	13619.17	2056.49	5420.43	6142.25
西　藏	1026.39	98.53	376.69	552.20
陕　西	18021.86	1603.95	9083.02	7334.90
甘　肃	6790.32	957.44	2492.05	3340.84

地　区	生产总值	按三次产业分		
		第一产业	第二产业	第三产业
青　海	2417.05	207.87	1206.11	1000.66
宁　夏	2911.77	238.77	1380.18	1295.74
新　疆	9324.80	1557.24	3599.37	4168.19
西部区域合计	127187.41	15743.40	55745.17	55700.36
全国	685505.80	60870.50	280560.50	344075.00
西部区域三次产业结构占比(%)		12.38	43.83	43.79
西部区域各产业所占全国比重(%)		25.86	19.87	16.19

　　就全国范围内而言,西部区域第三产业占国内生产总值的比重(16.19%)远低于当年全国平均的第三产业生产总值所占比重(50.77%),低约34.58个百分点,差距较大,可以说明西部区域第三产业欠发达,远低于全国平均水平。西部区域生产总值在全国范围内的特点是,第一产业生产总值占比较大,第二产业和第三产业占比较少。全国第一产业中25.86%的生产总值由西部区域生产,全国第二产业中19.87%的生产总值由西部区域生产,全国第三产业中16.19%的生产总值由西部区域生产,可以看出,无论是第一产业、第二产业,还是第三产业,西部区域贡献的绝对的生产总值数较少,西部区域尤其是第一产业的主要的生产区域,依靠第一产业成为全国主要的生产总值生产基地,第二产业和第三产业发展较薄弱。

二、生产性服务业发展现状

(一)交通运输业

表1-23　西部区域交通运输业从业人数　　　　　　　(单位:人)

	铁路运输业	道路运输业	水上运输业	航空运输业	管道运输业	装卸搬运和运输代理业
广　西	62758	78600	7150	9496	35	13238
重　庆	29220	179925	12775	10157	12	7279
四　川	67264	192997	10410	42815	627	10518
贵　州	34325	55655	637	7649	192	2465
云　南	38976	80384	262	20870	345	12142
西　藏	71	5685	0	807	0	15
陕　西	105059	112248	79	12082	2592	5694
甘　肃	55377	48834	24	2433	88	870
青　海	21604	15041	4	2045	0	239
宁　夏	16849	12640	91	2726	0	478

	铁路运输业	道路运输业	水上运输业	航空运输业	管道运输业	装卸搬运和运输代理业
新　疆	53352	80850	0	12764	3675	2191
西部区域合计	484855	862859	31432	123844	7566	55129
全国	1874448	3879657	466509	553358	38536	431191
西部占全国比重(%)	25.87	22.24	6.74	22.38	19.63	12.79

如表 1-23 所示,西部区域的铁路运输业从业人员约占全国的比重为 25.87%,较上一年度(25.7%)上涨幅度较小,其中陕西省铁路运输业从业人员数量最多,达到 10.51 万人;道路运输业从业人员约占全国的比重为 22.24%,较上一年度(22.7%)稍有下降,降幅为 0.46个百分点,其中四川省道路运输业从业人员数量最大,达到近 19.30 万人;水上运输业从业人员约占全国的比重为 6.74%,较上一年度(7.27%)下降 0.53 个百分点,其中重庆市水上运输从业人员数量最大,达到 1.28 万多人,而西藏和新疆的水上运输从业人员数量几乎为零;航空运输业从业人员约占全国的比重为 22.38%,较上一年度(22.38%)未发生什么变化,其中四川省航空运输业从业人员数量最大,达到近 4.28 万人;管道运输业从业人员约占全国的比重为 19.63%,较上一年度 19.23%)上涨 0.4 个百分点,其中新疆的管道运输从业人员数量最大,达到 3675 万多人;装卸搬运和运输代理业从业人员约占全国的比重为 12.79%,较上一年度(13.11%)下降较小,其中广西装卸搬运和运输代理业从业人员数量最大,达到1.32 万人以上。总体来看,西部区域的运输业占到全国比重并不是很大,西部区域 11 省市,除了水上运输业和装卸搬运和运输代理业所占份额较小,其余每个分项的运输业从业人数均占到全国的五分之一左右的比重,铁路运输业的从业人数更是占到全国的 25% 以上,尽管如此,西部区域运输业吸纳劳动力的能力强弱,而且通过以上的分析可以看出,西部区域不同的省市形成了自己的吸纳劳动力特点,如陕西省的铁路运输业吸纳劳动力能力较强,四川省的道路运输业和航空运输业吸纳劳动力能力较强,重庆市的水上运输业吸纳劳动力能力较强,新疆的管道运输业吸纳劳动力能力较强,广西的装卸搬运和运输代理业吸纳劳动力能力较强。

(二)批发与零售业

表 1-24　西部区域限额以上批发业与零售业法人企业数和从业人数　（单位:个,人）

	批发业		零售业	
	法人企业	年末从业人数	法人企业	年末从业人数
广　西	1168	64790	1752	115313
重　庆	2368	127596	3186	207094
四　川	2292	154078	4245	323755
贵　州	778	56699	1651	83972
云　南	1076	77416	2012	147528
西　藏	23	5651	76	5703

	批发业		零售业	
	法人企业	年末从业人数	法人企业	年末从业人数
陕　西	912	79589	2852	207678
甘　肃	574	30977	1021	69266
青　海	142	11636	193	16553
宁　夏	168	10051	275	29137
新　疆	1311	63629	870	56170
西部区域合计	10812	682112	18133	1262169
全国	91819	4907387	91258	6828374
西部占全国比重(%)	11.78	13.90	19.87	18.48

由表1-24可知,无论限额以上批发业还是限额以上零售业,西部区域所占全国比例均较低,其中,限额以上批发业法人企业个数达10812个,占全国限额以上批发业法人企业个数(91819个)的11.78%,限额以上批发业从业人数达682112人,占全国限额以上批发业从业人数(4907387人)的13.90%;限额以上零售业法人企业个数达18133个,占全国限额以上零售业法人企业个数(91258个)的19.87%,限额以上零售业从业人数达1262169人,占全国限额以上零售业从业人数(6828374人)的18.48%。

西部区域限额以上批发业和限额以上零售业在全国范围内来说发展较弱,但其内部差异也不容忽视,其中就限额以上批发业来说,重庆市的法人企业个数最多,达2368个,而西藏的法人企业个数仅有23个,二者相差2345个;四川省的从业人数最多,达154078人,而西藏的从业人数仅有5651人,二者相差148427人。就限额以上零售业来说,四川省的法人企业个数最多,达4245个,而西藏的法人企业个数仅有76个,二者相差4169个;四川省的从业人数最多,达323755人,而西藏的从业人数仅有5703人,二者相差318052人。因此,从这两方面可以看出,西藏的限额以上批发业和限额以上零售业发展较为薄弱,而且体现出了西部区域范围内发展的差异。

三、生活性服务业发展现状

(一)住宿业与餐饮业

由表1-25可知,西部区域限额以上住宿业的法人企业个数以及从业人数占全国的比重约五分之一,其中,限额以上住宿业法人企业个数达4401个,占全国限额以上批发业法人企业个数(18937个)的23.24%,限额以上住宿业从业人数达393136人,占全国限额以上批发业从业人数(1911615人)的20.57%。从西部区域范围内来看,西藏的限额以上住宿业法人企业个数只有59个,而四川省有954个,二者相差895个,差距较大,西藏的限额以上住宿业从业人员仅有5013人,与西部区域从业人数最多的四川省(80131人)相差75118人,体现出西藏的限额以上住宿业发展较为薄弱,而且青海省和宁夏的限额以上住宿业发展与西藏差不多。

从限额以上住宿业的营业额角度来看,2015 年西部区域营业额达 632.1 亿元,占全国营业额(3648.2 亿元)的 17.33%,低于五分之一,其中四川省的营业额最高,达 150.5 亿元,占西部区域营业额的 23.81%,西藏的营业额最低,仅有 6.8 亿元,仅占西部区域营业额的 1.08%,四川省与西藏相差 22.73 个百分点。2015 年西部区域的客房收入与餐费收入分别为 329.7 亿元和 231.5 亿元,分别占全国的比重为 18.29% 和 16.95%。2015 年,宁夏的客房收入最低,只有 3.9 亿元,西藏的餐费收入最低,仅有 1.7 亿元,四川省的客房收入与餐费收入均最高,分别为 76.1 亿元和 57.6 亿元。

表 1-25　西部区域限额以上住宿业主要指标

	法人企业(个)	年末从业人数(人)	营业额(亿元)		
				客房收入	餐费收入
广　西	510	47146	64.8	36.2	21.4
重　庆	402	39356	87.7	41.9	36.1
四　川	954	80131	150.5	76.1	57.6
贵　州	494	32722	50.8	31.0	15.0
云　南	537	56844	80.7	45.1	23.2
西　藏	59	5013	6.8	4.2	1.7
陕　西	745	70121	103.9	48.8	44.7
甘　肃	289	24210	39.0	21.9	14.1
青　海	77	6906	7.8	4.6	2.2
宁　夏	79	7376	7.9	3.9	3.4
新　疆	255	23311	32.2	16.0	12.1
西部区域合计	4401	393136	632.1	329.7	231.5
全国	18937	1911615	3648.2	1803.1	1366.1
西部占全国比重(%)	23.24	20.57	17.33	18.29	16.95

（二）房地产业

由表 1-26 可知,2015 年全国房地产开发行业计划总投资金额为 536853.75 亿元,西部区域计划总投资金额达 109449.58 亿元,占比 20.39%,大约五分之一的比重。其中四川省的计划总投资最多,达 21542.31 亿元,占西部区域的计划总投资比重为 19.68%,西藏的计划总投资最低,仅有 179.73 亿元,占西部区域的计划总投资比重也仅为 0.16%,因此西部区域房地产业发展极不均衡,必然会阻碍西部区域现代服务业的整体发展。

就"自开始建设至本年底累计完成投资"而言,2015 年西部区域达 75096.20 亿元,占全国(378089.48 亿元)的比重为 19.86%,低于五分之一。其中四川省的累计完成投资最多,达 15757.12 亿元,占西部区域的计划总投资比重为 20.98%,同样,西藏的计划总投资最低,仅有 119.08 亿元,占西部区域的计划总投资比重也仅为 0.16%,两个省份的差距较大。

表 1 - 26　西部区域房地产开发投资总规模　　　　　(单位:亿元)

	计划总投资	自开始建设至本年底累计完成投资	本年完成投资
广　西	11380.05	8101.75	1909.09
重　庆	21344.93	15418.90	3751.28
四　川	21542.31	15757.12	4813.03
贵　州	12855.29	8451.48	2205.09
云　南	13481.11	9357.17	2669.01
西　藏	179.73	119.08	50.02
陕　西	14631.80	8916.48	2494.29
甘　肃	3897.53	2619.16	768.06
青　海	1484.32	1058.62	336.00
宁　夏	3652.24	2398.71	633.64
新　疆	5000.27	2897.73	998.88
西部区域合计	109449.58	75096.20	20628.39
全国	536853.75	378089.48	95978.85
西部占全国比重(%)	20.39	19.86	21.49

2015 年西部区域完成投资达 20628.39 亿元,占全国完成投资(95978.85 亿元)的比重为 21.49%,超过五分之一。其中,四川省的完成投资最高,达 4813.03 亿元,占西部区域的完成投资比重为 23.33%,西藏的完成投资最低,仅有 50.02 亿元,占西部区域的完成投资比重仅为 0.24%。

从房地产行业的三个指标来看,西部区域的房地产行业发展在全国范围内情形并不乐观,尤其西藏地区的发展水平极低,这其中固然有地理方面的因素,但不容忽视的是区域内部房地产行业发展的差距较大,没有均衡发展。

四、公益性服务业发展现状

(一)卫生

表 1 - 27 汇报了 2015 年西部区域的医院、基层医疗卫生机构和专业公共卫生机构的数量,其中医院包括综合医院、中医医院和专科医院,基层医疗卫生机构包括社区卫生服务中心、街道卫生院、乡镇卫生院和村卫生室,专业公共卫生机构包括疾病预防控制中心、专科疾病防治院和妇幼保健院。2015 年全国的医院、基层医疗卫生机构和专业公共卫生机构的数量分别为 27587 个、920770 个和 31927 个,西部区域分别为 8248 个、268428 个和 10947 个,占比分别为 29.90%、29.15% 和 34.29%。西部区域医疗卫生事业的发展较好,三种医疗卫生机构数均接近 30%,甚至专业公共卫生机构数超过了三分之一。

表 1 - 27 显示,医院数量、基层医疗卫生机构数量和专业公共卫生机构数量,四川省均最多,分别达到 1942 个、76214 个和 1801 个,占西部区域的比重分别为 23.55%、28.39% 和

16.45%。西藏的医院数量最低,仅有139个,占西部区域医院比重为1.69%,宁夏的基层医疗卫生机构数量最低,仅有3981个,占西部区域基层医疗卫生机构比重为1.48%,宁夏的专业公共卫生机构数量最低,仅有129个,占西部区域专业公共卫生机构比重为1.18%。

表1－27　西部区域医疗卫生机构数　　　　　　　　（单位:个）

	医院	基层医疗卫生机构	专业公共卫生机构
广　西	527	32216	1657
重　庆	631	18986	159
四　川	1942	76214	1801
贵　州	1188	26175	1318
云　南	1101	21833	1183
西　藏	139	6531	142
陕　西	1014	34098	1804
甘　肃	443	25459	1774
青　海	181	5860	178
宁　夏	168	3981	129
新　疆	914	17075	802
西部区域合计	8248	268428	10947
全国	27587	920770	31927
西部占全国比重(%)	29.90	29.15	34.29

由表1－28可知,西部区域为养老、儿童提供的社会服务床位数分别为72.9万张和4.2万张,分别占全国范围的20.36%和42.00%,其中四川省为养老提供的社会服务床位数最多,达到30.2万张,占西部区域总数的41.43%,青海省为养老提供的社会服务床位数最少,仅有0.5万张,占西部区域总数的0.69%,二者相差40.74个百分点,差距较大;西藏和新疆为儿童提供的社会服务床位数最多,均达到0.6万张,占西部区域总数的14.29%,宁夏为养老提供的社会服务床位数最少,仅有0.1万张,占西部区域总数的2.38%,西部区域范围内的社会服务发展差距较大。

2015年西部区域每千老年人口养老床位数的平均值为31.90张,超过全国范围内的30.31张,说明西部区域社会服务发展水平整体上较全国其他三个区域好,走在全国的前列。

表1－28　西部区域提供社会服务床位数

	养老(万张)	儿童(万张)	每千老年人口养老床位数(张)
广　西	3.8	0.3	25.78
重　庆	8.3	0.2	33.18
四　川	30.2	0.8	30.65

续 表

	养老(万张)	儿童(万张)	每千老年人口养老床位数(张)
贵 州	6.2	0.3	35.30
云 南	5.1	0.4	19.90
西 藏	1.5	0.6	61.95
陕 西	8.4	0.3	23.60
甘 肃	3.7	0.4	33.75
青 海	0.5	0.2	31.64
宁 夏	1.4	0.1	30.41
新 疆	3.8	0.6	24.78
西部区域合计	72.9	4.2	31.90*
全国	358.1	10.0	30.31
西部占全国比重(%)	20.36	42.00	1.05

注:*表示西部区域每千老年人口养老床位数的平均值。

(二)教育

由表1-29可知,2015年全国普通高校、高中、中等职业、初中、小学和特殊教育学校数量分别为2560所、13240所、8657所、52405所、190525所和2053所,西部区域分别为589所、3751所、2234所、15310所、64340所和525所,占比分别为23.01%、28.33%、25.81%、29.21%、33.77%和25.57%,除了普通高校数量占全国比重四分之一以下,其余阶段学校数量均占全国的四分之一以上,甚至小学数量占全国的比重超过三分之一。

表1-29　西部区域各阶段教育学校数　　　　　　(单位:所)

	普通高校	高中	中等职业	初中	小学	特殊教育
广 西	71	445	280	1839	11849	78
重 庆	64	261	134	906	4170	36
四 川	109	726	467	3864	6487	124
贵 州	59	430	206	2128	8520	75
云 南	69	465	379	1682	12413	60
西 藏	6	30	9	97	826	5
陕 西	92	488	288	1727	5851	55
甘 肃	45	386	228	1491	8052	37
青 海	12	101	39	270	978	15
宁 夏	18	62	32	237	1693	12
新 疆	44	357	172	1069	3501	28

续　表

	普通高校	高中	中等职业	初中	小学	特殊教育
西部区域合计	589	3751	2234	15310	64340	525
全国	2560	13240	8657	52405	190525	2053
西部占全国比重（%）	23.01	28.33	25.81	29.21	33.77	25.57

表 1-30　西部区域各阶段教育学校专任教师数　　　（单位：人）

	普通高校	高中	中等职业	初中	小学	特殊教育
广　西	38625	50733	20300	119008	221962	1319
重　庆	39891	39153	15120	75556	118897	889
四　川	84430	94333	39577	198832	308059	2355
贵　州	30515	56198	17787	123677	193511	1408
云　南	36940	51491	21338	123858	224835	1424
西　藏	2619	4679	1142	9714	20890	169
陕　西	66506	57078	15906	104674	156087	1067
甘　肃	26132	44764	15578	83857	140320	729
青　海	4127	8664	2410	16132	26479	155
宁　夏	7987	10463	2538	19369	33777	347
新　疆	19374	38877	9904	85749	144767	790
西部区域合计	357146	456433	161600	960426	1589584	10652
全国	1572565	1695354	652447	3475636	5685118	50334
西部占全国比重（%）	22.71	26.92	24.77	27.63	27.96	21.16

西部区域的教育是我国教育事业必不可少的一部分,各阶段较多的学校数量和专任教师保证了教育事业的较好发展。就西部区域范围内各阶段学校数量而言,四川省、重庆市和陕西省各阶段学校数量较多;就西部区域范围内各阶段学校专任教师数而言,四川省、陕西省较多。

第七节　东北区域现代服务业发展

一、东北区域经济发展现状

东北区域在我国国民经济中占有十分重要的地位,人口和经济总量均占有较大比重,拥有一批优势产业和举足轻重的骨干企业,拥有丰富的自然资源,拥有明显的科教优势和众多的技术人才。因此,现代服务业发展在全国范围内来说不容小觑,2015 年全国国内生产总值达 685505.8 亿元,东北区域生产总值达 57815.82 亿元,占比 8.43%。

如表 1-31 所示,就东北区域范围内而言,通过 2015 年东北区域三个省份按三次产业划分的国内生产总值数据可以看到,东北区域三次产业生产总值的结构比例是,第一产业生产总值仅占 11.45%,第二产业占 42.97%,而第三产业占 45.59%,东北区域内部仍然以第二产业和第三产业为主,并且第三产业比第二产业所占比重更大。

表 1-31 2015 年东北区域按三次产业划分的国内生产总值 （单位:亿元）

地 区	生产总值	按三次产业分		
		第一产业	第二产业	第三产业
辽 宁	28669.02	2379.53	13044.40	13245.09
吉 林	14063.13	1603.20	7003.44	5456.49
黑龙江	15083.67	2639.64	4796.61	7647.42
东北区域合计	57815.82	6622.37	24844.45	26349
全国	685505.80	60870.50	280560.50	344075.00
东北区域三次产业结构占比(%)		11.45	42.97	45.59
东北区域各产业所占全国比重(%)		10.88	8.86	7.66

就全国范围内而言,东北区域第三产业占国内生产总值的比重(7.66%),远低于当年全国平均的第三产业生产总值所占比重(50.77%),低约 43.11 个百分点,差距较大,可以说明东北区域第三产业欠发达,远低于全国平均水平。东北区域生产总值在全国范围内的特点是,第一产业生产总值占比较大,第二产业和第三产业占比较少。全国第一产业中 10.88%的生产总值由东北区域生产,全国第二产业中 8.86%的生产总值由东北区域生产,全国第三产业中 7.66%的生产总值由东北区域生产,可以看出,无论是第一产业、第二产业,还是第三产业,东北区域贡献的绝对的生产总值数较少,东北区域尤其是第一产业的主要的生产区域,依靠第一产业成为全国主要的生产总值生产基地,第二产业和第三产业发展较薄弱。

二、生产性服务业发展现状

(一)交通运输业

表 1-32 东北区域交通运输业从业人数 （单位:人）

	铁路运输业	道路运输业	水上运输业	航空运输业	管道运输业	装卸搬运和运输代理业
辽 宁	113752	134523	39813	19728	3227	18292
吉 林	65815	56383	143	6397	1084	1093
黑龙江	134674	74505	3751	7161	632	4279
东北区域合计	314241	265411	43707	33286	4943	23664
全 国	1874448	3879657	466509	553358	38536	431191
东北占全国比重(%)	16.76	6.84	9.37	6.02	12.83	5.49

如表 1-32 所示,东北区域的铁路运输业从业人员约占全国的比重为 16.76%,较上一

年度(16.97%)下降幅度较小,其中黑龙江省铁路运输业从业人员数量最多,达到13.47万人;道路运输业从业人员约占全国的比重为6.84%,较上一年度(6.84%)未发生明显变化,其中辽宁省道路运输业从业人员数量最大,达到近13.45万人;水上运输业从业人员占全国的比重约为9.37%,较上一年度(9.91%)下降0.54个百分点,降幅较小,其中辽宁省水上运输从业人员数量最大,达到3.98万人以上;航空运输业从业人员约占全国的比重为6.02%,较上一年度(6.35%)下降0.33个百分点,降幅较小,其中辽宁省航空运输业从业人员数量最大,达到近1.97万人;管道运输业从业人员占全国的比重约为12.83%,较上一年度(12.95%)下降0.12个百分点,其中辽宁省省管道运输从业人员数量最大,达到3227人;装卸搬运和运输代理业从业人员占全国的比重约为5.49%,较上一年度(5.32%)上涨0.17个百分点,其中辽宁省装卸搬运和运输代理业从业人员数量最大,达到1.83万人以上。总体来看,东北区域的运输业占全国比重并不是很大,东北区域3省份,除了铁路运输业和管道运输业所占份额超过10%以外,其余每个分项的运输业从业人数占全国的比重均不足10%,甚至装卸搬运和运输代理业从业人员数量占全国比重仅有5.49%。通过以上的分析可以看出,东北区域不同的省份形成了自己的吸纳劳动力特点,如黑龙江省的铁路运输业吸纳劳动力能力较强,辽宁省的道路运输业、水上运输业、航空运输业、管道运输业和装卸搬运和运输代理业吸纳劳动力能力均较强,不得不说,东北区域范围内,辽宁省的运输业发展较好,为东北区域现代服务业的发展贡献了自己的力量。

(二)批发与零售业

由表1-33可知,无论限额以上批发业还是限额以上零售业,东北区域所占全国比例均较低,其中,限额以上批发业法人企业个数达4230个,占全国限额以上批发业法人企业个数(91819个)的4.61%,限额以上批发业从业人数达202616人,占全国限额以上批发业从业人数(4907387人)的4.13%;限额以上零售业法人企业个数达5437个,占全国限额以上零售业法人企业个数(91258个)的5.96%,限额以上零售业从业人数达414224人,占全国限额以上零售业从业人数(6828374人)的6.07%。

表1-33 东北区域限额以上批发业与零售业法人企业数和从业人数 (单位:个,人)

	批发业		零售业	
	法人企业	年末从业人数	法人企业	年末从业人数
辽 宁	2970	124740	3050	234330
吉 林	523	33870	1191	82930
黑龙江	737	44006	1196	96964
东北区域合计	4230	202616	5437	414224
全 国	91819	4907387	91258	6828374
东北占全国比重(%)	4.61	4.13	5.96	6.07

东北区域限额以上批发业和限额以上零售业在全国范围内来说发展较弱,其内部差异也比较明显,其中就限额以上批发业来说,吉林省和黑龙江省的法人企业个数和年末从业人数与辽宁省的差距较大。同样,就限额以上零售业来说,吉林省和黑龙江省的法人企业个数

和年末从业人数也与辽宁省的差距较大。因此,从这两方面可以看出,辽宁省的限额以上批发业和限额以上零售业发展较强,而且体现出了东北区域范围内批发业与零售业发展的差异。

三、生活性服务业发展现状

(一) 住宿业与餐饮业

由表1-34可知,东北区域限额以上住宿业的法人企业个数以及从业人数占全国的比重较低,其中,限额以上住宿业法人企业个数达937个,占全国限额以上批发业法人企业个数(18937个)的4.95%,限额以上住宿业从业人数达84675人,占全国限额以上住宿业从业人数(1911615人)的4.43%,可以看出东北区域限额以上住宿业发展水平较差。从东北区域范围内来看,吉林省的限额以上住宿业法人企业个数只有182个,而辽宁省有528个,二者相差346个,差距较大,吉林省的限额以上住宿业从业人员仅有17478人,与东北区域从业人数最多的辽宁省(47769人)相差30291人,这不仅体现出吉林省的限额以上住宿业发展较为薄弱,而且体现出了东北区域范围内的发展差异。

表1-34 东北区域限额以上住宿业主要指标

	法人企业(个)	年末从业人数(人)	营业额(亿元)	客房收入	餐费收入
辽宁	528	47769	97.8	44.5	42.8
吉林	182	17478	31.5	14.5	13.6
黑龙江	227	19428	35.5	19.4	12.1
东北区域合计	937	84675	164.8	78.4	68.5
全国	18937	1911615	3648.2	1803.1	1366.1
东北占全国比重(%)	4.95	4.43	4.52	4.35	5.01

从限额以上住宿业的营业额角度来看,2015年东北区域营业额达164.8亿元,占全国营业额(3648.2亿元)的4.52%,其中辽宁省的营业额最高,达97.8亿元,占东北区域营业额的59.34%,超过东北区域总额的一半,吉林省的营业额最低,仅有31.5亿元,仅占东北区域营业额的19.11%,辽宁省与吉林省相差40.23个百分点。2015年东北区域的客房收入与餐费收入分别为78.4亿元和68.5亿元,分别占全国的比重为4.35%和5.01%。同时,吉林省的客房收入最低,仅有14.5亿元,黑龙江省的餐费收入最低,仅有12.1亿元,辽宁省的客房收入与餐费收入均最高,分别为44.5亿元和42.8亿元。

(二) 房地产业

由表1-35可知,2015年全国房地产开发行业计划总投资金额为536853.75亿元,东北区域计划总投资金额达35931.55亿元,占比6.69%。其中,辽宁省的计划总投资最多,达23120.45亿元,占东北区域的计划总投资比重为64.35%,占东部区域的绝大部分,黑龙江省的计划总投资最低,仅有6060.52亿元,占东北区域的计划总投资比重也仅为16.87%,值得注意的是,吉林省的计划总投资也较低,为6750.58亿元,与辽宁省的差距较大。

表 1-35　东北区域房地产开发投资总规模　　　　　（单位：亿元）

	计划总投资	自开始建设至本年底累计完成投资	本年完成投资
辽　宁	23120.45	17402.30	3558.64
吉　林	6750.58	4531.70	924.24
黑龙江	6060.52	4287.53	992.15
东北区域合计	35931.55	26221.53	5475.03
全　国	536853.75	378089.48	95978.85
东北占全国比重（%）	6.69	6.94	5.70

　　就"自开始建设至本年底累计完成投资"而言,2015 年东北区域达 26221.53 亿元,占全国(378089.48 亿元)的比重为 6.94%,比重较低。其中辽宁省的累计完成投资最多,达 17402.30 亿元,占东北区域的计划总投资比重为 66.37%,黑龙江省的累计完成投资最低,仅有 4287.53 亿元,占东北区域的计划总投资比重也仅为 16.35%,同样,吉林省的累计完成投资也较低,仅有 4531.70 亿元,与辽宁省的差距较大。

　　2015 年东北区域完成投资达 5475.03 亿元,占全国完成投资(95978.85 亿元)的比重为 5.70%,其中,辽宁省的完成投资最高,达 3558.64 亿元,占东北区域的完成投资比重为 65.00%,吉林省的完成投资最低,仅有 924.24 亿元,占东北区域的完成投资比重仅为 16.88%。

　　从房地产行业的三个指标来看,东北区域的房地产行业发展在全国范围内发展水平并不高,甚至很低,即便如此,区域内部房地产行业发展的差距也较大,没有均衡发展,具体表现为辽宁省发展得比吉林省和黑龙江省好。

四、公益性服务业发展现状

（一）卫生

　　表 1-36 汇报了 2015 年东北区域的医院、基层医疗卫生机构和专业公共卫生机构的数量,其中医院包括综合医院、中医医院和专科医院,基层医疗卫生机构包括社区卫生服务中心、街道卫生院、乡镇卫生院和村卫生室,专业公共卫生机构包括疾病预防控制中心、专科疾病防治院和妇幼保健院。2015 年全国的医院、基层医疗卫生机构和专业公共卫生机构的数量分别为 27587 个、920770 个和 31927 个,东北区域分别为 2648 个、70900 个和 2688 个,占比分别为 9.60%、7.70% 和 8.42%。

　　表 1-36 显示,医院数量中,辽宁省最多,达到 1020 个,占东北区域医院比重为 38.52%,基层医疗卫生机构数量中,辽宁省最多,达到 33105 个,占东北区域基层医疗卫生机构比重为 46.69%,专业公共卫生机构数量中,黑龙江省最多,达到 1301 个,占东北区域专业公共卫生机构比重为 48.40%。就东北区域而言,辽宁省和黑龙江省的医疗卫生水平发展较高。

表 1-36　东北区域医疗卫生机构数　　　　　　（单位：个）

	医院	基层医疗卫生机构	专业公共卫生机构
辽　宁	1020	33105	955
吉　林	616	19409	432
黑龙江	1012	18386	1301
东北区域合计	2648	70900	2688
全　国	27587	920770	31927
东北占全国比重（%）	9.60	7.70	8.42

由表 1-37 可知，东北区域为养老、儿童提供的社会服务床位数分别为 34.2 万张和 0.9 万张，分别占全国范围的 9.55% 和 9.00%，其中辽宁省为养老提供的社会服务床位数最多，达到 16.5 万张，占东北区域总数的 48.25%，其次是黑龙江省，吉林省为养老提供的社会服务床位数最少，仅有 6.5 万张，占东北区域总数的 19.01%，二者相差 29.24 个百分点，差距较大；辽宁省、吉林省和黑龙江省为儿童提供的社会服务床位数均达到 0.3 万张。

2015 年东北区域每千老年人口养老床位数的平均值为 20.84 张，远低于全国范围内的 30.31 张，说明东北区域社会服务发展水平整体上较全国其他三个区域较差，落后于全国平均水平。

表 1-37　东北区域提供社会服务床位数

	养老（万张）	儿童（万张）	每千老年人口养老床位数（张）
辽　宁	16.5	0.3	21.14
吉　林	6.5	0.3	14.35
黑龙江	11.2	0.3	27.04
东北区域合计	34.2	0.9	20.84*
全　国	358.1	10.0	30.31
东北占全国比重（%）	9.55	9.00	68.77

注：* 表示东北区域每千老年人口养老床位数的平均值。

（二）教育

由表 1-38 可知，2015 年全国普通高校、高中、中等职业、初中、小学和特殊教育学校数量分别为 2560 所、13240 所、8657 所、50405 所、190525 所和 2053 所，东北区域分别为 255 所、1028 所、821 所、4262 所、11529 所和 193 所，占比分别为 9.96%、7.76%、9.48%、8.46%、6.05% 和 9.40%，除了普通高校数量和特殊教育学校数量占全国比重接近 10% 以外，其余阶段学校数量占全国的比重均远低于 10%。

表 1-38　东北区域各阶段教育学校数　　　　　　（单位：所）

	普通高校	高中	中等职业	初中	小学	特殊教育
辽　宁	116	412	290	1517	4234	73
吉　林	58	239	289	1181	4493	47

	普通高校	高中	中等职业	初中	小学	特殊教育
黑龙江	81	377	242	1564	2802	73
东北区域合计	255	1028	821	4262	11529	193
全 国	2560	13240	8657	50405	190525	2053
东北占全国比重(%)	9.96	7.76	9.48	8.46	6.05	9.40

由表 1-39 可知,2015 年全国普通高校、高中、中等职业、初中、小学和特殊教育学校的专任教师数分别为 1572565 人、1695354 人、652447 人、3475636 人、5685118 人和 50334 人,东北区域分别为 151137 人、121156 人、50855 人、257392 人、375946 人和 5382 人,占比分别为 9.61%、7.15%、7.79%、7.41%、6.61%和 10.69%,同样,除了普通高校和特殊教育学校专任教师数占全国比重接近 10%以外,其余阶段学校专任教师数占全国的比重均远低于10%。

表 1-39　东北区域各阶段教育学校专任教师数　　　　　　　　　　(单位:人)

	普通高校	高中	中等职业	初中	小学	特殊教育
辽 宁	65179	50054	20411	98838	140002	2042
吉 林	39152	28788	16259	64724	110058	1463
黑龙江	46806	42314	14185	93830	125886	1877
东北区域合计	151137	121156	50855	257392	375946	5382
全 国	1572565	1695354	652447	3475636	5685118	50334
东北占全国比重(%)	9.61	7.15	7.79	7.41	6.61	10.69

东北区域的教育是我国教育事业的一个重要组成部分,各阶段较多的学校数量和专任教师保证了教育事业的较好发展。就东北区域范围内各阶段学校数量专任教师数而言,辽宁省较多。

通过以上分析,可以看出,在东北区域范围内,现代服务业发展较好的省份是辽宁省,其次是黑龙江省,最后是吉林省。

第二章　中国典型经济区现代服务业发展对比分析

改革开放以来,现代服务业逐渐成为国民经济发展的支柱产业,成为促进产业结构升级、调整经济增长方式的重要支撑点,是经济总量增长的重要拉动力量,因此国家将发展现代服务业作为战略重点。"十六大"报告中明确指出"加快发展现代服务业";《国家中长期科学和技术发展规划纲要》设立了信息产业与现代服务业领域,并把"现代服务业信息支撑技术及大型软件"和"数字媒体内容平台"作为优先主题;2007年国务院出台的《关于加快发展服务业的若干意见》和"十七大"报告,都对大力发展现代服务业提出了明确的要求,标志着加快发展现代服务业已成为新时期国家发展的战略重点之一。

现代服务业既包括新兴服务业,也包括对传统服务业的技术改造和升级,从本质上说是为了适应社会进步、经济增长而进行的第三产业的一种升华,由于针对现代服务业的数据有限,本报告以第三产业数据替代现代服务业数据。现代服务业具有从业人员素质高、整体技术含量高、产品附加值高等特点,在现阶段经济发展中的地位越来越重要。根据《2015 国家统计年鉴》的最新数据,2015 年我国第三产业生产总值达 344075 亿元,占 GDP 比重50.19％。

然而国家大力支持第三产业发展并且第三产业快速发展的同时,其自身又形成了因城市圈不同所导致的不同特点。经过几十年的发展,我国形成了著名的三大经济圈,分别是长三角、珠三角和京津冀。长三角是我国第一大经济区,是中国综合实力最强的经济中心,是由江苏、浙江、上海组成的经济区,包括南京、苏州、无锡、扬州、南通、镇江、常州、泰州、杭州、湖州、宁波、绍兴、舟山、温州、嘉兴、上海 16 个地级以上城市,长三角城市群是中国最大的城市群,也是世界第六大城市群。20 世纪 90 年代,以浦东开发作为引导,"苏南模式"和"温州模式"被广泛推广,带动整个长三角地区经济发展,2015 年长三角的 GDP 达 138126.32 亿元,其中第三产业生产总值占 GDP 比重达 52.45％,超过一半。珠三角包括广州、深圳、佛山、东莞、中山、珠海、惠州、江门、肇庆共 9 个城市,被称为中国的"南大门",是具有全球影响力的先进制造业基地和现代服务业基地,2015 年珠三角的 GDP 达 62267.78 亿元,其中第三产业生产总值占 GDP 比重达 54.63％,超过一半。京津冀城市群由首都经济圈的概念发展而来,包括北京市、天津市以及河北省的保定、唐山、廊坊、秦皇岛、邯郸、邢台、石家庄、张家口、承德、沧州、衡水等 11 个城市,2015 年京津冀的 GDP 达 69358.89 亿元,其中第三产业生产总值占 GDP 比重达 56.14％,超过一半。

因此,本报告就我国三大经济圈的情况来探讨现代服务业发展的现状和地区差异。

第一节 现代服务业发展的经济区趋同与分异

一、长三角现代服务业经济发展分析

近年来,长三角积极应对各方挑战,加快经济发展方式转变和结构调整,整体经济保持平稳发展。由于数据获得的限制,以下的分析以上海市、浙江省和江苏省的数据代替长三角的数据,由于这些省市的大部分地区属于长三角地区,长三角地区是这三省市经济增长的主要原动力,因此,这样的替代是有现实意义的。

表 2 - 1 长三角地区近 10 年的地区生产总值 （单位:亿元）

年份	长三角	上海	江苏	浙江
2005	41264.03	9247.66	13417.68	18598.69
2006	48032.76	10572.24	15718.47	21742.05
2007	57266.22	12494.01	18753.73	26018.48
2008	66514.54	14069.87	21462.69	30981.98
2009	72494.10	15046.45	22990.35	34457.30
2010	86313.77	17165.98	27722.31	41425.48
2011	100624.81	19195.69	32318.85	49110.27
2012	108905.27	20181.72	34665.33	54058.22
2013	119328.10	21818.15	37756.58	59753.37
2014	128829.05	23567.70	65088.32	40173.03
2015	138126.32	25123.45	70116.38	42886.49

表 2 - 1 汇报了长三角地区近 10 年来的地区生产总值以及上海市、江苏省和浙江省等主要省市的近十年地区生产总值。表 1 显示,2015 年我国 GDP 达 685505.80 亿元,而 2015 年长三角地区的生产总值达 138126.32 亿元,占比 20.15％,长三角地区的三个省市就为全国贡献了超过五分之一的 GDP,可以看出长三角地区在全国经济发展中的地位。

具体分析三个省市的 GDP 可以发现,长三角地区最大的经济体是江苏省,2015 年江苏省的 GDP 总量达 70116.38 亿元,占长三角地区的比重超过一半,达 50.76％。第二大经济体是浙江省,2015 年 GDP 达 42886.49 亿元,占长三角地区比重为 31.05％。最后是上海市,2015 年 GDP 达 25123.45 亿元,占长三角地区比重为 18.19％。

根据表 2 - 1 近十年来长三角地区生产总值的数据,将其发展趋势通过折线图的形式呈现出来,结果如图 2 - 1 所示。

由图 2 - 1 可以看出,2005—2015 年,长三角地区 GDP 呈线性增长模式,增长速度较快。上海市也呈线性增长模式,但其增长率较低。细看江苏省和浙江省近十年的 GDP 发展模式可以看出,2013 年之前,江苏省和浙江省的 GDP 总体呈现上升趋势,但是 2013 年以后出现

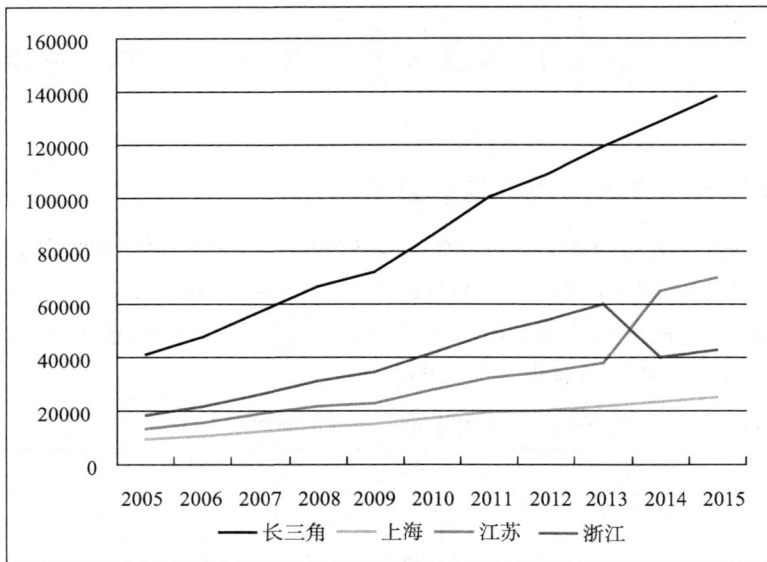

图 2 - 1   长三角地区近 10 年的地区生产总值(单位:亿元)

了不同的变化,其中,江苏省 2013—2014 年 GDP 增长速度加快,但 2014 年以后增长速度又放缓,浙江省 2013—2014 年 GDP 加速下降,但 2014 年以后,GDP 又低速上升。

(一)现代服务业对地区国民经济贡献率过半

2015 年,长三角核心区 16 市一、二、三次产业生产总值比重(%)为 4.29∶43.26∶52.45,服务业增加值占国内生产总值的比重继 2014 年之后,再次超过 50%,并且呈现上升趋势。从长三角三个省市的内部来看,作为长三角龙头城市的上海市,其 GDP 总量虽然不是最高,但上海市的第三产业生产总值占其总产值的 67.76%,超过三分之二,服务业贡献率较大。江苏省在长三角的 GDP 总量中占比最大,但不容忽视的是第三产业生产总值占江苏省 GDP 的比重最低,为 48.61%,浙江省的第三产业生产总值占浙江省 GDP 的比重达49.76%,接近一半。随着经济的发展与转型,现代服务业的比重越来越高,其对经济增长的贡献率总体上过半,尽管内部之间有所差异。

表 2 - 2   2015 年长三角地区三省市的三次产业生产总值　　　　　(单位:亿元)

	第一产业	第二产业	第三产业	第三产业占比(%)
上海	109.82	7991.00	17022.63	67.76
江苏	3986.05	32044.45	34085.88	48.61
浙江	1832.91	19711.67	21341.91	49.76

(二)各城市的现代服务业发展差距较大

尽管现代服务业对长三角地区经济的发展贡献率较大,但其内部之间的发展差异较大,不均衡。本部分选取的长三角主要城市为上海市、南京市、苏州市、无锡市、杭州市和宁波市,分析长三角地区现代服务业的差异,2015 年长三角主要城市生产总值的结构如表 2 - 3所示。

　　根据表 2-3 的结果,长三角地区主要城市的生产总值可以分为四个阶梯。第一阶梯是上海市,地区生产总值达 25123.45 亿元,并且第三产业增加值达 17022.63 亿元,上海市在长三角地区占据绝对的经济地位。第二阶梯为苏州、杭州二市,其生产总值超过 1 万亿,但是从三次产业结构上看,苏州要领先杭州。第三阶梯是南京市、无锡市、宁波市三市,生产总值超过 8000 亿,其中南京市的生产总值接近 1 万亿,并且南京市第三产业生产总值占比达到 57.32%,超过无锡和宁波第三产业生产总值的占比。

表 2-3　2015 年长三角主要地区生产结构情况　　　　　　　　（单位:亿元）

地区	地区生产总值	第一产业增加值	第二产业增加值	第三产业增加值
上海	25123.45	109.82	7991.00	17022.63
南京	9720.77	232.39	3916.77	5571.61
苏州	14504.07	215.71	7045.12	7243.24
无锡	8518.26	137.72	4197.43	4183.11
杭州	10050.21	287.95	3909.01	5853.25
宁波	8003.36	284.68	4098.22	3620.71

　　第四阶梯是长三角地区剩下的城市,有常州、镇江、南通、扬州、泰州、嘉兴、绍兴、台州、湖州和舟山。这些地区生产总值在 2000 亿左右,尽管第三产业增加值低于前三阶梯的城市,但这些城市经济的发展还是依靠现代服务业。

（三）现代服务业发展的结构及地区分工明显

　　根据中国统计局的划分,现代服务业包括:批发与零售业,金融业,房地产业,交通运输、仓储和邮政业,信息传输、计算机服务和软件业,租赁和商务服务业,科学研究、技术服务和地质勘探业,水利、环境和公共设施管理业,居民服务和其他服务业,教育,卫生、社会保障和社会福利,文化、体育和娱乐业,公共管理和社会组织等 14 个行业。本部分以批发和零售业、交通运输、仓储和邮政业、住宿和餐饮业、金融业和房地产业的增加值为例,分析长三角地区服务业的主要行业的发展情况,数据结果如表 2-4 所示。

　　表 2-4 汇报了 2015 年长三角地区服务业主要行业发展情况。长三角服务业的主要行业是批发与零售业,占所列五种行业总增加值的比重达 36.27%;其次是金融业,其增加值占所列五种行业总增加值的比重达 27.97%;再次是房地产业,其增加值占所列五种行业总增加值的比重达 17.63%;接着是交通运输、仓储和邮政业,其增加值占所列五种行业总增加值的比重达 12.35%;最后是住宿和餐饮业,其增加值占所列五种行业总增加值的比重达 5.78%。

　　就长三角地区内部省市来说,各个行业的发展差异较大。批发与零售业中,江苏的增加值达 6992.68 亿元,占长三角比重达 43.54%,上海和浙江分别占比 23.81% 和 32.66%。交通运输、仓储和邮政业中,江苏的增加值达 2705.44 亿元,占长三角比重达 49.46%,接近二分之一,上海和浙江分别占比 20.71% 和 29.83%。住宿和餐饮业中,江苏的增加值达 1189.40 亿元,占长三角比重达 46.48%,上海和浙江分别占比 14.64% 和 38.89%。金融业中,江苏的增加值达 5302.93 亿元,占长三角比重达 42.81%,上海和浙江分别占比 33.60% 和 23.59%。房地产业中,江苏的增加值达 3755.45 亿元,占长三角比重达 48.11%,接近二分之一,上海和浙江分别占比 21.77％和 30.12％。通过五大行业的对比分析,可以发现,三省市在各行业中的发展差异较大,江苏省的现代服务业发展最好,其次是上海市,最后是浙江省。值得一提的是,就金融业来说,上海市和江苏省的差距较小,上海身为全国的金融中心,尤其侧重发展金融业,自身金融业较发达,而江苏是经济大省,金融业的发展也不落后。

表 2-4　2015 年长三角地区服务业主要行业发展情况　　　　　　　　（单位:亿元）

项　目	上海市	江苏省	浙江省	合计
批发与零售业增加值	3824.22	6992.68	5245.03	16061.93
交通运输、仓储和邮政业增加值	1133.17	2705.44	1631.88	5470.49
住宿和餐饮业增加值	374.63	1189.40	995.02	2559.05
金融业增加值	4162.70	5302.93	2922.93	12388.56
房地产业增加值	1699.78	3755.45	2351.42	7806.65

二、珠三角现代服务业经济发展分析

珠三角,全称珠江三角洲经济圈,或者珠江三角洲经济区。珠三角是中国改革开放的先行地区,早期是利用与香港的相邻位置吸引港资,后期逐渐形成了以香港、澳门、广州为中心,由广东省 9 市(广州、深圳、珠海、佛山、惠州、肇庆、江门、中山、东莞)组成。作为中国重要的经济中心区域,珠三角经济发达,具有活力,在中国改革开放进程中具有举足轻重的地位。

表 2-5　2015 年珠三角地区主要经济发展指标

区　域	GDP(亿元)	GDP 增长(％)	第三产业增加值(亿元)	第三产业增加值占 GDP 比重(％)
珠三角	62267.78	7.73	34014.26	54.63
东翼	5430.21	7.24	2026.32	37.32
西翼	6075.66	5.18	2555.96	42.07
山区	4910.84	6.57	2193.50	44.67

表 2-5 是 2014 年广东省各区域的主要指标,可以看出,珠三角地区 2015 年的 GDP 总值为 62267.78 亿元,较 2014 年上涨 7.73％,同 2014 年的增速(7.8％)相比,稍有下降,其中第三产业增加值 34014.26 亿元,第三产业生产总值占珠三角 GDP 的比重达 54.63％,超过二分之一,说明第三产业已经成为珠三角地区的核心产业,第三产业发展成为珠三角地区经济增长的活力点。从经济增长的强劲度来说,珠三角的东翼地区增长率较高,其次是山区,最后是西翼,从第三产业增加值占 GDP 比重来说,山区达 44.67％,占比最高,东翼只有 37.32％,占比最低,中间的是西翼,占比 42.07％。

总结珠三角地区广东省 9 市的现代服务业发展特点,可以概括为以下几点:

(一)现代服务业地区发展不平衡,但总体持续向上发展

横向上来看,表 2-6 汇报了 2010—2015 年广东省 9 市的第三产业增加值及 2015 年 9 市第三产业增加值所占比重。从 2015 年 9 市第三产业增加值占比来看,广州市作为我国的超大城市,其对我国经济发展的贡献显著,而且在珠三角地区也占据绝对优势。2015 年广州市第三产业增加值占 9 市的比重为 35.71％,超过三分之一。其次是深圳市,其占比达 30.25％,从这两个数据可以看出,广州和深圳两市的经济发展潜力越来越强劲,这两座城市 的第三产业增加值占比接近 66％,达三分之二。但是其他 7 座城市的第三产业增加值发 展与广州和深圳出现较大脱节,甚至出现了两极分化。其中,东莞市第三产业增加值占比 9.8％,接近 10％,佛山市占比 8.9％,其余 5 市占比均在 4％以下。可以看出,珠三角地区 广东省 9 市的现代服务业发展差异较大,发展极不平衡,出现了两极分化,并且差异有扩大 的趋势。

表 2－6　2010—2015 年珠三角地区广东省 9 市第三产业增加值　（单位:亿元）

	2010 年	2011 年	2012 年	2013 年	2014 年	2015 年	2015 年各市占比（％）
广州	6557.45	7641.92	8616.79	10026.26	10897.20	12147.49	35.71
深圳	5246.33	6170.20	7239.98	8280.11	9184.22	10288.28	30.25
珠海	516.43	609.38	693.86	792.36	884.57	973.00	2.86
佛山	1995.43	2223.73	2383.28	2632.03	2705.68	3028.00	8.90
惠州	613.36	764.75	892.10	1041.36	1162.27	1262.35	3.71
东莞	2069.86	2336.52	2575.85	2875.25	3066.55	3332.00	9.80
中山	727.55	911.24	1027.83	1117.65	1195.26	1310.85	3.85
江门	581.35	695.30	770.43	838.48	893.12	980.80	2.88
肇庆	440.60	513.46	557.16	588.25	651.26	691.49	2.03

　　根据表 2－6 中的数据,本报告作出 2010—2015 年广东省 9 市的第三产业增加值的发 展趋势图,以研究第三产业发展的总体趋势,结果如图 2－2 所示。

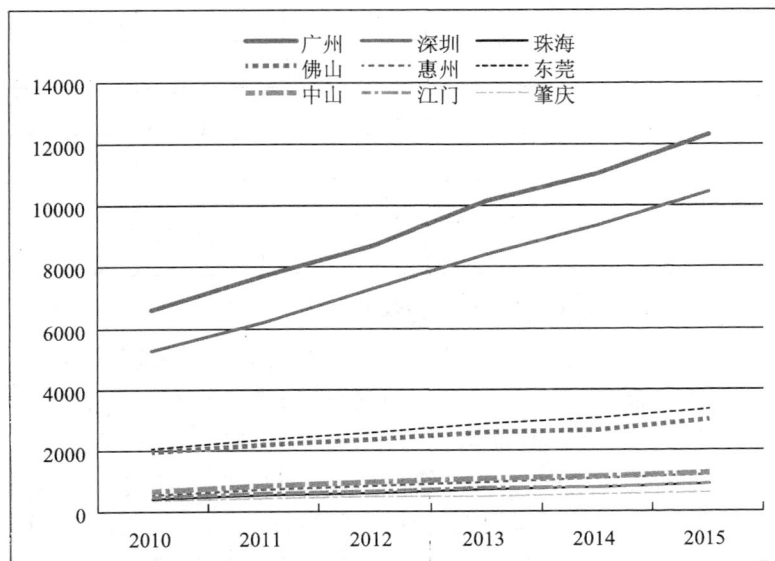

图 2－2　2010—2015 年珠三角地区广东省 9 市第三产业增加值趋势（单位:亿元）

从图 2-2 可以看出,2010—2015 年广东省 9 市的第三产业增加值的发展总体上均呈现上升趋势,总体趋势一致。但较为明显的是,广州和深圳第三产业增加值的发展较快,增长较迅速,其余 7 市尽管增长速度较慢,但均保持低速增长。

(二)现代服务业成为珠三角经济增长的新动力

纵向上来看,表 2-7 汇报了 2006—2015 年广东省三次产业对经济发展的贡献率。从表中可以看出,近十年来,广东省第一产业对经济发展的贡献率基本保持在 1%—3%,比重较低,但其第二产业与第三产业的发展比较微妙。2006—2011 年,广东省第二产业对经济发展的贡献率一直保持 50% 以上,2010 年甚至达到了 62%,当时的第二产业可谓是广东省经济增长的一辆马车。但 2011 年之后,广东省第二产业对经济发展贡献率低于 50%,甚至越来越低,尽管 2014 年有所反复,但总体趋势在下滑。近十年来,广东省第三产业对经济发展的贡献率逐年上升,并于 2012 年首次超过第二产业对经济发展的贡献率,达到 52.7%。这说明广东省现代服务业的发展越来越强势,并且广东省的经济转型发展较好、较快,积极落实了中央政策。

广东省第三产业迅速发展的原因,从宏观经济上来说,"十一五"、"十二五"规划期间,一方面是政府正在转变经济结构,减少了污染型工业,鼓励第三产业的发展,另一方面,由于工业结构的调整,珠三角地区的人力、资本流向了第三产业,促进了现代服务业的发展。

表 2-7 2006—2015 年珠三角地区广东省三次产业贡献率　　　　　(单位:%)

年份	第一产业	第二产业	第三产业
2006	1.8	58	40.2
2007	1.2	59	39.7
2008	1.9	58	40.1
2009	2.5	50.1	47.4
2010	1.7	62	36.3
2011	2.1	52.7	45.2
2012	2.2	45.1	52.7
2013	1.3	45.4	53.3
2014	1.7	49.1	49.1
2015	1.7	42.5	55.9

(三)现代服务业中知识密集型产业发展较快

现代服务业相当于现代第三产业,特点是知识密集型,资源消耗有限,污染排放少,具有较高的生产附加值,其中金融保险业、信息传输、软件和信息技术服务业是高知识型和新型产业,2015 年,广东省金融业生产总值达 5757.08 亿元,占广东省 GDP 的比重达 7.91%,占广东省第三产业增加值比重达 15.62%,信息传输、软件和信息技术服务业生产总值达 2282.53 亿元,占广东省 GDP 的比重达 3.13%,占广东省第三产业增加值比重达 6.19%。这些朝阳产业、新兴产业的兴起与崛起,将长期引导珠三角地区的现代服务业发展,一方面可以有效缓解珠三角的就业压力,另一方面可以有效提升珠三角地区经济发展质量。相较而言,珠三角地区的生产性服务业发展较为滞后,这与工业结构调整进程有关。

三、京津冀现代服务业经济发展分析

近年来,京津冀区域的经济水平日益提高,区域地位逐渐增强,现代服务业水平不断提高,成为京津冀区域经济发展的重要引擎。京津冀地区也越来越重视地区现代服务业的发展,相继出台各项政策大力推动现代服务业的发展。但京津冀区域本身仍然存在较大差距,这种区域发展差异造成了各区域的分工不明确,资源优势得不到充分利用,区域内的经济增长潜力并没有充分开发出来,进而影响到该区域整体经济的发展。现代服务业作为社会经济发展的趋势,越来越成为一个国家或地区经济发展水平的重要标志,对区域经济的发展也有不可替代的作用,推动京津冀现代服务业协同发展也是实现京津冀地区协同发展的重要途径之一。2014年2月,在京津冀协同发展专题座谈会中,习近平总书记强调要不断推进区域内的资源整合,并就实现京津冀协同发展这项重大国家战略,提出了七项要求,这体现了国家对该区域发展的重视。京津冀协同发展是在我国加快产业结构调整和经济发展方式转变的大背景下提出的,是适应我国社会经济发展要求的,这既有利于破解三地发展的瓶颈,实现京津冀现代服务业的优势互补,推动环渤海经济的发展,加快京津冀区域现代服务业发展,又对于促进京津冀区域产业协同,提升区域的整体经济实力有着重要意义。

京津冀地区服务业的发展对于中国国民经济有着重要的作用,尤其是现代服务业,它的发展程度已成为衡量地区发达程度和竞争力的重要标志。以下从地区总体和产业结构方面对京津冀现代服务业发展现状进行分析,通过对各地区服务业产值、产业规模以及专业化水平等几个方面的分析,了解京津冀现代服务业的行业发展状况。

表 2－8　2015 年京津冀地区主要经济发展指标

区域	GDP(亿元)	GDP 增长(%)	第三产业增加值(亿元)	第三产业增加值占 GDP 比重(%)
京津冀	69358.89	4.33	38936.68	56.14
北京	23014.59	7.89	18331.74	79.65
天津	15726.93	5.16	8625.15	54.84
河北	29421.15	1.31	11979.79	40.72

从表 2－8 可以看出,整体上来说 2015 年京津冀地区生产总值达 69358.89 亿元,占全国 GDP 总量的 10.12%,GDP 增长率为 4.33%,京津冀地区经济发展情况较好。其中,就京津冀地区内部而言,河北省的 GDP 总量最高,达 29421.15 亿元,为京津冀地区的经济发展贡献 42.42%,但与 2014 年相比经济增长较慢,仅有 1.31%,经济发展前景不太乐观。其次是北京,GDP 达 23014.59 亿元,为京津冀地区的经济发展贡献 33.18%,而且较 2014 年相比经济增长 7.89%,增长率较高,发展态势较好。最后是天津,2015 年 GDP 只有 15726.93 亿元,较 2014 年经济增长 5.16%。单看 GDP 总量发展,京津冀地区内部发展差异较大,北京发展态势较好,其次是天津,最后是河北。

就第三产业而言,2015 年,京津冀地区第三产业增加值达 38936.68 亿元,占 GDP 比重为 56.14%,第三产业发展对经济发展的贡献率超过了一半。北京的第三产业增加值达到

18331.74 亿元,占 GDP 总值的 79.65%,几乎达到 80%,第三产业在北京的经济发展中处于绝对优势的地位,全市范围内几乎全为第三产业,经济转型非常成功。天津的第三产业增加值为 8625.15 亿元,占 GDP 的比重为 54.84%,超过一半,河北的第三产业增加值为 11979.79 亿元,占 GDP 的比重为 40.72%。通过比较发现,河北经济的发展总量上还相对较乐观,但其发展的前景和动力上,相对较弱。

详细研究京津冀地区其他经济指标,我们可以发现:

(一)经济发展的同时,现代服务业占据主导

表 2-9 汇报了 2007—2015 年,京津冀地区每年第三产业增加值及其所占 GDP 的比重值。

表 2-9　2007—2015 年京津冀地区第三产业发展状况

年份	北京		天津		河北	
	第三产业增加值(亿元)	第三产业占GDP 的比重(%)	第三产业增加值(亿元)	第三产业占GDP 的比重(%)	第三产业增加值(亿元)	第三产业占GDP 的比重(%)
2007	7236.1	73.5	2250.0	42.8	4600.7	33.6
2008	8375.8	73.3	2886.7	43.0	5276.0	33.0
2009	9179.2	75.9	3405.2	45.3	6068.3	35.2
2010	10600.8	75.1	4238.7	46.0	7123.8	34.9
2011	12363.2	76.1	5219.2	46.2	8483.2	34.6
2012	13669.9	76.5	6058.5	47.0	9384.8	35.3
2013	14986.4	76.9	6905.0	48.1	10038.9	35.5
2014	16626.3	77.9	7795.2	49.6	10960.8	37.3
2015	18331.7	79.7	8625.2	54.8	11979.8	40.7

从表 2-9 可以看出,2007—2015 年,北京、天津和河北三省市的第三产业增加值一直增长,占当年 GDP 的比重也在逐渐上升。其中,2015 年是一个"跨越年",在这一年,北京的第三产业增加值占 GDP 的比重一跃接近 80%,达到 79.7%,天津的第三产业增加值占 GDP 的比重一跃超过 50%,达到 54.8%,河北的第三产业增加值占 GDP 的比重一跃超过 40%,达到 40.7%。并且,从近几年的发展趋势中可以看出,除河北外,北京和天津的第三产业对经济发展的贡献率均超过三分之一,北京甚至超过三分之二,近两年来,河北的第三产业对经济发展的贡献率逐渐超过三分之一,因此,经济发展的同时,现代服务业在经济发展中的主导地位逐渐形成并进一步得以巩固,经济发展的转型是一种必然趋势。

(二)现代服务业发展中形成了各自特色行业

表 2-10 汇报了 2007—2015 年京津冀地区现代服务业中金融业、房地产业的生产总值数。为了数据的可视化,将表 2-10 的数据通过折线图的形式呈现出来,如图 2-3、图 2-4、图 2-5 所示。

表 2－10　2007—2015 年京津冀地区主要第三产业业发展状况　　　（单位:亿元）

	年份	交通运输、仓储和邮政业	批发与零售业	住宿和餐饮业	金融业	房地产业
北京	2007	502.6	879.4	247.0	1286.3	644.2
	2008	505.7	1060.9	277.5	1493.6	610.8
	2009	556.6	1525.0	262.5	1603.6	1062.5
	2010	712.0	1888.5	317.3	1863.6	1006.5
	2011	809.0	2139.7	348.4	2215.4	1074.9
	2012	816.3	2229.8	373.1	2536.9	1244.2
	2013	883.6	2372.4	374.8	2822.1	1339.5
	2014	948.1	2411.1	363.8	3357.7	1329.2
	2015	983.9	/	/	3926.3	1438.4
天津	2007	294.1	498.6	92.6	288.2	189.4
	2008	320.6	606.6	106.1	30.6	202.4
	2009	471.0	836.8	131.8	461.2	308.7
	2010	585.4	1090.7	157.7	573.0	377.6
	2011	632.1	1463.9	194.5	756.5	411.5
	2012	683.6	1680.3	222.2	1001.6	449.7
	2013	725.1	1902.5	241.3	1202.0	519.4
	2014	720.7	1950.7	230.3	1422.3	550.9
	2015	/	/	/	/	/
河北	2007	1161.6	714.8	132.6	353.2	409.6
	2008	1281.3	844.9	147.8	419.0	435.9
	2009	1491.9	1157.8	247.1	525.7	612.4
	2010	1745.9	1529.3	265.0	615.4	697.8
	2011	2046.2	1780.6	338.9	746.0	918.0
	2012	2212.9	2024.3	388.9	913.7	982.1
	2013	2377.6	2164.0	415.2	1033.6	1041.3
	2014	2396.4	2255.1	399.9	1347.6	1119.8
	2015	/	/	/	/	/

　　从图 2－3 可以看出,2007—2015 年,北京第三产业中,金融业和批发与零售业增加值增长较快,而交通运输、仓储和邮政业、住宿和餐饮业和房地产业的增加值虽持续增长,但增长率较低。因此,近几年的发展中,北京的第三产业逐渐形成了自己的发展特色,以金融业和批发与零售业为主要增长点。

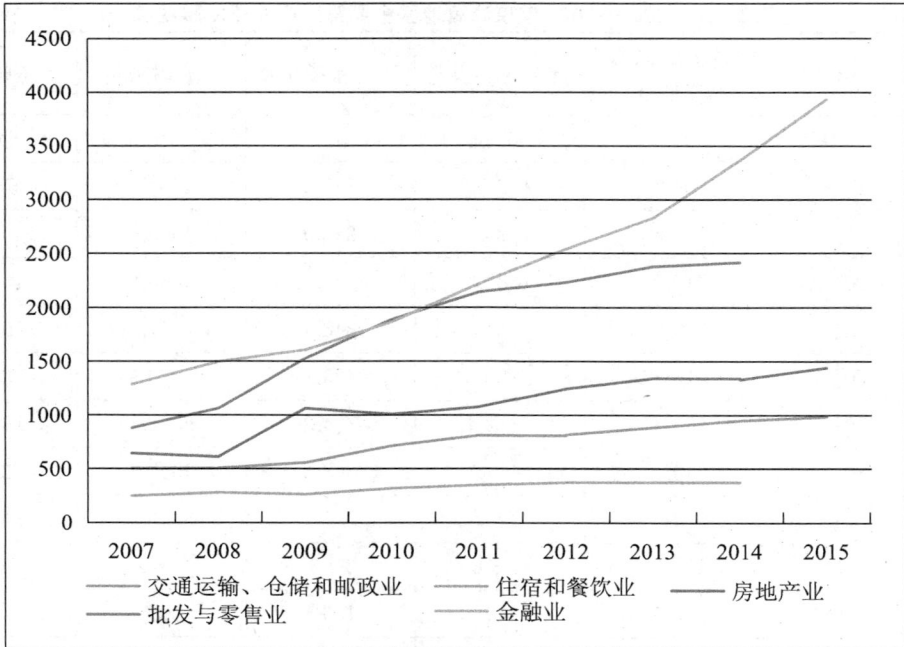

图 2-3　2007—2015 年北京主要第三产业发展状况(单位:亿元)

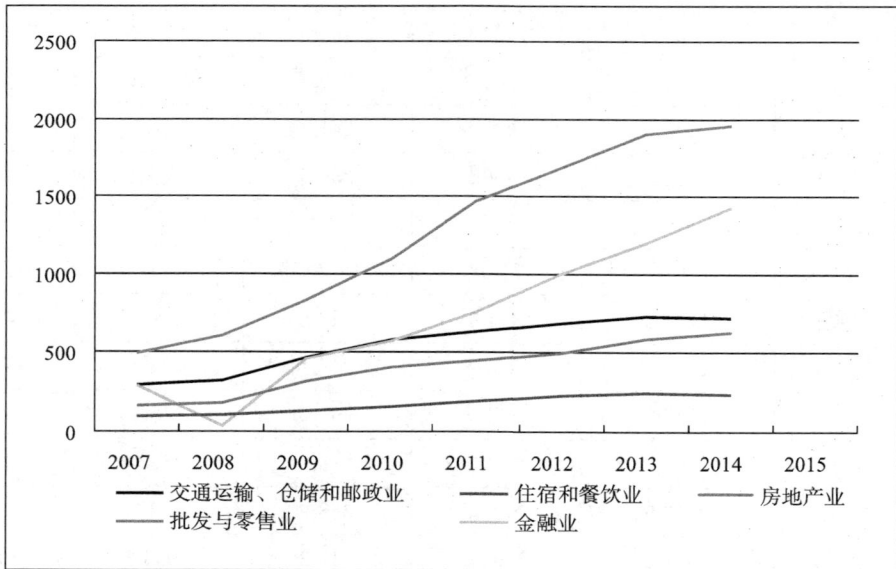

图 2-4　2007—2014 年天津主要第三产业发展状况(单位:亿元)

　　从图 2-4 可以看出,近几年来,天津的第三产业发展也形成了自身发展特色,与北京相似,金融业和批发与零售业增加值增长较快,而交通运输、仓储和邮政业、住宿和餐饮业和房地产业的增加值虽持续增长,但增长率较低,甚至 2014 年以后交通运输、仓储和邮政业和住宿和餐饮业增加值有下降趋势。

　　从图 2-5 可以看出,河北的第三产业发展与北京和天津有所差异。近几年来,河北第

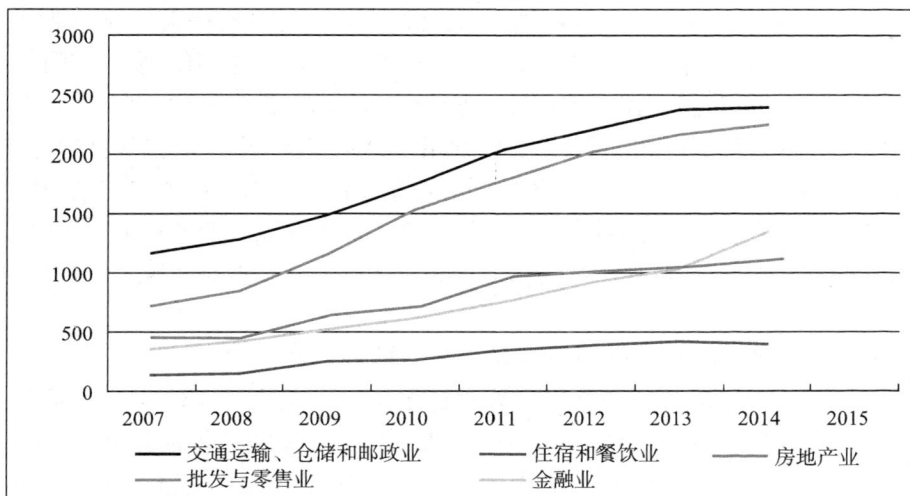

图 2-5 2007—2014 年河北主要第三产业发展状况（单位：亿元）

三产业中交通运输、仓储和邮政业和批发与零售业增加值增长较快,但 2013 年以后,增长率出现下降,甚至交通运输、仓储和邮政业的增加值出现下降趋势。2013 年之前,住宿和餐饮业、房地产业和金融业的增加值以一个较低的速度增长,但 2013 年之后,金融业出现了较快的增长趋势,增长率较高。因此,河北也逐渐形成以金融业和批发与零售业为主要动力的第三产业发展模式。

第二节　三大经济圈现代服务业发展的趋同与分异

一、现代服务业经济发展趋同分析

(一)发展现代服务业的地理和交通优势

长三角地区是我国经济最为发达的地区之一,长江贯穿整个地区的地理优势为本地区的经济发展创造了良好条件,通过长江水道和公路、铁路、多条航线等可以一直辐射到中国的中西部。长江三角洲经过半个世纪的建设,沪宁、沪杭、杭甬交通沿线为城市密集带,也是产业集中带和生产力发展的主轴线,沿江、沿海地带的港口、工业和城市,自 20 世纪 70 年代以来也得到快速发展,以上海为龙头、南京、杭州为轴心的经济发展带逐渐形成。

珠三角地区内有珠江以及纵横交错的铁路、公路、航线,也为其发展现代服务业提供了先决条件。该地区紧靠港澳,20 世纪 80 年代以来,作为中国经济对外开放的窗口,了解世界经济发展最新动态的跳板,经济发展的战略与港澳互补,在港澳经济的带动下,逐步形成自具特色的经济发展模式。

长三角和珠三角自 20 世纪 80 年代改革开放至今,已经成为我国经济最为发达的两大区域,是国民经济的脊梁,回首发展的历程,我们也可以发现,两个地区发展道路的各不相同,成长的历程也各具特点。

2010年10月，中央一位高层领导视察河北时提出："河北具有得天独厚的地理条件，应发挥优势，打造环首都经济圈，实现和北京双赢。"因此，提出应凭借河北腹地广阔优势、北京首都公共资源优势、天津北方大港优势，加快推动环渤海区域合作步伐。直到2011年，河北省提出一个打造"环首都绿色经济圈，推进河北沿海地区发展方案"，北京提出"打造全国政治中心、文化中心、国际交流中心、科技创新中心规划方案"，才引起各方专家共识性重视，明确写入了国家"十二五规划"。随着京津冀区域经济的快速发展和天津被确定为北方的经济中心，以及它的特殊地理位置（处于环渤海地区和东北亚的核心重要区域），越来越引起中国乃至整个世界的关注。

（二）第三产业比重逐渐上升，其主导地位得到巩固

2013—2015年长三角、珠三角和京津冀地区的第三产业生产总值与所占GDP的比重如下表2-11所示，从表中可以看出，每一个省市的第三产业增加值都在上升，而且第三产业增加值占当年GDP的比重逐步上升，甚至好多省市在2015年第三产业增加值的占比首次超过了50%，如广东和天津。第三产业持续发展的同时，它在经济发展中的主导地位逐渐得到巩固。因此，发展现代服务业、加快经济转型发展，是发展经济的必由之路。

具体来看，2015年与2013年和2014年相比，第三产业的发展呈现了跨越式发展，第三产业比重增长较快。2015年，北京的第三产业占GDP比重达到了79.7%，几乎所有产业均为第三产业。其次是上海，2015年上海的第三产业占GDP比重达到了67.8%，占比超过三分之二。接着是天津，2015年天津的第三产业占GDP比重达到了54.8%，较2014年上升5.2个百分点。广东省2015年第三产业占GDP比重达到了50.61%，较2014年上升1.6个百分点。值得注意的是，2015年河北的第三产业占GDP比重达到了40.7%，首次突破40%，而2013年和2014年，占比还仅在35%左右，大约三分之一，现在河北的第三产业在地区经济中的比重已经超过了其他两次产业。

总体来看，长三角、珠三角和京津冀地区，第三产业在地区经济中的比重均已经超过其他两次产业，成为比重最大的产业，并以每年持续上升的态势发展，因此第三产业成为经济增长的重要引擎。

表2-11　2013—2015年三大经济圈主要省市第三产业发展状况

地　区		2013年		2014年		2015年	
		第三产业（亿元）	第三产业比重（%）	第三产业（亿元）	第三产业比重（%）	第三产业（亿元）	第三产业比重（%）
长三角	上海	13785.5	63.2	15275.7	64.8	17022.6	67.8
	江苏	27197.4	45.5	30599.5	47.0	34085.9	48.6
	浙江	17948.7	47.5	19220.8	47.9	21341.9	49.8
珠三角	广东	30503.4	48.8	33223.3	49.0	36853.5	50.6
京津冀	北京	14986.4	76.9	16626.3	77.9	18331.7	79.7
	天津	6905.0	48.1	7795.2	49.6	8625.2	54.8
	河北	10038.9	35.5	10960.8	37.3	11979.8	40.7

（三）第三产业比重逐渐上升,其主导地位得到巩固

表 2-12 汇报了长三角、珠三角和京津冀地区的主要省市主要服务业城镇就业人数,从服务行业就业规模角度可以看出现代服务业的发展程度,各省市服务业也成为解决就业的一个重要渠道。从表 2-12 的数据可看出,整体上来说,批发和零售业是服务业中吸纳就业人数最多的行业,上海市吸纳了 78.2 万人,江苏省吸纳近 58.6 万人,浙江省有 42.1 万人从事批发和零售业,广东省吸纳就业人员最多,有 96.8 万人从事批发零售业,北京、天津和河北从事批发和零售业的人数分别为 77.1 万人、17.8 万人和 27.1 万人。除了批发和零售业,第二大吸引就业的行业是交通运输、仓储及邮电通讯业。其他信息传输、金融业、房地产业和租赁商务服务业等都是三大经济圈吸纳劳动力的主要行业,综合以上现代服务业的七种主要行业,上海共吸纳劳动力 291 万人,江苏共吸纳劳动力 242.4 万人,浙江共吸纳劳动力 195 万人,广东共吸纳劳动力 421.9 万人,北京共吸纳劳动力 404.4 万人,天津共吸纳劳动力 70 万人,河北共吸纳劳动力 125.2 万人,第三产业强大的吸纳就业的能力可见一斑。

表 2-12　2015 年三大经济圈主要省市主要服务业城镇就业人数　（单位:万人）

地区	长三角			珠三角	京津冀		
指标	上海	江苏	浙江	广东	北京	天津	河北
批发和零售业	78.2	58.6	42.1	96.8	77.1	17.8	27.1
交通运输、仓储及邮电通信业	51.5	49.2	32.0	82.8	60.0	15.0	29.2
住宿和餐饮业	24.0	17.3	13.5	37.1	29.8	5.2	5.8
信息传输、计算机服务和软件业	25.4	28.3	17.1	35.3	68.0	4.4	8.8
金融业	33.7	35.1	42.3	46.1	47.2	12.1	29.9
房地产业	26.2	22.6	20.1	59.1	42.2	7.3	11.0
租赁和商务服务业	52.0	31.3	27.9	64.7	80.1	8.2	13.4

二、现代服务业经济发展分异分析

（一）现代服务业对经济发展的贡献率及其地位有所差异

表 2-13　2015 年三大经济圈主要省市第三产业增加值与贡献率

地区	地区生产总值(亿元)	第三产业增加值(亿元)	第三产业贡献率(%)
上海	25123.45	17022.63	67.76
江苏	70116.38	34085.88	48.61
浙江	42886.49	21341.91	49.76
广东	72812.55	36853.47	50.61
北京	23014.59	18331.74	79.65
天津	16538.19	8625.15	52.15
河北	29806.11	11979.79	40.19

　　表 2-13 汇报了三大经济圈 2015 年地区生产总值、第三产业增加值和第三产业占比(即第三产业贡献率)的数据,从表 2-13 可以看出,三大经济圈的主要省市第三产业对经济发展的贡献率可以分为三个档次。首先,2015 年上海和北京第三产业增加值占 GDP 的比重分别达到 67.76% 和 76.95%,均超过三分之二,第三产业对经济发展的贡献率具有绝对的优势。其次是广东和天津,2015 年第三产业占 GDP 的比重分别为 50.61% 和 52.15%,均超过了一半,第三产业对经济发展的贡献率处于主导地位。最后,江苏、浙江、河北三省的 2015 年第三产业增加值占 GDP 的比重分别为 48.61%、49.76%、40.19%,处于二分之一以下,但江苏和浙江有望在 2015 年实现第三产业比重首次超过二分之一,使得第三产业对经济发展的贡献率也达到主导地位。

(二)现代服务业的发展潜能不同

　　表 2-14 汇报了 2013—2015 年三大经济圈主要省市第三产业的增加值及两年的增长率。从表 2-14 可以看出,主要省市的第三产业增加值均在逐年上涨,经济发展呈现较好态势。但从增长率来看,各个省市之间还是具有差异。其中,长三角地区,2014 年上海的第三产业增长率为 10.8%,而 2015 年达到了 11.4%,2014 年江苏的第三产业增长率为 12.5%,而 2015 年下降到了 11.4%,降幅达 1.1 个百分点,2014 年浙江的第三产业增长率为 7.1%,而 2015 年上升到了 11.0%,涨幅达 3.9 个百分点,增长较快。珠三角地区,2014 年广东的第三产业增长率为 8.9%,而 2015 年上升到了 10.9%,涨幅达 2 个百分点。京津冀地区,2014 年北京的第三产业增长率为 10.9%,而 2015 年下降到了 10.3%,2014 年天津的第三产业增长率为 12.9%,而 2015 年下降到了 10.7%,降幅达到 2.2 个百分点,2014 年河北的第三产业增长率为 9.2%,而 2015 年仅上升到了 9.3%。

表 2-14　2013—2015 年三大经济圈主要省市第三产业增长率

地　　区		第三产业增加值(亿元)			增长率(%)	
		2013 年	2014 年	2015 年	2014 年	2015 年
长三角	上海	13785.5	15275.7	17022.6	10.8	11.4
	江苏	27197.4	30599.5	34085.9	12.5	11.4
	浙江	17948.7	19220.8	21341.9	7.1	11.0
珠三角	广东	30503.4	33223.9	36853.5	8.9	10.9
京津冀	北京	14986.4	16626.3	18331.7	10.9	10.3
	天津	6905.0	7795.2	8625.2	12.9	10.7
	河北	10038.9	10960.8	11979.8	9.2	9.3

　　从其内部增长率来看,可以将三大经济圈的第三产业发展潜能分成三个阶梯,首先,长三角地区的三个省市,其第三产业增长率均在 11% 以上,增长较快,发展潜力巨大。其次,广东、北京和天津的第三产业增长了为 10% 以上,发展潜力较大。最后,近两年来,河北的增长率均在 10% 以下,而且增长率的上升较慢,发展潜力较弱。

第三节　三大经济圈现代服务业发展路径分析

现代服务业,是对传统服务业的升华,具有典型的中国特色,最早出现在"十五大"报告中,体现了高技术性、高知识性、高增加值性和集群性,从业人员具有高素质性,在本报告中体现为现阶段各项统计中的第三产业。长三角、珠三角和京津冀经济区是中国经济的核心地区,其现代服务业的发展在全国也是处于第一梯队,因而本文对长三角、珠三角和京津冀地区的现代服务业发展状况进行分析,并且就三个地区的情况进行比较,得出的结论是:长三角、珠三角和京津冀地区的现代服务业发展都具有先天的地理交通优势,同样在产业结构中比重增加,解决了大量就业,并且行业内部结构一致,仍然是传统服务业批发零售业占据重要地位,金融业次之;三大经济区的不同点在于现代服务业对各地区经济的贡献率,以及各地区现代服务业发展速度有差距。

根据三地区的现代服务业发展的趋同,我们应该深化体制机制改革,构建服务业多元化发展格局;扩大对内对外开放,加强内外合作,开拓国际市场;推动技术创新,吸引人才,积极创新服务模式;加大对企业的支持,推动国企升级改革,扶持中小企业崛起,鼓励实施品牌战略;大力发展物流业;促进旅游业的升级。而针对三地区现代服务业发展的差异,我们因地制宜,得出以下发展路径:

一、长三角现代服务业经济发展路径

长三角地区发展过程中的关键步骤是推动产业结构升级,一般产业结构发展需要经过四个阶段:批发与零售业、交通业和通信业率先发展;金融业迅速发展;信息与咨询业迅速发展;科学和教育事业发展。目前,长三角地区处于第二阶段和第三阶段间,因此需要有目的性的政策引导,提高传统服务业的效率,同时鼓励产业创新,加快发展信息服务业,并进一步充实现代服务业的发展内涵。另外,还需要加强人才培养,提高服务业从业人员的服务意识和业务水平,全方位提高现代服务业的发展水平,形成中国产业发展自己的特色。

受金融危机影响,世界经济整体不景气,服务业尤其是金融业、现代物流业受到的影响非常明显。长三角地区服务业存在政策门槛高、市场化程度低、行业垄断等明显的问题,这些问题制约了服务业的进一步发展。长三角应把发展服务业作为产业结构优化升级的战略重点,促进服务业的市场化、产业化、国际化;优化基础设施,为服务业的发展提供最基本的政策便利;加快服务业的专业化发展,促进产品创新,从产品创意、设计、研发到物流、营销、品牌推广等环节建立起各类专业化服务企业;充分发挥中心城市的影响力,加强中心城市资源整合,提高资源使用效率,以中心城市带动周边城市服务业的发展。

二、珠三角现代服务业经济发展路径

珠三角地区拥有我国两个超大城市广州和深圳,它们在很大程度上带动了珠三角地区经济的发展,而珠三角地区的金融业发展相对靠前,发展潜力巨大,因此,从地理位置、政策需要和经济地位的角度看,珠三角的金融业应该以广州、深圳为中心,再与其他城市相互合

作共同促进金融业的发展。

金融业包括五大产业:银行、保险、证券、信托、租赁,是现代经济的代名词,珠三角作为重要的经济集聚区,发展金融业能够促进资本和其他生产要素在本地区的融通,能够更好地满足经济发展对金融服务的要求。

2015 年末广东省银行业金融机构本外币各项存款余额和各项贷款余额分别为160388.22 亿元和 95661.12 亿元,较 2014 年分别上升 11.6％和 12.3％。2015 年末广东省银行业金融机构人民币各项存款余额和各项贷款余额分别为 153551.79 亿元和 89289.27 亿元,较 2014 年分别上升 11.6％和 14.3％。

2015 广东省全年实现原保费收入 2814.37 亿元,较 2014 年增长 20.19％,其中财产险业务收入 879.87 亿元,人身险业务收入 1934.51 亿元。全年共支付各项赔款和给付 882.32 亿元,较 2014 年增长 25.62％,其中财产险业务赔付 435.38 亿元,人身险业务赔付 446.94 亿元。

由上面的数据可以看出,珠三角地区大力发展金融业已经取得了一定的成绩,金融机构等基础设施已经较为完备并且获得了盈利。但是,珠三角金融业的发展还需要各地区协调发展,并且需要强化金融体系的多元性,通过引进外资金融机构,不断提高本地金融集团的管理水平,建立良好的金融环境,更好地发挥金融对经济的支持作用。

三、京津冀现代服务业经济发展路径

随着京津冀地区协同发展上升为国家战略,京津冀区域将迎来新的发展机遇,现代服务业的发展也呈现出了快速增长的趋势。但是,京津冀地区现代服务业的差异性是客观存在的,形成区域差异的因素复杂多样。根据现有的理论研究,并借鉴已有的区域分析经验,京津冀地区应该以知识和技术密集型的行业发展为主要力量推动现代服务业的发展。

现代服务业特别是知识和技术密集型的行业,其发展水平受到地区科技发展水平的影响。科技发展水平的提高能够降低地理上的互动成本,从而扩大市场边界,为行业或是企业提供广阔的发展空间,即以科技为代表的信息化水平的提升能够开发市场的潜能。科技发展水平作为提升地区现代服务业竞争力的重要手段,各区域除利用好自身的优势外,还应加大科技投入,推动区域之间的技术交流,营造京津冀两市一省现代服务业的科技氛围。而京津冀地区的科技发展水平在全国范围内处于前列,为知识和技术密集型行业的发展提供了先天优势,因此京津冀地区应该着眼于自身发展优势,以科技发展带动现代服务业发展。

表 2-15　2015 年京津冀地区科技发展情况

	R&D 经费(万元)	R&D 项目数(个)	专利申请数(件)	有效发明专利数(件)
北京	2440875	7554	20024	23749
天津	3526665	11393	16721	17422
河北	2858051	8358	10396	7740
京津冀合计	8825591	27305	47141	48911
占全国比重(%)	8.81	8.81	7.38	8.52

表 2-15 汇报了 2015 年京津冀地区三省市的 R&D 经费、R&D 项目数、专利申请数和

有效发明专利数,通过这些数据分析京津冀地区的科技发展水平。

从表 2－15 可以看出,R&D 经费、R&D 项目数、专利申请数和有效发明专利数分别为 8825591 万元、27305 个、47141 个和 48911 个,占全国的比重分别为 8.81％、8.81％、7.385％和 8.52％,占比几乎都在 8％左右,全国层面上来看,占比还是较大的,因此,京津冀地区具有优先发展科技的水平,通过知识和技术密集型的行业的发展带动现代服务业的发展。

第四节　三大经济圈现代服务业发展的建议

近年来,三大经济圈的现代服务业在区域一体化过程中取得了不少成就,也有了一些实质化的进展,但各地区现代服务业协同发展方面表现得并不理想,仍需进一步加强。各地区应该着眼于自身发展的行业优势,从行业优势方面确定区域间的产业分工,同时不断解决公共服务问题,推动产业融合,促进现代服务业协同发展。具体来看:

一、政策到位,规划落实

经济发展过程中的市场作用固然重要,但是在现代服务业协同发展过程中,政府的作用不容忽视,由于存在中央和地方政府的两级管理,造成了中央和地方政府在现代服务业协同发展管理过程中的差异性,如何制定好政府政策,正确处理中央政策与地方政策的有效融合性,对于现代服务业的发展相当重要。因此,政府政策制定时应该遵循以下原则:

发挥政府的政策引导和机制协调作用,避免政府的过分干预。通过有序地放开市场准入,推动区域内生产要素的自由流动,积极引导社会资本参与,不断发挥市场在资源配置中的决定作用,加大垄断行业的改革力度,破除区域现代服务业协同发展的深层次障碍,通过市场化运作来提高效率,共同推动三大经济圈现代服务业的协同发展。

统一服务平台,做到信息共享,实现共赢。由于各个经济圈,其有所属不同的行政区域,因此,政府政策上的管理条款分割严重,缺乏统一的协调管理部门,由此造成了服务平台不统一,信息共享程度较低,区域的整体规划并未形成针对性。就当前三大经济圈的现代服务业发展状况来看,合作分工程度较低,规划中政府基本是出于自身利益的考虑,造成了区域内的资源浪费、重复建设等问题,区域内的规模效益也远未达到理想的效果,现代服务业面临的协调机制问题亟待解决。所以,在推进区域协同发展时,可以以专业机构解决行政分割的、各自为政的困境,积极解决协同发展各政府间政策冲突、产业规划等问题,以确保政策上的一致性、连续性。

二、实事求是,因地制宜,发展特色

通过以上的分析,我们知道长三角、珠三角和京津冀三大经济圈之间的现代服务业发展存在许多差异,并且自身存在不同的优势和劣势,三大经济圈在经济发展中的阶段参差不齐,按照各个区域的现代服务业各自的发展特色、立足于各自在区域发展中比较优势,整合区域内的产业资源,推动行业间不断融合,争取实现行业的区域规模发展。所以,相关部门在制定相关规划和政策时,针对落后地区、落后行业、优势地区、优势行业要有不同的侧重,

比如在财政支出和税收方面,要发挥财政资金的杠杆作用,有针对性地加大财政支持,为各大经济圈协同发展创造资金条件,缩小区域内现代服务业的发展差异,推动三大经济圈现代服务业协同发展。

因此,现代服务业协同发展应服从于国家整体规划和产业政策,从区域发展现状出发,根据各城市的发展状况对现代服务业进行科学规划,立足于各自不同的区域发挥行业比较优势,明确各自行业的产业区域定位,正确选择和培育区域内的支柱产业和优势产业,依靠产业的联动效应,发挥优势行业的带动作用,促进相关行业的发展。加强产业的转移和对接,促进经济深度融合,构建合理的现代服务业体系,推动现代服务业较快发展,实现现代服务业在区域内的转移承接、合理分工以及竞争性行业的合理规划和集聚,形成区域内现代服务业的规模效应。这既能解决当前面临的生态环境问题,又能疏解城市功能,解决城市发展面临的诸如人口集中、资源短缺、交通拥堵等问题。

三、注重基础设施,保障现代服务业的发展

基础设施水平作为影响地区现代服务业区域差异的重要因素,基础设施的互联互通,是区域现代服务业协同发展的基础和前提条件。不断完善基础设施建设,对区域内人、力、物的流动具有重要的推动作用。而交通作为区域现代服务业发展的基础,可以为未来现代服务业产业布局、行业调整提供有利的支撑。近年来,形成的短时间的交通圈就得益于先进的轨道交通建设,大大拉近了区域之间的交通距离,节约了大量的时间成本,为各大经济圈现代服务业的合作共赢、互联互通提供了保障。

四、注重人才培养,鼓励科技创新

当前现代服务业的发展应该以知识密集型产业为主,人力资源和科技水平在其中发挥着至关重要的作用,三大经济圈地区是人才的聚集区、科技的发展区,因此,各大经济圈在发展现代服务业方面有着无可比拟的优势。因此,应该采取有力措施来加强人力资源开发、引进和培养力度,加大鼓励科技创新的支持力度,从而为区域现代服务业的协同发展营造良好的人才基础。既要重视人才的培养交流,也应该注重科技与产业的结合,推动人才的自由流动。

当然,根据各大经济圈的现代服务业的发展阶段不同,所以在培养人才方面,应要有所侧重,根据自身的情况进行统筹规划,做好省际的人才交流,推动人才流动;拓宽人才培养途径,建立人才引进机制,加强自身的人力优势,加快培养现代服务业所需的人才,特别要加快培养当前现代物流业、金融、保险业等行业人才,还要重视培养服务业政策与管理以及熟悉国际服务贸易规则等方面的人才,以利于区域现代服务业的对外开放。

第三章 "四省一市"现代服务业发展比较分析

在现代经济增长过程中,现代服务业的发展规模与发展水平已经成为衡量一个国家和地区经济发展水平的重要标志。随着专业化分工的深化和科技的进步,全球产业结构发生了深刻的变化,服务业在世界发达国家国民经济中的比重逐年上升,其主体地位也日趋稳固。世界产业结构升级的同时,也促进着服务业内部结构的升级优化,现代服务业尤其是生产性服务业的发展规模与发展水平已经成为衡量一个国家和地区经济发展水平的重要标志。

第一节 现代服务发展背景、趋势及江苏现代服务业发展状况

一、现代服务业发展背景

(一)经济增长:技术创新、制度创新与贸易深化

美国、西欧等发达国家率先进行了以信息技术和网络技术为核心的新一轮技术创新,高新技术的创新加快了金融服务、现代物流、信息咨询等现代服务业的发展,促进了市场制度、贸易制度的革新与改进。世界贸易已经由单纯的产品贸易转向由产品贸易与服务贸易双轮驱动的新阶段,带来了以贸易结构调整、贸易方式创新为特征的贸易深化。在这种调整过程中,现代服务业得到突飞猛进的发展。

(二)国际分工:产品贸易、资本流动到产业转移

随着世界经济一体化的加深,国际分工发生了较大变化。随着产品贸易在全球范围内的不断扩展,产品贸易逐渐向资本流动过渡。伴随着资本的流动,世界范围内产业结构的地域分布发生了较大调整,引发了世界范围内的产业转移。由于产业依存关系的不可分割和产业分工的不断深化,产业转移逐渐由单纯的制造业转移迅速转化为集"制造、研发、服务"一身的综合转移,尤其现代物流业、科技服务业、商业服务业等行业出现了加速转移的趋势。

(三)世界经济:经济全球化与经济国际化

伴随经济全球化的深入发展,国际贸易持续增长,国际资本流动加速,经济全球化趋势日益加强。各国之间在商品贸易、资本输出成倍增长的同时,国外直接投资、服务贸易、科技转让、信息传播、人员交流迅猛发展。以信息技术革命为核心的高新技术的发展缩短了国与国之间的距离,加速了世界经济一体化进程。各国现代服务业在经济国际化和经济全球化的背景下,产业能级不断提升。

二、现代服务业发展特点与趋势

(一)现代服务业发展特点

现代服务业具有"两新四高"的特点。"两新":(1)新服务领域——适应现代城市和现代产业的发展需求,突破了消费性服务业的领域,形成了新的生产性服务业、智力(知识)型服务业和公共服务业的新领域。(2)新服务模式——现代服务业通过服务功能换代和服务模式创新,而产生新的服务业态。"四高":(1)高文化品位和高技术含量;(2)高增值服务;(3)高素质、高智力的人力资源结构;(4)高感情体验、高精神享受的消费服务质量。

(二)现代服务业发展趋势

从国内外经验来看,现代服务业有着以下几方面的发展趋势:

1. 现代服务业国际化趋势明显

现代服务业在服务贸易中的份额也在持续提高,现代服务业国际化程度逐渐增强。此外,金融国际化也加强了现代服务业的国际化趋势。在金融国际化趋势下,金融服务业必须立足于国际化,无论是业务还是人才培养等都要与国际化相适应,金融国际化也促进了其他现代服务业国际化趋势。

2. 现代服务业对经济增长的贡献日益凸显

现代服务业保持较快的增长态势,对经济增长的贡献日趋凸显。现代服务业逐渐成为从业人员最多、吸纳劳动力最强的产业,现代服务业从业人员的素质日益提高,该行业逐渐成为高端人才密集的行业。对于广大发展中国家,现代服务业对经济增长的贡献也逐渐凸现出来,对经济增长的贡献也逐渐提高。

3. 生产性服务业逐渐成为现代服务业的核心

现代服务业逐渐加快向生产领域的渗透,生产性服务业逐渐成为现代服务业的核心。生产性服务业的发展不但为服务业注入了活力,也改变了服务业以往的生产和经营方式。在发达国家,以金融、物流、商务服务为代表的生产性服务业占服务业总量的比重已经达到50%以上,一些著名的跨国公司也纷纷进军生产性服务业。可以预计,未来生产性服务业仍将保持更加强劲的发展势头。

三、现代服务业发展政策环境

伴随我国经济规模扩大和产业结构快速转变,现代服务业发展也得到了极大重视。"十五"规划中指出,要重点发展银行、证券、保险等金融行业,以及电信、外贸、商业等现代服务业。国家"十一五"规划再次强调了经济发展的一大重心,即大力发展面向生产者的服务业,进一步深化分工,从而优化配置社会资源。国家"十二五"规划则进一步加大了发展生产性服务业的政策力度,政府的强有力推动无疑是生产性服务业发展的助推器。"十三五"规划中再次提出加快发展现代服务业,推动生产性服务业向专业化和价值链高端延伸、生活性服务业向精细和高品质转变,推动制造业由生产型向生产服务型转变。在经济增长速度放缓的压力下,大力发展服务业尤其是现代服务业成为推动我国从要素驱动转向创新驱动的重要途径。

江苏服务业的发展经历了曲折的发展过程,从新中国成立之初的压抑到改革开放后迅速发展,再到21世纪的平稳发展,60年间从弱到强,从传统到现代,从单一到多元,服务业发展水平不断提升,在国民经济中的作用不断增强。20世纪90年代以来,以金融业、现代物流业、信息技术和软件开发业、商务服务业为代表的生产性服务业得到了迅速发展,成为现代服务业的"增长极"。《江苏省国民经济和社会发展第十二个五年规划纲要》中明确指出,要"推动服务业提速发展,把加速发展服务业作为产业结构优化升级的战略重点,充分发挥我省制造业基础雄厚的优势,重点发展金融、现代物流、科技服务、商务服务等生产性服务业,推动服务业与制造业互动发展",要"实施服务业提速计划,重点发展生产性服务业,加快现代服务业集聚区建设"。《江苏省国民经济和社会发展第十三个五年规划纲要》中首次提出打造"江苏服务"品牌,推动生产性服务业向专业化、网络化和价值链高端延伸,生活性服务业向精细和高品质转变。

在江苏省委省政府及相关管理部门高度重视下,江苏现代服务业继续保持较高增速,服务业重点产业规模不断提升,新模式、新业态持续涌现,现代服务业对经济的贡献继续增加,产业结构得到了较大优化。

四、2015年江苏现代服务业发展状况

江苏地区是传统的制造业大省,历来以制造业发达著称,在国内外享有盛誉。随着产业结构调整的不断深入,江苏经济增长动力结构发生改变,工业化进程的加快为现代服务业尤其是生产性服务业提供了广阔的发展市场。在国家发改委最近公布的《长三角城市发展规划》中,江苏省有八个城市入选,按照发达国家的经验,现代服务业特别是生产性服务业在大都市经济结构与空间重建中扮演了十分重要的角色,成为许多大都市带动收入和就业增长的主导产业部门。

2015年,江苏实现地区生产总值70116.4亿元,比上年增长8.5%。2015年,服务业强势崛起,全省实现服务业增加值超过3万亿元,首次超过工业增加值,是2010年的1.79倍,服务业发展领跑经济发展速度,服务业增加值首超第二产业。服务业增加值超过第二产业增加值,服务业增加值占比超过第二产业占比,三次产业增加值比例调整为5.7:45.7:48.6,实现产业结构"三二一"标志性转变。

江苏服务业结构明显优化,生产性服务业发展速度领先,金融业、营利性服务业、非营利性服务业增加值快速增长。2015年,服务业提质更值得关注,比如金融业成为支柱产业,实现增加值4723.7亿元。现代物流业、科技服务业、软件和信息服务业、文化产业等也高歌猛进。全省从事科技服务的单位1922家,科技服务业总收入1047.2亿元,同比增长24%;商务服务业,是现代服务业大家庭的重要成员,涵盖物联网服务、云计算服务、文化创意、环境服务等;商务服务业增加值达2298.6亿元,占服务业比重提升到3.5%;企业管理服务、广告业、人力资源服务、咨询与调查、旅行社及相关服务等多种业态全面发力。

第二节 "四省一市"经济发展状况

一、"四省一市"经济发展基本状况

(一)江苏经济快速发展,产业结构不断优化

2015年,江苏实现地区生产总值70116.4亿元,比上年增长8.5%。其中,第一产业增加值3988亿元,增长3.2%;第二产业增加值32043.6亿元,增长8.4%;第三产业增加值34084.8亿元,增长9.3%。人均生产总值87995元,比上年增长8.3%。产业结构不断优化,三次产业增加值比例调整为5.7∶45.7∶48.6,实现产业结构"三二一"标志性转变。但是,江苏经济社会发展仍面临一些结构性矛盾和深层次问题,如经济下行压力加大,创新能力不够强,新增长点支撑不足,部分行业产能过剩严重,城乡区域发展不够平衡,收入差距仍然较大等。

(二)上海经济持续发展,服务也快速发展

2015年,上海市生产总值(GDP)24964.99亿元,比上年增长6.9%。其中,第一产业增加值109.78亿元,下降13.2%;第二产业增加值7940.69亿元,增长1.2%;第三产业增加值16914.52亿元,增长10.6%。按常住人口计算的上海市人均生产总值为10.31万元。第三产业增加值占上海市生产总值的比重为67.8%,比上年提高3.0个百分点。

(三)浙江经济发展保持良好势头,现代服务业发展迅速

2015年,浙江生产总值(GDP)42886亿元,比上年增长8%。其中,第一产业增加值1833亿元,第二产业增加值19707亿元,第三产业增加值21347亿元,分别增长1.5%、5.4%和11.3%,第三产业对GDP的增长贡献率为65.7%。人均GDP为77644元(按年平均汇率折算为12466美元),增长7.6%。全员劳动生产率为11.5万元/人,比上年提高7.7%。三次产业增加值结构由上年的4.4∶47.7∶47.9调整为4.3∶45.9∶49.8,三产比重提高1.9个百分点。信息经济和现代服务业等核心产业的引领支撑作用进一步显现。全年信息经济核心产业增加值3310亿元,增长15.1%,占GDP的7.7%,比重比上年提高0.6个百分点。

(四)广东经济保持良好发展势头,服务业贡献增强

2015年,广东省年末常住人口10849万人,地区生产总值(GDP)72812.55亿元,比上年增长8.0%。其中,第一产业增加值3344.82亿元,增长3.4%,对GDP增长的贡献率为1.7%;第二产业增加值32511.49亿元,增长6.8%,对GDP增长的贡献率为41.2%;第三产业增加值36956.24亿元,增长9.7%,对GDP增长的贡献率为57.1%。广东人均GDP达到67503元,按平均汇率折算为10838美元。

三次产业结构为4.6∶44.6∶50.8。在现代产业中,高技术制造业增加值8172.20亿元,增长9.8%;先进制造业增加值14712.70亿元,增长10.0%;现代服务业增加值22338.12亿元,增长11.9%。在第三产业中,批发和零售业增长5.0%,住宿和餐饮业增长3.0%,金融业增长15.6%,房地产业增长11.4%。民营经济增加值38846.24亿元,增长8.4%。

(五)山东经济总量不断扩大,产业结构不断优化

2015年,山东省实现生产总值(GDP)63002.3亿元,比上年增长8.0%。其中,第一产业

增加值 4979.1 亿元,增长 4.1%;第二产业增加值 29485.9 亿元,增长 7.4%;第三产业增加值 28537.4 亿元,增长 9.6%。人均生产总值 64168 元,增长 7.3%,按年均汇率折算为 10305 美元。产业结构调整优化,三次产业比例由上年的 8.1∶48.4∶43.5 调整为 7.9∶46.8∶45.3。

二、"四省一市"经济总量比较

近年来,"四省一市"充分利用国际、国内两种资源、两个市场,依靠改革和开放两轮驱动,经济高速发展。至 2015 年,"四省一市"GDP 总和达到 272742.4 亿元,占全国的 39.78%。

从地区总产值来看,自 1993 年以来广东经济总量一直处于领先地位,但自 2010 年起,江苏经济总量取得了快速增长,2015 年江苏与广东地区生产总值仅相差 1656 亿元。2015 年广东 GDP 达到 71772.24 亿元,是"四省一市"也是全国经济规模最大的省份,其后依次是江苏、山东、浙江和上海,分别为 70116.38 亿元、63002.33 亿元、42886.5 亿元和 24964.99 亿元。事实上,自 20 世纪 90 年代以来,广东、江苏和山东 GDP 规模一直位列全国前三。2009 年及以前,江苏与山东经济总量非常相近。但自 2010 年起,江苏经济总量快速增长,江苏经济总量上超呈现出"逼近"广东的趋势,2015 年江苏地区生产总值与广东相差无几,占全国生产总值的 10.23%;山东是我国第三大经济强省,2015 年山东 GDP 占全国的比重 9.19%,与 2014 年相比略有下降;浙江和上海在我国经济发展中也占有举足轻重的地位,2015 年二者 GDP 占全国比重分别为 6.26% 和 3.64%。

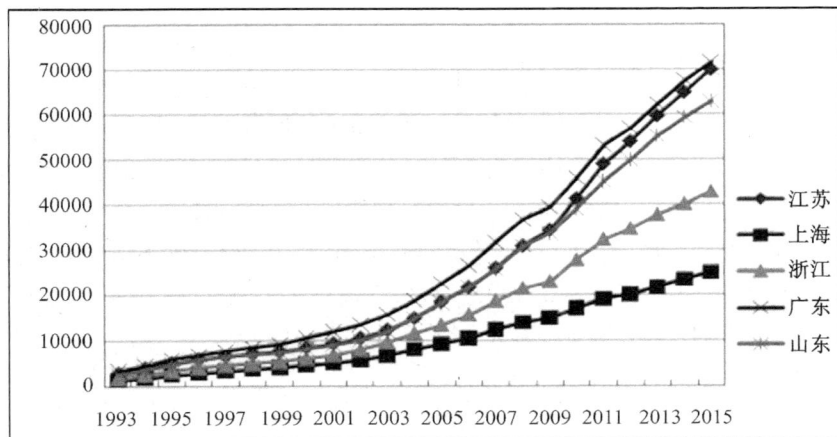

图 3-1　1993—2015 年"四省一市"区域 GDP(单位:亿元)

三、"四省一市"经济增长率比较

从绝对增长率比较来看,2015 年江苏经济增长率在"四省一市"中最高。从经济增长速度变化来看,自 20 世纪 90 年代以来"四省一市"经济增长率变化具有较强的一致性,尤其是 2008 年以后,这样的一致性在增强。2015 年除浙江经济增长上扬外,其他省市经济增长均出现了显著下降,其中广东、上海经济增长率下降最为明显。全国经济增长率从 2014 年的 8.19% 下降到 6.45%,而广东经济增长率从 2014 年的 8.54% 下降到 5.84%,上海经济增长率从 2014 年的 8.02% 下降到 5.93%,江苏经济增长率从 2014 年的 8.93% 下降到 7.72%,山

东经济增长率从 2014 年的 7.60％下降到 6.02％,但是浙江经济增长率从 2014 年的 6.40％
上升到 6.75％.

从经济增长率变化趋势来看,2008 年全球金融危机后,尤其是 2009 年经济刺激方案推
出以后,后金融危机时代,"四省一市"经济增长率显著放缓,"四省一市"GDP 增长率出现了
不同程度的波动与下滑。尤其自 2011 年起,"四省一市"经济增长率已全面进入新常态,经
济增长率均低于 10％,而且出现较强的一致性。

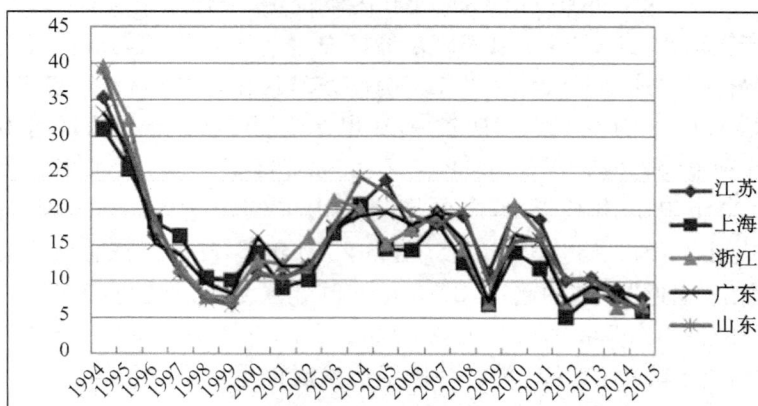

图 3-2 1994—2015 年"四省一市"的经济增长变化(单位:％)

四、"四省一市"人均产值比较

从人均产值来看,上海人均产值一直处于领先地位,江苏其次,浙江与广东人均产值相
近,山东最低。从人均产值变动趋势来看,自 20 世纪 90 年代以来,"四省一市"人均产值均
保持不同程度的增长,尤其是 2001 年以后,人均产值增长最为明显。

从"四省一市"对比来看,上海人均产值最高,但自 2010 年起,江苏人均产值取得了快速
增长,并超过浙江,仅次于上海,2015 年江苏人均产值比浙江和广东分别高出 1 万元/人,比
山东高出 2.3 万元/人,比上海低 1.5 万元/人。

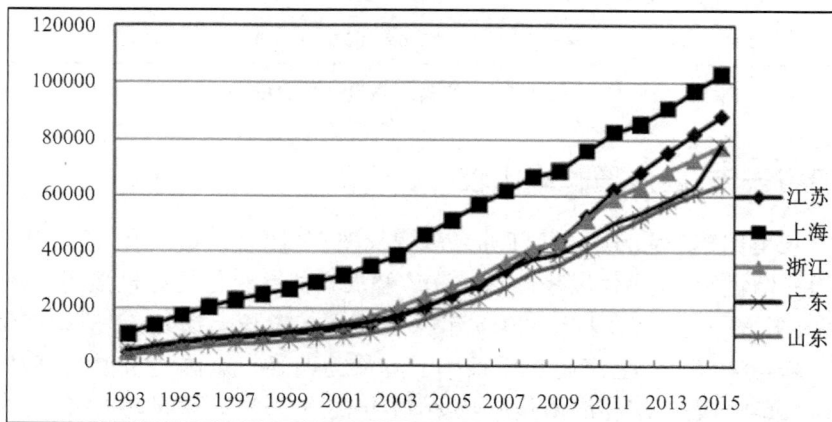

图 3-3 1993—2015 年"四省一市"人均 GDP(单位:亿元)

五、"四省一市"财政收入比较

从财政收入来看,自2000年以来广东财政收入一直处于领先地位,江苏其次,然后是上海和山东,浙江相对较低。2015年,广东财政收入达到9367亿元,江苏财政收入为8029亿元,上海和山东的财政收入在5500亿元左右,浙江财政收入相对较低,为4810亿元。

表3-1　"四省一市"财政收入　　　　　　　　　　　（单位:亿元）

年份	江苏	上海	浙江	广东	山东
2000	448	485	343	911	464
2001	572	609	501	1161	573
2002	644	720	567	1202	610
2003	798	886	707	1316	714
2004	980	1106	806	1419	828
2005	1323	1417	1067	1807	1073
2006	1657	1576	1298	2179	1356
2007	2238	2074	1650	2786	1675
2008	2731	2359	1933	3310	1957
2009	3229	2540	2143	3650	2199
2010	4080	2874	2608	4517	2749
2011	5149	3430	3151	5515	3456
2012	5861	3744	3441	6229	4059
2013	6568	4110	3797	7081	4560
2014	7233	4586	4122	8065	5027
2015	8029	5520	4810	9367	5529

第三节　"四省一市"现代服务业发展差异分析

现代服务业是服务业内具有高技术含量和高文化含量的服务业,它能创造需求,引导消费,向社会提供高附加值、知识型的服务。现代服务业的发展情况在很大程度上决定了服务业的发展方向。

一、"四省一市"现代服务业规模的比较

(一)"四省一市"现代服务业规模比较

从服务业增加值总量上看,从全国各省市对比来看,"四省一市"的服务业规模明显高于其他省市,江苏服务业发展规模优势显著。

"四省一市"服务业增加值均处于全国前列,广东、江苏、山东、浙江和上海分别位列第一、第二、第三、第四和第六位。2015年,江苏省服务业的增加值已达33855.01亿元,位列全国第二,仅次于广东省;广东省服务业增加值达到36685.1亿元,位列全国第一,比江苏高10%左右,远高于其他省市;山东服务业增加值为28243.82亿元,位列全国第三;浙江服务业增加值为21245.33亿元,位列全国第四;上海服务业增加值为16991.91亿元,则位列全国第六。

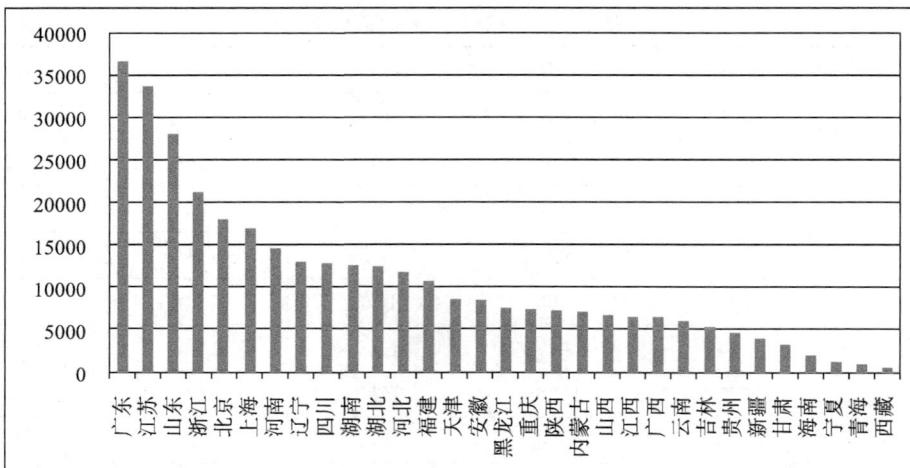

图3-4 2015年各省市服务业增加值比较

(二)"四省一市"现代服务业人均规模比较

江苏服务业人均规模较大,在四省一市中仅次于上海。从服务业人均增加值来看,"四省一市"的服务业人均增加值明显高于全国平均水平,也高于中西部省市,但是与东部地区的北京、天津和辽宁相比,优势并不显著。从全国范围来看,上海服务业人均增加值仅次北京,位居第二;江苏仅次于天津,位居第四,分别领先于其后的浙江和广东;虽然山东服务业增加值总规模较大,但人均增加值优势并不明显,其水平低于辽宁,位居第八,在"四省一市"中排位最后。

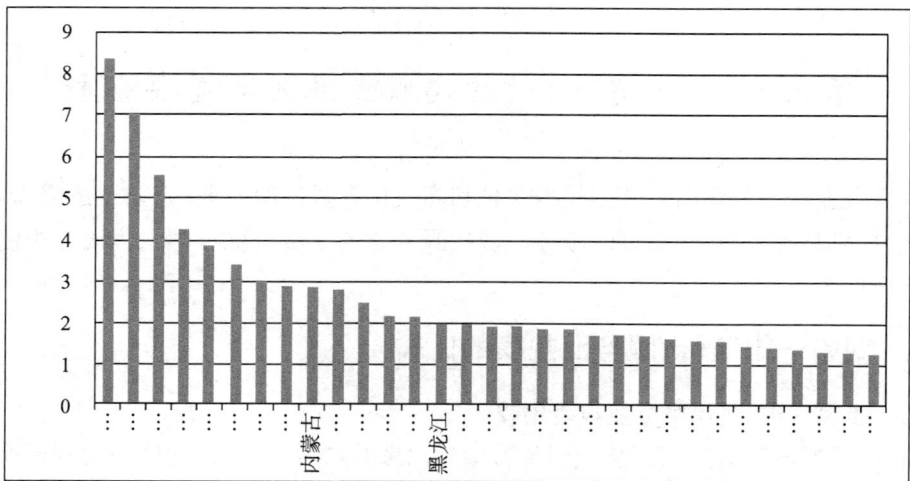

图3-5 2015年各省市服务业人均增加值比较(单位:万元)

从"四省一市"对比来看,2015年,上海服务业人均增加值最高,为7.03万元/人,江苏服务业人均增加值为4.24万元/人,浙江和广东服务业人均增加值分别为3.84万元/人和3.38万元/人,而山东服务业人均增加值为2.87万元/人。

二、"四省一市"服务业发展的贡献比较

(一)经济总量中服务业份额比较

从全国范围来看,北京和上海的服务业增加值比重显著高于其他省市,广东、浙江、江苏和山东的服务业增加值比重也高于其他大部分省市,但是优势并不显著。虽然江苏服务业总规模和人均规模均处于全国前列,但服务业增加值的比重较低,不仅低于上海、广东和浙江,也低于部分的中西部省份,仅高于山东。当然,江苏与中西部省份来说,二者发展规模、层次和结构存在较大差异,可比性较低,这也说明江苏服务业仍有较大发展空间。

从"四省一市"对比来看,目前"四省一市"的"退二进三"格局已越来越明显,服务业的占比不断提升。从"四省一市"及全国服务业占GDP的比重来看,"四省一市"服务业都已经成为这些省市经济总量的重要组成部分,并且普遍呈现较快的增长趋势。2015年,"四省一市"中上海服务业占GDP的比重最高,达到67.75%,仅低于北京,位列全国第二,远高于全国的50.19%;广东、浙江其次,服务业占比分别为50.90%和49.77%;江苏排名第四,为48.61%;山东最低,比重也有45.3%。从发展趋势上看,"四省一市"服务业占比都呈现出上升趋势,2015年上海服务业比重较2000年提升了约15.5%,增幅最高;江苏增幅达13%;山东最小,仅上升了10.5%。

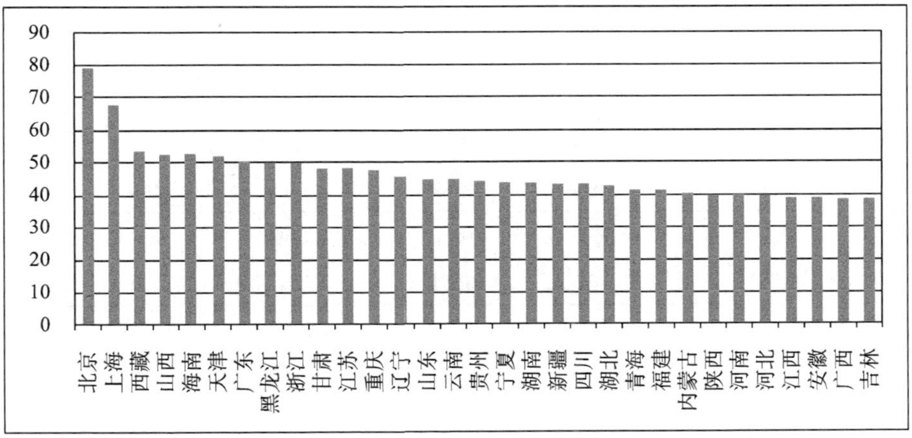

图3-6 2015年各省市服务业增加值比重的比较(单位:%)

表3-2 "四省一市"三次产业增加值占当地GDP比重及变化情况   (单位:%)

区域	2000年			2010年			2015年		
	第一产业	第二产业	第三产业	第一产业	第二产业	第三产业	第一产业	第二产业	第三产业
全国	14.68	45.54	39.79	9.53	46.40	44.07	8.88	40.93	50.19
江苏	12.26	51.86	35.88	6.13	52.51	41.35	5.68	45.70	48.61

续　表

区域	2000 年			2010 年			2015 年		
	第一产业	第二产业	第三产业	第一产业	第二产业	第三产业	第一产业	第二产业	第三产业
上海	1.61	46.27	52.12	0.66	42.05	57.28	0.44	31.81	67.75
浙江	10.27	53.31	36.41	4.91	51.58	43.52	4.27	45.95	49.77
广东	9.18	46.54	44.27	4.97	50.02	45.01	4.66	44.44	50.90
山东	15.22	49.95	34.84	9.16	54.22	36.62	7.90	46.80	45.30

数据来源:《中国统计年鉴—2016》,《江苏统计年鉴—2016》,《上海统计年鉴—2016》,《浙江统计年鉴—2016》,《广东统计年鉴—2016》,《山东统计年鉴—2016》。

(二)服务业发展对经济增长的贡献

"四省一市"服务业对当地 GDP 增长的贡献率均显著上升,逐渐成为经济增长最主要的引擎。2015 年,上海、广东、浙江服务业对经济增长的贡献较强,相对来说,江苏服务业对经济增长的贡献相对较弱,均低于其他三省一市,也低于全国平均水平,由此可将江苏服务业的发展潜力仍较大。对于工业产值占比较高的江苏来说,现代服务业发展也将可能成为下一个新的增长源。

表 3-3　"四省一市"服务业对地区经济增长的贡献度　　　　(单位:%)

年份	全国	江苏	上海	浙江	广东	山东
1994	33.94	26.16	45.75	29.67	40.69	33.52
1995	30.93	35.26	44.32	34.62	37.66	36.92
1996	33.09	43.25	59.35	33.02	47.00	33.54
1997	48.05	43.15	62.47	30.39	53.17	45.18
1998	66.68	53.89	72.49	44.68	49.90	41.87
1999	62.88	45.72	70.75	47.66	57.44	48.90
2000	51.09	38.46	61.34	53.54	58.55	32.71
2001	54.82	42.68	55.15	56.72	60.78	43.74
2002	52.71	38.00	58.38	50.87	54.65	38.96
2003	40.32	32.76	38.32	38.96	35.65	22.85
2004	36.43	27.52	50.27	35.68	38.29	22.16
2005	42.31	39.34	57.79	43.86	38.92	34.68
2006	44.62	41.42	55.28	40.06	44.99	35.73
2007	47.35	42.48	68.30	43.87	48.00	36.96
2008	42.60	43.47	66.70	43.78	44.72	33.71
2009	60.69	50.08	108.40	73.28	64.45	47.57
2010	42.67	50.26	42.59	45.33	40.72	48.83

年份	全国	江苏	上海	浙江	广东	山东
2011	44.66	48.29	64.51	46.04	47.05	48.90
2012	56.25	54.08	107.13	63.96	62.78	56.43
2013	60.38	64.61	96.94	73.36	73.68	61.83
2014	61.77	63.77	85.18	52.64	50.98	62.40
2015	86.72	69.34	117.28	78.34	83.50	75.43

数据来源:《中国统计年鉴—2016》《江苏统计年鉴—2016》《上海统计年鉴—2016》《浙江统计年鉴—2016》《广东统计年鉴—2016》《山东统计年鉴—2016》。

(三)增加地方就业的重要渠道

服务业为"四省一市"就业创业提供了广阔的空间,成为就业的重要渠道。从就业规模角度看,近年来"四省一市"服务业从业人员逐年增加,2015 年,江苏服务业就业人员为1836.78 万人,上海服务业就业人员为855.76 万人,浙江服务业就业人员为1436.67 万人,广东服务业就业人员为2297.58 万人,山东服务业就业人员为2331.3 万人。

从就业比重来看,上海虽然服务业就业人口规模较小(人口总量上的差异),但就业比重非常高,说明上海的服务业吸纳就业能力较强。上海服务业吸纳就业人员已达到62.85%,远高于其他样本省份;江苏、浙江和广东服务业就业人员占比均超过38%,山东服务业就业人员占比较低,为35.2%。无论是对比上海来说,还是对比全国平均水平来看,江苏服务业在吸纳劳动力就业方面仍有提高的空间。

表3-4 "四省一市"及全国服务业就业人数占比 (单位:%)

年份	全国	江苏	上海	浙江	广东	山东
2000	27.5	26.98	44.92	28.97	34.15	23.30
2013	38.5	37.00	57.20	36.36	35.10	33.80
2014	40.6	37.70	61.80	36.78	36.23	34.6
2015	42.4	38.6	62.85	38.48	38	35.2

数据来源:《中国统计年鉴—2016》《江苏统计年鉴—2016》《上海统计年鉴—2016》《浙江统计年鉴—2016》《广东统计年鉴—2016》《山东统计年鉴—2016》。

三、"四省一市"现代服务业投资规模比较

从固定资产投资来看,江苏总量最大,2015 年为22782 亿元,其次是山东为22390 亿元,但江苏和山东的投资占比均较低,2015 年分别为49.63%和47.25%,远低于上海、浙江和广东。2015 年,上海、浙江和广东服务业固定资产投资占比较高,分别达到84.84%、65.72%和64.49%。从"四省一市"服务业固定资产投资总额增长率来看,2015 年江苏服务业固定资产投资总额增长率仅为8.24%,增长率出现了显著下降,而上海、浙江、广东和山东的增长率均在10%以上,分别为11.20%、14.07%、12.78%和14.20%。

表 3-5   2012—2015 年"四省一市"服务业固定资产投资总额及比重

年份	服务业固定资产投资(亿元)					占全部投资比重(%)				
	江苏	上海	浙江	广东	山东	江苏	上海	浙江	广东	山东
2012	14870	3949	10844	12489	15208	46.9	75.2	63.4	64.7	50.2
2013	16485	4137	12984	14032	17783	47.1	75.6	64.7	65.1	50.5
2014	21047	4847	15362	17224	19606	50.7	80.6	65.2	66.4	46.1
2015	22782	5390	17523	19426	22390	49.63	84.84	65.72	64.69	47.25

数据来源:《中国统计年鉴—2016》,《江苏统计年鉴—2016》,《上海统计年鉴—2016》,《浙江统计年鉴—2016》,《广东统计年鉴—2016》,《山东统计年鉴—2016》。

四、"四省一市"现代服务业发展结构差异

(一)"四省一市"现代服务业发展态势

从各行业增加值增长率来看,2015 年江苏现代服务业中的信息传输、软件和信息技术服务业、金融业、租赁和商务服务业、科学研究和技术服务业、水利、环境和公共设施管理业、居民服务、修理和其他服务业、教育、卫生和社会工作、文化、体育和娱乐业、公共管理、社会保障和社会组织等均出现了快速增长,增长率均在 10%以上,远高于地区生产总值的增长率。

其他省市与江苏比较来看,上海的金融业、房地产业、水利、环境和公共设施管理业发展速度较快;浙江的信息传输、软件和信息技术服务业发展速度较快,其他行业发展各有优势;广东的金融业、房地产业、水利、环境和公共设施管理业等发展较快,其他行业各有优势;山东的住宿和餐饮业、文化、体育和娱乐业发展速度较大,与山东相比,江苏现代服务业的优势比较明显。

表 3-6   2014—2015 年"四省一市"服务业分行业增加值增长率   (单位:%)

行 业	江苏	上海	浙江	广东	山东
地区生产总值	7.72	6.60	6.75	7.38	6.02
批发和零售业	6.61	4.85	6.79	-1.96	7.53
交通运输、仓储和邮政业	4.41	8.49	6.94	6.86	7.63
住宿和餐饮业	8.68	4.27	12.44	8.52	17.01
信息传输、软件和信息技术服务业	18.44	13.60	24.93	14.05	5.19
金融业	12.26	22.42	5.62	29.45	10.56
房地产业	5.36	11.03	8.52	14.06	-36.95
租赁和商务服务业	15.22	9.33	18.67	1.50	16.61
科学研究和技术服务业	12.91	5.75	10.54	15.55	13.76
水利、环境和公共设施管理业	15.97	17.43	15.97	39.22	17.15
居民服务、修理和其他服务业	17.32	2.47	15.35	10.07	19.27
教育	17.60	12.03	12.65	14.17	17.43

续　表

行　业	江苏	上海	浙江	广东	山东
卫生和社会工作	21.22	8.92	25.09	15.57	7.07
文化、体育和娱乐业	18.47	14.13	17.94	7.01	33.03
公共管理、社会保障和社会组织	18.59	10.69	14.60	16.58	18.19

数据来源：《中国统计年鉴—2016》，《江苏统计年鉴—2016》，《上海统计年鉴—2016》，《浙江统计年鉴—2016》，《广东统计年鉴—2016》，《山东统计年鉴—2016》。

（二）"四省一市"现代服务业产业结构差异

为反映服务业内部结构变化及地区差异，以分行业的产值占服务业总产值比重进行分析。对比分析"四省一市"服务业结构可以得出，江苏服务业结构相对稳定，现代服务业取得了快速发展。从 2015 年服务业内部结构来看，江苏的批发和零售业、交通运输仓储和邮政业、住宿和餐饮业等传统服务业比重最低，三个行业的比重之和仅为 15.53％，均低于上海、山东、浙江和广东，其中批发和零售业的比重均低于其他省市，交通运输、仓储和邮政业的比重仅高于浙江，住宿和餐饮业的比重仅高于上海。

表 3 - 7　2015 年"四省一市"服务业分行业产值和比重　（单位：亿元、％）

分行业	江苏		上海		浙江		广东		山东	
	产值	比重	产值	比重	产值	比重	产值	比重	产值	比重
批发和零售业	6993	9.97	3824	15.22	5245	12.23	7626	10.47	8416	13.36
交通运输、仓储和邮政业	2705	3.86	1133	4.51	1632	3.81	2929	4.02	2504	3.97
住宿和餐饮业	1189	1.70	375	1.49	995	2.32	1447	1.99	1301	2.07
信息传输、软件和信息技术服务业	1871	2.67	1377	5.48	1693	3.95	2283	3.13	1062	1.69
金融业	5303	7.56	4163	16.57	2923	6.82	5757	7.91	2995	4.75
房地产业	3755	5.36	1700	6.77	2351	5.48	5118	7.03	1593	2.53
租赁和商务服务业	2845	4.06	1476	5.87	1148	2.68	2573	3.53	1478	2.35
科学研究和技术服务业	999	1.42	713	2.84	550	1.28	1115	1.53	979	1.55
水利、环境和公共设施管理业	497	0.71	104	0.41	232	0.54	454	0.62	414	0.66
居民服务、修理和其他服务业	1259	1.80	280	1.11	622	1.45	1138	1.56	966	1.53
教育业	2195	3.13	685	2.73	1213	2.83	2114	2.90	1734	2.75
卫生和社会工作	1231	1.76	478	1.9	843	1.96	1417	1.95	1014	1.61
文化、体育和娱乐业	636	0.91	180	0.72	344	0.80	349	0.48	315	0.5
公共管理、社会保障和社会组织	2376	3.39	506	2.01	1455	3.39	2366	3.25	2477	3.93

数据来源：《中国统计年鉴—2016》，《江苏统计年鉴—2016》，《上海统计年鉴—2016》，《浙江统计年鉴—2016》，《广东统计年鉴—2016》，《山东统计年鉴—2016》。

江苏现代服务业的相对比重与广东、浙江持平,略低于广东、高于浙江,远高于山东,但与上海有较大差距。2015 年,江苏现代服务业比重为 32.77%,远低于上海的 46.41%,略低于广东的 33.89%,略高于浙江的 31.18%,远高于山东的 23.85%,其中江苏的金融业、房地产业、租赁和商务服务业、公共管理及社会保障和社会组织、教育、信息传输、软件和信息技术服务业均取得了较快发展。江苏与上海的差距主要是在金融业、信息传输、软件和信息技术服务业、房地产业、租赁和商务服务业、科学研究和技术服务业等。江苏与广东的差距主要是金融业和房地产业。江苏与浙江相比,二者各有优势。

第四节 "四省一市"现代服务业发展差异的原因分析

一、区位因素与区域分工

"四省一市"位于我国沿海开放地带和产业密集带,是我国经济最具活力与竞争力的经济区域。上海、江苏和浙江是长三角经济圈核心省市,广东是珠三角经济圈核心省份,山东是环渤海经济圈的重要省份,与江苏紧邻,在对外开放的沿海发展战略中具有重要地位。

上海是我国的经济、金融中心。上海地处长江入海口,东临东海,西接江苏,南依浙江,是天然的港口城市,为上海发展外向型经济提供了有利条件。上海与江浙共同构成了以上海为龙头的长三角经济圈,为上海加快推进现代服务业发展提供了有力支持。从长三角地区区域分工来看,上海处于领头羊地位,江苏和浙江为两翼,这样在区域分工合作上,江苏和浙江在某种程度上,与上海形成了"雁行"产业转移特征,产业区域分工也较明显。即是上海逐渐形成了以现代服务业发展为主,江苏和浙江形成了以工业和服务业共同发展为主的模式,由此使得三者在服务业总量和结构上出现了显著差异。

对改革开放起步较早的广东来说,广东地缘因素是广东的优势之一,它有毗邻港澳、联系海外的区位特点。事实上,中央在赋予广东"改革开放综合试验区"的时候,这个地缘优势就是重要的政策依据。在港澳同胞和海外华侨中,原籍广东的人数最多,浓厚的血缘关系使得大量港澳和海外投资投入该地区,对广东开放发挥了重要的历史作用。尤其在港澳和内地要素相对禀赋差异巨大的情况下,广东的发展在某种程度上承担着港澳产业转移的功能。

山东古称"齐鲁之地",是中国最接近日、韩两国的地区,具有得天独厚的对外开放条件。从国内区位看,山东半岛处在南方发达地区"长三角"和北方发达地区"京津唐、辽中南之间",这为发展生产性服务业,向京沪双向输出服务,从两地的产业链中挖掘机会提供了难得条件。

二、经济发展战略与现代服务业发展差异

从经济发展战略来看,"四省一市"的经济发展战略与产业发展重点存在显著差异,这使得主客观两方面导致"四省一市"的经济结构出现显著差异。

总体来看,虽然江苏服务业取得了快速发展,但是江苏经济具有显著的工业与服务业二轮驱动特征,江苏经济总体上处于工业化中后期和服务业转型发展时期。"十二五"时期,江

苏综合经济实力显著增强,经济总量连续突破 5 万亿元、6 万亿元、7 万亿元左右,迈上三个大台阶,人均 GDP 超过 1.3 万美元。新型工业化和信息化发展水平持续提升,产业结构调整实现历史性跨越,第三产业占比超过第二产业,战略性新兴产业迅猛发展,现代农业建设加快推进,现代基础设施体系日趋完备。

上海已经逐渐形成了现代服务业为引领的经济发展特征,现代服务业已经成为最主要的经济增长动力来源。上海在深入推进结构调整中保持经济运行稳中有进,质量效益明显提升,以服务经济为主的产业结构基本形成,"四个中心"服务功能大幅提升,奋力开启建设具有全球影响力的科技创新中心新征程。上海以开放促改革、促发展,中国(上海)自由贸易试验区(以下简称上海自贸试验区)建设取得重大进展,"营改增"、国资国企改革、文化体制改革、教育综合改革、司法体制改革等取得突破,一批制度创新取得实效、结出硕果,得到复制、推广。

浙江实际上也处于转型发展时期,不过浙江的优势在于民营经济发展迅速,在经济转型中很好地把握了服务业快速发展的机遇。"十二五"时期,浙江积极适应经济发展新常态,着力打好以治水为突破口的转型升级系列组合拳,全省生产总值迈上新台阶,人均生产总值超过 12000 美元,第三产业占生产总值比重超过第二产业。

广东作为经济改革的先行区,具有面向港澳开放的特殊优势,政策环境好,紧邻深圳,经济结构不断完善,促进了现代服务业快速发展。"十二五"时期,广东省经济社会发展取得重大成就。地区生产总值超过 1 万亿美元,人均地区生产总值超过 1 万美元,进出口总额超过 1 万亿美元;经济结构持续优化,实施创新驱动发展战略取得良好开局,珠三角地区优化发展和粤东西北地区振兴发展格局初步形成;重点领域和关键环节改革走在全国前列,对外开放合作实现新突破,设立中国(广东)自由贸易试验区,粤港澳紧密合作、泛珠三角区域合作务实推进并取得重要成果。

山东经济结构仍处于工业为主导,服务业快速发展时期,经济占战略主要是以推动新型工业化和服务业共同发展为主,但是面对特有的区位优势,山东现代服务业发展的机遇也逐渐显现,如山东的金融业等均取得了快速发展。"十二五"时期,山东坚持"四个全面"战略布局,以在全面建成小康社会进程中走在前列为目标定位,提升发展标杆、提升工作标准、提升精神境界,坚持以科学发展为主题,以加快转变发展方式为主线,统筹推进经济、政治、文化、社会、生态文明建设和党的建设,有效应对新旧动力转换带来的压力和发展转型带来的挑战。但是总体来看,与江苏相比,山东现代服务业发展仍相对较落后。

三、经济发展阶段与现代服务业发展差异

人均 GDP 指标是衡量一个国家或地区发展水平、发展阶段以及富裕程度的重要标志。上海是中国的经济、交通、科技、工业、金融、贸易以及航运中心,经济发展水平高,2015 年人均 GDP 已达到 103100 元,位居"四省一市"第一。江苏在经历了乡镇企业崛起、开放型经济突飞猛进等发展阶段后,2015 年人均 GDP 达到 87995 元,在"四省一市"排名中位列第二。浙江与广东人均 GDP 持平,浙江是中国经济最活跃的省份之一,民营经济充满活力,带动了浙江经济的起飞。2015 年,广东人均 GDP 增长幅度较大,远超其他省市。2015 年,四省一市人均 GDP 远超过全国人均 GDP 水平。

按照钱纳里工业标准阶段的划分方法,"四省一市"中不同地区可划分为两个层次:第一层次是上海,已迈入后工业化阶段。第二层次是江苏、广东、浙江和山东,这四省基本处于工业化中后期阶段,服务业产值比重已经超过了工业产值比重,并逐渐成为最主要的产业。

总体来看,从人均产值和经济发展阶段层面来看,在"四省一市"中,江苏已经成为仅次于上海的省份,现代服务业具备了快速发展的潜力。

但是从"四省一市"人均收入比较来看,江苏与上海、浙江仍存在一定差距。从经济体最终需求角度来看,需求差异在某种程度上的差异也会导致现代服务业发展规模与结构的差异。

在居民收入方面,"四省一市"的人均收入、城镇居民人均可支配收入及农村人均纯收入均高于全国平均水平。综合来看,上海人均收入、城镇居民人均可支配收入及农村人均纯收入均最高,浙江其次,江苏第三,广东第四,山东最低。

表3-8　2000—2015年四省一市人均产值　　　　　　(单位:元)

年份	全国	江苏	上海	浙江	广东	山东
2000	7942	11765	29671	13416	12736	9326
2001	8717	12882	32201	14713	13849	10195
2002	9506	14396	35329	16978	15361	11340
2003	10666	16830	39128	20444	17795	13268
2004	12487	20223	46338	24352	20870	16413
2005	14368	24560	51474	27703	24435	20096
2006	16738	28685	57310	31684	28077	23546
2007	20505	33837	62041	36676	33272	27604
2008	24121	40014	66932	41405	37638	32936
2009	26222	44253	69165	43842	39436	35894
2010	30876	52840	76074	51711	44736	41106
2011	36403	62290	82560	59249	50807	47335
2012	40007	68347	85373	63374	54095	51768
2013	43852	75354	90993	68805	58833	56885
2014	47203	81874	97370	73002	63469	60879
2015	49992	87995	103100	77644	77862	64168

数据来源:《中国统计年鉴—2016》,《江苏统计年鉴—2016》,《上海统计年鉴—2016》,《浙江统计年鉴—2016》,《广东统计年鉴—2016》,《山东统计年鉴—2016》。

2015年,上海居民人均收入为49867元,分别高于第二至第五的浙江(35537元)、江苏(29539元)、广东(27859元)、山东(22703元),而全国平均水平仅为21966元;上海城镇居民人均可支配收入为52962元,分别高于第二至第五的浙江(43714元)、江苏(37173元)、广东(34757元)、山东(31545元),而全国平均水平仅为31195元;农村人均纯收入的指标中,上海达到23205元,超过浙江(21125元)、江苏(162567元)、广东(13360元)和山东(12930

元），全国平均水平为 11422 元。

表 3 - 9　2013—2015 年"四省一市"居民收入情况　　　　　　　（单位：元）

项　　目	年份	全国	江苏	上海	浙江	广东	山东
人均收入	2013	18311	24776	42174	29775	23421	19008
	2014	20167	27173	45966	32658	25685	20864
	2015	21966	29539	49867	35537	27859	22703
城镇居民人均可支配收入	2013	26467	31585	44878	37080	29537	26882
	2014	28844	34346	48841	40393	32148	29222
	2015	31195	37173	52962	43714	34757	31545
农村居民人均纯收入	2013	9430	13521	19208	17494	11068	10687
	2014	10489	14958	21192	19373	12246	11882
	2015	11422	162567	23205	21125	13360	12930

数据来源：《中国统计年鉴—2016》《江苏统计年鉴—2016》《上海统计年鉴—2016》《浙江统计年鉴—2016》《广东统计年鉴—2016》《山东统计年鉴—2016》。

四、投资结构差异与现代服务业发展差异

从"四省一市"服务业分行业固定资产投资增长率来看，江苏现代生产性服务业发展相对滞后，尤其是金融业、房地产业、科学研究和技术服务业的固定资产投资相对比较滞后，江苏服务业发展结构存在较强的非均衡性，在一定程度上制约了服务业发展的规模与层级。

2015 年江苏传统服务业固定资产投资增长速度较快，批发和零售业、交通运输仓储和邮政业、住宿和餐饮业的固定资产增长率分别为 46.87、11.99% 和 27.58%；现代服务业中的信息传输软件和信息技术服务业、租赁和商务服务业固定资产投资增长速度较快，分别为31.29%、28.68%，而对产业比重较高的金融业和房地产业固定资产投资却出现了下降现象；公共服务业中的居民服务、修理和其他服务业、卫生和社会工作的固定资产投资增长速度较快。

表 3 - 10　2015 年"四省一市"服务业分行业固定资产投资增长率　　　（单位：%）

行　　业	江苏	上海	浙江	广东	山东
批发和零售业	46.87	9.23	−3.94	8.43	37.94
交通运输、仓储和邮政业	11.99	73.02	33.67	17.29	26.93
住宿和餐饮业	27.58	−15.15	−8.55	−2.03	2.10
信息传输、软件和信息技术服务业	31.29	15.67	30.82	10.91	68.93
金融业	−12.94	19.24	10.43	17.65	18.65
房地产业	−1.68	8.17	3.46	11.09	1.56
租赁和商务服务业	28.68	−37.74	27.94	26.07	34.00
科学研究和技术服务业	−2.36	−15.64	9.20	32.39	48.53

行　业	江苏	上海	浙江	广东	山东
水利、环境和公共设施管理业	9.25	0.63	38.70	20.61	9.35
居民服务、修理和其他服务业	72.65	−47.98	36.47	−2.05	13.11
教育	13.24	−16.80	17.70	1.66	17.23
卫生和社会工作	65.98	43.12	25.12	9.90	26.37
文化、体育和娱乐业	−3.24	3.19	9.43	12.38	−12.22
公共管理、社会保障和社会组织	2.34	78.64	40.61	13.95	24.91

数据来源：《中国统计年鉴—2016》《江苏统计年鉴—2016》《上海统计年鉴—2016》《浙江统计年鉴—2016》《广东统计年鉴—2016》《山东统计年鉴—2016》。

与江苏相比，2015年上海的现代金融、房地产、信息技术、交通运输和主要公共服务业均出现了快速增长，交通运输仓储和邮政业、金融业、房地产业、信息传输软件和信息技术服务业、卫生和社会工作、公共管理社会保障和社会组织的固定增长投资率增长幅度均较大；浙江的交通运输仓储和邮政业、信息传输软件和信息技术服务业、金融业、租赁和商务服务业、水利环境和公共设施管理业、卫生和社会工作、公共管理社会保障和社会组织等固定资产投资增长速度较快，传统服务业与现代服务业发展比较均衡；广东交通运输仓储和邮政业、金融业、房地产业、租赁和商务服务业、科学研究和技术服务业、水利环境和公共设施管理业、文化体育和娱乐业等行业固定资产投资增长较快，现代金融、房地产、科学技术研发等生产性服务业发展迅速；山东的传统服务业发展迅速，批发和零售业、交通运输仓储和邮政业固定资产投资增长较快，信息传输软件和信息技术服务业、金融业、租赁和商务服务业、卫生和社会工作、公共管理社会保障和社会组织的固定资产投资增长幅度均较大。

第五节　加快江苏现代服务业发展的政策建议

依托供给侧结构性改革与"十三五"规划战略机遇期，结合江苏优势，围绕创新发展、可持续发展、开放发展、协调发展的理念，推动现代服务业产业结构升级，提升现代服务业成为江苏经济增长和发展的贡献率。

一、加快现代服务业市场化体系改革，激发现代服务业发展活力

加快市场化建设，构建完善规范的现代服务市场体系。加快垄断行业改革，突破体制障碍，积极推进非基本服务行业的资源配置由政府为主向市场为主转变；深化行政审批制度改革，放开市场准入领域，降低市场准入标准，引入竞争机制，允许更多外资、民营企业参与现代服务业的发展；深化服务业企业改革，推进产权多元化和现代企业制度建设，在市场性整合中扩大企业规模，扶持服务业龙头骨干企业的发展，做大做强一批具有核心竞争力的现代服务业集团。进一步加快社会化建设，整合完善现代服务业的社会化服务。

二、以现代服务业规划为引领，推进现代服务业产业结构升级

以现代服务业"十三五"发展规划为依托，进一步清晰了现代服务业的发展思路。充分认识新形势下江苏现代服务业发展的重要战略地位，创新发展思路，尽快出台江苏现代服务业发展的总体规划和专项规划。通过加强现代服务业发展规划，确立产业定位与发展重点，加快发展以现代金融、现代物流、现代商业等为主的生产性服务业发展。

依托江苏省雄厚的制造业实力，推动生产性服务业规模的扩张，逐渐提高生产性服务业增加值占全省服务业增加值的比重，促进生产性服务业与高端制造业的协同发展。大力推进科技服务、信息服务、金融服务、物流服务、商务服务、服务外包等重点产业的发展，积极培育电子商务、检验检测、人力资源服务、法律咨询服务等细分领域和行业，优化生产性服务业的结构。

做细、做大、做强江苏生活型服务业企业。以服务老百姓切身需求为宗旨，加快信息消费、教育培训、健康养老等领域的发展，鼓励开展个性化定制服务，推动生活性服务业向精细和高品质转变。深度开发消费者生命周期各个阶段所需要的生活性服务，积极拓展新兴服务消费市场。以高端商贸、健康养老、文化创意、旅游休闲、家庭服务、教育培训等领域为发展重点，精细服务环节，延伸服务链条，发展智慧服务。

综合考虑城乡居民需求差异和区域差异，创新服务业态和商业模式。城市生活性服务业遵循产城融合和生态宜居的原则进行提升和科学的规划，完善服务体系和功能。农村生活性服务业以改善基础设施、提升便利度为重心，在城镇化过程中不断增加对农村生活性服务业的布局网点，促进城乡结构的优化，以利于均衡发展。

三、加强科技创新，切实提高现代服务业发展效益

大力推进现代服务业科技创新，发展高附加值服务业，加大科技在现代服务业中的含量和渗透，积极运用现代经营方式、服务技术和流动组织管理手段，改造传统服务业，全面提升企业素质、管理水平和经济效益。深化科技体制改革，形成符合现代服务业技术进步要求的新机制，有效整合科技资源，促进科技成果在现代服务领域的广泛应用。

发挥江苏实体经济发达的优势，加快与互联网经济深度融合发展，引导制造业企业向"互联网＋"的服务环节转型延伸，依托网络开发定制新产品。鼓励传统服务业企业运用"互联网＋"实施转型升级，进一步拓展网络消费领域，加快线上线下融合，将信息消费作为发展重点，丰富信息消费内容和形式。加快"互联网＋金融"、"互联网＋交通"、"互联网＋通信"、"互联网＋旅游"、"互联网＋医疗"等新兴产业融合，推进"智慧城市"建设。

进一步发挥现代服务业集聚区的辐射效应，带动现代服务业全面发展。坚持现代服务业的集聚式发展，推动现代服务业集聚载体的提升。以现有集聚区为基础，培育形成多家在全国有较强影响力和示范作用的生产性服务业集聚区，完善园区主导产业体系和配套服务功能，增强其要素吸附能力、产业支撑能力和辐射带动能力，打造一批高标准的国际化产业集聚区，提升整体竞争力，提高现代服务业综合效应。

四、以国际化进程为依托，全面提升江苏现代服务业竞争力

提升现代服务业的国际化水平，促进服务贸易创新发展。积极主动融入"一带一路"建

设,促进服务贸易管理体制的创新,积极拓展与自贸区国家和地区的经济联系与经济合作,开展与有关国家和地区在服务业领域的互利共赢的务实合作,打造双向联动的开放新格局。抢抓"一路一带"机遇,力争在文化贸易、会展、中医药服务等有较好基础的行业取得实质性进展。

继续发挥江苏在服务外包方面的优势,扩大服务外包的规模和范围,创新服务外包的业务模式,对服务外包实施保税监管,从而提升服务外包的附加值,推动服务外包向产业链高端攀升。积极推动跨境电子商务的发展,鼓励更多的中小服务企业通过跨境电商平台扩大贸易规模,加快跨境电子商务试点城市建设。

提高服务业利用外资的水平,提升企业走出去的能力。有序开放金融、文化、医疗、健康养老等服务业领域,鼓励外资更多地向服务业行业投资。创新利用外资方式,在引进外资本的同时,引进国外先进的服务理念、先进的技术、先进的经营理念和高端的服务业人才。鼓励金融机构和其他服务业企业在境外融资,支持企业扩大对外投资的规模,鼓励服务业企业联合发展共同开拓国际市场,积极参与国际分工和国际竞争,融入全球产业链和全球价值链。完善服务业"走出去"综合服务体系建设,打造一批有较强竞争力的大型跨国服务业企业,培育一批具有较强国际影响力的服务品牌。

五、加快现代服务业人才体系建设,激发现代服务业发展动力

加强对重点领域人才队伍建设的支持,尤其要加大对物流、金融、信息服务等生产性现代服务业人才队伍建设支持力度。加快高素质物流业人才的培养,积极吸引国内外著名物流培训机构,创建物流人才培养基地。加强金融领域国际合作,积极引进境外金融人才。鼓励信息服务人才进行前沿领域研究,造就一批学科带头人,大力扶持科技信息人才成长。加强商业服务业的管理,以产业规范发展促进人才培养;完善商务服务人才教育体系;加快商务服务业高层次人才培训体系建设。

建立人才评价及选拔机制,完善人才激励机制,提高高层次人才发展动力。打破强调学历、资历,忽视技能、业绩的做法,逐步建立起以职业能力为导向的科学评价体系。要积极拓展高技能人才的评价方式。加快高级技师考核制度改革,扩大评聘范围,改进考评方法,调动高技能人才的积极性和主动性。落实服务业技能人才的各项待遇,切实提高高层次人才的物质激励,加大对现代服务业高层次人才的精神激励。

健全保障机制,优化高层次人才发展环境,完善人才的福利保障措施。积极做好配偶的安置工作;优先优惠安排引进人才的住房;当地教育部门要及时安排引进人才的子女到教学较好的学校就读;在特聘期内,本人及其家庭成员享受当地城市居民的同等待遇等。强化职能服务体系,优化人才成长环境。通过不断强化服务意识,切实为培养和提高高层次人才的技能提供优质服务,完善流动服务体系,创造有利于高层次人才成长的社会环境。

六、健全现代服务业发展的保障体系,优化现代服务业发展环境

全面改善交通、信息等基础设施设备条件,优化现代服务业发展环境。加快交通基础设施建立,建设综合交通运输体系,包括公路建设、机场建设、高铁建设等。促进地区交通的平衡发展,尤其要加快苏北地区的交通发展。建立高效的城际交通,为服务业的区域合作提供

保障。推动运输服务低碳化智能化发展,提高运输效率,降低交通成本。加快网络基础设施建设,在全省范围内推广新一代高速光纤网络、力争无线宽带网络覆盖全省,在城镇热点公共区域推广免费高速无线局域网接入,大力推进宽带网络提速降费,为服务业的信息化、网络化发展提供基础设施保障。

建立健全投融资服务体系,改善金融生态环境。紧抓我国金融体制改革的重大机遇,创新金融管理和运行体制,坚持大金融运作的理念,积极搭建高层次的金融服务平台。通过广泛吸引各类国有资本、民营资本、外资等,为现代服务业发展提供强有力的资金。加快发展互联网金融,优化互联网金融发展空间布局,鼓励互联网金融机构进行模式创新。

建立健全支持中小企业技术创新的税收优惠制度,完善支持科技企业孵化器、科技服务机构的税收优惠政策。加大财政资金对检验检测、技术咨询、评估评价、知识产权保护、人才培训等公共服务平台的支持力度,建立健全产业服务体系。在加大财政对服务业扶持力度的同时,重点支持服务业关键领域、薄弱环节、新兴行业的发展,对列入国家、省、市各级专项资金扶持计划的服务业重点建设项目区财政给予更高比例的配套资金扶持,探寻更灵活的资金运用方式。

完善政府服务体系功能,加快服务型政府建设。完善各类公共服务平台,全面推进政务公开,强化社会监督。各级政府与各部门继续简化行政审批手续,明确职能,完善权利清单和责任清单,减免行政服务的各类收费,最大限度地减少政府对企业经营的干预,制定规范的政府服务流程和规定,提高整体服务效率。

行 业 篇

第四章　金融业发展分析

2015 年是"十二五"规划的最后一年，又是承接"十三五"规划的关键一年。从国际角度看，全球经济仍在分化中发展，世界经济增长 3.1%，同比下降 0.3 个百分点。发达国家中，美国经济进一步复苏，2015 年增长 2.4%，与此对应，美元走强也在影响着各国和地区的经济走势；欧元区受公共债务危机及地缘政治事件冲击，结构调整缓慢，2015 年增长率为 1.6%，走出衰退仍需时日；日本经济增长率为 0.5%，超过上年 0.5 个百分点，走出负增长泥潭，但是刺激性货币政策和财政政策的边际效应逐步递减。新兴经济体的金砖国家中，印度经济增长速度令人瞩目，达到 7.3%，与上年持平；南非经济增速为 1.3%，较上年下降 0.2 个百分点；而俄罗斯和巴西则出现金融危机以来的首次负增长，分别为 −3.7% 和 −3.8%，货币贬值幅度较大，资本出现单向流出，经济增长形势令人担忧。

就国内而言，随着固定资产投资增长率的下行、房地产市场的调整以及与之相关产业的二次调整，中国经济运行有着较大的下行压力，GDP 增长率放缓，CPI 增长率也持续保持在低位，全年同比增长 1.4%。但与世界主要经济体相比，中国的增长仍然居于前列，为世界经济稳定发展做出了重要贡献。根据国家统计局数据，2015 年国内生产总值（GDP）68.91 万亿元，同比增长 6.9%。分季度看，各季度增速分别为 7.0%、7.0%、6.9% 和 6.8%，走势总体平稳。人均 GDP49992 元，同比增长 6.4%。分产业看，第一产业增加值 6.09 万亿元，增长 3.9%。第二产业增加值 28.20 万亿元，增长 6.2%，其中，全部工业增加值 22.90 万亿元，按可比价格计算同比增长 5.9%，增速比上年回落 1.0 个百分点，规模以上工业增加值增长 6.1%，增速比上年回落 2.2 个百分点。第三产业增加值 34.62 万亿元，增长 8.2%。其中，服务业的比重明显上升。2015 年服务业在 GDP 中的比重首次超过 50%，达到 50.5%，比上年上升 2.4 个百分点，比第二产业高 10 个百分点，对经济增长的贡献率上升 7.1 个百分点，达到 57.7%。相应，第一产业占 GDP 比重为 8.9%，比上年下降 0.2 个百分点，第二产业占比为 40.9%，比上年下降 2.2 个百分点。而主要产业中，金融业 GDP 增长最快，2015 年度增加值达到 57873 亿元，增长 16.0%，远高于 GDP 的总体增速，较上年增速提高超过 6 个百分点。

第一节　金融市场运行

2015 年，金融市场总体来说处于平稳运行状态，各项改革稳步推进，产品种类日益丰富，参与主体趋向多元化，基础设施不断完善，对外开放取得较大进展，在满足实体经济融资需求、降低社会融资成本、稳增长、调结构、促改革等方面发挥了重要作用。但股票市场经历了暴涨和暴跌，最后回归平稳水平，此类现象也为金融市场的发展提供了经验和教训。

一、货币市场

货币市场交易规模创历史新高,全年共成交 522 万亿元,同比增长 99%。其中,拆借市场成交 64 万亿元,同比增长 71%;质押式回购成交 432 万亿元,同比增长 104%;买断式回购成交 25 万亿元,同比增长 111%。

(一)银行间回购、拆借市场交易规模呈高速上升态势

2015 年,银行间市场拆借、现券和债券回购累计成交 608.8 万亿元,同比增长 101.3%。从市场结构上看,增长幅度均有较大提升,其中,银行间市场同业拆借成交 64.2 万亿元,同比增长 70.5%;债券回购成交 457.8 万亿元,同比增长 104%;现券成交 86.8 万亿元,同比增长 114.9%。从期限结构看,交易短期化特征明显,货币市场隔夜和 7 天品种全年合计成交量同比增长 106%,占全年货币市场成交量的 96%,占比较上年上升 3 个百分点。月份数据显示,2015 年银行间回购、拆借市场交易规模均有大幅度上升,不同于 2014 年的波动式增长。其中银行间市场隔夜拆借交易规模与银行间质押式回购交易增长幅度相近,均在 2 月起稳步上升,7 月达到全年第一个峰点,并在小幅调整后开始回升,全年同比增长达到近年来历史新高。

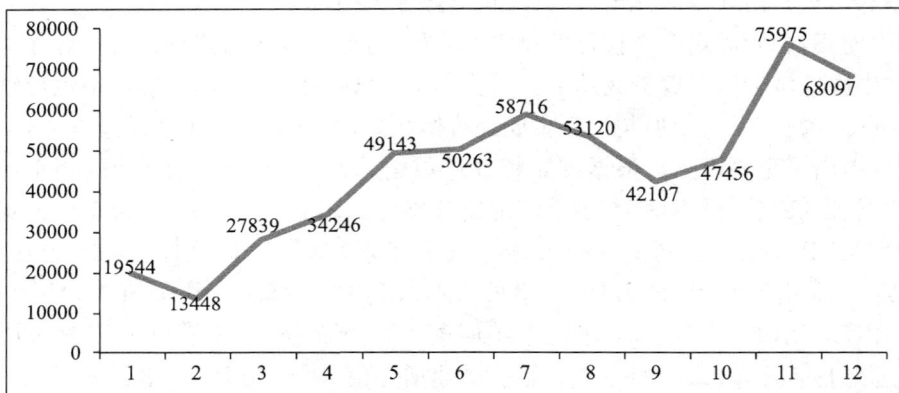

图 4-1　2015 年各月份银行间同业拆借市场隔夜拆借规模变化情况(亿元)

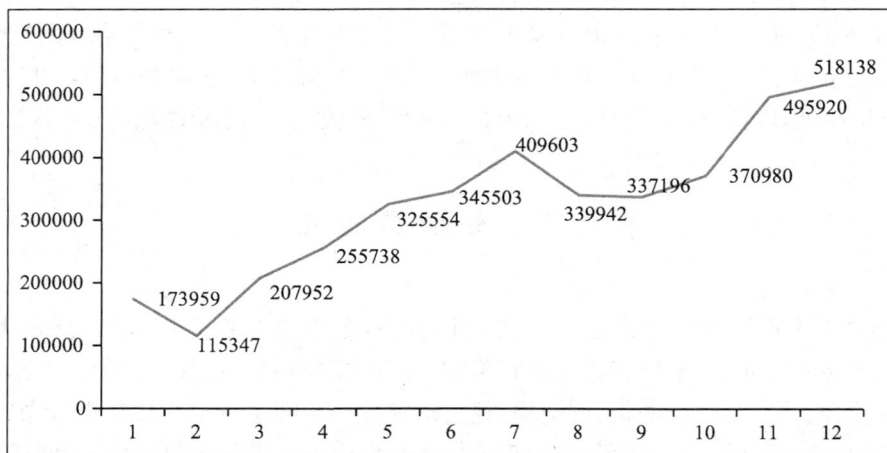

图 4-2　2015 年各月银行间隔夜回购市场规模变化情况(亿元)

（二）流动性适度充裕,利率中枢大幅下行

全年质押式回购加权平均利率在 3 月份到 5 月份出现了断崖式下跌,最高点出现在 2 月份的 3.62%,最低点为 5 月份的 1.30%,约为 2014 年最低点的一半。2014 年 12 月,质押式回购加权平均利率为 1.95%,比上月高 0.1 个百分点,比上年同期低 1.54 个百分点。加权平均同业拆借利率最高点出现在 3 月份,为 3.69%,最低点为 5 月份的 1.42%,12 月份同业拆借加权平均利率为 1.97%,比上月高 0.07 个百分点,比上年同期低 1.52 个百分点。

表 4－1　2015 年同业拆借利率结构　　　　　　　（单位:%）

	1 天	7 天	14 天	21 天	30 天	6 个月	1 年
2014.01	2.81	4.11	4.86	5.02	4.95	4.95	4.72
2014.02	3.07	4.73	4.92	5.52	5.43	5.05	5.19
2014.03	3.37	4.74	4.66	5.17	5.22	5.11	5.26
2014.04	2.26	3.2	3.54	4.24	4.19	4.81	4.54
2014.05	1.24	2.35	2.5	2.61	2.8	3.45	4.57
2014.06	1.19	2.57	2.8	3.16	3.25	3.45	4.5
2014.07	1.31	2.76	3.03	3.14	3.26	3.65	3.61
2014.08	1.68	2.57	2.71	2.84	2.83	3.47	3.85
2014.09	1.93	2.52	2.79	3.08	3.14	3.85	3.46
2014.10	1.91	2.47	2.74	2.85	3.2	3.82	3.77
2014.11	1.82	2.43	2.64	2.84	2.73	3.35	3.36
2014.12	1.86	2.53	2.84	3.6	2.9	3.5	3.29

数据来源:根据中国人民银行网站的数据整理。由于篇幅原因,没有将 60、90、120 天和 9 个月资料列入表格,表中利率为按成交量加权平均利率。

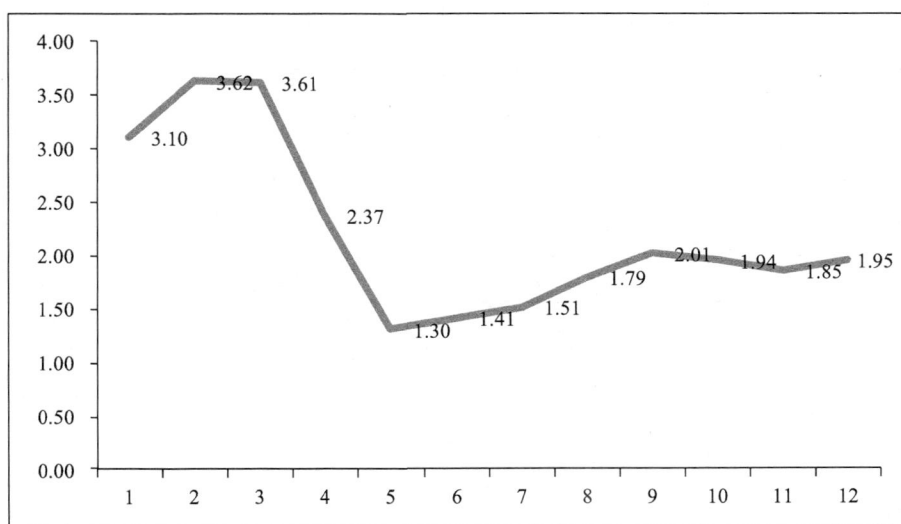

图 4－3　2015 年银行间市场债券质押式回购各月加权平均利率变化情况(%)

（三）利率衍生品交易活跃度上升

2015 年全年共有 126 家金融机构参与了人民币利率互换交易,共成交 6.4 万笔,同比增长 50%,名义本金总额 8.2 万亿元,同比增长 104%。从期限结构看,1 年及 1 年以下期限品种交易最为活跃,名义本金总额 7.2 万亿元,占总量的 88%。从参考利率看,人民币利率互换交易的浮动端参考利率主要包括 7 天回购定盘利率和 Shibor,与之挂钩的利率互换交易名义本金占比分别为 89% 和 10%。

二、债券市场

（一）债券发行规模上升,结构变化明显

债券市场全年共发行人民币债券 22.34 万亿元,同比增长 87%,增速较上年提高 55 个百分点。其中,国债发行 1.99 万亿元,地方政府债券发行 3.84 万亿元,国家开发银行、中国进出口银行和中国农业发展银行发行债券 2.58 万亿元,比上年增加 12.17%,政府支持机构发行债券 2400 亿元,比上年减少 29.73%,商业银行等金融机构发行金融债券 6296 亿元,比上年增加 15.31%,证券公司发行短期融资券 3516 亿元,比上年减少 17.21%,信贷资产支持证券发行 4056 亿元,比上年增加 45.17%,同业存单发行 5.30 万亿元,公司信用类债券发行 7.01 万亿元,同比增加 34.81%。公司信用类债券累计净融资占同期社会融资规模比例明显上升。截至年末,债券市场托管余额 47.90 万亿元,同比增长 35%,增速较上年提高 6 个百分点。其中,银行间市场托管余额 43.93 万亿元,占全市场托管余额的 92%。

表 4-2 是在中央结算公司招标发行(不含证券公司招标发行但不在中央结算公司登记托管的短期融资券和证券公司债等)的人民币债券。可以看出,2015 年债券发行规模有较大幅度的提升,其中,政府债券和商业银行债券规模显著上升,但企业债券有明显的下降。

表 4-2　2014—2015 年中央结算公司债券发行规模结构变化情况　　　（单位:亿元）

	2014 年	2015 年	增幅
合计	59517.84	98,734.51	65.89%
政府债券	20247.35	58,226.00	187.57%
记账式国债	14363.3	18,016.20	25.43%
储蓄国债(电子式)	1884.05	1,859.18	−1.32%
地方政府债	4000	38,350.62	858.77%
央行票据	—	—	—
政策性银行债	22980.52	25790.15	12.23%
国家开发银行	11405.42	11360.45	−0.39%
中国进出口银行	5025.1	5780.00	15.02%
中国农业发展银行	6550	8649.70	32.06%
政府支持机构债券	1500	1800.00	20.00%
商业银行债券	834	2009.00	140.89%
普通债	834	2009.00	140.89%

	2014 年	2015 年	增幅
次级债	—	—	—
混合资本债	—	—	—
资本工具	3568.5	2698.64	−24.38%
二级资本工具	3568.5	2698.64	−24.38%
非银行金融机构债券	632	793	25.47%
企业债券	6961.98	3431.02	−50.72%
中央企业债券	368	360	−2.17%
地方企业债券	6530.5	2966.80	−54.57%
集合企业债	63.48	15.22	−76.02%
项目收益债	—	89	
资产支持证券	2793.5	3986.71	42.71%
中期票据	—	—	—
集合票据	—	—	—
外国债券	—	—	—
国际机构债券	—	—	—

注:政府支持机构债包括汇金公司发行的债券、2013 年以来铁路总公司发行的债券以及原铁道部发行的所有债券。
数据来自中国债券信息网。

(二)银行间市场和交易所市场债券指数均有上升,债券交易活跃程度创新高

2015 年,银行间债券总指数由年初的 158.77 点上升至年末的 171.37 点,上升 12.60 点,升幅 7.94%,增幅较 2014 年低 2.3 个百分点,相应的,国债收益率曲线随之大幅下移。截至 2015 年 12 月 31 日,国债收益率曲线 1 年、3 年、5 年、7 年和 10 年期收益率较 2014 年末分别下降了 96、82、81、77 和 80 个基点。交易所市场国债指数由年初的 145.80 点升至年末的 154.54 点,上升 8.74 点,升幅 5.99%。银行间市场全年现券成交 86.77 万亿元,日均成交 3513 亿元,同比增长 115%。现券月度成交量自 1 月的 4 万亿元稳步增至 12 月的 11 万亿元,月平均增长率 11%。成交占比前三位的券种分别为政策性金融债、国债和中期票据。

(三)市场收益率整体下行,柜台市场交易规模激增

债券市场在 2015 年总体保持快速增长态势,具备如下特征:第一,收益率曲线整体大幅下移,期限利差有所扩大。年末,1 年期与 10 年期国债收益率分别为 2.30% 和 2.82%,较上年末分别下降 96 个和 80 个基点,10 年期与 1 年期国债期限利差为 52 个基点,较上年末扩大 16 个基点。第二,柜台市场交易规模增加,多层次市场体系建设进一步完善。商业银行柜台发行债券 26 亿元,其中,记账式国债 0.97 亿元,国家开发银行金融债 25 亿元,政策性金融债 2233 万元。截至年末,各类债券柜台市场托管余额约 32 亿元,其中记账式国债 16 亿元,国家开发银行金融债 15 亿元,中国进出口银行金融债 1 亿元。全年柜台交易量 109.3 亿元,同比增长 52%。截至年末,商业银行柜台开户数 259.30 万户,较上年增加 13.02 万户。

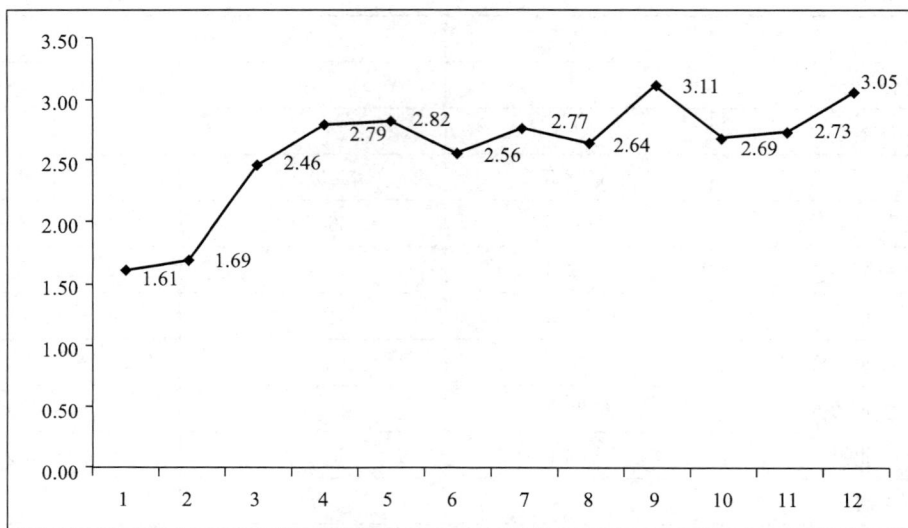

图 4－4　2014 年银行间市场现券交易规模（万亿元）

第三,银行间市场投资者群体进一步丰富。年内,银行间债券市场引入符合条件的私募投资基金、期货公司及其资产管理产品。截至年末,银行间债券市场各类参与者共计 9642 家,较上年末增加 3180 家,同比增长 49%。其中,基金公司的特定客户资产管理计划和证券公司的证券资产管理业务开户数增加明显,全年共增加 1559 家。

表 4－3　2015 年末在中央结算公司登记托管的主要券种持有者结构　（单位:亿元,%）

		商业银行	信用社	非银行金融机构	证券公司	保险机构	基金	非金融机构	特殊结算成员	境外机构	合计
记账式国债	2015 年	63778	931	259	431	3536	1791	21	16332	2484	89563
	同比	7.07	23.81	−0.58	48.25	15.91	88.97	309.74	−11.43	12.19	4.72
地方政府债	2015 年	44557	648	0	24	24	150	0	2848	4	48255
	同比	288.40	2833.33	—	1254.30	269.70	775.56	—	2795.90	−34.48	315.15
政策性银行债	2015 年	79975	3602	178	413	6009	17081	9	216	2464	109949
	同比	2.47	26.73	138.69	89.85	−2.16	76.06	178.38	27.50	3.32	10.41
央行票据	2015 年	3409	0	0	0	3	0	0	503	367	4282
	同比	−5.93	—	—	—	—	—	—	0.74	132.06	0.00
企业债	2015 年	6361	879	120	1533	2737	10935	25	62	173	22825
	同比	−4.49	−23.31	−7.01	49.37	−11.67	65.20	−20.70	−99.42	147.70	−22.27
资产支持证券	2015 年	3002	11	142	121	54	1879	0	86	4	5298
	同比	69.61	43.03	182.56	212.08	48.17	158.72	−100.00	47.67	173.56	97.04

续 表

		商业银行	信用社	非银行金融机构	证券公司	保险机构	基金	非金融机构	特殊结算成员	境外机构	合计
商业银行债券	2015年	5385	158	28	38	5266	2880	8	29	20	13811
	同比	32.26	26.47	−13.98	119.31	−8.43	15.58	−67.24	125.20	131.76	10.19
政府支持机构债	2015年	6402	255	44	78	3594	1707	0	140	104	12325
	同比	12.07	−6.40	−17.45	−6.49	8.30	22.93	17.51	−1.47	93.95	11.79

数据来源：中国债券信息网。

三、股票市场

（一）A股市场短期内大涨，成交量大幅上涨

受 2014 年 6 月货币政策超预期宽松的影响，2014 年 7 月 22 日 A 股市场行情启动，随后在货币政策持续宽松、改革预期、融资杠杆资金等因素的推动下，沪深两市 A 股市场持续快速上涨。2015 年上证指数以 3234.68 点开盘，3539.18 点收盘，年内涨幅 9.41%，相比 2014 年底收盘点位 3234.68 点累计上涨 9.41%。全年最高收盘指数为 4572.39 点（2015.4.28），全年最低收盘指数为 3049.11 点（2015.2.9），波幅为 1523.28 点。市场全年累计成交金额 133.09 万亿元，日均成交金额 9449.15 亿元，总成交量同比上涨 252.84%。

（二）**市场整体出现泡沫，结构性泡沫尤为严重**

市场平均市盈率较高，创业板平均市盈率水平创历史之最。衡量股市泡沫程度最通行的指标是市盈率指标。2015 年 6 月 12 日，上证综指收盘于 5166.35 点，当日上证综指水平静态市盈率为 22.98 倍，与标准普尔 500 指数 17 倍左右的市盈率水平相比，尽管整体估值较高，似乎仍在合理范围内。但是，由于平均市盈率不到 10 倍的银行股占上证综指的第一大权重，其极低的市盈率水平掩盖了其余绝大多数行业公司市盈率水平极高的现象，深圳市场的整体平均市盈率水平则在相当程度上鲜明地揭示了这一点。

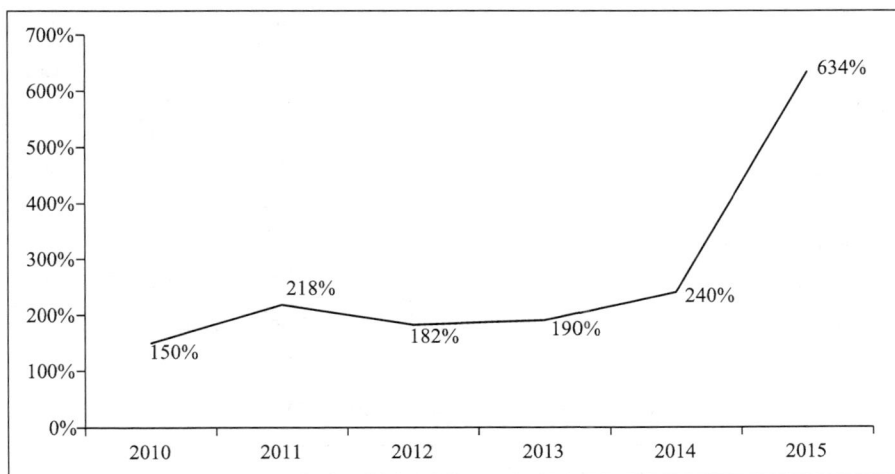

图 4 - 5　2010—2015 年股票市场筹资变化（换手率）情况（亿元）

(三) 股市换手率高企,沦为资金博弈的投机市场

从股市交易规模看,2015 年第二季度,中国沪深两市股票成交额高达 97.60 万亿元人民币,环比增长达 137.24%,比上年同期增长高达 933.40%,同比增速比第一季度提高 695.4 个百分点。从换手率看,第二季度沪深两市 A 股日均交易额达 1.57 万亿元,按照扣除国有大股东等股东持有的实际未流通股票后的实际有效流通市值计算,年换手率高达 634%,日均换手率高达 5% 左右,相当于年换手率高达 12 次左右,个别股票年换手率高达 4000% 左右。2010—2012 年,中国 A 股年换手率分别为 150%、218%、182%。与国际上比较,一般而言,全球市场的换手率平均在 100% 左右,其中,美国市场年换手率在 100% 左右,我国台湾一般在 150% 左右。无论是从我国 A 股市场历史的纵向比较,还是同世界水平的横向比较看,2015 年的第二季度都远超正常水平,既不正常也不可持续。经验表明成熟的、理性的股票市场换手率为 30% 左右,如果换手率大大超过这个比率,则意味股市中非理性(投机)成分占上风,投机气氛较浓。

(四) 中国股市杠杆率与换手率加速上升

表 4 - 4 2010—2015 年我国股票市场杠杆率情况

年份	年末融资买入额（亿元）	年末融券卖出量	融券余量	融资余额（亿元）	融券余量金额（亿元）
2010	6.01	364,366	196,184	84.27	0.04
2011	7.63	16,111,293	42,775,775	231.63	3.81
2012	56.34	407,517,940	490,805,859	590.14	27.52
2013	83.22	395,736,654	281,121,010	2279.79	19.42
2014	806.29	1,501,441,714	1,033,591,309	6903.05	62.14
2015	264.82	25,617,261	389,898,016	6805.22	21.10

数据来源:根据证监会网站数据整理。

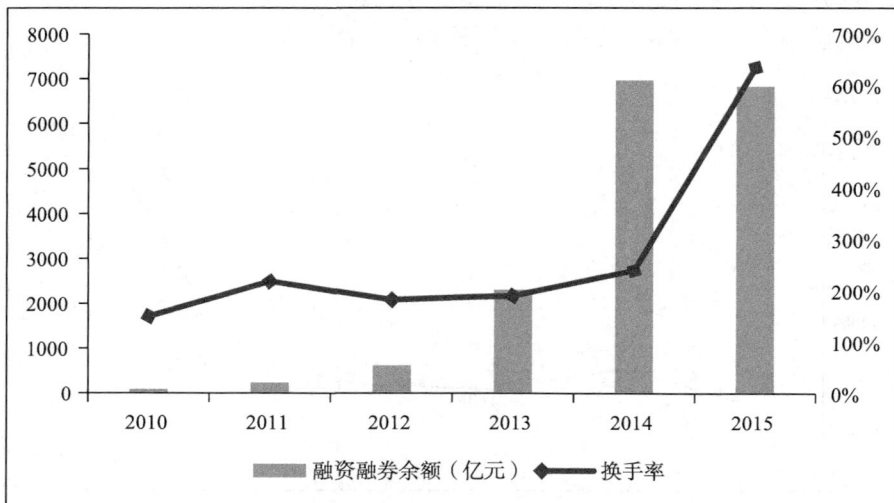

图 4 - 6 2010—2015 年我国股市融资融券余额及换手率趋势图
数据来源:根据证监会网站数据整理。

上半年,我国 A 股市场融资购股规模急速膨胀,杠杆率水平已上升至极致,杠杆资金规模先急速膨胀后急剧收缩是前七个月我国 A 股市场大起大落的重要推手。我国 A 股市场杠杆资金主要通过券商融资业务、伞形信托、场外配资、股权质押、分级基金等途径进入股市。借款融资购买股票规模占市场可流通股票总市值的比率(杠杆率)上半年在我国 A 股市场已达极致水平,并不断同换手率一致加速上升。从券商融资融券业务中融资规模变化看,6 月 18 日沪深两市券商融资融券业务中融资余额创最高规模,高达 22666.35 亿元,比去年底增加 12492.62 亿元,当日融资规模占沪深两市 A 股总市值的比例达 3.4%,考虑到我国 A 股市场实际流通市值占总市值的比例仅在 40%左右,则 A 股市场杠杆率高达约 8.5%。根据麦格理银行按流通市值的统计,台湾股市的杠杆率在 1.4%左右,美国在 2.5%左右,日本在 0.8%左右。

除券商融资外,我国还存在规模较大的场外配资、伞形信托和股权质押等融资方式,规模超过万亿元人民币。根据不同券商的调研和估算,高峰时,我国场外配资规模应该超过 1 万亿元。股权质押方面,根据有关统计,银行股权质押和券商股权质押规模分别都在 7000 亿元左右,这些资金也有相当部分进入股票市场。伞形信托规模方面,根据有关数据分析,总资金规模在 7000 亿元左右。分级基金方面,今年上半年我国 A 股市场分级基金规模快速膨胀,高峰时总份额超过 4000 亿份,总资金高达 6000 亿元。

(五)筹融资规模大幅上涨

全年共新增 A 股上市公司 217 家,年底挂牌公司达到 2726 家,增幅 8.65%;境外 H 股上市公司由 2014 年的 205 家增至 2014 年底的 231 家,增幅 12.68%。2014 全年股票市场合计筹资额为 10974.85 亿元(包括首次发行和增发、配股等再筹资),较 2013 年增加 54.85%,其中境内筹资 8295.14 亿元。

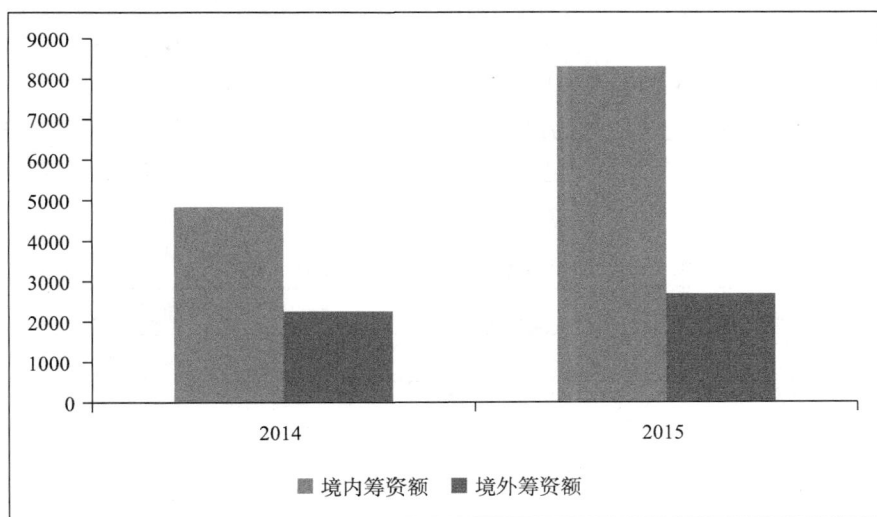

图 4-7　2014—2015 年股票市场筹资变化情况(亿元)

表 4 - 5 2015 年我国股票市场融资情况

时间	首次发行金额		再筹资金额		
	H 股(亿美元)	A 股(亿元)	A 股(亿元)		H 股(亿美元)
			定向增发(现金)	配股	
1 月	122.00	0.60	402.67	1.39	—
2 月	132.02	—	450.43	5.90	0.04
3 月	227.57	9.87	562.21	—	—
4 月	156.16	44.43	425.38	15.76	1.05
5 月	188.17	2.15	496.10	0.00	30.93
6 月	629.60	73.66	847.22	0.00	34.95
7 月	11.73	34.81	664.91	19.28	34.95
8 月	—	—	478.92	—	3.27
9 月	—	14.55	428.70	—	3.27
10 月	—	0.03	120.98	—	68.00
11 月	—	9.47	497.92	—	7.37
12 月	110.83	46.61	1334.04	—	43.29
2015 年累计	1578.08	236.19	6709.48	42.33	227.12

数据来源:根据证监会网站数据整理。

融资融券业务方面,2015 年上半年随着市场的热情保持迅猛增长势头。2015 年 6 月 18 日,融资余额达到 22666 亿元,为历史最高。然而在去杠杆的背景下,融资余额随着股指回落,于 9 月 30 日达到 9041 亿元,为全年最低。截至 2015 年底,融资业务余额为人民币 11713 亿元,较 2014 年底的人民币 10174 亿元,增长了 15%,融资业务成为 2015 年证券公司收入的重要增长点。融券业务方面为维护市场稳定,2015 年 8 月多家券商暂停融券服务,融券规模从 2014 年底的人民币 82.83 亿元大幅下滑至 2015 年底的人民币 29.60 亿元,同比下降 64%。

表 4 - 6 2015 年沪深 A 股融资行业前十名情况

行　　业	融资余额(亿元)	融资余额占比(%)
证券	821	7.02
房地产开发	638	5.46
ETF	517	4.42
计算机应用	510	4.37
银行	493	4.22
有色冶炼加工	440	3.76
保险及其他	377	3.22

行　　业	融资余额(亿元)	融资余额占比(%)
传媒	367	3.14
建筑装饰	350	2.99
中药	345	2.95
前十名合计	4858	41.55

注:根据同花顺数据整理。

四、外汇市场

(一)外汇储备余额显著减少

截至 2015 年末,国家外汇储备余额为 3.33 万亿美元,同比下降 15.4%。全年呈现缓慢下滑趋势,仅 4 月份有一个微弱的上升。此外,2015 年我国国际收支出现新变化,从长期以来的基本"双顺差"转为"一顺一逆",即经常账户顺差、资本和金融账户(不含储备资产)逆差。具体为经常账户顺差 2932 亿美元,较上年增长 33%,其中,货物贸易顺差 5781 亿美元,服务贸易逆差 2094 亿美元,初次收入逆差 592 亿美元,二次收入逆差 163 亿美元。资本和金融账户逆差 1611 亿美元,其中,资本账户顺差 3 亿美元,非储备性质的金融账户逆差 5044亿美元,储备资产减少 3429 亿美元。值得注意的是,这种转变是由于根据新的国际收支平衡表的记录原则,对外资产增加或负债减少记录为资本流出。也就是说,资本和金融账户逆差表示我国对外净资产增加,而 2015 年出现的资本流出现象主要是由于境内银行和企业等主动增持对外资产,并偿还以往的对外融资,区别于外资撤离。

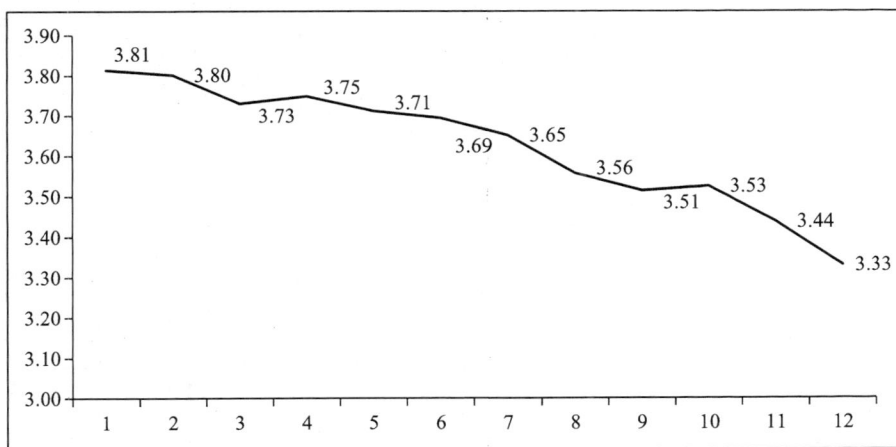

图 4-8　2015 年我国外汇储备余额(万亿美元)

(二)外汇市场交易规模维持增长

2015 年人民币外汇市场全年累计成交 17.76 万亿美元(日均 728.00 亿美元),较上年增长 39.25%。其中银行对客户市场和银行间外汇市场分别成交 4.21 万亿美元和 13.55 万亿美元。

第一,即期外汇市场交易量小幅增长。即期外汇市场全年累计成交 8.26 万亿美元,较上年增长 13.96%。其中,银行即期结售汇(不含远期履约)累计 3.40 万亿美元,较上年增长 8.71%;银行间即期市场累计成交 4.86 万亿美元,较上年增长 17.93%。第二,远期外汇市场交易量继续下降。远期外汇市场全年累计成交 4949.60 亿美元,较上年下降 17.21%。其中,银行对客户远期结售汇累计签约 4577.61 亿美元,结汇和售汇分别为 1317.91 亿和 3259.69 亿美元,较上年分别下降 16.00%、下降 56.14% 和增长 33.35%;银行间远期市场累计成交 372.00 亿美元,较上年下降 29.71%。第三,外汇和货币掉期市场交易量大幅增长。外汇和货币掉期市场全年累计成交 8.60 万亿美元,较上年增长 82.40%。其中,银行对客户外汇和货币掉期累计签约 2426.94 亿美元,较上年增长 11.68%;银行间外汇和货币掉期市场累计成交 8.36 万亿美元,较上年增长 85.81%。第四,外汇期权市场更加活跃。外汇期权市场全年累计成交 4046.65 亿美元,较上年增长 1.10 倍。其中,银行对客户市场累计成交 1159.18 亿美元,较上年增长 84.16%;银行间期权市场累计成交 2887.57 亿美元,较上年增长 1.22 倍。

表 4-7　2015 年银行间外汇交易　　　　　　　　　　　(单位:亿美元)

月份	结汇			售汇		
	银行自身	银行代客		银行自身	银行代客	
		经常性项目	资本与金融项目		经常性项目	资本与金融项目
1 月	127	1307	185	93	1314	295
2 月	31	1022	133	103	1080	175
3 月	64	1108	142	145	1526	303
4 月	63	1198	187	86	1208	328
5 月	52	1166	209	79	1126	209
6 月	34	1328	309	102	1270	276
7 月	36	1189	189	185	1438	226
8 月	951	988	130	106	1920	478
9 月	151	970	108	97	1719	504
10 月	170	1025	88	70	1106	308
11 月	33	1034	100	148	1238	330
12 月	63	1156	184	76	1604	617
总计	1775	13491	1964	1290	16549	4049

数据来源:根据外汇管理局网站数据整理。

(三)人民币汇率双向浮动,弹性明显增强

2015 年末,人民币对美元汇率中间价为 6.4936 元,较上年末贬值 3746 个基点,贬值幅度为 5.77%。2005 年人民币汇率形成机制改革以来至 2015 年末,人民币对美元汇率累计升值 27.46%。2015 年,人民币对欧元升值 5.08%,对日元贬值 4.65%。年末,CFETS 人民币汇率指数为 100.94,较上年末升值 0.94%,参考 BIS 货币篮子和 SDR 货币篮子的人民币汇

率指数分别为 101.71 和 98.84，分别较上年末升值 1.71％和贬值 1.16％。根据国际清算银行测算，2015 年人民币名义有效汇率升值 3.66％，实际有效汇率升值 3.79％。

五、黄金市场

（一）黄金价格震荡下行

受美联储加息预期强烈、欧美主要国家股票市场走强导致避险情绪减弱、大宗商品价格整体弱势下跌等多重因素的影响，黄金价格全年维持震荡走低的格局，创六年来新低。2015 年末，上海黄金交易所 AU99.99 收于 223.19 元/克，较上年末下跌 17.73 元/克，跌幅7.37％。黄金市场交易规模大幅增长。上海黄金交易所全年黄金累计成交 3.41 万吨，同比增长 89.58％；上海期货交易所黄金期货成交 5.06 万吨，同比增长 6.08％。上海黄金交易所年内黄金（以 AU99.99 为代表）最高价为 1 月份价格，报价 251.19 元/克，最低价出现在 12 月份，报价 223.19 元/克，上半年经历了两次大的下降，7 月份有所回升，11 月又出现了大幅度下降。

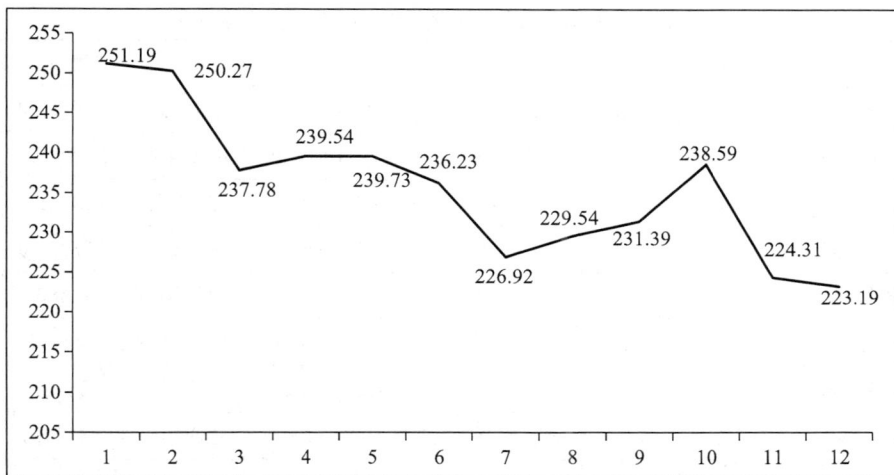

图 4－9　2015 年上海黄金交易所每月黄金（Au99.99）价格变化情况（克每元）
注：数据来自上海黄金交易所网站，每月价格是指当月加权平均价格。

（二）国内黄金市场交易规模受黄金价格影响明显

在金价低位徘徊之际，黄金实物需求攀升，使得国内黄金市场成交量大幅上涨。2015 年，上海黄金交易所黄金成交量 3.41 万吨，同比增长 89.58％，成交额 8.01 万亿元，同比增长 79.42％。上海期货交易所黄金期货成交规模同比有所上升。按双边统计，全年黄金期货各合约成交量 5063.44 万手，同比增加 6.08％；成交金额 11.98 万亿元，同比增加 0.01％。全年日均成交量 20.78 万手，日均成交额 491.14 亿元，日均平仓 22.44 万手，年末持仓 25.91 万手。在黄金交易所交易中，以会员交易为主，其中，交易所会员前十家总共买卖占比 65％左右，表 4－8 为 2015 年 12 月上海黄金交易所会员买卖规模前 10 名交易情况，与上年相比，前十名交易占比基本维持不变，交易前列会员大部分为银行类金融机构。

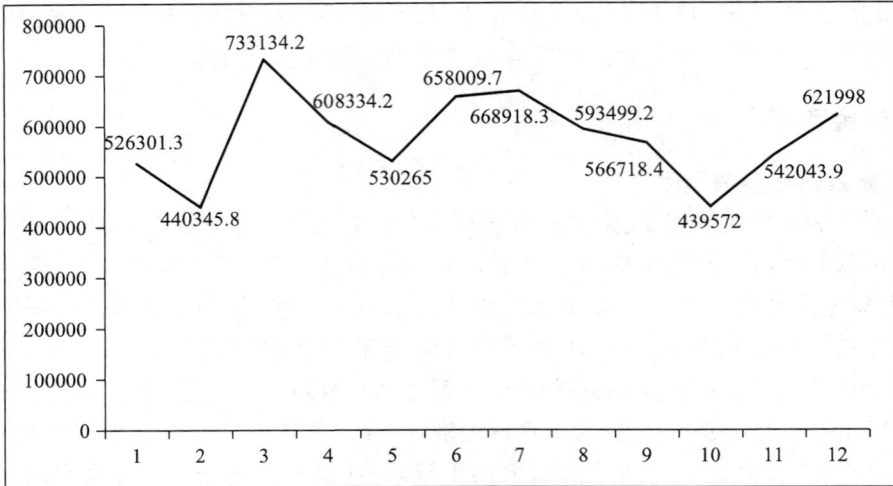

图4-10 2015年上海黄金交易所每月黄金(Au99.99)成交量变化情况(千克)

表4-8 2015年12月上海黄金交易所会员买卖前十名 （单位:千克,％）

序号	会员买卖前十名			会员买入前十名			会员卖出前十名		
	名称	买卖总量	比重	名称	买入总量	比重	名称	卖出总量	比重
1	浦发银行	460359.9	12.5	浦发银行	226410.7	12.29	浦发银行	233949.3	12.7
2	深金融	323988.0	8.8	深金融	164576.2	8.94	深金融	159411.8	8.66
3	平安银行	278505.6	7.56	建设银行	124347.1	6.75	平安银行	157994.8	8.58
4	建设银行	248388.1	6.74	平安银行	120510.8	6.54	中国银行	134283.7	7.29
5	中国银行	243361.5	6.61	民生银行	113170.81	6.14	建设银行	124041	6.73
6	民生银行	212798.9	5.78	中国银行	109077.8	5.92	民生银行	99628.1	5.41
7	交通银行	196713.3	5.34	交通银行	98401.5	5.34	交通银行	98311.8	5.34
8	工商银行	159823.9	4.34	工商银行	83302.8	4.52	工商银行	76521.2	4.15
9	农业银行	149907.2	4.07	农业银行	79123.7	4.3	农业银行	70783.6	3.84
10	中信银行	118259.4	3.21	中信银行	57364.9	3.11	中信银行	60894.5	3.31
总计		2392105.85	64.94		1176286.2	63.87		1215819.67	66.01

数据来源:根据上海黄金交易所相关数据整理。

第二节　银行业发展

一、银行业发展概况

截至2015年底,我国银行业共有法人机构4262家,较上年增加171家;从业人员380万,较上年增加4万人。银行业共包括3家政策性银行、5家大型商业银行、12家股份制商业银行、133 家城市商业银行、5 家民营银行、859 家农村商业银行、71 家农村合作银行、1373 家农村信用社、1 家邮政储蓄银行、4 家金融资产管理公司、40 家外资法人金融机构、1 家中德住房储蓄银行、68 家信托公司、224 家企业集团财务公司、47 家金融租赁公司、5 家货币经纪公司、25 家汽车金融公司、12 家消费金融公司、1311 家村镇银行、14 家货款公司以及 48 家农村资金互助社。

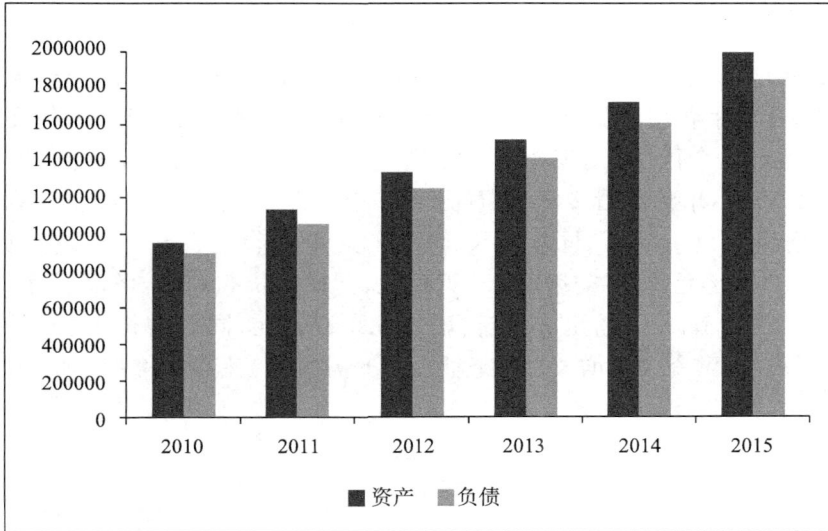

图 4－11 2015 银行业金融资产负债总量（亿元）

表 4－9 2015 年银行业资产分布情况

银 行 类 别	资产规模（亿元）	占比（%）
政策性银行	192847	9.68
大型商业银行	781630	39.23
股份制商业银行	369880	18.56
城市商业银行	226802	11.38
农村商业银行	152342	7.65
农村合作银行	7625	0.38
农村信用社	86541	4.34
非银行金融机构	64883	3.26
外资银行	26808	1.35
新型农村金融机构和邮储银行	83024	4.17
总计	1993454	100

注：根据银监会网站数据整理。

2015 年末,银行业金融机构资产总额 199.3 万亿元,比年初增加 27 万亿元,增长 15.7%;负债总额为 184.1 万亿元,比年初增加 24.1 万亿元,增长 15.1%。

从机构类型看,资产规模较大的依次为:大型商业银行、股份制商业银行、农村中小金融机构和城市商业银行,占银行业金融机构资产的份额分别为 39.2%、18.6%、12.9% 和 11.4%。

二、存贷款稳步增长

存贷款稳步增长,增幅较上年小幅上升。存款方面,截至 2015 年末,全部金融机构(含外资金融机构)本外币各项存款余额为 139.8 万亿元,比年初增加 15.3 万亿元,同比增长 12.4%,增幅上涨 2.8 个百分点。其中,居民储蓄存款余额 48.7 万亿元,比年初增加 2.7 万亿元,同比增长 5.87%,增幅下滑 2.53 个百分点。贷款方面,本外币各项贷款余额 99.3 万亿元,比年初增加 11.7 万亿元,同比增长 13.4%,增幅小幅上升 0.1 个百分点。其中,短期贷款余额 35.9 万亿元,比年初增加 2.3 万亿元,同比增长 6.85%,增幅下滑 1.05 个百分点;中长期贷款余额 53.8 万亿元,比年初增加 6.6 万亿元,同比增长 13.98%,增幅下滑 1.02 个百分点;票据融资大幅增长,余额达到 4.58 万亿元,比年初增加 1.66 万亿元,同比增加 36.24%。

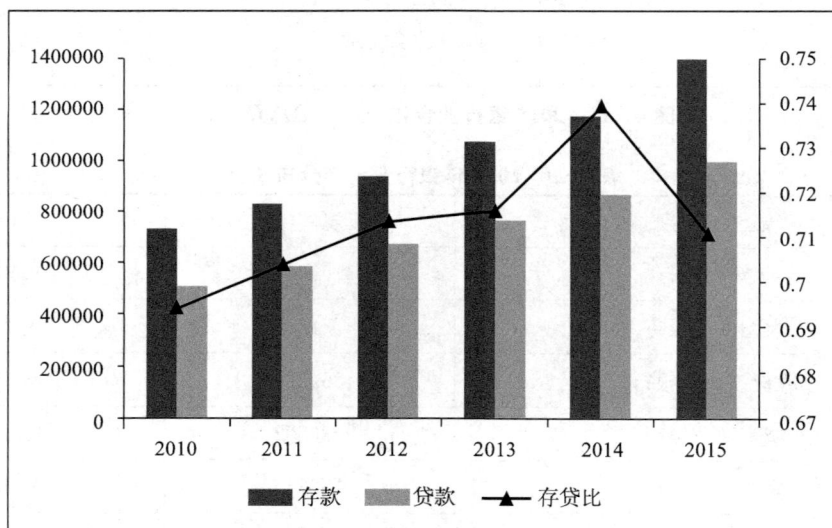

图 4‑12　银行业金融机构存贷款余额及存贷比(亿元,%)

三、资产质量与风险控制水平

(一)资产质量

资产质量保持稳定,不良贷款率有所上升。截至 2015 年底,中国银行业金融机构不良贷款余额 1.96 万亿元,比年初增加 5290 亿元,不良贷款率 1.94%,比年初增加 0.34 个百分点。其中,商业银行不良贷款余额为 1.27 万亿元,比年初增加 4319 亿元,不良贷款率为 1.67%,同比上升 0.43 个百分点。分机构看,不良贷款的主要部分依然集中在国有控股商业银行。2015年末,国有商业银行不良贷款余额为7001.9亿元,占全部商业银行不良贷款比重为54.94%;股份制商业银行不良贷款余额为2536.4亿元,占全部商业银行不良贷款比重为19.9%;农村商业银行不良贷款1862.5亿元,占全部商业银行不良贷款比重为14.61%;城市商业银行不良贷款1212.9亿元,占全部商业银行不良贷款比重为9.52%。

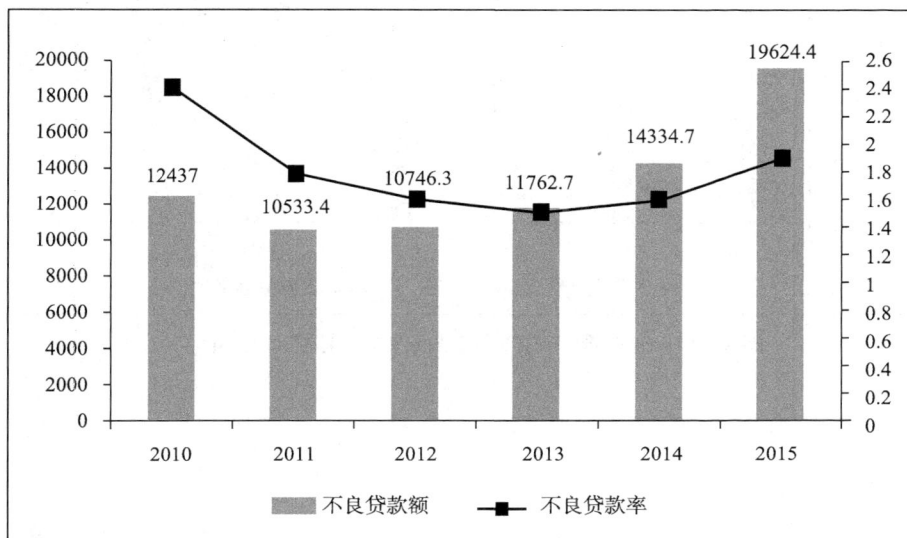

图4-13　银行业金融机构不良贷款额及不良贷款率(亿元,%)
资料来源:根据银监会网站数据整理。

(二)资本充足率水平

资本充足率保持较高标准。截至2015年末,银行一级核心资本净额110109.4亿元,核心一级资本净额106268.3亿元,核心一级资本充足率10.91%,一级资本充足率11.31%,资本充足率达到13.45%,远高于银监会规定标准。

表4-10　2010—2015年资本充足率变化情况

	2010年	2011年	2012年	2013年	2014年	2015年
资本充足率	12.2%	12.7%	13.3%	12.19%	13.2%	13.45%
核心资本充足率	10.1%	10.2%	10.62%	9.95%	10.8%	11.31%

资料来源:根据银监会网站数据整理。其中,2013年和2014年资本充足率计算按照2013年1月起施行的《商业银行资本管理办法(试行)》折算,与2012年之前计算方法有所不同。

(三)拨备覆盖率水平

贷款拨备覆盖率保持较高水平。截至2015年底,商业银行贷款损失准备金余额2.3万亿元,比年初增加3493亿元;拨备覆盖率181.18%,同比下降50.86个百分点。贷款拨备率3.3%,同比上升0.13个百分比。虽然拨备覆盖率增幅有较大幅度下降,但是仍然高于银监会制定的150%的标准,一定程度上可以有效预防金融风险。

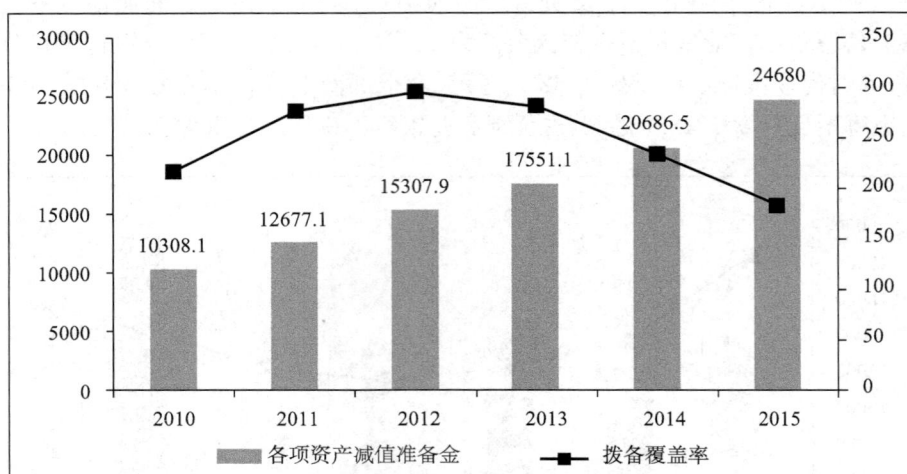

图 4-14　商业银行资产减值准备及拨备覆盖率(亿元,%)

四、经营状况

(一)盈利水平

银行业继续保持较高盈利水平,但盈利增速有所下降。2015 年,银行业金融机构实现税后利润 2 万亿元,同比增长 2.4%,增幅下降 8.5 个百分点;资本利润率 14.35%,同比下降 2.8 个百分点;资产利润率 1.06%,同比下降 0.13 个百分点。其中商业银行资本利润率 14.98%,同比下降 2.61 个百分点;资产利润率 1.1%,同比下降 0.13 个百分点。

(二)利润来源

业务构成方面,利息净收入仍然是中国商业银行最主要的收入来源。以部分上市银行为例,表 4-11 中 2014—2015 年上市银行的利息净收入都占到营业收入的 60% 以上,以工商银行和农业银行为代表的五大行 2015 年净利息收入占比相比上年没有多大变化,在主要商业银行类别中处于中等水平;股份制商业银行占比相对较低,其中两家代表银行在 2014 年与 2015 年都维持在 60%—70%;城市商业银行占比较高,出现轻微下降的趋势,但都在 80% 以上。

表 4-11　部分上市银行净利息收入占营业收入比率　　　　　　　(亿元,%)

	2014 年			2015 年		
	营业收入	利息净收入	占比	营业收入	利息净收入	占比
工商银行	6348.58	4935.22	77.74	6687.33	5077.67	75.93
农业银行	5208.85	4298.91	82.53	5361.68	4361.40	81.34
招商银行	1658.63	1120.00	67.53	2014.71	1367.29	67.87
民生银行	1354.69	921.36	68.01	1544.25	942.68	61.04
南京银行	159.91	134.35	84.02	228.30	188.29	82.47
宁波银行	153.57	133.55	86.96	195.16	156.17	80.02

数据来源:根据各家银行年报整理。

中间业务占比提高迅速。随着利率市场化的进一步推进,商业银行面临进一步优化收入结构的压力,增加中间业务收入在银行中收入中的比重成为商业银行发展的必然选择。以部分上市银行为例,其中间业务收入增长迅速,表中以工商银行和农业银行为代表的五大行手续费和佣金收入表现有所差异,工行增长率达到 8.22%,而农行则有所下降;招商和民生银行两家股份制银行增长迅速,分别为 35.26% 和 33.91%;两家城商行南京银行和宁波银行增长率都超过了 50%,显示中小银行在业务转型方面进行得更为坚决。

表 4-12　部分上市银行手续费及佣金净收入状况　　　　（单位:亿元,%）

	2014 年	2015 年	增长率
工商银行	1324.97	1433.91	8.22
农业银行	801.23	825.49	3.03
招商银行	394.94	534.19	35.26
民生银行	382.39	512.05	33.91
南京银行	19.54	34.36	75.84
宁波银行	24.85	39.9	60.56

数据来源:根据各家银行年报整理。

五、从业人员状况

2015 年底,银行业金融机构从业人员达到 3803470 人,较上年增加了 40035 人,增幅为 1.06%,同比下降 4.54 个百分点,其中大型商业从业人数达到 1730291 人,较上年减少 34326 人,增幅为 -1.95%,首次出现了负增长,同比下降 4.5 个百分点,一定程度上意味着银行业金融机构面临着人才流失的压力,而大型商业银行所面临的人才流失压力更为严峻。

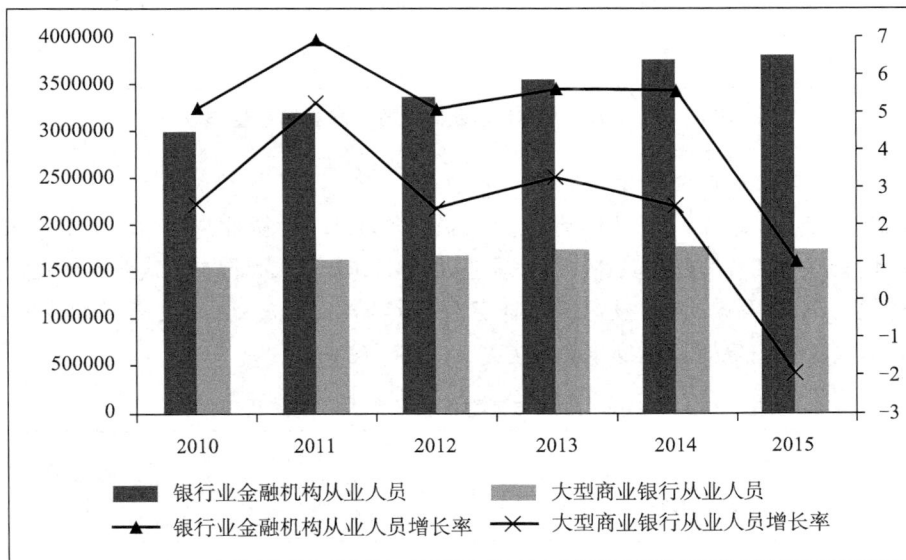

图 4-15　银行业金融机构从业人员及大型商业银行从业人员增长率及人数(人,%)
数据来源:根据银监会网站数据整理。

第三节　证券业发展

一、证券公司发展

(一)证券公司发展概况

1. 证券公司规模与结构

截至 2015 年底,我国共有 125 家证券公司,比 2014 年增加了 5 家。同时,有 24 家证券公司在沪、深证券交易所上市,比 2014 年新增了申万宏源、东兴证券、东方证券和国泰君安;在香港证券交易所上市的证券公司增至 9 家,比 2014 年新增了广发证券、华泰证券、国联证券、恒泰证券和中金公司。

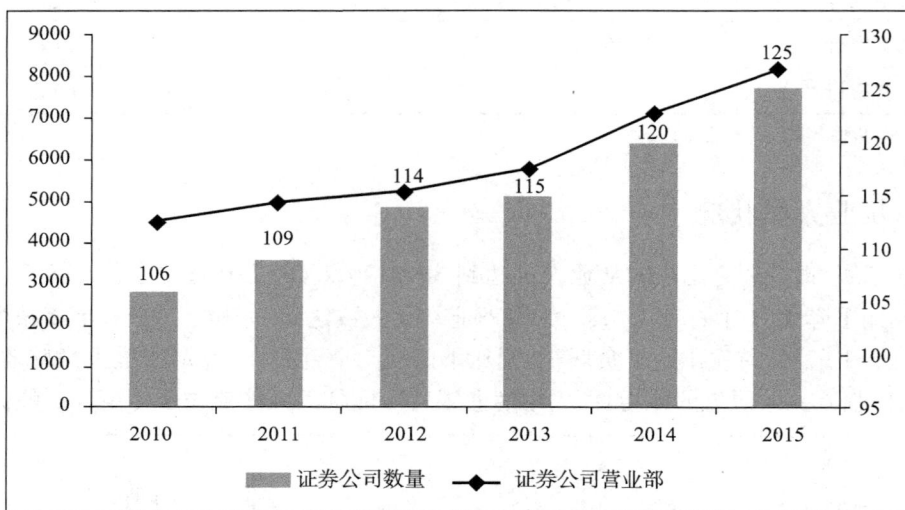

图 4‑16　2010—2015 年证券公司及营业部数量(家)

2. 证券公司从业人员情况

截至 2015 年底,证券行业已注册从业人员 29.24 万人,从业人员比 2014 年大幅增加 5.23 万人,增幅达到 21.79%。其中,一般从业人员 17.67 万人,证券经纪业务营销人员 2415 人,证券经纪人 7.32 万人,证券投资咨询业务(分析师)2350 人,证券投资咨询业务(投资顾问)3.34 万人,保荐代表人 2870 人,投资主办人 1482 人。

表 4‑13　2010—2015 年证券行业从业人员规模及分布(人)

年份	从业人员	一般证券业务	证券经纪营销	证券经纪人	证券投资咨询业务(分析师)	证券投资咨询业务(投资顾问)	证券投资咨询业务(其他)	保荐代表人	投资主办人
2015	292365	176666	2415	73214	2350	33368	0	2870	1482
2014	240029	145328	2962	55503	2866	29519	0	2637	1214

年份	从业人员	一般证券业务	证券经纪营销	证券经纪人	证券投资咨询业务（分析师）	证券投资咨询业务（投资顾问）	证券投资咨询业务（其他）	保荐代表人	投资主办人
2013	222801	141161	3957	46389	2610	25343	0	2356	986
2012	240922	165076	6190	41104	2451	23205	0	2154	742
2011	261802	194241	9371	37456	1958	18231	545	—	—
2010	209246								

资料来源：中国证券业协会。证券从业人员执业资格分类依据来源于中国证券业协会。

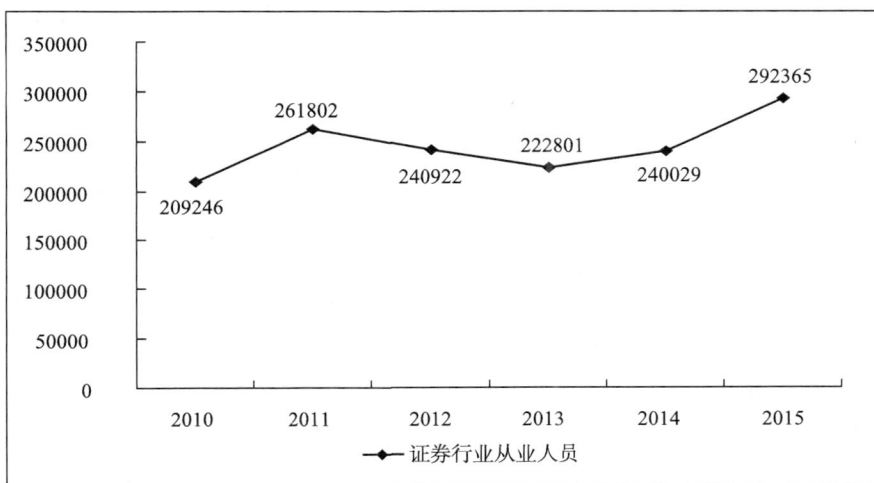

图 4‐17　2010—2015 年度我国证券行业从业人员变化趋势（人）

从业人员的结构发生了新的变化：一般证券业务、证券经纪人和证券投资咨询业务（投资顾问）的数量出现大幅增长，而证券经纪业务营销人员和证券投资咨询业务（分析师）出现小幅下降。这一变化反映出了 2015 年一般从业人员随着市场需求增多而快速增长的行业特征。

3. 证券公司营业网络分布情况

表 4‐14　2010—2015 年证券公司营业部辖区分布（家）

地区	2010 年	2011 年	2012 年	2013 年	2014 年	2015 年
广东	613	673	703	769	934	1063
江苏	300	34	363	445	603	681
浙江	333	370	381	436	581	676
上海	476	483	489	501	575	640
山东	222	253	280	315	403	453
北京	228	253	265	287	338	390

续　表

地区	2010 年	2011 年	2012 年	2013 年	2014 年	2015 年
福建	188	218	237	256	316	350
四川	199	210	219	242	301	329
辽宁	205	202	215	228	283	312
湖北	145	182	190	204	249	288
湖南	162	168	177	209	243	299
江西	108	14	117	124	235	260
河南	131	143	145	170	229	268
安徽	135	148	158	165	211	232
河北	148	158	165	175	199	216
陕西	92	105	119	140	168	196
重庆	96	111	111	119	163	176
山西	90	108	122	130	146	157
黑龙江	113	117	121	122	140	154
天津	95	101	103	108	128	148
广西	82	87	98	101	127	158
云南	64	69	74	101	121	136
吉林	84	91	96	104	120	129
内蒙古	51	60	61	66	85	91
甘肃	58	60	63	66	71	89
贵州	32	44	48	54	66	79
新疆	59	62	62	62	64	73
海南	33	37	40	40	44	52
宁夏	18	19	23	24	29	37
青海	10	13	13	16	17	23
西藏	30	4	5	6	10	15
总计	4573	4997	5263	5785	7199	8170

资料来源:上海证券交易所网站。

截至 2015 年底,证券公司营业部共有 8170 家,比 2014 年增加了 971 家,增长 13.49%。在区域的分布上,加速扩张的区域仍然集中在沿海地区,广东、浙江、江苏还是增设营业部最多的区域,分别增加了 129 家、95 家、78 家;中部地区则参差不齐,总体有所放缓,2014 年扩张较快的江西饱和度提升后趋于稳定,湖南、湖北、河北在 2015 年分别增加了 56 家、39 家、39 家营业部。

4. 证券公司资产规模经营情况

近年来,证券公司在总资产、净资产、净资本方面处于稳定增长状态,增长速度有着持续上升的趋势。截至 2015 年底,125 家证券公司总资产为 6.42 万亿元,净资产为 1.45 万亿元,净资本为 1.25 万亿元,客户交易结算资金余额(含信用交易资金)2.06 万亿元,托管证券市值 33.63 万亿元,受托管理资金本金总额 11.88 万亿元。

表 4-15　2010—2015 年全国证券公司资产规模状况

年份	总资产(万亿元)	净资产(亿元)	净资本(亿元)
2010	1.97	5663.59	4319.28
2011	1.57	6302.55	4634.02
2012	1.72	6943.46	4970.44
2013	2.08	7538.55	4204.58
2014	4.09	9205.19	6791.60
2015	6.42	1.45 万	1.25 万

资料来源:中国证券业协会网站。

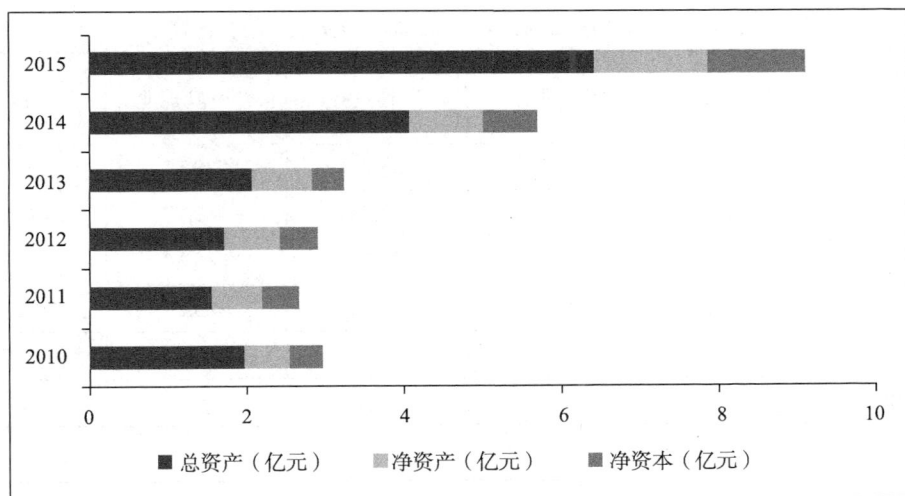

图 4-18　2010—2015 年全国证券公司资产规模情况

与 2014 年相比,2015 年证券公司总资产和净资产分别增长 56.97% 和 57.69%,资本实力继续增强,抗风险能力有一定程度的提升。受益于市场波动的增强,2015 年末证券公司客户交易结算资金余额(含信用交易资金)2.06 万亿元,比 2014 年底的 1.2 万亿元增长了 71.67%;托管证券市值 33.63 万亿元,比 2014 年底的 15.36 亿元增长了 118.95%;受托管理资金本金总额 11.88 万亿元,比 2014 年底增长了 49.06%。净资本和净资产在经历了 2013 年的阶段性谷底后缓慢回升,但总资产始终保持上升趋势。

(二)证券公司业务

证券公司营业收入和利润同步实现大幅增长。证券公司的营业收入和利润水平一定程度上与股票市场波动呈现正相关。2015 年由于股票市场上涨幅度较大,全国所有的证券公司共实现营业收入 5751.55 亿元,全年实现净利润 2447.63 亿元,较上年分别增长 120.97% 和 153.50%,营业利润率从 37.10% 增加至 42.56%,上升了近 5 个百分点。

表 4-16　2010—2015 年全国证券公司利润与收入情况

项目 \ 年份	2010 年	2011 年	2012 年	2013 年	2014 年	2015 年
营业收入(亿元)	2202.02	1632.31	1294.71	1592.41	2602.84	5751.55
净利润(亿元)	821.68	460.97	329.30	440.21	965.54	2447.63
营业利润率(%)	37.31	28.24	27.01	27.6	37.10	42.56

注:根据中国证券业协会行业数据整理。

从收入构成来看,所有证券公司 2015 年实现经纪业务收入 2690.96 亿元,投行业务(含财务顾问)收入 576.23 亿元,资产管理业务收入 247.88 亿元,自营业务及其他业务 2004.79 亿元。总体看,自 2010 年以来,行业收入构成的特点是经纪业务、投行业务等传统通道业务收入虽然呈下降趋势,但总体占比仍较高;资产管理业务规模较小;自营、融资融券等创新业务增幅较大,并且占营业收入比重上升迅速,但是波动幅度较大。

表 4-17　全国券商 2010—2015 年各业务收入情况比较　　　　　　(单位:亿元)

年份 \ 项目	经纪业务	投行业务	资管业务	自营及其他业务	总收入
2010 年	1177.93	249.88	35.67	738.54	2202.02
2011 年	739.28	211.57	38.69	642.77	1632.31
2012 年	504.07	177.44	26.80	586.40	1294.71
2013 年	759.21	136.63	70.30	626.27	1592.41
2014 年	1049.48	331.69	124.35	1097.32	2602.84
2015 年	2690.96	576.23	247.88	2004.79	5751.55

资料来源:中国证券业协会行业数据。

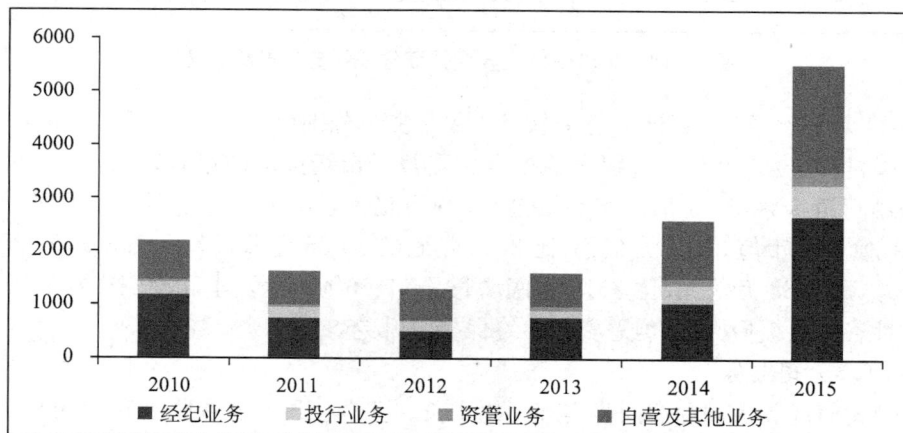

图 4-19　2010—2015 年证券公司营业收入及其构成变化情况(亿元)

1. 经纪业务

2015 年,股票成交量共实现 255.59 万亿元,较 2014 年增长了 243.58%,基金成交量高达 15.27 万亿,达到近几年的最高值,较 2014 年增长了 223.52%,债券成交量也有了较快的发展,2015 年较 2014 年增长了 39.91%。2015 年,股票、基金、债券共实现 397.59 万亿元交易量,较 2014 年的 169.69 万亿元增长了 134.30%。

作为证券公司的传统收入,经纪业务收入主要来自券商代理买卖证券的佣金,与市场交易情况密切相关。2015 年,伴随着股票基金债券市场交易量的快速增长,证券公司经纪业务收入成功逆转了自 2009 年以来持续下降的境况,业务净收入高达 2690.96 亿元,较 2014 年增长了 156.41%。

表 4-18　2010—2015 年市场交易情况　　　　　　　　（单位:万亿元）

年　份 ＼ 项　目	股票成交量	基金成交量	债券成交量
2010 年	54.56	0.9	7.21
2011 年	42.16	0.64	21.13
2012 年	31.46	0.81	37.83
2013 年	46.81	1.48	64.77
2014 年	74.39	4.72	90.58
2015 年	255.59	15.27	126.73

资料来源:中国证券业协会行业数据。

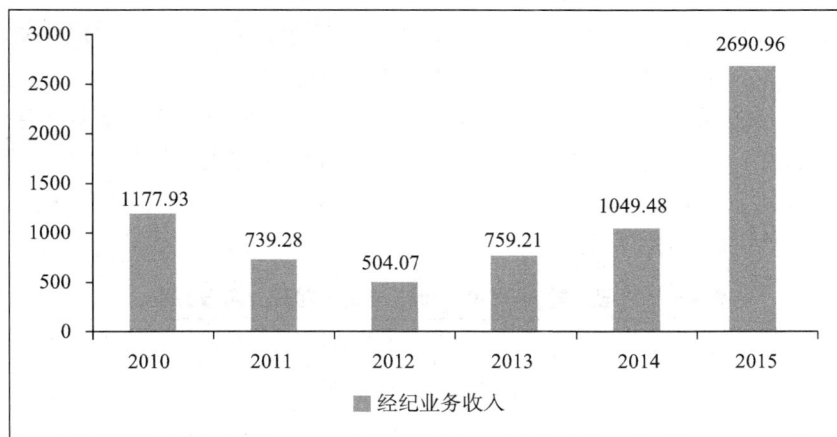

图 4-20　2010—2015 年证券公司经纪业务收入变化(亿元)

2. 投行业务

投行业务是券商的传统业务,收入主要来源于股票承销和债券承销,包括 IPO、增发、配股、可转债、公司债等。2010 年以来,证券承销业务收入逐年降低,主要原因是监管层根据市场变化对股权融资进行了行政性控制,导致股权融资受限。中国证监会股票审核委员会于 2012 年 10 月暂停 IPO 审核,并于 2013 年 12 月重启 IPO 审核,使得 2013 年股票市场的首次公开发行受限,证券公司的投行业务普遍下滑,虽然 IPO 受限会促使再融资市场的升温,但是对投行业务的收入贡献作用有限。2014 年,由于 IPO 的重启,投行业务收入大幅增加。从收入占比上看,近年来投行业务的收入占比在 15％ 上下波动,相对来说比较稳定,预计随着证券市场直接融资比例的上升,投行业务对券商的业绩贡献作用将增加,投行业务收入重新进入上涨通道。2015 年证券公司承销业务继续增长,行业总收入由 2014 年的 331.69 亿元上升到了到 576.23 亿元,同比上涨了 73.73％。

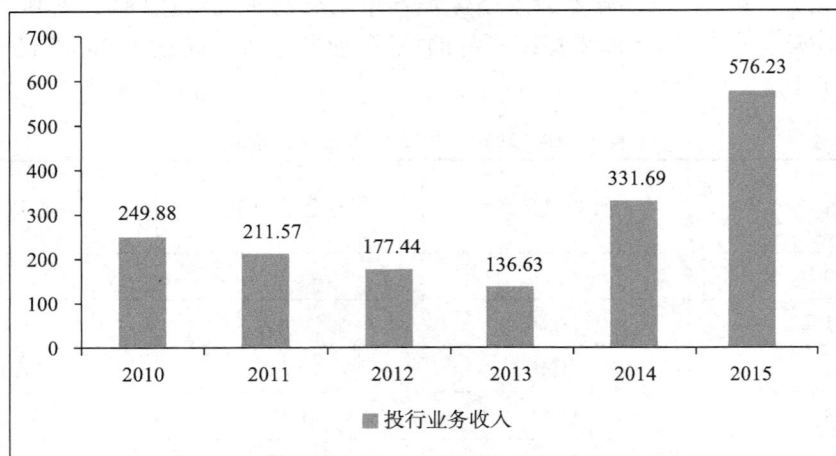

图 4‑21   2010—2015 年证券公司投行业务收入变化(亿元)

3. 资管业务

我国券商资管业务发展多年,但规模一直较小。目前资管业务收入主要来自两部分,一是券商发行的集合理财产品的管理费,二是银证合作的通道业务,即银行提供资金和项目,借券商通道代理发行定向理财产品,从而实现与银行资金对接。

截至 2015 年底,我国证券公司受托管理资产总计约 11.84 万亿元,该规模较 2014 年的 7.96 万亿元增长 48.73％。伴随着我国受托资产管理规模的扩大,证券公司资产管理业务规模的扩大也带来营业收入的大幅提升;2015 年该业务净收入达 247.88 亿元,较 2014 年业务收入 124.35 亿元增长了 99.34％。

表 4‑19   国内券商 2010—2015 年资产管理业务收入变化　　　　　(单位:亿元)

	2010 年	2011 年	2012 年	2013 年	2014 年	2015 年
资管业务规模	1872.66	2818.68	16882.21	51950.73	79624.86	118422.33
资管业务收入	35.67	38.69	26.80	70.30	124.35	247.88

资料来源:中国证券业协会行业数据。

4. 自营及其他业务

自营业务的投资方向主要是债券,其次是股票和基金。目前影响自营业务收入的主要是股市、债市的表现及券商的投资决策能力。证券公司的其他业务主要有约定购回式证券交易、股票质押式回购交易、国际业务等。

得益于资本市场的稳定发展,两融业务在 2015 年表现优异,全年共实现收入 2004.79 亿元,占总收入的比例为 34.86%。始于 2010 年的融资融券试点,随着股票标的等规模的扩容,融资买入额占两市成交额的比例也出现持续攀升,随着股票市场行情的继续发展,这一比例可能还会继续提升。

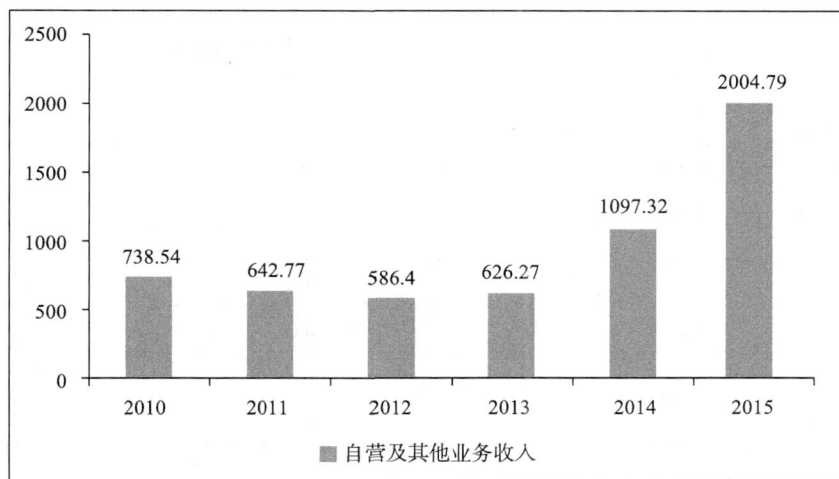

图 4‑22　2010—2015 年证券公司自营及其他业务收入变化(亿元)

二、期货公司发展

(一)期货公司发展概况

1. 会员情况

期货公司延续近年发展趋势,公司数量小幅下降。截止到 2015 年底,全国共有 150 家期货公司,相较于 2014 年减少了 3 家。在地域的分布上,遍布 30 个省市,公司数目超过 10 家的包括:上海 29 家、北京 20 家、深圳 13 家、浙江 11 家、江苏 10 家,占全部公司数的 55.3%。

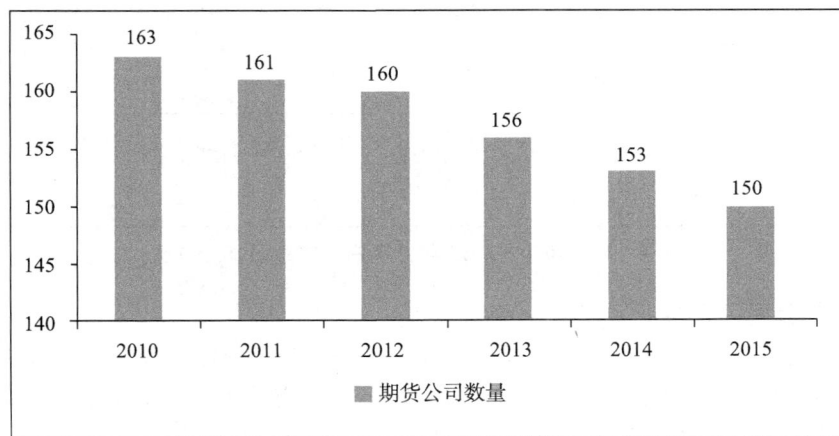

图 4‑23　2010—2015 年度全国期货公司数量(家)

2. 资产规模情况

期货公司资产规模持续增长。截至 2015 年底,全国期货公司总资产(客户权益资产)规模合计 3829.57 亿元,同比增长 39.63%;净资产为 783.41 亿元,同比增长 26.36%;净资本达到 600.38 亿元,同比增长 24.75%。

表 4 - 20　2010—2015 年度全国期货公司资产规模情况　　　　（单位:亿元）

年 份 ＼ 项 目	总资产	净资产	净资本
2010 年	1922.59	270.14	251.25
2011 年	1915.54	352.45	328.93
2012 年	2318.10	465.85	417.74
2013 年	2569.07	522.14	439.37
2014 年	2742.72	619.98	481.25
2015 年	3829.57	783.41	600.38

3. 客户权益情况

客户权益是客户的权利和利益,包括开仓占用的保证金和留在账户上的可用资金。截至 2015 年 12 月末,全国期货公司客户权益总额为 3829.77 亿元,同比增加 39.63%,平均每家公司客户权益为 25.53 亿元,同比增加 39.63%。

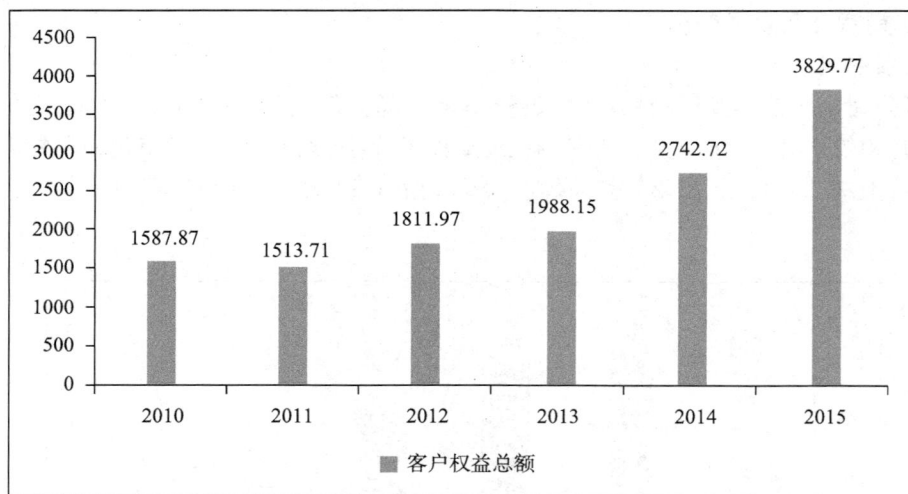

图 4 - 24　2010—2015 年度客户权益总额(亿元)

（二）期货公司经营情况

得益于期货市场迅速发展,期货公司业务经营状况较上年有所好转,虽然总体营业收入增长不多,但是全行业利润状况有所改善。2015 年期货交易增长较快,全国期货市场成交累计 35.78 亿手,同比增长 42.78%;其中,上海期货交易所累计成交 10.50 亿手,占全国市场的 29.36%,同比增长 24.72%;郑州商品交易所累计成交 10.70 亿手,占全国市场的29.91%,同比增长 58.25%;大连商品交易所累计成交 11.16 亿手,占全国市场的 31.20%,同比增长

45.05％；中国金融期货交易所累计成交 3.41 亿手，占全国市场的 9.53％，同比增长 56.66％。成交金额看，全国期货市场累计成交 554.23 万亿元，同比增长 89.81％；其中，上海期货交易所累计成交金额 63.56 万亿元，占全国市场的 11.47％，同比增长 0.51％；郑州商品交易所累计成交 30.98 万亿元，占全国市场的 5.59％，同比增长 33.30％；大连商品交易所累计成交 41.94 万亿元，占全国市场的 7.57％，同比上涨 1.06％；中国金融期货交易所累计成交 417.76 万亿元，占全国市场的 75.38％，同比增长 154.71％。

表 4－21　2010—2015 年我国期货市场交易情况

	2010 年	2011 年	2012 年	2013 年	2014 年	2015 年
期货公司期货公司代理交易量(亿手)	12.44	10.54	14.5	20.58	25.05	35.78
同比增长率(％)	43.01	−32.72	37.6	42.15	21.54	42.78
期货公司代理交易额(万亿元)	123.48	137.51	171.12	267.06	291.99	554.23
同比增长率(％)	67.41	−11.03	24.44	56.30	9.16	89.81

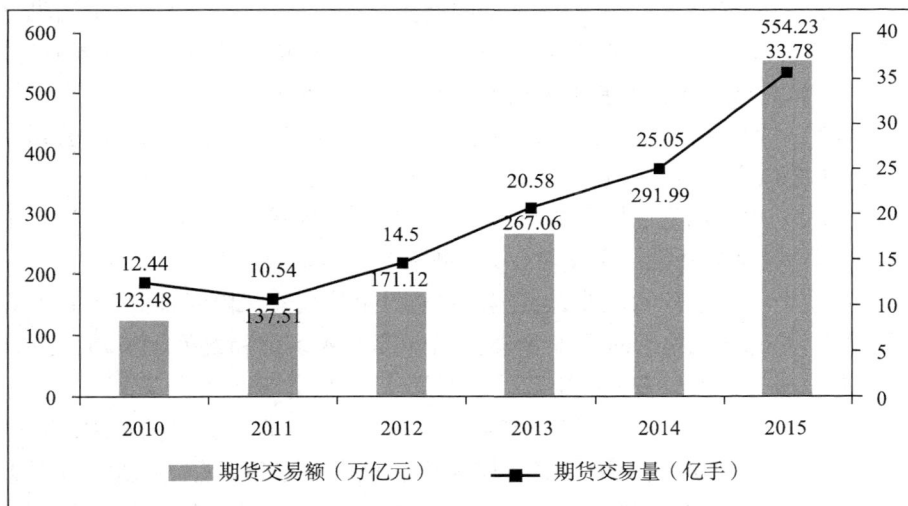

图 4－25　2010—2015 中国期货市场成交情况

（三）中国期货业协会 2015 年大事记

（1）1 月 20 日，协会第四届理事会第四次会议在北京召开，原则通过了《关于中国期货业协会 2014 年工作总结和 2015 年工作要点的报告》(草案)、《中国证券期货市场场外衍生品交易商品衍生品定义文件(2015 年版)》(草案)、《中国证券期货市场场外商品远期交易确认书(2015 年版)》(草案)、《中国证券期货市场场外商品互换交易确认书(2015 年版)》(草案)、《中国证券期货市场场外商品期权交易确认书(2015 年版)》、《期货公司资本补充指引》(草案)、《期货行业人才培养战略规划》(草案)、《关于取消〈期货经纪合同〉格式文本审查等备案报告事项的决定》(草案)等议题，并通报了各专业委员会 2015 年工作要点。

（2）2 月 6 日，协会发布了《关于〈期货公司资产管理业务管理规则(试行)〉实施相关问题的说明(二)》。

(3)3月27日,协会第四届理事会第五次会议在杭州举行。会议原则通过了《关于中国期货业协会 2014 年预算执行情况和 2015 年预算的报告》(草案)、《关于期货投资者教育基金和期货人才培养基金 2014 年预算执行情况及 2015 年预算的报告》(草案)、《期货公司互联网开户规则》(草案)及《期货公司互联网开户操作指南》(草案)、《期货公司次级债管理规则》(草案)、《期货公司资产管理业务投资者适当性评估程序》(草案)、《关于协会 2015 年会员发展工作的方案》(草案)等议题,并对《中国期货业发展规划纲要(2015 年—2020 年)》(征求意见稿)进行了讨论。

(4)4月3日,协会发布了《期货公司次级债管理规则》。4月30日,协会第四届理事会第六次会议以视频形式召开,会议审议通过了《中信期货有限公司更换理事代表的申请》,原则通过了《期货经营机构业务和产品创新备案办法》(草案),并通报了近期会员发展情况。

(5)5月19日,协会制订发布了《中国期货业协会"公平在身边"投资者保护专项活动工作方案》。

(6)6月2日,协会以视频会议形式召开了第四届理事会第七次会议。会议审议并通过了《中国期货业发展规划纲要(2015 年—2020 年)》(草案)、《关于废止〈中国期货业协会联系会员管理办法〉的决定》(草案)、《关于建立全国期货行业自律协作机制的若干意见》(草案)、《关于设立中国期货业协会第四届理事会互联网金融专业委员会的方案》(草案)、《关于设立中期联场外衍生品交易服务股份有限公司的提案》等五项议题。

(7)7月10日,期货公司互联网上开户正式上线,全市场共有 103 家期货公司上线开户云平台,共计 2102 位客户通过开户云平台办理了开户手续。

(8)8月11日,中国期货业协会、中国证券业协会、中国基金业协会联合发布《中国证券期货市场场外衍生品交易商品定义文件(2015 年版)》及配套交易确认书。

(9)11月,协会完成了期货从业人员定期检查及期货公司风险管理业务、资产管理业务自查和现场检查,并配合机构部对风险管理公司外部介入系统和场外配资情况进行了专项核查,对涉嫌存在违规行为的公司拟定了处理意见。

(10)12月22日,协会第四届理事会第九次会议在京召开。会议同意理事单位弘业期货股份有限公司提出的由周剑秋接替周勇作为协会理事的申请,同意由赵桂萍同志接替姜昌武同志担任协会人才培养委员会副主任委员,审议并原则通过了《关于中国期货业协会 2015 年工作总结和 2016 年工作要点的报告》(草案)、《关于制订〈期货业服务实体经济行动计划(2016—2018)〉的建议》(草案)、《期货行业协助打击非法期货活动工作指引》(草案)、《中国期货业协会自律规则制定办法》(草案)、《期货公司诚信评估方案》(草案)及《期货公司诚信评估指标》(草案)、《中国期货业协会会员管理办法(修订)》(草案)等议题。

三、基金公司发展

(一)基金发展概况

截至 2015 年 12 月 31 日,我国境内共有基金管理公司 112 家,较上年增加 17 家;95 家公司共管理公募基金 2722 只,其中封闭式基金 164 只,开放式基金 2558 只,包括股票基金 587 只,混合基金 1184 只,货币基金 220 只,债券基金 466 只和 QDII 基金 101 只。

表4-22　资产管理业务总体情况

业务类型	管理人数量（家）	产品数量（只）	管理规模（亿元）
公募基金	112	2722	83971.83
证券公司资管产品	94	18228	118948
基金公司专户产品	100	5139	41632.28
其中:社保基金及企业年金	—	—	11753.30
基金子公司专户产品	79	16092	85728
期货公司资管产品	104	2945	1045
私募机构私募基金	25005	24054	50724
合计	25494	69180	382049.11

注:数据来自基金业协会网站。

表4-23　公募基金总体情况

基金类型	基金数量（只）	基金份额（亿份）	基金规模（亿元）
封闭式基金	164	1669.54	1947.72
开放式基金	2558	75004.59	82024.11
其中:股票基金	587	5988.13	7657.13
混合基金	1184	17948.31	22287.25
货币基金	220	44371.59	44443.36
债券基金	466	5895.92	6973.84
QDII基金	101	800.64	662.53
合计	2722	76674.13	83971.83

注:数据来自基金业协会网站。

私募基金发展较快。截至2015年底,共有私募基金24054只,认缴金额达到50724亿元,实缴金额为40478亿元。其中,私募证券投资基金14507只,认缴规模为17142亿元;股权投资基金6532只,认缴金融25660亿元;创业投资基金1478只,认缴金额2653亿元;其他类基金1537只,认缴金额5268亿元。

表4-24　私募基金总体情况

基金类型	基金数量（只）	认缴规模（亿元）	实缴规模（亿元）
私募证券投资基金	14507	17142.49	17079.16
股权投资基金	6532	25660.10	16743.63
创业投资基金	1478	2653.39	2123.45
其他	1537	5268.12	4532.4
合计	24054	50724.10	40478.64

注:数据来自基金业协会网站。

1. 公开募集基金产品数量及管理规模

2015年,公开募集证券投资基金产品数量达2722只,比2014年增加了823只,增长了43.34%。其中,封闭式基金164只,比2014年增加了21.48%;开放式基金2558只,比2014年增加了45.01%。公开募集证券投资基金总规模达到83971.83亿元,比2014年增加了85.06%,其中封闭式基金和开放式基金资产规模分别为1947.72亿元和82024.11亿元,比2014年分别增加了42.50%和86.39%。2015年公开募集证券基金产品数量和规模双双大幅增长,大众投资需求上升、资本市场投资收益率上行是主要原因。

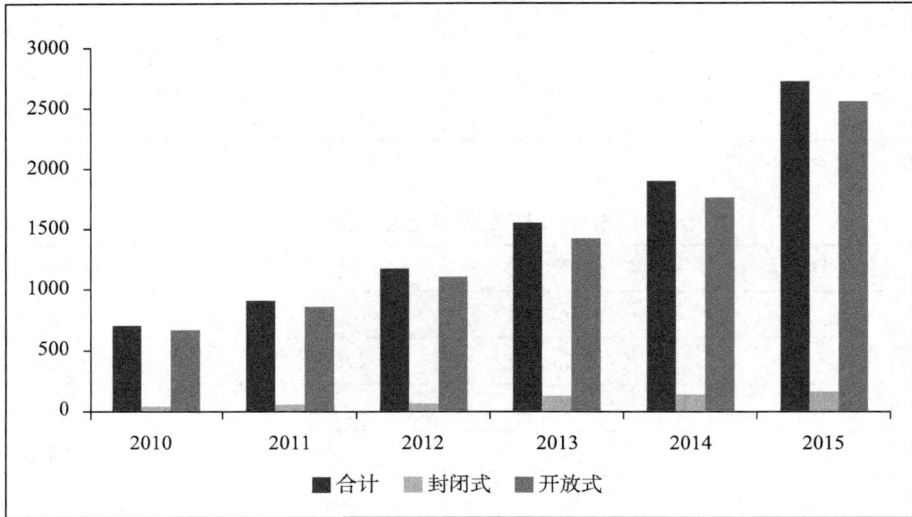

图4-26　2010—2015公开募集证券投资基金数量(只)

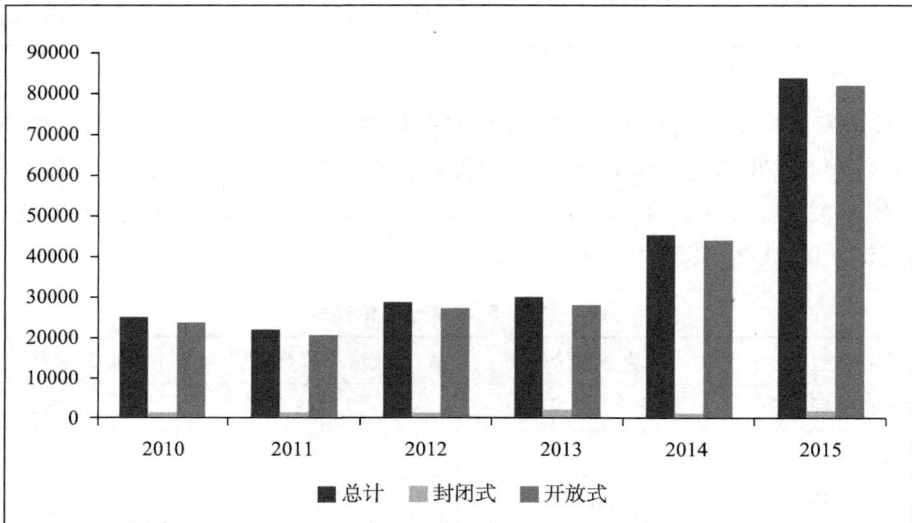

图4-27　2010—2015公开募集证券投资基金资产规模(只)

2.封闭式基金发展情况

2015年底,封闭式基金数量出现小幅度增长,规模也相应增加。与2014年相比,封闭式基金的数量从135只增长到了164只,增长了21.48%;基金份额从1256.71亿份增长到了1669.54亿份,基金资产规模也从1366.81亿元增长到了1947.72亿元,分别增长了32.85%和16.67%。

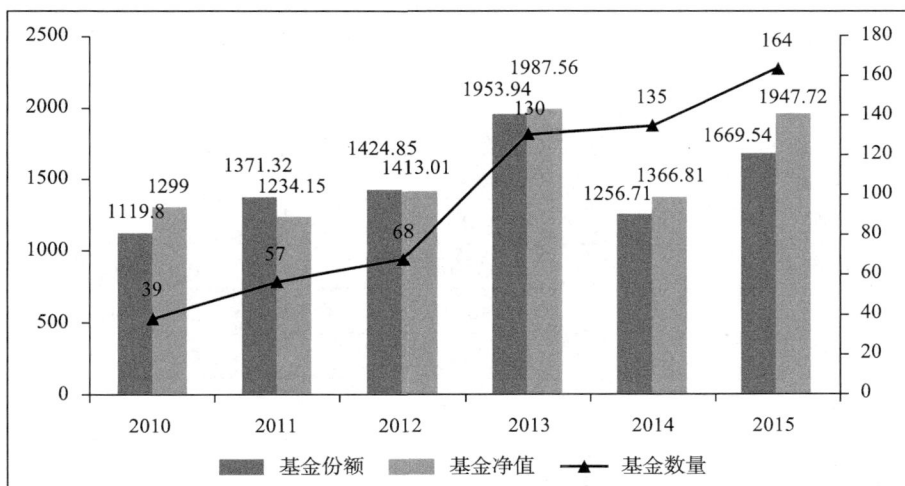

图4-28　2010—2015年封闭式基金发展状况(单位:亿份;亿元;只)

3.开放式基金发展情况

2015年,开放式基金数量、规模增长都较快,达到了历史新高。与2014年相比,开放式基金从1764只增长到了2558只。基金份额从40776.00亿份增长到了75004.59亿份,基金资产规模从44007.49亿元增加到了82024.11亿元,分别增长到了45.01%、83.94%和86.39%。

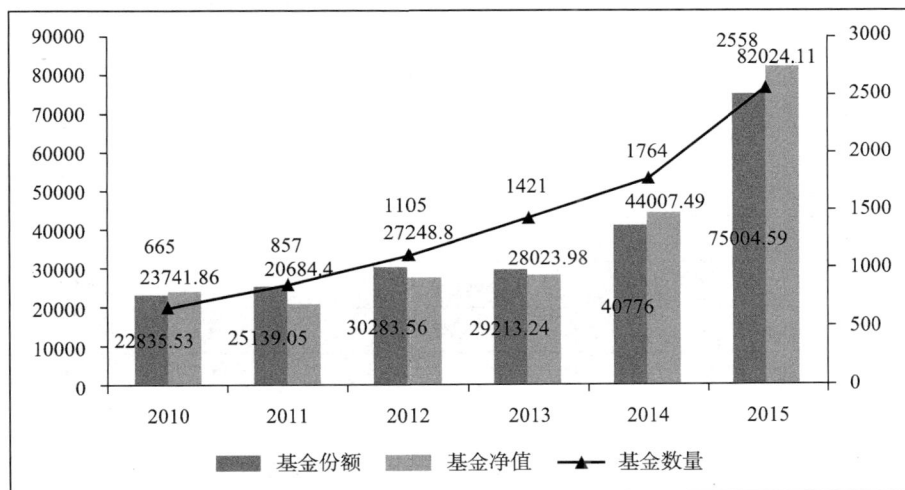

图4-29　2010—2015年开放式基金发展状况(单位:亿份;亿元;只)

（二）基金公司经营状况

总体来看,伴随着资本市场的上涨,2015 年基金公司及其子公司经营业绩呈现近年来最好表现。

1. 资金投向

随着证监会《关于进一步加强基金管理公司及其子公司从事特定客户资产管理业务风险管理的通知》下发,基金及其基金子公司也面临由"被动"的通道业务转向"主动"资产管理的转型压力。在基金公司的专户投资中,投资于股票的资金有 6451 亿元,投资于债券的资金有 19187 亿元,投资于基金的资金有 4800 亿元,分别占比 21%、62.4%和 15.6%。

表 4-25　基金公司专户投资情况

投资类别	投资金额(亿元)	占比(%)
股票	6451	21.0
债券	19187	62.4
基金	4800	15.6
期货	141	0.5
其他	160	0.5
合计	30739	100

注:数据来自基金业协会网站。

在私募基金中,投向于股票类的资金有 1190.13 亿元,占比 15.17%;投向于混合类的资金有 1377.92 亿元,占比 17.57%;投向于上市公司定向增发的有 1798.9 亿元,占比 22.93%;投向于货币类的资金有 2866.02 亿元,占比 36.54%。

表 4-26　私募证券投资基金投向情况(按产品类型)

投资类别	规模(亿元)	占比(%)
股票类	1190.13	15.17
混合类	1377.92	17.57
FOF	32.53	0.41
期货期权等衍生品	94.95	1.21
其他	176.36	2.25
上市公司定向增发	1798.9	22.93
债券类	307.06	3.91
货币类	2866.02	36.54
合计	7843.87	100

注:数据来自基金业协会网站。

2. 行业集中度

2015 年,证券公司资产管理业务集中度小幅提升,排名前十的证券公司资产管理业务规模合计占资产管理业务总规模的 49.3%,前二十的证券公司占比为 69.3%,较 2014 年分别增加了 4 个百分点和 2 个百分点。

表 4-27　基金业行业集中度

业务类型	开展业务的机构数量/家	前 5 行业规模占比/%	前 10 行业规模占比/%	前 20 行业规模占比/%
公募基金	105	31.3	49.3	69.3
证券公司资管产品	94	29.9	50.4	69.4
基金公司专户产品	97	31.2	48.7	69.4
基金子公司专户产品	79	32.3	48.5	69.9
期货公司资管产品	104	56.3	71.0	83.2
私募机构私募基金	7763	7.75	12.3	18.3

注：数据来自基金业协会网站。

3. 投资者结构

在对公募基金的投资中，个人投资者的数量占比为 99.96%，机构投资者仅有 0.04%。但是，个人投资者所持有的资产占比为 45.27%，机构投资者持有资产的占比为 54.73%。

表 4-28　投资者结构

业务类型	个人投资者		机构投资者	
	户数占比（%）	持有资产占比（%）	户数占比（%）	持有资产占比（%）
公募基金	99.96	45.27	0.04	54.73
证券公司资管产品				
集合计划	99.39	48.22	0.61	51.78
定向资产管理计划	9.24	0.32	90.76	99.68
专项计划	63.24	15.82	36.76	84.18
基金公司专户产品	—	8.66	—	91.34
基金子公司专户产品	—	9.48	—	90.52
期货公司资管产品	77.60	46.04	22.40	53.96
私募机构私募基金	79.55	34.61	20.45	65.39

注：数据来自基金业协会网站。

第四节　保险业发展

2015 年我国保险业快速发展，规模不断扩大，结构继续优化，效益显著增长，形象持续提升，为促进经济社会发展和保障人民生活作出了巨大贡献，行业发展进入历史上最好的时期。特别是随着《国务院关于加快发展现代保险服务业的若干意见》出台，国家明确将保险业纳入经济改革整体布局，保险业成为落实"四个全面"战略，促进经济转型升级、保障改善民生、转变政府职能的有效抓手和重要动力。

一、保费收入

保险业整体实力明显增强,发展趋于稳健。2015 年,全年原保险保费收入 24282.52 亿元,同比增长 20.00%,增幅显超往年。其中,产险公司原保险保费收入 8423.26 亿元,同比增长 11.65%;寿险公司原保险保费收入 15859.13 亿元,同比增长 24.97%。产险业务原保险保费收入 7994.97 亿元,同比增长 10.99%;寿险业务原保险保费收入 13241.52 亿元,同比增长 21.46%;健康险业务原保险保费收入 2410.47 亿元,同比增长 51.87%;意外险业务原保险保费收入 635.56 亿元,同比增长 17.14%。产险业务中,交强险原保险保费收入 1570.98 亿元,同比增长 10.74%;农业保险原保险保费收入为 374.90 亿元,同比增长 15.08%。另外,寿险公司未计入保险合同核算的保户投资款和独立账户本年新增交费 8324.45 亿元,同比增长 97.91%。

表 4－29　2015 年保险公司保费收入及同比变化　　　　　　(单位:亿元)

	2015 年	2014 年	同比增长
总保费	24282.39	20234.68	20.00%
财产保险	8423.26	7544.40	11.65%
人身保险	15859.13	12690.28	24.97%
人寿保险	13241.52	10901.69	21.46%
健康保险	2410.47	1587.18	51.87%
意外伤害保险	635.56	542.57	17.14%

注:1. 本表数据是保险业执行《关于印发〈保险合同相关会计处理规定〉的通知》(财会[2009]15 号)后,各保险公司按照相关口径要求报送的数据。2. 原保险保费收入为按《企业会计准则(2006)》设置的统计指标,指保险企业确认的原保险合同保费收入。3. 原保险保费收入为本年累计数,数据来源于各保险公司报送保监会月报数据。由于计算的四舍五入问题,各保险公司原保险保费收入可能存在细微的误差。

保险业总资产快速增加。2015 年,不管是总体保费收入还是产险保费收入、人身险保费收入增速均有所上升,保持着较稳定的增速。2010—2015 年全国保费收入增速变动情况见图 4－30,并且保费增长率稳定超过 GDP 增长率,达到 20.0%。

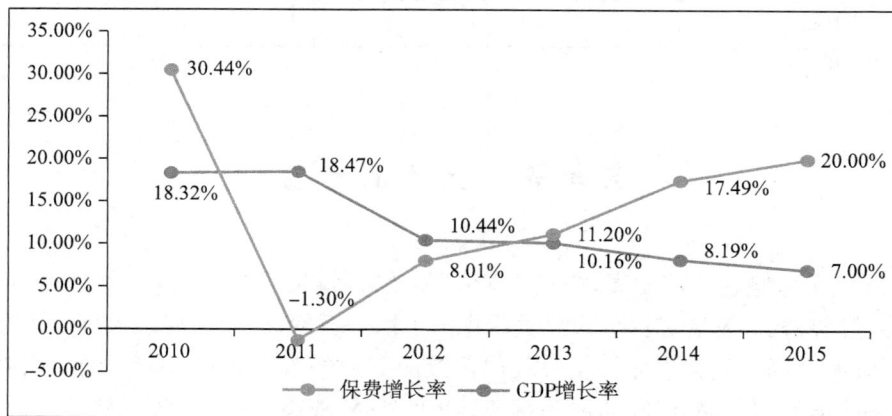

图 4－30　2010—2015 年保费增长率与 GDP 增长率比较

二、保险密度与保险深度

2015 年全国保险密度为 1766.5 元/人,较 2014 年增加 287.1 元,保险密度的增幅稳定上升,增幅为 19.41％;2015 年全国保险深度为 3.52％,较 2014 年下降 0.38 个百分点,减缓了 2010—2013 年持续下降的趋势。近年来全国保险深度与保险密度变动情况见图 4 - 31 与图 4 - 32。

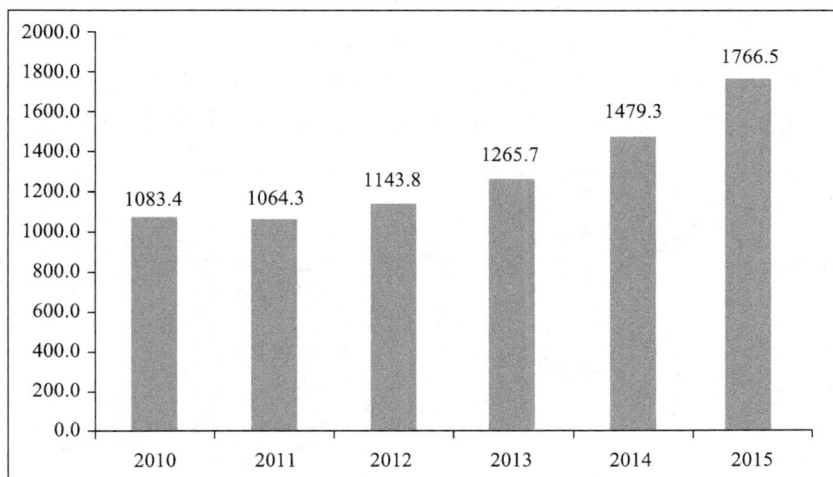

图 4 - 31　2010—2015 年全国保险密度变动情况(元/人)
注:保险密度是指按当地人口计算的人均保险费额,反映该地国民参加保险的程度。

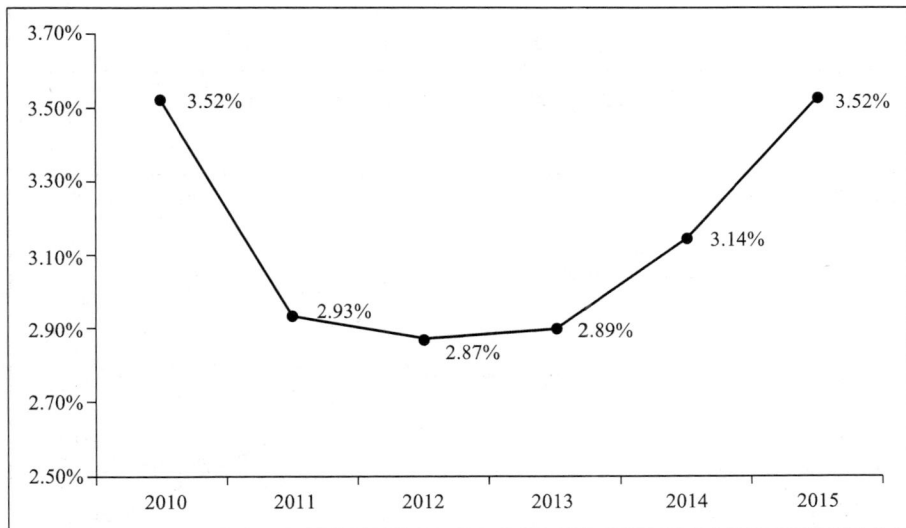

图 4 - 32　2010—2015 年全国保险深度变动情况
注:保险深度则是指某地保费收入占该地国内生产总值(GDP)之比,反映了该地保险业在整个国民经济中的地位。

三、市场主体

保险市场主体持续增加,市场体系逐步完善,保险市场竞争加剧。中国保险市场已经形成国有控股(集团)公司、股份制公司、政策性公司、专业性公司、外资保险公司等多种组织形式、多种所有制并存,公平竞争、共同发展的市场格局。

由于市场主体的增加,市场集中度也在进一步下降。2010年底,最大的3家与4家产险公司市场份额分别为66.45%和71.25%;2015年底则下降为64.00%和69.98%。2010年底,最大的3家与4家寿险公司市场份额占比分别为55.78%和64.54%,2015年则下降为43.15%和50.00%。虽然市场主体不断增加,不可否认的是最大的3家或4家产险或是寿险公司的市场份额占比的下降幅度在不断减少。相比较而言,寿险市场的竞争程度更为激烈一些。

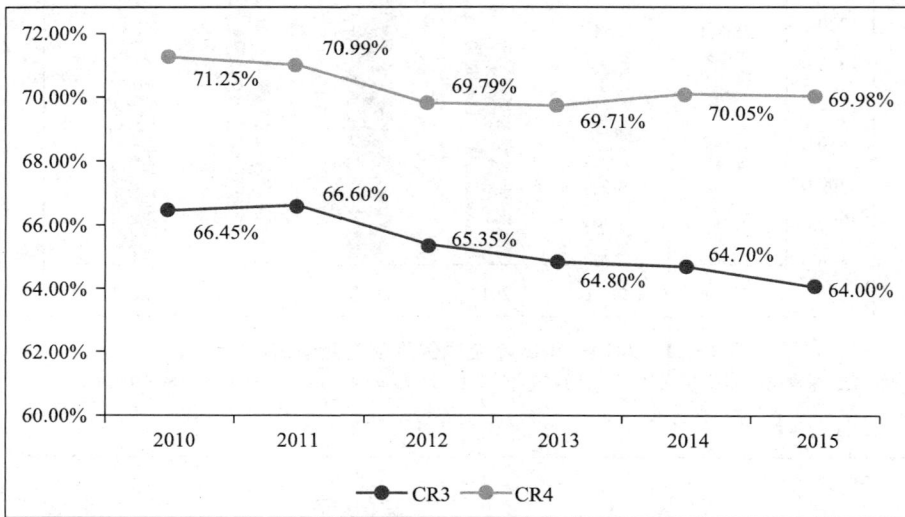

图4-33 产险市场集中度(2010—2015年)

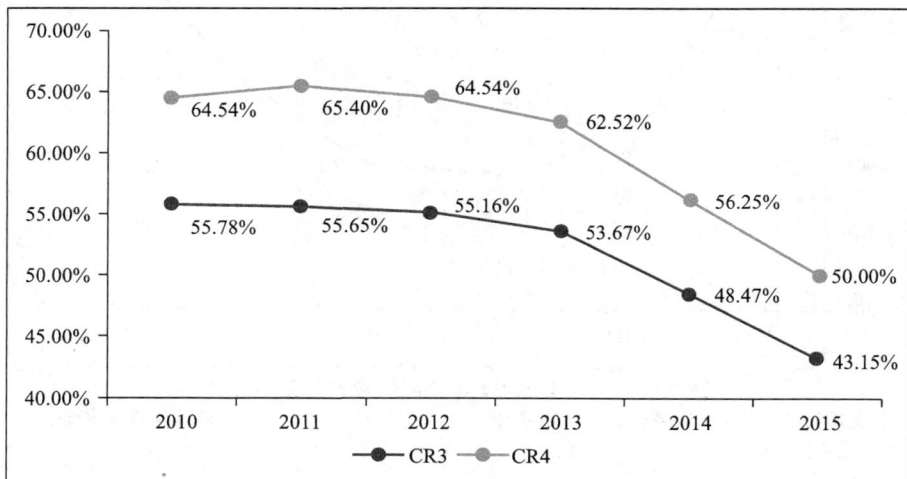

图4-34 寿险市场集中度(2010—2015年)

表4-30显示了2015年中国保险业机构情况及同比变化。表中比较了中外资财产险公司,人身险公司,不包含控股集团公司,再保险公司,资产管理公司以及村镇保险互助社。从中资机构方面看,财产保险公司51家,较上年增加8家;人身保险公司47家,与去年增加4家;外资机构方面,财产保险公司22家,与2012年持平,人身保险公司28家,较上年增加1家。从财产寿险公司看,财产保险公司73家(中资51家,外资22家),人身险公司75家(中资47家,外资28家),两方面分布较平衡。

表4-30　2015年保险业机构情况及同比变化　　　　　　　　　　(单位:家)

项　　目			2015年	2014年	同比变化
机构情况	中资	财产险公司	51	43	8
		人身险公司	47	43	4
		合计	98	86	12
	外资	财产险公司	22	22	0
		人身险公司	28	27	1
		合计	50	49	1
	保险机构合计		148	135	13

注:数据来自保监会网站。

四、赔付支出

2015年,全年保险公司赔付支出24282亿元,比上年增长20.00%。其中,财产保险支付7994亿元,同比增长10.99%;人身保险(包括人寿保险、健康保险、意外伤害保险)赔付支出16287亿元,同比增长24.99%。在人身保险赔付中,寿险赔付支出13241亿元,同比增长21.46%;健康险赔付支出2410亿元,同比上升51.87%;意外伤害险赔付635亿元,同比增长17.14%。

表4-31　2015年保险公司赔付支出及同比变化　　　　　　　　　(单位:亿元)

	2015年	2014年	同比增长
总保费	24282.52	20234.81	20.00%
财产保险	7994.99	7203.37	10.99%
人身保险	16287.55	13031.43	24.99%
人寿保险	13241.52	10901.69	21.46%
健康保险	2410.47	1587.18	51.87%
意外伤害保险	635.56	542.56	17.14%

注:1. 本表数据口径为保险业执行《关于印发〈保险合同相关会计处理规定〉的通知》(财会[2009]15号)后口径。2. 本表不含中华控股寿险业务。3. 数据来源于各保险公司报送保监会月报数据。由于计算的四舍五入问题,各保险公司赔付支出可能存在细微的误差。

五、保险业经营状况

(一)保险总资产规模持续增长,增速加快

截至 2015 年底,保险业总资产达 12.4 万亿元,较年初增长 21.7%,全行业净资产 1.6 万亿元,较年初增长 21.4%。保险业的业务结构也不断优化,与国计民生密切相关的责任保险、农业保险、健康保险快速增长,增速分别为 19.2%、15.1% 和 51.9%。寿险业务方面,新单期缴业务同比增长 41.3%,其中,长期期缴业务同比增长 16.8%,业务内含价值不断提高。同时 2015 年全国保费收入达到 2.4 万亿元,同比增长 20%。其中,财产险保费收入 7995 亿元,同比增长 11%;人身险保费收入 1.6 万亿元,同比增长 25%。为全社会提供风险保障 1718 万亿元,赔款与给付 8674.1 亿元,同比增长 20.2%。

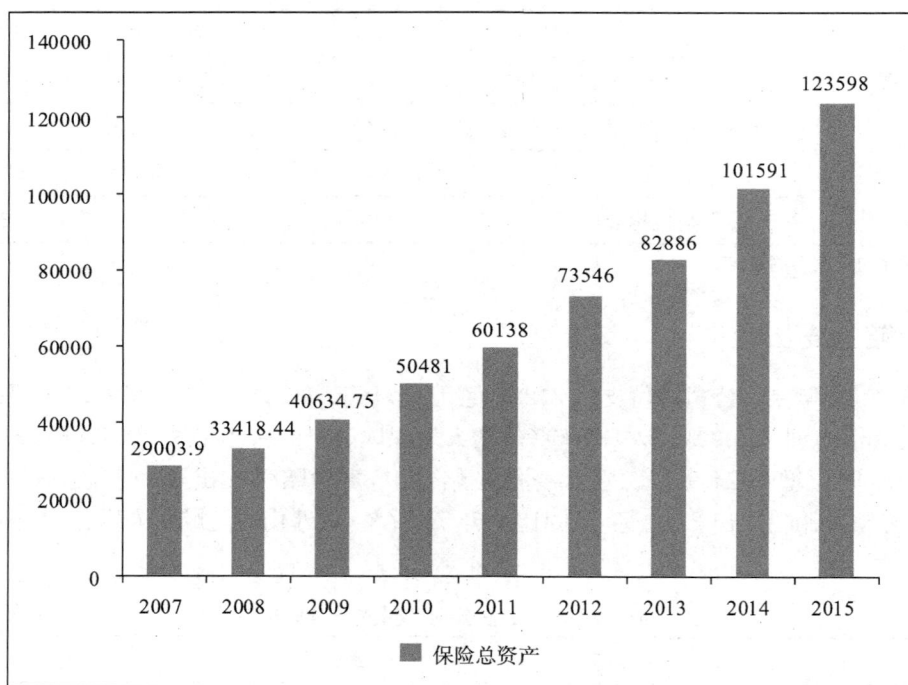

图 4 - 35　2007—2015 年保险总资产(亿元)

(二)保险资金投资收益率

2015 年保险业投资总额达 87445.81 亿元,险企的经营效益也大幅提升,保险公司利润 2823.6 亿元,同比增长 38%。保险资金运用实现收益 7803.6 亿元,同比增长 45.6%,平均投资收益率 7.56%。

此外,2015 年,养老保险公司企业年金缴费 874 亿元,养老保险公司企业年金受托管理资产 4168.8 亿元,养老保险公司企业年金投资管理资产 3525.5 亿元。2015 年保险业经营情况包括收入、费用等见表 4 - 32。

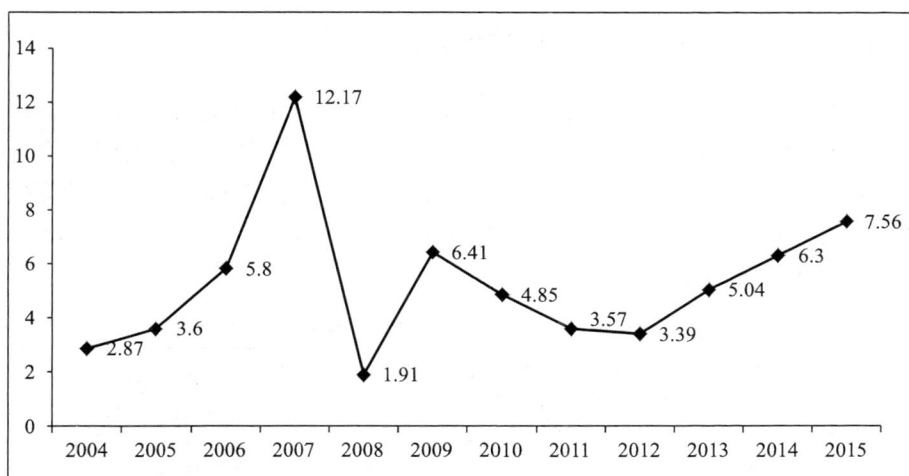

图 4‐36　2004—2015 年保险资产收益率情况(%)

表 4‐32　2015 年保险业经营情况　　　　　　　　　　　（单位:亿元）

	2014 年	2015 年
原保险保费收入	20234.81	24282.52
1. 财产险	7203.37	7994.97
2. 人身险	13031.43	16287.55
(1) 寿险	10901.69	13241.52
(2) 健康险	1587.18	2410.47
(3) 人身意外伤害险	542.56	635.56
养老保险公司企业年金缴费	606.76	874.20
原保险赔付支出	7216.21	8674.14
1. 财产险	3788.21	4194.16
2. 人身险	3427.99	4479.97
(1) 寿险	2728.42	3565.17
(2) 健康险	571.15	762.96
(3) 人身意外伤害险	128.42	151.84
业务及管理费	2795.79	3336.72
银行存款	25233.44	24349.67
投资	66997.41	87445.81
资产总额	101591.47	123597.76
养老保险公司企业年金受托管理资产	3159.94	4168.79
养老保险公司企业年金投资管理资产	2857.89	3525.51

　　注:本表数据是保险业执行《关于印发〈保险合同相关会计处理规定〉的通知》(财会〔2009〕15 号)后,各保险公司按照相关口径要求报送的数据。

六、财产保险与人身保险险种结构分析

2015 年全国保费收入 2.4 万亿元,同比增长 20%。其中,财产险保费收入 7995 万亿元,同比增长 11%;人身险保费收入 1.6 万亿元,同比增长 25%。为全社会提供风险保障 1718 万亿元,赔款与给付 8674.1 亿元,同比增长 20.2%。在人身保险中,人寿保险保费收入 13241.5 亿元,在总保费中占 54.54%,健康保险保费收入 2410.5 亿元,占比 9.93%,意外伤害保险保费收入 635.6 亿元,占比 2.61%。

表 4-33　2015 年中国保险市场的险种结构及同比变化　　(单位:亿元)

类别	险种	2015 年保费收入	2015 年占比	2014 年保费收入	2014 年占比
财产保险	财产保险	7994.97	32.92%	7203.37	35.60%
人身保险	人寿保险	13241.52	54.54%	10901.69	53.88%
	健康保险	2410.47	9.93%	1587.18	7.84%
	意外伤害保险	635.56	2.61%	542.56	2.68%
	人身保险小计	16287.55	67.08%	13031.43	64.40%
总计		24282.52	100%	20234.81	100%

注:数据来自保监会网站。

七、保险市场地区结构分析

从地区结构看,2015 年保费收入排名前十的省市分别是:广东、江苏、山东、北京、四川、河南、浙江、河北、上海、湖北。排名前列的均是东部沿海经济发达地区,这些地区保险业发展早,增长快,所占份额较多,尤其是广东地区保险业的发展。广东、江苏、山东、北京前 4 名的份额接近 30%,其中,广东占比 8.92%,江苏占比 8.19%,山东占比 6.36%,北京占比 5.78%,份额均超过 5.5%。在其之后的河南、四川、上海等地区保险业的发展也较为稳定,东部地区保险市场优势明显,中西部地区与东部相比有明显的劣势,占比超过 5% 的地区集中在东部,中西部排在前十位的地区只有四川、河南以及湖北,占比分别为 5.22%、5.14% 和 3.47%,其中四川、河南保费收入相当可观。而对于青海、西藏等地区,群众保险意识仍然有待加强。

表 4-34　2015 年中国各省市保费收入　　(单位:亿元)

地　区	合计	财产保险	寿险	意外险	健康险
全国合计	24282.52	7994.97	13241.5	635.56	2410.47
集团、总公司本级	80.65	78.70	0.13	1.62	0.20
北　京	1403.89	344.66	778.20	37.71	243.32
天　津	398.34	120.28	236.66	7.46	33.94
河　北	1163.10	399.495	642.21	22.95	98.45

地　区	合计	财产保险	寿险	意外险	健康险
辽　宁	708.01	206.90	402.69	11.69	86.71
大　连	233.35	70.98	138.73	4.79	18.83
上　海	1125.16	355.39	607.63	45.71	116.43
江　苏	1989.91	672.19	1083.924	54.22	179.58
浙　江	1207.08	525.423	541.40	37.67	102.58
宁　波	228.25	121.29	90.76	5.98	10.21
福　建	631.21	199.26	344.18	18.13	69.64
厦　门	146.36	61.36	63.92	5.06	16.02
山　东	1543.48	473.76	881.85	32.19	155.67
青　岛	244.12	93.23	125.10	5.61	20.17
广　东	2166.82	665.32	1205.94	61.46	234.09
深　圳	647.55	214.55	331.16	25.41	76.42
海　南	114.24	44.28	58.87	2.88	8.20
山　西	586.72	159.55	377.18	9.15	40.85
吉　林	431.32	120.56	270.78	6.29	33.67
黑龙江	591.77	133.56	403.31	10.13	44.75
安　徽	698.99	273.35	353.70	13.26	58.61
江　西	508.43	162.016	295.02	10.55	40.83
河　南	1248.76	320.16	794.72	22.43	111.43
湖　北	843.62	238.24	495.39	22.01	87.97
湖　南	712.17	243.21	389.18	19.76	60.01
重　庆	514.575	155.92	276.20	17.75	64.70
四　川	1267.304	421.44	690.83	32.89	122.14
贵　州	257.79	133.95	97.08	9.89	16.87
云　南	434.60	201.18	170.45	17.06	45.89
西　藏	17.36	11.14	3.50	1.47	1.25
陕　西	572.45	176.75	329.49	13.46	52.74
甘　肃	256.89	90.30	132.73	7.89	25.96
青　海	56.29	26.12	22.66	1.64	5.87

地　区	合计	财产保险	寿险	意外险	健康险
宁　夏	103.31	41.01	47.43	2.97	11.90
新　疆	367.43	142.96	169.43	13.18	41.85
内蒙古	395.48	149.28	203.58	7.94	34.67
广　西	385.74	147.14	185.42	15.21	37.97

注:1. 本表数据是保险业执行《关于印发〈保险合同相关会计处理规定〉的通知》(财会[2009]15 号)后,各保险公司按照相关口径要求报送的数据。

2. 集团、总公司本级是指集团、总公司开展的业务,不计入任何地区。

3. 上述数据来源于各公司报送的保险数据,未经审计。

第五节　信托业发展

一、信托业发展概况

(一) 机构发展情况

我国信托业在改革开放的历史大背景下诞生,作为改革开放的重要标志和窗口,曾发挥过重要作用。信托公司在恢复发展初期,主要开展的是类银行业务,通过吸收信托存款、拆借以及海外发债等各种渠道融资,向企业发放贷款。同时,也从事进出口贸易、房地产开发、租赁等投资经营活动,扮演着投融资窗口角色。恢复之初的很长一段时期,信托业始终处于"大发展—大整顿"的怪圈,由于制度准备不足,信托公司只能摸索前行,先后经历了五次行业清理整顿的"阵痛"。

第一次清理整顿是 1982 年,当时信托公司发展过快(达到 620 家),业务也出现了问题。国务院发布文件,规定信托业务收归人民银行或由人民银行指定的专业银行办理。随后,人民银行对信托公司业务进行了第一次清理,信托公司过多过乱的局面得以控制。第二次清理整顿是 1985 年,人民银行针对过快增长的信贷,以下发《关于立即停止发放信托贷款和停止办理信托投资公司的通知》为标志严格控制信托贷款。同年,国务院也发文要求银行停止办理信托贷款等信托业务,已办业务应加以清理。第三次清理整顿是 1988 年,针对信托公司为各专业银行绕规模放款、为固定资产投资失控推波助澜的问题,国务院责成人民银行会同有关部门对各级各类信托公司进行清理整顿,人民银行暂停审批设立各类非银行金融机构。1990 年 8 月,信托公司数量降至 339 家。第四次清理整顿是 1993 年,针对信托业存在资产负债结构不匹配、出现经营困境等问题,人民银行上收信托公司审批权,随后对各级分支行越权批设的信托公司进行清理。此次清理历时两年,1996 年信托公司数量降至 248 家。第五次清理整顿是 1999 年,重点解决信托公司定位不明、内控薄弱等制度缺陷问题,对全国信托公司进行重新登记。经过此次整顿,有 210 多家信托公司退出了市场,59 家获准重新登记,13 家拟保留未重新登记。此间,《信托法》《信托投资公司管理办法》《信托投资公司资金信托管理暂行办法》陆续颁布实施,初步明确了行业定位,信托公司开始步入规范经营阶段。

从 2001 年 9 月中煤信托投资有限责任公司首家完成重新登记开始,截至 2003 年末,全国获得重新登记、领取金融许可证的信托公司 59 家,我国信托业也进入了一个新的发展阶段。其后,信托机构稳定增长,截止到 2015 年,信托机构为 68 家。

表 4－35　信托机构变更情况

年份	信托公司数量	机构变动情况
2003 年	59	
2004 年	58	8 月 29 日金新信托被停业整顿
2005 年	55	宁夏伊斯兰信托、庆泰信托、金信信托被停业整顿
2006 年	54	吉林泛亚信托被停业整顿
2007 年	54	
2008 年	54	
2009 年	58	华澳信托、中粮信托、金谷信托、江南信托开业
2010 年	63	华鑫信托、方正东亚信托、紫金信托、四川信托、五矿信托开业
2011 年	66	大业信托、浙商信托、长城新盛信托开业
2012 年	67	万象信托开业
2013 年	68	民生信托开业
2014 年	68	
2015 年	68	

资料来源:信托业协会网站。

各家信托公司增资热情较高。截至 2015 年 12 月 31 日,全行业实收资本为 1652.51 亿元,平均每家公司 24.30 亿元,与 2014 年末的 1386.52 亿元总注册金额和平均 20.69 亿元的平均注册金额相比,同比分别增长 19.18％和 17.45％。

表 4－36　近年信托公司注册资本金变动表　　　　　　　（单位:亿元）

年份	2010 年	2011 年	2012 年	2013 年	2014 年	2015 年
注册资本金	737.82	871.5	980	1116.55	1386.52	1652.51
平均注册资本	11.18	13.2	14.85	16.66	20.69	24.30

资料来源:信托业协会网站。

（二）信托业资产规模大幅增长

得益于近年来中国经济快速增长和资产管理市场的大发展,信托业实现了飞速发展。2015 年末,全国 68 家信托公司管理的信托资产规模为 16.30 万亿元,较 2014 年末 13.98 万亿元,同比增长 16.60％,较 2014 年 28.14％的增速有所下降。信托业自此跨入"16 万亿元时代",既真实反映了中国经济长期向好的发展态势,也是信托公司齐心协力、上下同心,全力开拓业务,促进行业转型的成果。

2014 年以来,信托资金来源变动的基本态势呈现两大特点:一是单一资金信托占比一直处于持续下降过程,2013—2015 年单一资金信托占比分别为 69.62％、62.58％、57.36％。

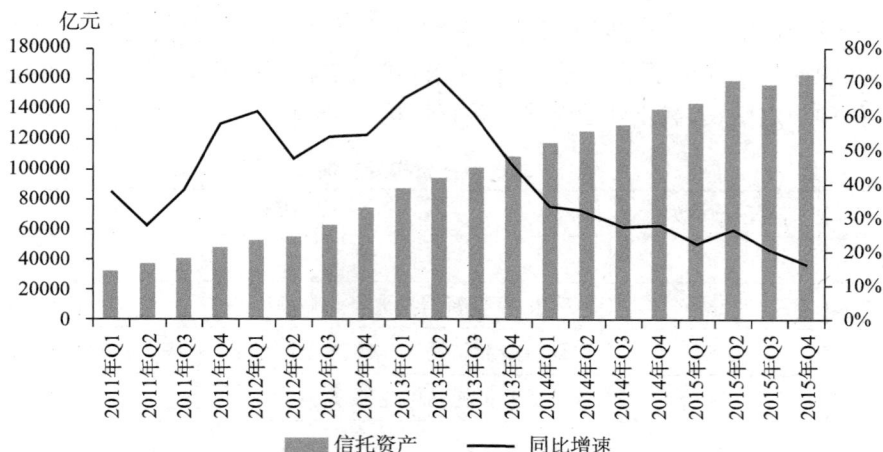

图 4-37 2011 年 Q1—2015 年 Q4 各季度信托资产及其同比增速

二是集合资金类信托和财产管理类信托占比稳定上升,表明信托公司在信托业务中的主动管理能力逐步增强。2013—2015 年末集合资金信托占比分别为 24.90%、30.70%、32.78%。2015 年末的集合资金信托资产为 53436.43 亿元,同比增长 24.50%。从增幅来看,财产管理类信托增幅较大,2015 年末的财产管理类信托资金为 16088.82 亿元,同比增长 71.26%。

二、信托公司经营状况分析

(一)经营概况

截至 2015 年末,信托业实现营业收入 1176.06 亿元,较 2014 年末的 954.95 亿元同比增长 23.15%,相较 2014 年 14.70%的增速,2015 年增长率提高 8.45 个百分点。2015 年 4 个季度信托业营业收入的同比增长率分别是一季度 28.72%、二季度 42.68%、三季度 32.54%和四季度 2.19%。从细分来看,2015 年末利息收入为 59.44 亿元,较 2014 年末同比下降 5.35%,同期的利息占比从 6.58%下降为 5.05%。2015 年末投资收益为 376.11 亿元,较 2014 年末同比增长 83.99%;同期的投资收益占比从 21.41%上升为 31.98%。

信托业利润保持了增长势头。2015 年末信托业实现利润 750.59 亿元,较 2014 年末的 642.30 亿元增长 16.86%。2015 年四个季度的利润分别是一季度 169.31 亿元、二季度 222.55 亿元、三季度 156.85 亿元、四季度 201.88 亿元。人均利润是衡量行业盈利水平的主要指标,2014 年末人均利润为 301 万元,2015 年末则上升到 320 万元,同比增长 6.31%。

(二)集合资金信托产品与信托业务

集合资金信托占比上升体现了信托业不断增强把握社会资金供给流向变动的判断能力,能够将巨量的各种社会资金供给端与经济建设的资产需求端进行匹配。自 2015 年 6 月以来,资本市场出现异常波动,以信托为代表的较高收益类产品陷入"资产荒"境遇,这预示了利息进入下行通道时资金必然向固定收益类产品转变的趋势,即使利率下降两次,资产端的固定收益产品收益率仍然高于理财产品收益率。2015 年末数据显示,14.69 万亿元资金信托依然投向五大领域,只是信托投向占比发生显著变化。资金信托投向前五位依次是:工商企业占比 22.51%,证券市场占比 20.35%,金融机构占比 17.93%,基础产业占比 17.89%,房地产业占比 8.76%。

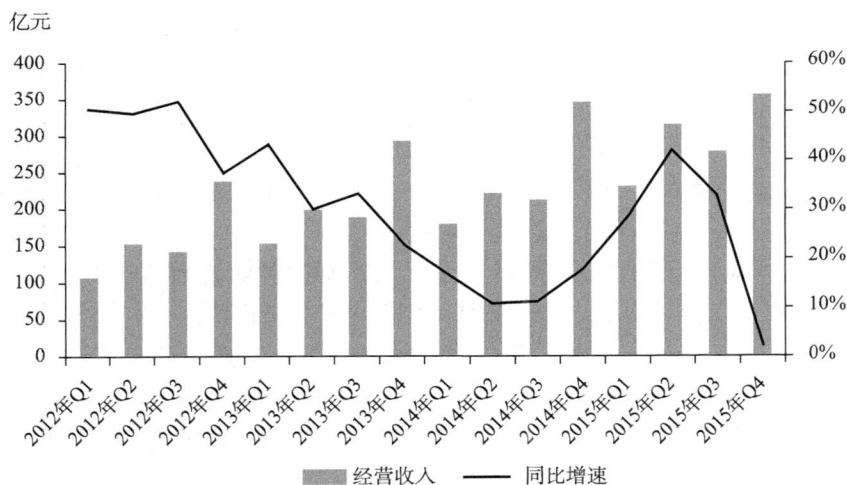

图 4－38　2012 年 Q1—2015 年 Q4 各季度经营收入及其同比增速

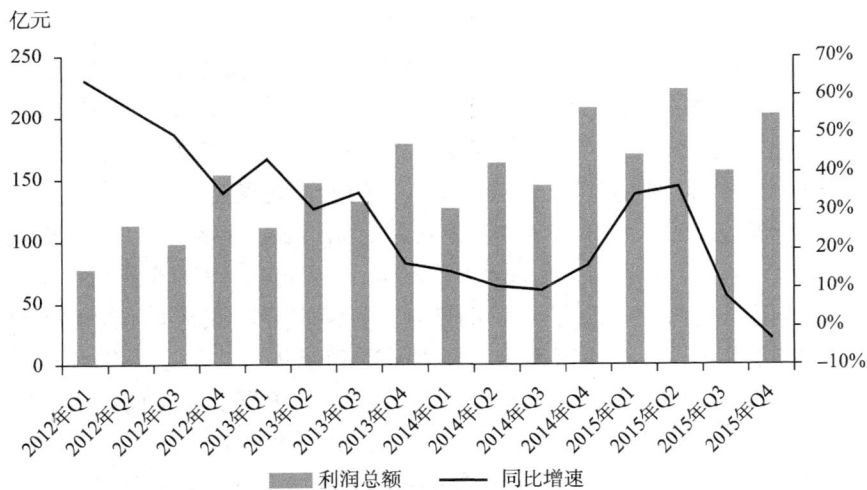

图 4－39　2012 年 Q1—2015 年 Q4 各季度利润总额及其同比增速

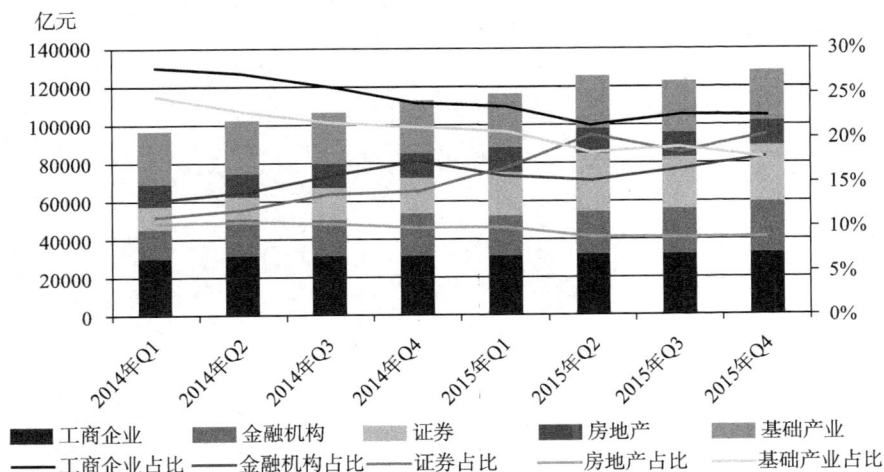

图 4－40　2014 年 Q1—2015 年 Q4 各季度信托资产投向及其占比

1. 工商企业。支持实体经济是信托行业科学发展的基本点。就流向工商企业的信托资金规模来说，2015 年末为 3.31 万亿元，比 2014 年的 3.13 亿元增长 5.75%，比 2013 年的 2.90 亿元增长 14.14%。2013 年后，工商企业占比出现了下滑倾向，2013—2015 年占比分别为 28.14%、24.03%、22.51%。工商企业占比下降的主要原因是总需求疲软，在供给大于需求的经济形势下，企业有盈利的投资机会相对较少，信托公司将资金投向工商企业变得十分谨慎，必然减少流向工商企业的资金数。

2. 证券投资。2015 年证券投资超越金融机构和基础产业成为信托资金的第二大配置领域，规模为 2.99 万亿元，同比增长 61.62%，2015 年末规模占比为 20.35%，高于 2014 年末的 14.18%。从细分结构来看，债券投资规模为 1.55 万亿元，较 2014 年末的 1.16 万亿元增长 33.62%；2015 年末占比是 10.55%，高于 2014 年末的 8.86%，债券占比超过股票。2015 年末投向股票的资金信托为 1.11 万亿元，较 2014 年末的 0.55 万亿元增长 101.82%；投向股票的信托资金占比为 7.56%，比 2014 年末的 4.23% 多 3.33 个百分点。就资金配置增长率来说，2015 年流向基金的信托资金规模为 3296.52 亿元，同比增长 131.40%，增幅名列前茅，占比为 2.24%，比 2014 年末的 1.09% 占比多了一倍以上。

3. 金融机构。自 2013 年以来，金融机构一直是第三大信托资金配置领域。2015 年末，资金信托对金融机构的投资规模为 2.63 万亿元，同比增长 15.86%，环比 2015 年 3 季度末增长 10.97%；资金占比为 17.93%，比 2014 年 4 季度末的 17.39% 略高。

4. 基础产业。2015 年末，信托资金对基础产业的投资规模为 2.63 万亿元，较 2014 年的 2.77 万亿元同比下降 5.05%，较 2013 年的 2.60 万亿元增长 1.15%。2015 年末规模占比为 17.89%，比 2014 年四季度末的 21.24% 减少了 3.35 个百分点。基础产业长期来是第二大信托资金配置领域，但规模占比一直呈下降趋势，2015 年末下降到第四位，排在金融机构之后，与经济下行社会需求不足有一定关系。随着证券市场进入冷静思考期和中央政府支持实体经济政策力度的提高，基础设施建设项目和有实际市场需求的工商企业仍将是信托资产的重要配置，这两大领域仍然是 2016 年信托资金运用的重点。

5. 房地产业。房地产业是信托资金配置的第五大领域。2015 年末的信托资金规模为 1.29 万亿元，同比下降 1.53%，与 2015 年三季度末的 1.29 万亿元持平。2015 年末资金占比为 8.76%，比 2014 年末的 10.04% 减少 1.28 个百分点。

第五章 商贸流通业发展分析

"十二五"时期,世界经济处在危机后进入深度调整期,并呈现出低增长、不平衡、多风险的特征,国际环境发生深刻变化,中国经济发展也已步入新常态。自2010年,中国GDP已稳居全球第二位,赶超日本,2015年达到67.7万亿元,全球占比15.5%,比2012年提高4个百分点。2013—2015年,中国GDP年均增长率为7.3%,高于世界同期2.4%的平均水平,明显高于美、欧、日等发达经济体和巴西、俄罗斯、南非、印度等其他金砖国家,对世界经济增长的贡献率平均约为26%。创新驱动作用日益彰显,科技进步贡献率超过50%;工业化与信息化深度融合,互联网向各领域加快渗透。服务业持续快速发展,2013年首次上升为国民经济第一大产业,实现对制造业的"逆袭",2015年占GDP比重50.5%,比2011年增加6.2个百分点。需求结构进一步改善,2015年,最终消费支出对国内生产总值增长的贡献率为66.4%,比上年提高15.4个百分点。

第一节 中国商贸流通业的发展环境

一、经济发展新常态,但下行压力较大

2015年,中国GDP实现68.6万亿元,同比增长了6.4%,比2014年增长率降低了1.8个百分点,短期内经济下行压力较大。2015年,第一产业增加值为6.09万亿元(见表5-1),同比增长4.3%,对GDP增长贡献为9%;第二产业增加值为28.1万亿元,同比增长了1.1%,对GDP增长贡献为40.5%;第三产业增加值为34.4万亿元,同比增长了11.7%,对GDP增长贡献为50.5%。2011—2015年,三次产业占GDP的比重,第一产业增加值比重一直保持在10%以内,且缓慢下降;2011—2015年,第二产业增加值与第三产业增加值比重均在40—50%之间,但2012年后,第三产业增加值比重开始超过第二产业增加值比重,并于2015年突破了50%,超过第二产业10个百分点(见图5-1),第三产业增加值比重同比提高了2.4个百分点,服务业快速发展。2015年,中国人均GDP为4.9万元,同比增长5.8%,比2011年增长了37%,增幅明显。

2011—2015年,中国三次产业产值增长率曲线图都呈下降趋势,且第一产业、第二产业产值增长率下降幅度更为明显,2015年,第一产业与第二产业产值增长率分别为4.3%和1.1%,与2011年相比,分别减少了13个百分点和17个百分点。2015年,第三产业产值增长率为11.7%,较之2011年减少了7个百分点,与第一产业和第二产业相比,降幅较小,低于10%,但与2014年相比,增长了近2个百分点,在这五年间,第三产业产值年均增长率为

表 5 - 1　2011—2015 年中国三次产业产值及增长情况　　（单位：亿元、%、元）

年份	GDP	第一产业		第二产业		第三产业		人均 GDP
		产值	增长率	产值	增长率	产值	增长率	
2011	489300.6	46163.1	17.28	227038.8	18.48	216098.6	18.71	36403
2012	540367.4	50902.3	10.27	244643.3	7.75	244821.9	13.29	40007
2013	595244.4	55329.1	8.70	261956.1	7.08	277959.3	13.54	43852
2014	643974	58343.5	5.45	277571.8	5.96	308058.6	10.83	47203
2015	685505.8	60870.5	4.33	280560.3	1.08	344075	11.69	49992

资料来源：中国统计局（国家数据 2016）整理而得。

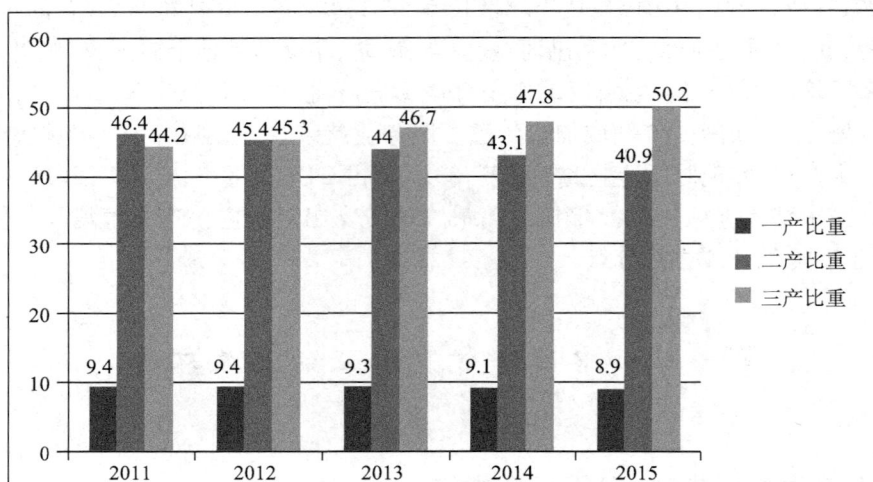

图 5 - 1　2011—2015 年中国三次产业产值占比情况（单位：%）
资料来源：中国统计局（国家数据 2016）整理而得。

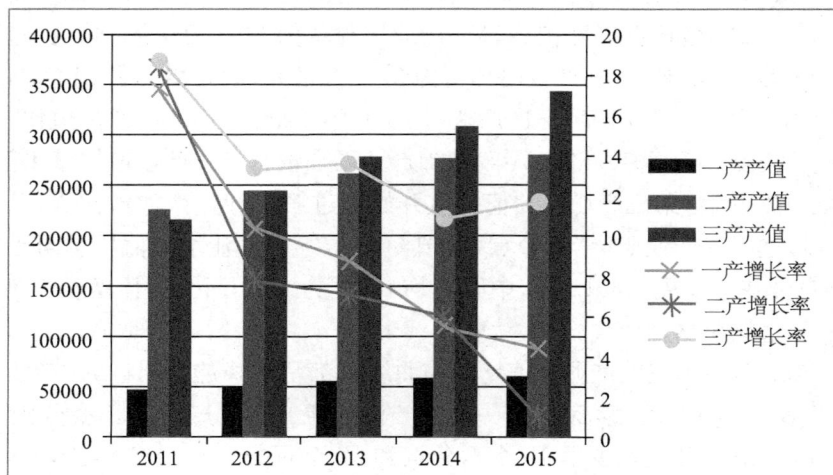

图 5 - 2　2011—2015 年中国三次产业增长情况（单位：亿元、%）
资料来源：中国统计局（国家数据 2016）整理而得。

13.6%（见图5-2），高于GDP的年均增速10.7%，同时分别高于第一、第二产业的增速9.2%和8.1%，发展稳中有升。

二、消费市场容量增大，物价指数涨幅下降

2015年，中国社会消费品零售总额累计30.1万亿元（见表5-2），同比增长10.7%，实现了30万亿元的突破，消费对国民经济增长的贡献率达到66.4%，较上年提升15.4个百分点，充分发挥了经济增长"稳定器"的作用。2015年，我国居民消费价格比上年上涨1.4%，CPI又再次回到"1时代"。其中，城市CPI上涨1.5%，农村CPI上涨1.3%。31省区中，CPI涨幅超过全国平均水平的有17个地区，其中，青海CPI同比上涨2.62%居于榜首，新疆仅涨0.57%。食品价格上涨2.3%，非食品价格上涨1.0%。食品中，猪肉、鲜菜、水产品价格分别上涨9.5%、7.4%和1.8%；非食品中，服务价格上涨2.0%，其中保姆和小时工等家庭服务、理发、学前教育、洗浴、衣着清洗价格分别上涨7.9%、5.4%、5.1%、5.0%和4.9%[①]。2015年，我国生产价格指数比上年下跌5.2%，2011年，PPI指数增长6%，2011—2015年，PPI年均指数为99.06%，这五年间，PPI指数基本平稳下落，以2015年下跌幅度为最大。整体价格水平的波动一般出现在生产领域，然后通过产业链向下游产业扩散，最后波及流通领域消费品，所以，通常认为PPI的变动对CPI的变动是有影响的，2011年的涨幅最大，为5.4%，但之后就一直下落（见图5-3），2011—2015年，物价指数涨幅趋于下降。

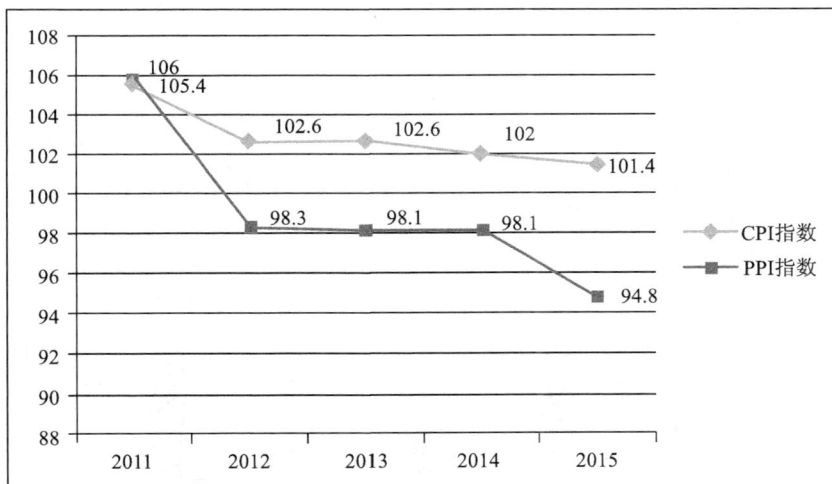

图5-3 2011—2015年中国CPI、PPI指数变化情况

三、农民收入增长较快，城乡收入差距缩小

近年来，随着劳动力的短缺，低端劳动力工资收入不断上涨，收入差距在不断缩小，2015年，我国居民人均可支配收入为21996元，同比增长7.4%，超过GDP的增速，为居民消费需

---

① 2015年全国居民消费价格指数（CPI）上涨[EB/OL].人民网，1.4%http://finance.people.com.cn/n1/2016/0109/c1004-28032408.html.

求和消费支出增长提供了事实上的基础,全国居民收入基尼系数为 0.462,创下自 2003 年以来的最低值。2015 年,中国城镇居民人均可支配收入为 31195 元,农村居民人均可支配收入为 11422 元,城乡居民收入比为 2.73：1(见表 5－2),这是城镇和农村居民的收入水平差距又一次降至 3 倍以下,为 15 年以来最低值。

2011 年,城镇居民人均可支配收入为 21809.8 元,农村居民人均可支配收入为 6977.3元,城乡居民收入比为 3.1：1,2013 年城乡居民收入比为 2.8：1,首次回归到"2",2015 年城乡居民收入比为 2.7：1,这五年间,城乡收入比基本呈平稳缩小的态势(见表 5－2)。2011—2015 年,中国农村居民人均可支配收入的增长率均高于城镇居民人均可支配收入的增长率,2011 年,农村居民人均可支配收入的增长率为 17.9%,城镇居民为 14.1%,前者比后者高出 3.8 个百分点,2013 年,农村居民人均可支配收入的增长率为 19.1%,为五年间涨幅最高,城镇居民人均可支配收入的增长率为 7.7%,却为五年间涨幅最低(见图 5－4),两者相差11.4 个百分点,2015 年,两者的增长率几乎相当。"十二五"期间,一方面,城乡收入变化已趋于缓慢增长,另一方面,城乡间收入的差距在逐步缩小。

表 5－2　2011—2015 年中国城乡人均可支配收入增长情况　　　　(单位:元、%)

年　份	城镇可支配收入		农村可支配收入		城乡收入比
	人均收入	增长率	人均收入	增长率	
2011	21809.8	14.13	6977.3	17.9	3.1
2012	24564.7	12.63	7916.6	13.5	3.1
2013	26467.0	7.74	9430.0	19.1	2.8
2014	28844.0	8.98	10489.0	11.2	2.8
2015	31195	8.15	11422	8.9	2.7

资料来源:中国统计局(国家数据 2016)整理而得。

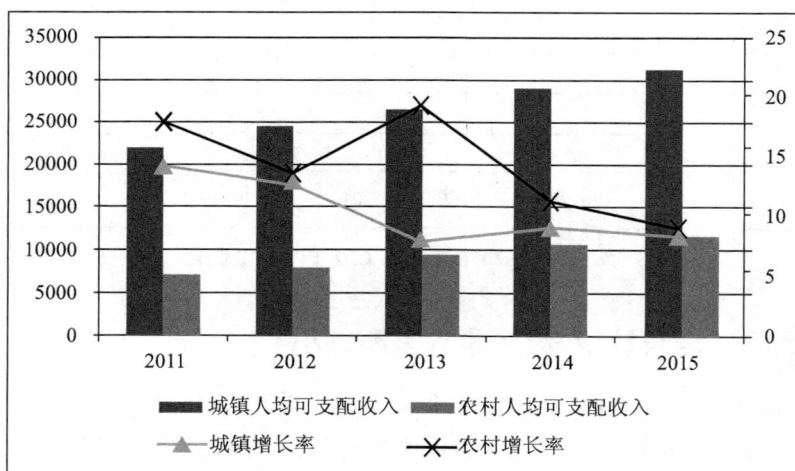

图 5－4　2011—2015 年中国城乡人均可支配收入增长情况(单位:元、%)
资料来源:中国统计局(国家数据 2016)整理而得。

四、城镇化进程不断推进,但城镇化质量亟待提高

城镇化既是经济结构转型升级的过程,又是社会结构转型升级的过程。2015 年,中国总人口为 137462 万人,同比增长 0.5%,城镇常住人口 77116 万人,乡村常住人口 60346 万人,城镇人口占总人口比重为 56.1%(见表 5 - 3)。2011 年以来,乡村人口逐年下降的同时,城镇人口比重均在 50% 以上。2011—2015 年,中国总人口增幅保持在 0.5% 左右,城乡人口比由 2011 年的 1.05 一路上升到 2015 年的 1.28,几乎呈稳定的线性关系(见图 5 - 5)。

表 5 - 3　2011—2015 年中国城乡人口结构　　　　　　(单位:万人、%)

年份	总人口	城镇人口		乡村人口		城乡人口之比
		人口数	比重	人口数	比重	
2011	134735	69079	51.27	65656	48.73	1.05
2012	135404	71182	52.57	64222	47.43	1.11
2013	136072	73111	53.73	62961	46.27	1.16
2014	136782	74916	54.77	61866	45.23	1.21
2015	137462	77116	56.10	60346	43.90	1.28

资料来源:中国统计局(国家数据 2016)整理而得。

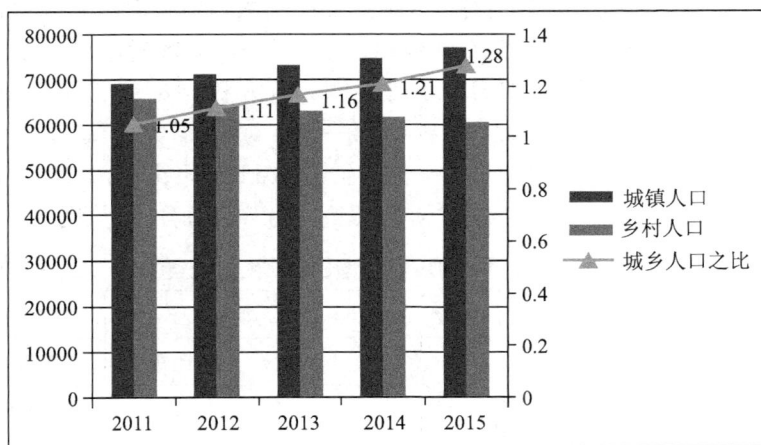

图 5 - 5　2011—2015 年中国城乡人口(单位:万人、%)
资料来源:中国统计局(国家数据 2016)整理而得。

2015 年中国城镇化率为 56.10%,同比提高了 1.3 个百分点,比 2010 年提高了 5.1 个百分点(见图 5 - 6)。城镇化进程和产业结构调整是密不可分的,农业生产力的发展是城市兴起和成长的前提,工业化是城市化的主导推动力量,第三产业的形成和发展加深了城市化进程,同时,城市化水平的提升又为产业的演进升级提供了重要的空间载体。然而,城镇化快速推进的背后,公共基础设施建设滞后、人口迁转能力相对较弱、城镇居民生活质量偏低等问题逐步凸显,城镇化质量亟待提高。

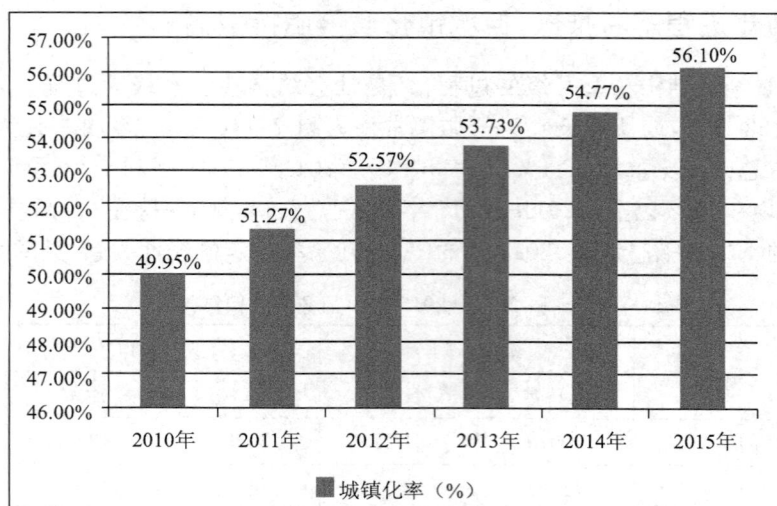

图 5-6　2010—2015 年中国城镇化率

五、经济增速放缓，对就业的拉动效应减弱

2015 年，全国就业人员 77451 万人，其中，城镇就业人数 40410 万人，乡村就业人数 37041 万人，城乡就业人数同比分别变化 2.8%、-2.4%，人口就业总体平稳增加。随着经济规模和产业结构的变化，近年来，单位 GDP 增长拉动新增就业数量总体呈上升态势。2015 年，中国三次产业就业人数分别为 21919 万人、22693 万人和 32839 万人（见表 5-4），构成分别为 28.3%、29.3%和 42.4%，同比 2014 年，第一、第二产业分别下降 1.2 个百分点和 0.6 个百分点，同时，第三产业提高了 1.8 个百分点。而与 2011 年相比，第一产业、第二产业分别下降 6.5 个百分点和 0.2 个百分点，第三产业则提高了 6.7 个百分点（见图 5-7）。

表 5-4　2011—2015 年中国三次产业就业结构　　　（单位：万人、%）

年份	就业人员总数	第一产业就业		第二产业就业		第三产业就业	
		人数	比重	人数	比重	人数	比重
2011	76420	26594	34.8	22544	29.5	27282	35.7
2012	76704	25773	33.6	23241	30.3	27690	36.1
2013	76977	24171	31.4	23170	30.1	29636	38.5
2014	77253	22790	29.5	23099	29.9	31364	40.6
2015	77451	21919	28.3	22693	29.3	32839	42.4

资料来源：中国统计局（国家数据 2016）整理而得。

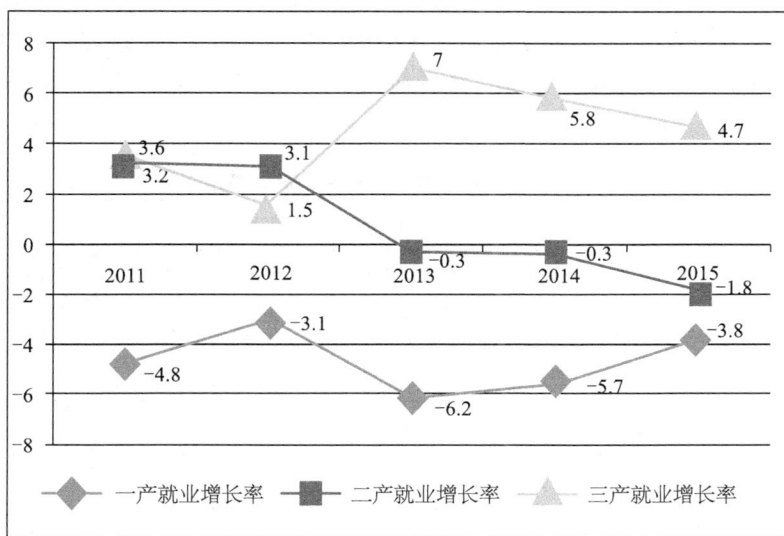

图 5-7　2011—2015 年中国三次产业就业增长率（单位：%）
资料来源：中国统计局（国家数据 2016）整理而得。

　　2011—2015 年，中国三次产业就业增长率的变化分别为：第一产业就业人数增长率均为负值，表明农业就业人口每年都在减少，其曲线呈先升后降再升的变化，2015 年下降了 3.8%；第二产业就业人数增长率曲线则表现为一路下滑，2013 年开始，其就业人口为负增长，−0.3%，2015 年，其增长率为 −1.8%；第三产业就业人数增长率曲线表现为先降后升，2013 年增长最快，为 7%，2015 年，其增长率为 4.7%（见图 5-7）。"十二五"期间，三次产业就业结构由 2011 年的 35:29:36 变化为 2015 年的 28:29:42，第一产业就业人数比重首次跌出 30% 的行列，第二产业变化不太大，第三产业首次挺进 40% 的行列，农业就业比重的下降、服务业就业比重及增长的提高，一方面表明，中国城镇化的进程加快，但另一方面，由于人口老龄化，传统的人口红利面临衰退，户籍制度、素质技能要求、企业用工成本等因素，尽管三次产业就业结构已有了可预期的变化，但就业人员质量仍是我国进一步深化改革、创新驱动的一个关键点，直接影响着经济增长和发展。

六、科技投入的增加，促进了创新驱动

　　中国经济高速发展带来的最为深远的影响莫过于我国科学技术高水平的提高，科技进步是全面实施科技驱动战略，增强区域竞争力的必然要求。2015 年，全国 R&D 人员全时当量为 375.9 万人年（见表 5-5），同比增长 1.3%，比 2011 年增长 30.4%；R&D 经费支出 14169.9 亿元，同比增长 8.9%，比 2011 年增长 63.1%，其占 GDP 的比重由 2011 年的 1.78% 逐年递增到 2015 年的 2.07%。其中，科技研发单位机构数 2015 年为 3650 个，同比减少 0.7%，R&D 人员 43.6 万人，R&D 人员全时当量 38.4 万人年，R&D 经费支出 2136.5 亿元，同比分别增加 3.1%、2.7% 和 10.9%，与 2011 年相比，分别增加 20.4%、21.5% 和 63.5%。2015 年，高等院校中的 R&D 机构数为 11732 个、R&D 人员 83.9 万人，R&D 人员全时当量 35.5 万人年，R&D 经费支出 998.6 亿元，同比分别增长 10.3%、10%、6% 和 11.2%，与 2011

年相比,分别增长 35.9%、32.8%、18.7%和 45%。科技整体水平正在从量的增长向质的提升转变,"十二五"期间提出的以国家实验室为引领的创新基础平台,培育造就创新型人才队伍,壮大创新型企业家队伍的指导思路,是推动大众创业、万众创新,建设具有国际竞争的产业技术新体系的有力保障。

表 5 - 5 2011—2015 年中国科技发展情况

项　　目		2011 年	2012 年	2013 年	2014 年	2015 年
R&D 人员全时当量(万人年)		288.3	324.7	353.3	371.1	375.9
R&D 经费支出(亿元)		8687.0	10298.4	11846.6	13015.6	14169.9
R&D 经费支出占 GDP 比重(%)		1.78	1.91	1.99	2.02	2.07
研发机构	机构数(个)	3673	3674	3651	3677	3650
	R&D 人员(万人)	36.2	38.8	40.9	42.3	43.6
	R&D 人员全时当量(万人年)	31.6	34.4	36.4	37.4	38.4
	R&D 经费支出(亿元)	1306.7	1548.9	1781.4	1926.2	2136.5
高等院校	R&D 机构数(个)	8630	9225	9842	10632	11732
	R&D 人员(万人)	63.2	67.8	71.5	76.3	83.9
	R&D 人员全时当量(万人年)	29.9	31.4	32.5	33.5	35.5
	R&D 经费支出(亿元)	688.8	780.6	856.7	898.1	998.6

资料来源:中国统计局(国家数据 2016)整理而得。

第二节　中国商贸流通业的发展概况

"十二五"期间,中国经济增长由高速转为中高速,服务消费、信息消费等增长明显,个性化、多样化、多层次消费渐成主流,大众消费稳步回升,绿色健康消费深入人心。

一、流通业规模扩大,但增速趋缓

(一) 流通业地位稳固,但增长速度下降

中国流通业经过改革开放 36 年的快速成长,呈现出产业结构不断成长、主体和业态多样化、基础设施日趋完善、产业融合升级加快的趋势。商贸流通业作为传统行业,在第三产业中有着举足轻重的地位,一直以来备受关注。2015 年,中国第三产业产值为 344075 亿元,其中,流通业产值为 78362.9 亿元(见表 5 - 6),占第三产业产值比重为 22.8%,金融业产值为 57500.1 亿元,占比 16.7%,房地产业产值为 41307.6 亿元,占比为 12%(见图 5 - 8);与2011 年相比,2015 年中国流通业产值比重下跌 1.4 个百分点,金融业产值比重上升 1.5 个百分点,房地产业产值比重则下跌 1 个百分点。

表 5-6　2011—2015 年中国第三产业主要行业产值及结构　（单位:亿元、%）

年份	第三产业产值	流通业		金融业		房地产业	
		产值	增长率	产值	增长率	产值	增长率
2011	216098.6	52295.9	19.9	30678.9	19.5	28167.6	19.5
2012	244821.9	59367.9	13.5	35188.4	14.7	31248.3	10.9
2013	277959.3	66512.4	12.0	41191.0	17.1	35987.6	15.2
2014	308058.6	73582.0	10.6	46665.2	13.3	38000.8	5.6
2015	344075	78362.9	6.5	57500.1	23.2	41307.6	8.7

资料来源:中国统计局(国家数据 2016)整理而得。

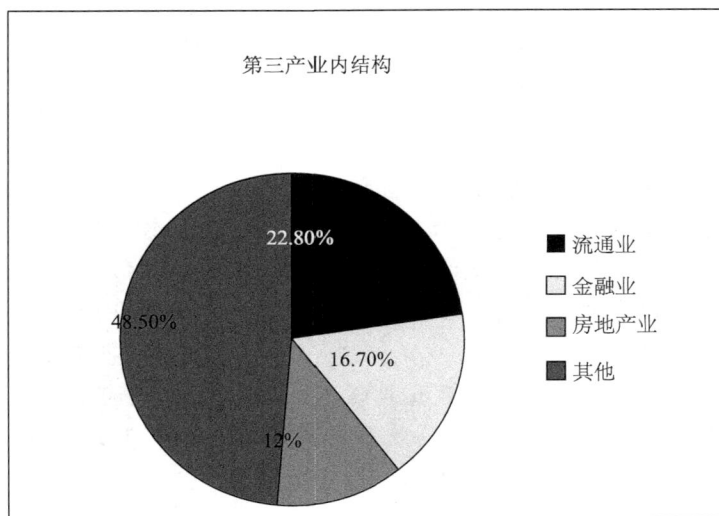

图 5-8　2015 年中国第三产业内各行业比重
资料来源:中国统计局(国家数据 2016)整理而得。

　　2015 年,中国流通业产值同比增长 6.5%,比 2011 年增长了 49.8%,2011—2015 年,流通业产值增长情况几乎与第三产业同步,其在第三产业中的地位相对比较稳固,但是,其产值增长率持续下滑是个不争的事实。2011 年,流通业产值增长率为 19.9%,2015 年与之相比,减少了 13.4 个百分点,这五年间,流通业产值增长率一路下滑,其年均增长率为 12.5%,略低于第三产业 13.8% 的年均增长率(见图 5-9)。而第三产业的其他行业中,金融业产值增长表现为有起有伏,2015 年,其增长率为 23.2%,是这五年间增幅最大的一年,2011 年其增长率为 19.5%,略低于流通业,2011 年以后,金融业增长率持续高于流通业和房地产业,2011—2015 年,其产值年均增长率为 17.5%。这期间,房地产业产值增长率虽有年份提高,但总体还是在下降,2015 年,房地产业产值增长率为 8.7%,低于其最高年 2011 年的 10.8 个百分点,2011—2015 年,其年均增长率为 12%,总体上看,房地产业增长起伏不定,金融业一直处于强势发展,而商贸流通业因其行业自身的特点导致增速下降。

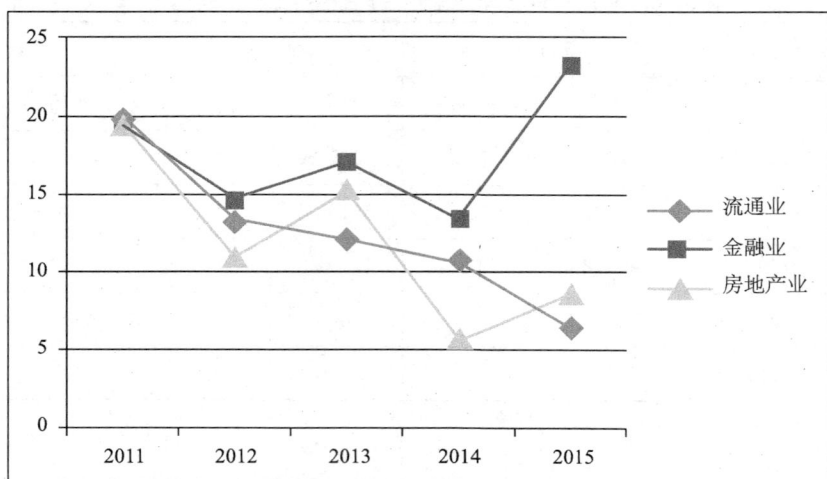

图 5 - 9　2011—2015 年中国第三产业主要行业产值增长情况(单位:%)
资料来源:中国统计局(国家数据 2016)整理而得。

(二)流通业内行业增长缓慢

2015 年,批发与零售业产值为 6.62 万亿元,同比增长 6.1%(见表 5 - 7),比 2011 年增长了 51.4%,住宿与餐饮业产值为 1.22 万亿元,同比增长 9%,比 2011 年增长了 42%,2015 年,批发与零售业、住宿与餐饮业占流通业产值比重分别为 84.5%和 15.5%,批发零售业在商贸流通业中的主体地位没有变化。2011—2015 年,批发与零售业产值增长情况表现为由 2011 年的 21.8%一路下滑到 2015 年的 6.1%,这五年间,批发零售业与流通业产值增长率的变化曲线几乎是同步的,住宿与餐饮业产值增长率则有不同,2012 年的增长率 11.3%,为最高,比 2011 年增加了 0.2 个百分点,之后就开始下滑,2015 年,其增长率为 9%(见图 5 - 10)。总体看,在经济新常态下,行业内发展已趋于缓慢增长态势。

表 5 - 7　2011—2015 年中国流通业各行业产值情况　　　　　　(单位:亿元、%)

年　份	流通业产值	批发与零售业		住宿与餐饮业	
		产值	增长率	产值	增长率
2011	52295.9	43730.5	21.8	8565.4	11.1
2012	59367.9	49831.0	14.0	9536.9	11.3
2013	66512.4	56284.1	12.9	10228.3	7.2
2014	73582.0	62423.5	10.9	11158.5	9.1
2015	78362.9	66203.8	6.1	12159.1	9.0

资料来源:中国统计局(国家数据 2016)整理而得。

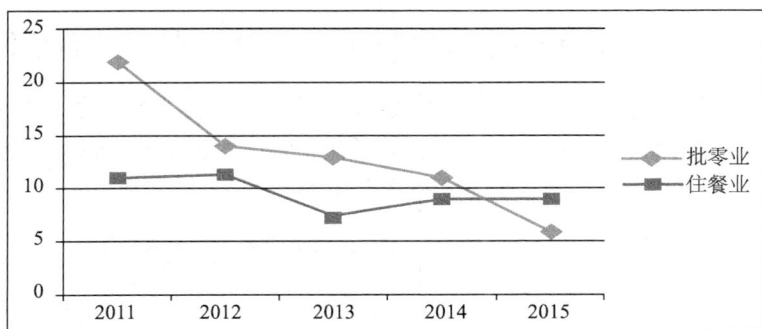

图 5 - 10　2011—2015 年流通业各行业产值增长率变化情况（单位:%）
资料来源:中国统计局(国家数据 2016)整理而得。

二、市场容量扩大,但消费增长小幅回落

2015 年,中国社会消费品零售总额累计 30.1 万亿元(见表 5 - 8),与 2011 年相比,增长了 63.6%,但比 2014 年下降了 3.6 个百分点(见图 5 - 11),增速小幅回落。消费市场容量有扩大的趋势,消费增长出现新的消费热点,全国实物商品网上零售额同比增长 31.6%,占社会消费品零售总额的比重达到 10.8%。零售企业全年销售额同比增长 4.5%,其中,购物中心销售额同比增长 11.8%,增速比超市、百货店和专业店分别高出 5 个、8.4 个和 11.5 个百分点。大众餐饮、文化娱乐、休闲旅游持续升温,全国餐饮收入增长 11.7%,增速比上年增加 2 个百分点。2015 年,全国网上零售额为 38773.2 亿元,同比增长 33.3%,其中,实物商品网上零售额为 32423.8 亿元,同比增长 31.6%。

表 5 - 8　2011—2015 年中国社会消费品零售额增长情况　　　　　　（单位:亿元、%）

项　目	2011 年	2012 年	2013 年	2014 年	2015 年
社会消费品零售额	183918.6	210307	237809.9	271896.1	300931
增长率	17.2	14.4	13.1	14.3	10.7

资料来源:中国统计局(国家数据 2016)整理而得。

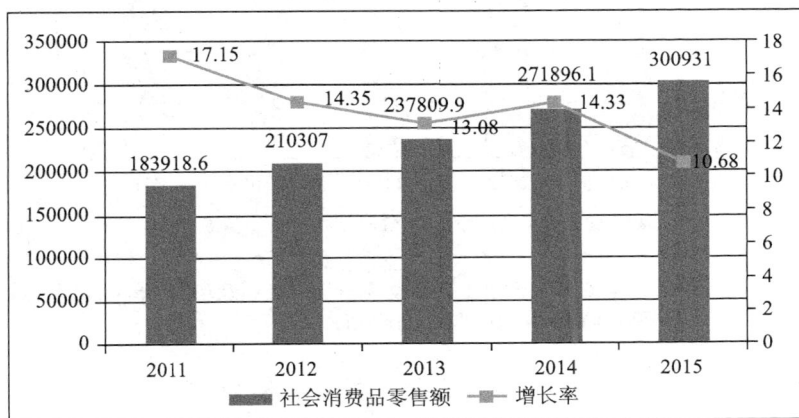

图 5 - 11　2011—2015 年中国社会消费品零售总额增长情况（单位:亿元、%）
资料来源:中国统计局(国家数据 2016)整理而得。

三、交易市场规模略有收缩,批发市场、专业市场仍居较高地位

中国市场体系已日趋完善,建立了遍布城乡的市场网络,初步建成了包括综合市场与专业市场、生产资料与生活资料、批发市场为主导、零售市场为主体的多层次市场体系。

(一)商品交易市场发展减缓,批发市场居于主导

表 5 - 9   2011—2015 年亿元以上商品交易市场发展情况

年份	市场数量（个）	摊位数（个）	营业面积（万平方米）	成交额(亿元)		
				合计	批发市场	零售市场
2011	5075	3334787	26234.5	82017.3	69390.8	12626.5
2012	5194	3494122	27899.4	93023.8	80141.8	12882.0
2013	5089	3488170	28868.3	98365.1	84628.3	13736.8
2014	5023	3534757	29567.9	100309.9	86323.7	13986.2
2015	4952	3468638	30065.7	100133.8	85836.9	14296.8

资料来源:中国统计局(国家数据 2016)整理而得。

2015 年,亿元以上商品交易市场总数为 5952 个,摊位数 346.9 万个,营业面积达到 30065.7 万平方米,年成交额为 100133.8 亿元(见表 5 - 9),除营业面积增加外,其他都略有减少,其中,成交额同比下降 0.2%,与 2011 年相比,增长了 22.1%,交易市场政策上调整,市场数量相比 2012 年减少的同时,势必会带来市场交易额规模增长的收缩。2011—2015 年,亿元以上商品交易市场自 2012 年起,成交额增长率基本呈下降态势,2015 年则为负增长,这期间的年均增长率为 6.7%(见图 5 - 12)。

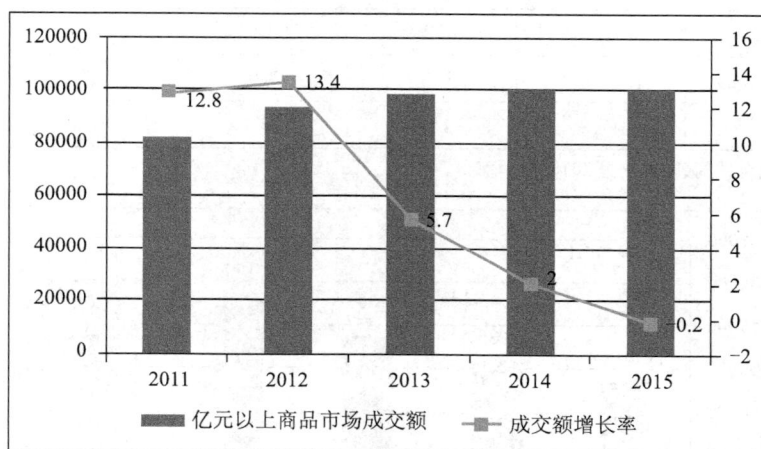

图 5 - 12   2011—2015 年亿元以上商品交易市场成交额及增长(单位:亿元、%)
资料来源:中国统计局(国家数据 2016)整理而得。

2015 年,亿元以上商品交易市场中批发市场交易额为 85837 亿元(见表 5 - 9),占 85.7%,同比减少了 0.6%,零售市场交易额为 14297 亿元,占 14.3%,同比增长了 2.2%。2011—2015 年,观察这五年间批发市场和零售市场成交额的增长率,不难发现,因批发市

的重要地位,其增长率的变化影响了交易市场的变化,自 2012 年起,批发市场增长率 15.5%就一路下滑,2015 年的负增长也导致整个交易市场成交额的负增长,这五年间,其年均增长率为 7.3%;零售市场成交额的增长率的变化从 2011 年的 7.5%最高点开始,有起有落,2011—2015 年,其增长率基本保持在 2%—8%,其年均增长率为 4%(见图 5-13)。

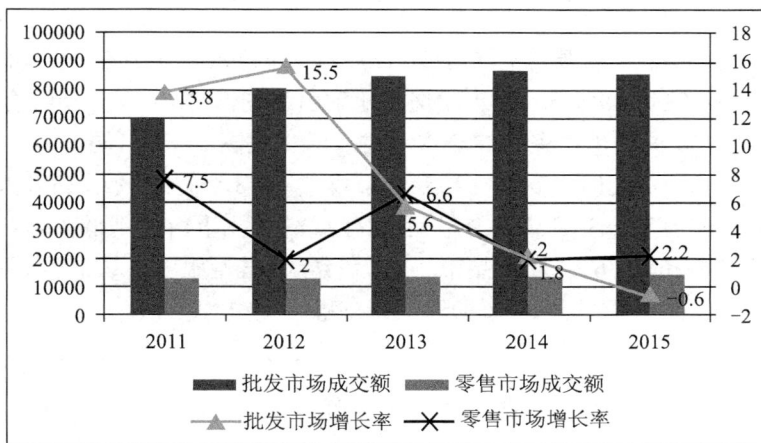

图 5-13 2011—2015 年亿元以上批发零售市场交易额及增长情况(单位:亿元、%)
资料来源:中国统计局(国家数据 2016)整理而得。

(二)专业市场地位明显,但综合市场规模增幅较大

2015 年,综合市场数量为 1379 个,占总数的 27.8%,摊位数 128 个,占总数的 36.9%;而专业市场数量为 3573 个,占总数的 72.2%,摊位数为 2173 万个,占总数的 63.1%。在交易规模上,综合市场营业面积为 7978 万平方米,占总数的 26.5%,成交额为 24453 亿元,占总数的 24.4%;专业市场营业面积达到了 22088 万平方米,占总数的 73.5%,成交额达到了76681 亿元,占总数的 75.6%(见表 5-10)。无论从市场数量上,还是交易规模上,中国专业市场都在交易市场中占有很大比重,但同比往年的数据,综合市场规模上增长较快。

表 5-10 2015 年亿元以上商品交易市场基本情况

市　　　场	市场数(个)	摊位数(个)	营业面积(万平方米)	成交额(亿元)
总　　计	4952	3468638	30065.7	100133.8
综合市场	1379	1280282	7978.1	24452.9
生产资料市场	51	60523	849.2	1357.1
工业消费品市场	302	492143	2905.1	8264.4
农产品综合市场	683	417141	2374.1	10035.4
其他综合市场	343	310475	1849.6	4796.0
专业市场	3573	2188356	22087.7	75680.9
生产资料市场	680	296824	6756.1	27658.1
农产品市场	979	558530	4415.4	16483.8

市　　场	市场数(个)	摊位数(个)	营业面积(万平方米)	成交额(亿元)
纺织、服装鞋帽市场	552	677759	3143.0	14081.0
其他专业市场	1362	655243	7773.2	17458

资料来源:中国统计局(国家数据 2016)整理而得。

　　2015 年,亿元以上商品交易综合市场数 1379 个,摊位数 128 万个,营业面积 7978.1 万平方米,年成交额达 24452.9 亿元,按年成交额比重由高到低排名:农产品综合市场占 41%、工业消费品市场占 33.8%、生产资料综合市场占 5.5%(见图 5 - 14),同比 2014 年,比重和排名基本不变。2015 年,亿元以上商品交易专业市场数 3573 个,摊位数 218.8 万个,营业面积 22087.7 万平方米,年成交额达 75680.9 亿元,按年成交额比重由高到低排名:专业市场前三名的分别为生产资料市场 36%、农产品市场 22%、纺织、鞋帽服装市场 19%(见图 5 - 15),与2014 年相比,比重和排名基本没变,市场地位保持稳定。

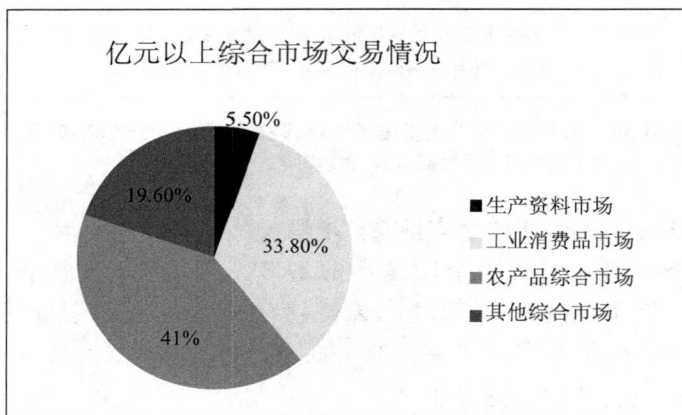

图 5 - 14　2015 年亿元以上综合市场交易情况

资料来源:中国统计局(国家数据 2016)整理而得。

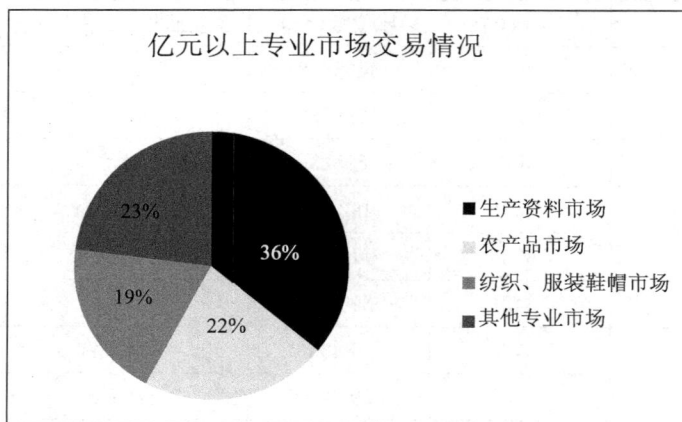

图 5 - 15　2015 年亿元以上专业市场交易情况

资料来源:中国统计局(国家数据 2016)整理而得。

四、城乡居民消费差距进一步缩小,农村居民消费日趋多元

2015 年,中国城乡收入比为 2.73:1,城乡收入比由 2011 年一路下落,这五年间,中国城乡收入在逐步缩小差距,收入状况是影响居民消费水平和消费质量的关键因素。2015 年,城镇居民人均消费支出 17887 元,同比增长 7.2%,略低于城镇居民收入增长率,比 2011 年增长了 18%;农村居民人均消费 7392.1 元,同比增长 10.1%,略高于农村居民收入增长率,比 2011 年增长了 41.6%(见表 5-11)。2011—2015 年,城镇居民消费增长率和农村居民消费增长率变化的折线图都表现为先降后升再降,而后者每年的增长率均高于前者(见图 5-16)。城乡居民消费差距越来越小,但农村居民消费增长快于城镇居民,尤其,在如今网络化、信息化时代下,农村居民的消费模式、消费手段上越来越多元化,农村市场前景广阔。

2015 年,城镇居民恩格尔系数为 34.8%,同比上升了 0.6 个百分点,与 2011 年相比,下降了 1.5 个百分点;农村居民恩格尔系数为 37.1%,同比下降了 0.7 个百分点,与 2011 年相比,下降了 3.3 个百分点。2011—2015 年,城乡居民恩格尔系数逐年降低,城镇居民 2015 年略有反弹,而两者的恩格尔系数差距有逐步缩小的趋势,2011 年为 4.1%,2013 年减少到 2.7%后,2014 年反弹到 3.6%,到 2015 年,又减少到 2.3%。总体看,一方面表明我国已开始步入富裕国家行列,另一方面也表明城乡经济发展逐渐趋于一体化,消费方式的差异减小。

表 5-11   2010—2014 年中国城乡人均消费变化   (单位:元、%)

年份	城镇居民			农村居民		
	人均消费	增长率	恩格尔系数	人均消费	增长率	恩格尔系数
2011	15160.9	12.5	36.3	5221.1	19.2	40.4
2012	16674.3	10.0	36.2	5908.0	13.2	39.3
2013	15453.0	−7.3	35.0	5978.8	1.2	37.7
2014	16690.6	8.0	34.2	6716.7	12.3	37.8
2015	17887.0	7.2	34.8	7392.1	10.1	37.1

资料来源:中国统计局(国家数据 2016)整理而得。

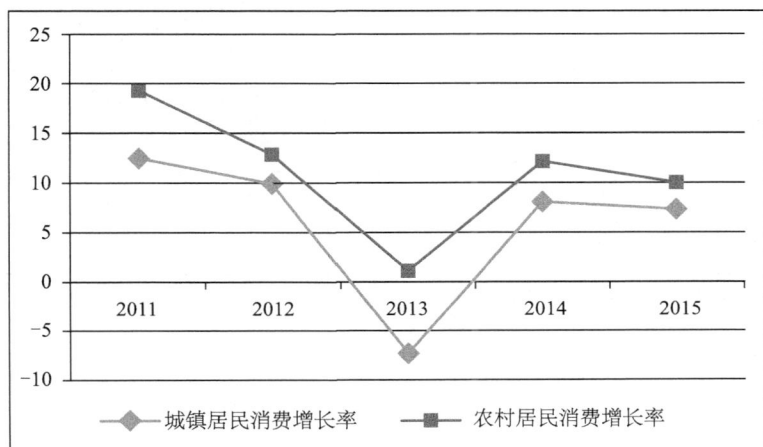

图 5-16   2011—2015 年中国城乡居民人均消费增长变化情况
资料来源:中国统计局(国家数据 2016)整理而得。

五、零售业态百花齐放，专业店占据半壁江山

零售业的发展日新月异，各种零售业态连锁店铺数量不断增加，成为活跃市场，加快现代化的重要力量。2015年，中国连锁零售业态门店总数为209812个，从业人员达248.1万人，营业面积达1.68亿平方米，年营业额为35400.4亿元，统一配送率达到76.5%。其中，专业店门店总数高达112959个，年末零售营业面积为8480.6万平方米，商品销售额为20521亿元(见表5-12)，在专业店中占据较大比重的是加油站，超过专业店一半以上。门店总数方面，位列前四的分别是专业店、超市、专卖店和便利店；从业人数方面，专业店最高为92.8万人，前三名分别为专业店、超市和百货店；营业面积方面，前三名分别为专业店、大型超市和百货店；零售业态销售额比重方面，位列前五为专业店58%，大型超市14%，百货店11%，超市23%，专卖店5%(见图5-17)；统一配送率方面，厂家直销中心为97.4%，其次，分别为家居建材商店88.7%、专业店84.8%、超市83.2%、便利店79%、大型超72.2%，专卖店64.4%，而百货店只有42.6%，这表明商品的统一配送率受企业的盈利模式、物流方式、商品特点和需求弹性，以及商品品牌的影响较大。2015年，网上零售额为38773.2亿元，同比增长33.3%，零售业态虽百花齐放，但专业店一枝独秀，表明消费市场对专业化要求越来越高。

表5-12　2015年中国零售业态门店基本情况

零售业态	门店总数 （个）	从业人 （万人）	营业面积 （万平方米）	营业额 （亿元）	统一配送率 （%）
总计	209812	248.1	16862.4	35400.4	76.5
便利店	17675	8.4	149.6	387.2	79.0
折扣店	410	0.2	18.9	31.5	50.2
超市	33301	43.5	1918.7	3118.1	83.2
大型超市	8584	55.9	3369.4	4962.9	72.2
仓储会员店	128	1.5	69.7	250.3	13.1
百货店	4867	26.4	2104.4	3841.6	42.6
专业店	112959	92.8	8480.6	20521.0	84.8
专卖店	21093	14.1	467.9	1739.7	64.4
家居建材商店	64	0.3	32.7	46.9	88.7
厂家直销中心	306	0.4	2.8	17.7	97.4
其他	10425	4.6	247.7	483.5	59.5

资料来源：中国统计局(国家数据2016)整理而得。

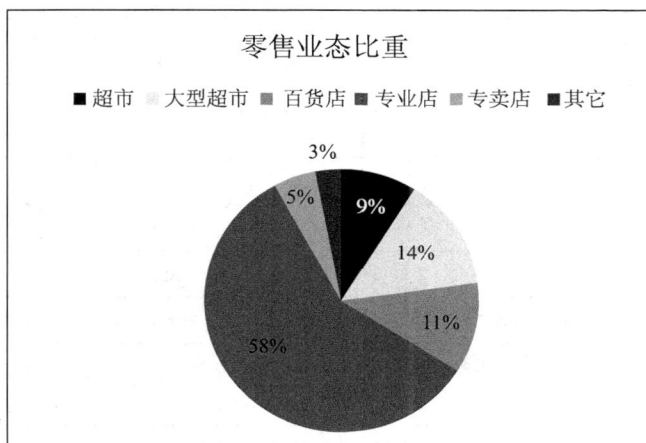

图 5-17　2015 年中国零售业态市场占有情况
资料来源:中国统计局(国家数据 2016)整理而得。

第三节　中国商贸流通业的行业发展

随着改革开放的不断深入和社会主义市场经济体制的不断完善,中国社会主义市场经济建设取得了举世瞩目的成就,经济高速增长,人民生活水平日益提高,城乡建设日新月异。商贸流通业是商品和消费者之间的桥梁,是市场经济的重要组成部分,是商品经济发展的关键环节。商贸流通业通过合理引导,促使消费结构合理化,促进了社会分工进一步深化,对整个服务业的发展起着重要的作用。本报告以批发与零售业、住宿与餐饮业作为商贸流通行业的主要行业进行分析。

一、批发与零售业

(一)行业产值持续增长,但对 GDP 的拉动下滑

2015 年,中国批发与零售业产值为 66203.8 亿元,同比增长 6.1%,比 2010 年增长了 84.4%,占 GDP 增加值比重为 9.7%,对经济贡献率为 8.4%,对 GDP 增加值拉动为 0.6%(见表 5-13)。2011—2015 年,批发与零售业产值占 GDP 增加值比重表现为直线增加,但都保持在 8.5%—9.7%;批发与零售业产值对经济的贡献率缓慢增长,变化有涨有落,保持在 8.4%—12.5%,2015 年相比前几年,批发零售业产值对经济的贡献率下降幅度较大,为 8.4%(见图 5-17),批发与零售业产值对 GDP 增加值的拉动表现为直线下降,其变动范围在 0.6%—1.3%,2015 年批发零售业对 GDP 拉动的幅度最小,为 0.6%(见图 5-18)。

表 5‑13　2011—2015 年批发与零售业对经济的贡献①　　　(单位:亿元、%)

年份	GDP		批零产值	比重	贡献率	对 GDP 拉动
	产值	增长率				
2011	489300.6	18.47	43730.5	8.94	11.4	1.1
2012	540367.4	10.44	49831.0	9.22	11.7	0.9
2013	595244.4	10.16	56284.1	9.46	12.4	1.0
2014	643974.0	8.19	62423.5	9.69	12.5	0.9
2015	685505.8	6.45	66203.8	9.66	8.4	0.6

资料来源:中国统计局(国家数据 2016)整理而得。

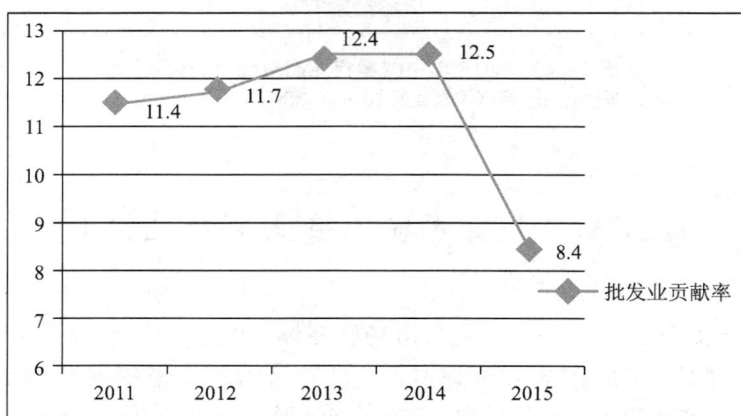

图 5‑17　2011—2015 年商贸流通批发零售行业对经济的贡献　(单位:%)
资料来源:中国统计局(国家数据 2016)整理而得。

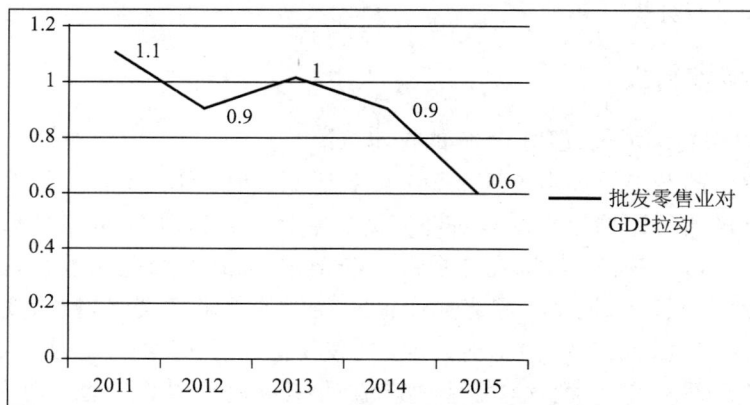

图 5‑18　2011—2015 年商贸流通批发零售行业对 GDP 的拉动　(单位:%)
资料来源:中国统计局(国家数据 2016)整理而得。

---

①　注:a. 行业贡献率为该年行业产值的增加值与 GDP 增加值的比值。
b. 行业对 GDP 的拉动为该年行业贡献率与 GDP 增加值增长率的乘积。

（二）批发与零售企业销售增长缓慢

表 5‑14　2011—2015 年批发与零售企业发展情况　（单位：个、万人、亿元）

项目		2011 年	2012 年	2013 年	2014 年	2015 年
批发业	法人企业	66752	72944	91607	93960	91819
	从业人员	373.5	410.4	484.2	500.1	490.7
	营业额	288701	327091	398117	430678	401312
零售业	法人企业	58471	65921	80366	87652	91258
	从业人员	527.6	575.2	655.3	681.9	682.8
	营业额	71825	83441	98487	110641	114255
批零合计	法人企业	125223	138865	171973	181612	183077
	从业人员	901.1	985.6	1139.6	1182.0	1173.6
	营业额	360526	410533	496604	541320	515568

资料来源：中国统计局（国家数据 2016）整理而得。

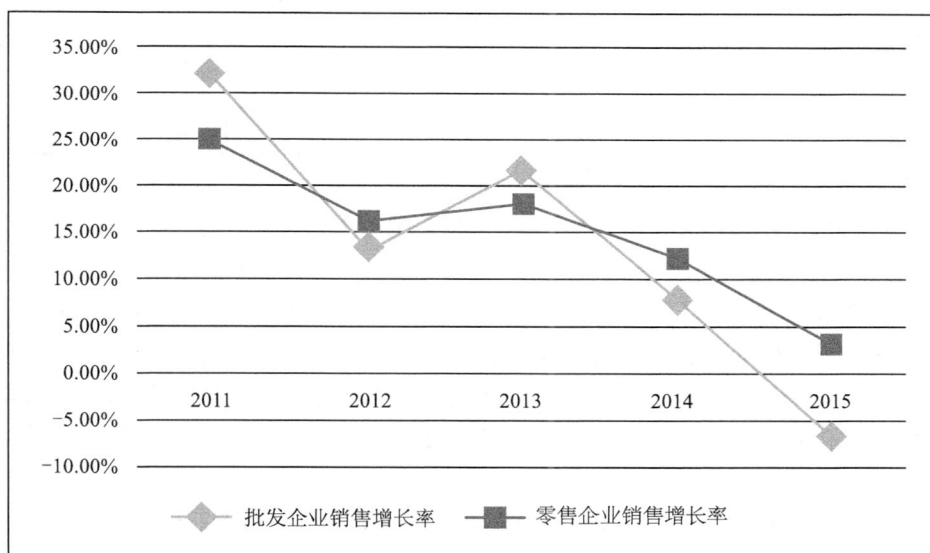

图 5‑19　2011—2015 年批发与零售企业销售增长情况
资料来源：中国统计局（国家数据 2016）整理而得。

　　2015 年，限额以上批发与零售法人企业为 183077 个、从业人员为 1173.6 万人、营业额为 51.6 万亿元，相比于 2014 年，法人企业数量有所上涨，从业人员数和营业额相比有所下降，可以看出 2015 年批发零售企业的经营状况有所减弱。其中，限额以上批发业法人企业为 91819 个、从业人员 490.7 万人、营业额为 40.1 万亿元，同比分别减少 2.3%、1.9%、6.8%，但与 2010 年相比，分别增长 54.4%、39.8%、83.1%；限额以上零售业法人企业为 91258 个、从业人员 682.8 万人、营业额为 11.4 万亿元，同比分别增长 4.1%、0.1%、3.3%，与 2010 年相比，分别增长 74.5%、36.2%、98.7%（见表 5‑14），2015 年，批发企业与零售企业营业额之比为3.5:1,可以看出,2015年相比2014年的营业额下降,主要来源于批发行业的下降。2011—2015年五年间,两者营业额的增长率总体上均表现为一路下滑,但都在2013年略上升后又下落,2015年,批发企业与零售企业营业额的增长率分别为-6.8%、3.3%(见图5-19),表明批发与零售业在商贸流通业地位有所下降,批发企业与零售企业的销售增长逐年缓慢,2015年批发业销售额下降幅度最大。

(三)行业市场化程度较高

企业市场化是企业的资源按市场规则进行配置,它可以为企业带来利润最大化,降低政府配置资源的高昂成本。2015年,批发与零售业国有企业商品销售额为2.99万亿元,占比为5.7%,其中,批发业国有企业商品销售额为2.78万亿元,占批发企业比重为6.9%,零售国有企业商品销售额为0.20万亿元,占零售企业比重为1.8%。本报告以非国有化程度作为企业市场化的标志,由此可知,批发企业市场化达93.1%,零售企业高达98.2%(见表5-15),"十二五"期间,批发与零售行业市场化程度一直处于较高水平。

表5-15 2015年批发与零售企业销售情况 （单位:亿元、%）

行业	商品销售额	国有企业		外商投资企业		
		销售额	比重	港澳台销售额	外资销售额	比重
批发业	401312.2	27833.8	6.94%	19422	38148.5	14.35%
零售业	114255.3	2027.3	1.77%	6066.6	6825.5	11.28%
批零合计	515567.5	29861.1	5.79%	23151.3	47068	13.62%

资料来源:中国统计局(国家数据2016)整理而得。

随着一个国家或地区的产业参与国际分工和国际交换的程度逐步提高,并最终成为整个国际分工体系和世界产业体系的重要组成部分,产业国际化也就此形成。对于行业的发展,外国资本的注入程度反映其参与国际竞争能力的强弱。2015年,批发与零售业港澳台投资企业销售额为2.32万亿元,外商投资企业为4.71万亿元,合计7.03万亿元,占批发与零售企业销售额的13.6%,其中外商投资性质的批发企业销售额为5.75万亿元,占批发企业的比重为14.4%(见表5-15),表明批发与零售业参与国际竞争的能力正日益增强。

(四)零售连锁化程度有待提高,统一配送水平较高

连锁零售企业的发展是连锁经营的典型代表,2015年,连锁零售企业门店总数为20.99万个、从业人数为248.1万人、营业面积为1.7亿平方米、商品销售额为3.5万亿元,同比增长率分别为1.7%、-0.8%、4.0%、-5.2%;与2010年相比,分别增长13.9%、18.7%、10.2%、32.2%(见表5-16)。2011—2015年,连锁零售企业商品销售额年增长率在2013年有小幅度的上涨,随后连续下滑,整体下降幅度较大,直到2014年、2015年为负值,下降幅度较大(见图5-20)。连锁经营的商品销售额与当年同行业商品销售额的比值,即连锁率,2015年零售企业连锁率为31%,比上年略有下滑。2015年,连锁零售企业商品购进额为3.1万亿元,其中商品统一配送额为2.3万亿元,统一配送率为66%,2010—2014年,连锁零售企业统一配送率曲线表现为先升后降,但是到了2015年,统一配送率又开始回升(见图5-21)。这一阶段,批发与零售业连锁化程度有待提高,统一配送率趋于稳定。

表 5-16 2011—2015 年连锁零售企业基本情况

年份	总店数（个）	门店总数（个）	从业人数（万人）	营业面积（万平方米）	商品销售额（亿元）	商品购进额（亿元）	统一配送额（亿元）
2011	2411	195779	249.06	13670.7	34510.7	29653.0	22919.6
2012	2524	192870	256.35	14765.9	35462.1	30825.5	23975.8
2013	2649	204090	255.94	15640.3	38006.9	32258.7	25341.8
2014	2663	206415	250.17	16221.3	37340.6	31298.5	24582.4
2015	2690	209812	248.1	16862.4	35400.4	30556.8	23379.9

资料来源：中国统计局（国家数据 2012—2016）整理而得。

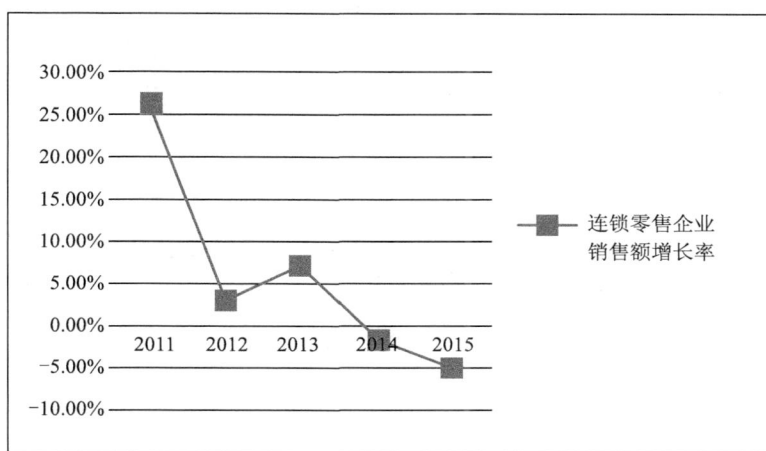

图 5-20　2011—2015 年连锁零售企业销售增长变化

资料来源：中国统计局（国家数据 2012—2016）整理而得。

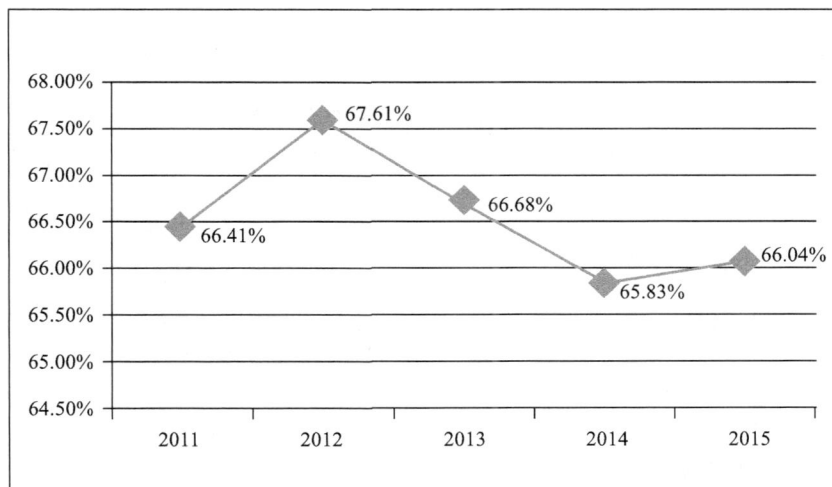

图 5-21　2011—2015 年连锁零售企业统一配送率

资料来源：中国统计局（国家数据 2012—2016）整理而得。

2015 年,中国连锁零售业各业态总体比上年略有增长,其中门店总数最多的仍然是专业店门店,总数高达 112959 个,年末从业人员 92.8 万人,零售营业面积为 8480.6 万平方米,商品销售额为 20521.0 亿,但在专业店中占据较大比重的加油站,其 2015 年商品销售额为 13313.9 亿元,超过专业店一半以上;其次门店数较多的是超市,门店数量为 41885 个,销售额为 8081 亿元;百货店虽然是传统的商业形态,但随着社会分工的细化,其在商业领域的地位已发生较大变化,2015 年,百货店门店数 4867 个,销售额为 3841.6 亿元。专卖店门店总数为 21093 个,商品销售额为 1739.7 亿元,但比上年增加 24.3%。从业人数中,超市比重最高,为 99.4 万人,专业店为 92.8 万人。营业面积方面,前三名分别为专业店 8480.6 万平方米、超市(含大型超市)5288.1 万平方米、百货店 2104.4 万平方米(见表 5-17)。

表 5-17　2015 年零售业态连锁企业基本情况

零售业态	门店总数 (个)	年末从业人数 (万人)	零售营业面积 (万平方米)	商品销售额 (亿元)
便利店	17675	8.4	149.6	387.2
折扣店	410	0.2	18.9	31.5
超市	33301	43.5	1918.7	3118.1
大型超市	8584	55.9	3369.4	4962.9
仓储会员店	128	1.5	69.7	250.3
百货店	4867	26.4	2104.4	3841.6
专业店	112959	92.8	8480.6	20521.0
♯加油站	35710	29.0	5751.4	13313.9
专卖店	21093	14.1	467.9	1739.7
家居建材商店	64	0.3	32.7	46.9
厂家直销中心	306	0.4	2.8	17.7
其他	10425	4.6	247.7	483.5

资料来源:中国统计局(国家数据 2016)整理而得。

表 5-18　2015 年中国连锁百强企业前 10 名

序号	企业名称	销售额 (万元)	销售增长率 (%)	门店数 (个)	门店增长率 (%)
1	苏宁云商	15860000	24.4%	1577	-4.4
2	国美电器	15368559	4.1%	1932	3.9
3	华润万家	10940000	5.2%	3397	-17.7
4	高鑫零售	10790644	4.8%	409	9.9
5	沃尔玛	7354653	1.6%	432	5.1
6	山东省商业集团	6372149	-0.3%	740	7.6
7	联华超市	6047365	-2.1%	3912	-9.5

续　表

序号	企业名称	销售额（万元）	销售增长率（％）	门店数（个）	门店增长率（％）
8	重庆商社	5943751	−3.3％	340	1.5
9	百胜餐饮	5170000	2.0％	7000	7.7
10	永辉超市	4930942	14.8％	394	16.9

资料来源：中国连锁经营协会 www.ccfa.org.cn

2015 年，中国连锁百强企业前十强中，排名第一位的是苏宁云商集团股份有限公司，销售额达到 1586 亿元，比上年增长了 24.4％；第二位是国美电器有限公司，销售额为 1537 亿元，比上年增长了 4.1％。这两者与上年相比，名次上互相调了个位置。中国连锁前十强企业中销售增长率最高的是苏宁云商，增长率为 24.4％，其次是永辉超市 14.8％，华润万家的销售增长率为 5.2％，而排名第八位的联华超市，销售额却比上年下降了 3.3％。连锁前十强中门店增长速度最快的前三位分别是永辉超市 16.9％、高鑫零售 9.9％、百胜餐饮 7.7％，但也有负增长的，分别是华润万家−17.7％、联华超市−9.5％、苏宁云商−4.4％（见表 5-18），可以发现，中国本土的几家 21 世纪初排位名列前茅的大型超市却在 2015 年纷纷遭遇"滑铁卢"。

二、住宿与餐饮业

（一）行业地位相对稳定

2015 年，中国住宿与餐饮业产值为 12159.1 亿元，同比增长 8.6％，比 2010 年增长了 57.7％，占 GDP 增加值比重为 1.8％，对经济贡献率为 1.9％，对 GDP 增加值拉动为 0.2％（见表 5-19）。2011—2015 年，住宿与餐饮业产值占 GDP 增加值比重表现比较平稳，但都保持在 1.7—1.8％；住宿与餐饮业产值对经济的贡献率曲线表现为涨幅隔年更替，保持在 1.1％—2.0％，但 2014 年为最高（见图 5-22）；住宿与餐饮业产值对 GDP 增加值的拉动表现为先缓慢下降到 2013 年再上升，其数值范围在 0.13％—0.24％（见表 5-19）。

表 5-19　　2011—2015 年住宿与餐饮业对经济的贡献　　（单位：亿元、％）

年份	GDP		住餐产值	比重	贡献率	对 GDP 拉动
	产值	增长率				
2011	484123.5	18.4	8565.4	1.8	1.1	0.21
2012	534123.0	10.3	9536.9	1.7	1.9	0.20
2013	588018.8	10.1	10228.3	1.8	1.3	0.13
2014	636138.7	8.2	11198.8	1.8	2.0	0.17
2015	685505.8	7.8	12159.1	1.8	1.9	0.24

资料来源：中国统计局（国家数据 2012—2016）整理而得。

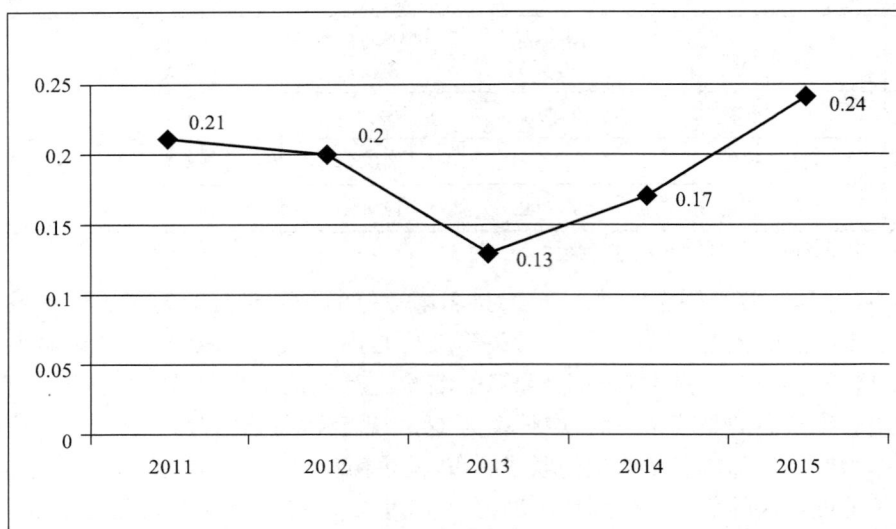

图 5-22　2011—2015 年中国住宿餐饮业产值对 GDP 拉动　（单位：%）

（二）住宿企业增长缓慢，餐饮企业发展略有收缩

表 5-20　2010—2015 年住宿与餐饮企业发展情况　（单位：个、万人、亿元）

项　　目		2011 年	2012 年	2013 年	2014 年	2015 年
住宿业	法人企业	16506	17109	18437	18874	18937
	从业人员	215.7	210.8	209.4	197.9	191.2
	营业额	3261.9	3534.4	3528.0	3535.2	3648.2
餐饮业	法人企业	22496	23390	26743	26634	25947
	从业人员	227.8	243.7	246.8	234.5	222.1
	营业额	3809.0	4419.8	4533.3	4615.3	4864.0
住餐合计	法人企业	39002	40499	45180	45508	44884
	从业人员	443.5	454.5	456.2	432.4	413.2
	营业额	7070.9	7954.3	8061.3	8150.6	8512.2

资料来源：中国统计局（国家数据 2012—2016）整理而得。

2015 年，限额以上住宿与餐饮法人企业为 44884 个、从业人员为 413.2 万人、营业额为 8512.2 亿元，同比分别增长－1.4%、－4.4%、4.4%。其中，限额以上住宿业法人企业为 18937 个、从业人员为 191.2 万人、营业额为 3648.2 亿元，同比分别增长 0.3%、－3.4%、3.2%；限额以上餐饮业法人企业为 25947 个、从业人员为 222.1 万人、营业额为 4864 亿元，同比分别增长－2.6%、－5.3%、5.4%，与 2010 年相比，分别增长 20.2%、0.8%、52.2%（见表 5-20）。2010—2014 年五年间，住宿业和餐饮业的营业额增长率总体上表现也是一路下滑，住宿企业营业额增长率 2013 年甚至跌破 0 以下，2015 年，住宿企业与餐饮企业营业额的增长率分别为 3.2%、5.4%（见图 5-23），表明住宿企业的增长开始加快。

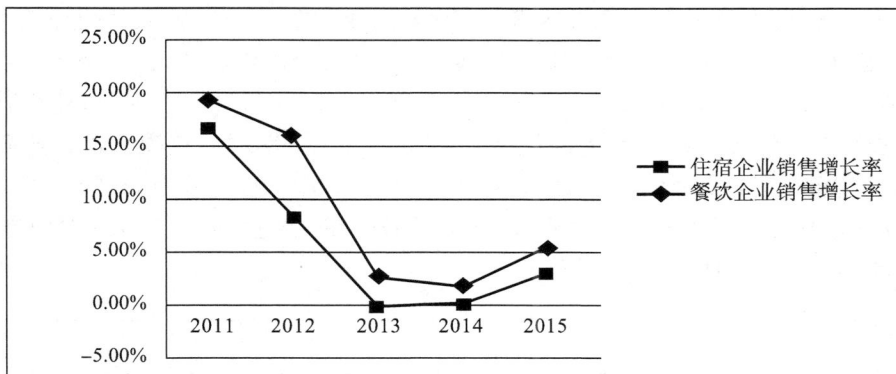

图 5 - 23　2011—2015 年住宿与餐饮企业销售增长情况
资料来源:中国统计局(国家数据 2012—2016)整理而得。

(三)行业市场化程度高,国际化程度增强

2015 年,住宿与餐饮业国有企业商品销售额为 8512.2 亿元,其中,住宿业国有企业商品销售额为 408 亿元,占住宿企业比重为 11.2%,餐饮国有企业商品销售额为 67.2 亿元,占餐饮企业比重为 1.4%(见表 5 - 21)。可以看出,中国限额以上住宿与餐饮企业市场化程度较高,住宿企业市场化达 88.8%,餐饮企业高达 98.6%,整个行业市场化水平达到 94%。2015 年,住宿与餐饮业港澳台投资企业销售额为 345.3 亿元,外商投资企业为 199.2 亿元,合计 544.5 亿元,占住宿与餐饮企业销售额的 21.9%,表明住宿与餐饮业参与国际分工和国际交换的程度逐步提高。

表 5 - 21　2015 年住宿餐饮企业不同类别销售情况　　　　　　(单位:亿元、%)

行业	营业额	国有企业		外商投资企业		
		销售额	比重	港澳台销售额	外资销售额	比重
住宿业	3648.2	408	11.18%	345.3	199.2	14.93%
餐饮业	4864	67.2	1.38%	432.1	885.2	27.08%
住餐合计	8512.2	475.2	5.58%	777.4	1084.4	21.87%

资料来源:中国统计局(国家数据 2016)整理而得。

(四)餐饮连锁化程度较稳定,统一物流配送水平增长较快

表 5 - 22　2011—2015 年连锁餐饮企业基本情况

年份	总店数(个)	门店总数(个)	从业人数(万人)	营业面积(万平方米)	营业额(亿元)	商品购进额(亿元)	统一配送额(亿元)
2011	428	16285	83.29	821.37	1120.39	518.93	343.07
2012	456	18153	80.55	869.23	1283.26	561.36	388.48
2013	454	20554	80.31	937.07	1319.62	571.24	400.72
2014	465	22494	78.00	1020.00	1391.02	583.44	413.88
2015	455	23721	71.4	970.9	1526.61	576.97	462.50

资料来源:中国统计局(国家数据 2012—2016)整理而得。

2015 年,连锁餐饮企业门店总数为 2.37 万个、从业人数为 71.4 万人、营业面积为 970.9 万平方米、营业额为 1526.61 亿元,同比分别增长 5.5%、−8.5%、−4.8%、9.8%;与 2010 年相比,分别增长 54.7%、1.1%、30.7%、59.8%(见表 5-22)。2011—2015 年,连锁餐饮企业营业额增长率的变化表现为先下降后上升(见图 5-24)。2015 年,连锁餐饮企业商品购进额为 576.97 亿元,其中商品统一配送额为 462.5 亿元,统一配送率为 80.2%,2010—2015 年,连锁餐饮企业统一配送率持续增长(见图 5-25)。在这一阶段,住宿与餐饮业连锁化程度有待提高,但统一物流配送水平较高。

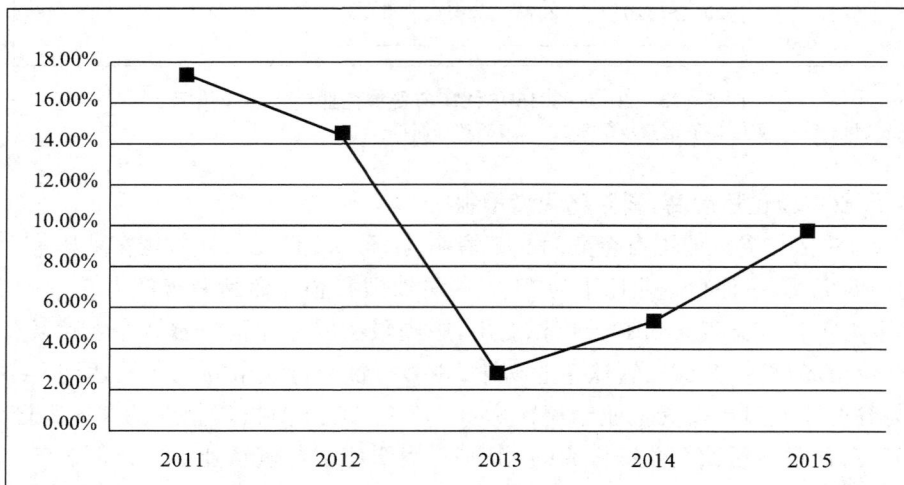

图 5-24 2011—2015 年餐饮企业销售增长情况
资料来源:中国统计局(国家数据 2012—2016)整理而得。

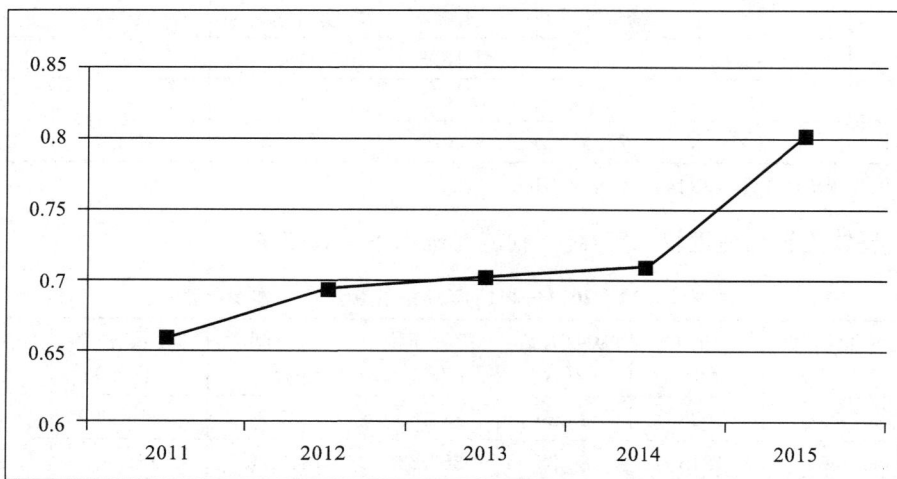

图 5-25 2011—2015 年连锁餐饮企业统一配送率
资料来源:中国统计局(国家数据 2012—2016)整理而得。

第四节 中国商贸流通业的区域发展

一、四大区域流通业发展

2015年,中国流通业增加值为8.67万亿元,其中,批发与零售业增加值为7.05万亿元,住宿与餐饮业增加值为1.62万亿元。东部地区集中了经济最为发达的七省三市10个地区,2015年该地区流通业增加值为4.83万亿元,其中,批发与零售业增加值为4.14万亿元,住宿与餐饮业增加值为6930.4亿元。中部地区集中了6个省份地区,2015年该地区流通业增加值为1.62万亿元,其中,批发与零售业增加值为1.24万亿元,住宿与餐饮业增加值为3877.5亿元。西部地区集中了11个省1个市12个地区,2015年该地区流通业增加值为1.49万亿元,其中,批发与零售业增加值为1.10万亿元,住宿与餐饮业增加值为3926亿元。东北地区包括3个省份,2015年该地区流通业增加值为7204.4亿元,其中,批发与零售业增加值为5775.5亿元,住宿与餐饮业增加值为1428.8亿元(见表5－23)。2015年,东部、中部、西部和东北地区流通业增加值各自所占比重分别为55.8%、18.7%、17.2%和8.3%(见图5－26),与2014年所占比重58%、17%、17%和8%相比,变化不大,表明中国各地区流通业的发展与区域经济的发展水平是同步的,同时各地区流通业发展水平呈现稳定状态。

表5－23　2011—2015年中国各区域流通业增加值　　　　　　(单位:亿元)

项　目		2011年	2012年	2013年	2014年	2015年
东部	批零业增加值	29905.8	33427.1	36921.1	39719.6	41394.7
	住餐业增加值	5164.5	5787.8	5817.8	6307.8	6930.4
	流通业增加值	35070.3	39214.9	42738.9	46027.4	48325.1
中部	批零业增加值	7490.6	8565.4	9460.6	10237.8	12356.9
	住餐业增加值	2435.6	2750.5	2900.7	3179.7	3877.5
	流通业增加值	9926.2	11315.9	12361.4	13417.4	16234.4
西部	批零业增加值	7333.1	8410.9	9585.4	10366.5	10981.4
	住餐业增加值	2463.3	2857.5	3205.9	3543.4	3926.0
	流通业增加值	9926.2	11315.9	12361.4	13417.4	16234.4
东北部	批零业增加值	4020.6	4516.7	4846.0	5298.3	5775.5
	住餐业增加值	950.8	1095.6	1193.0	1291.4	1428.8
	流通业增加值	4971.4	5612.3	6039.0	6589.7	7204.4
全国	批零业增加值	43730.5	49831.0	56284.1	62215.6	70508.5
	住餐业增加值	8565.4	9536.9	10228.3	11198.8	16162.7
	流通业增加值	52618.0	59858.6	67165.9	73414.4	86671.2

资料来源:中国统计局(国家数据2012—2016)数据整理而得。

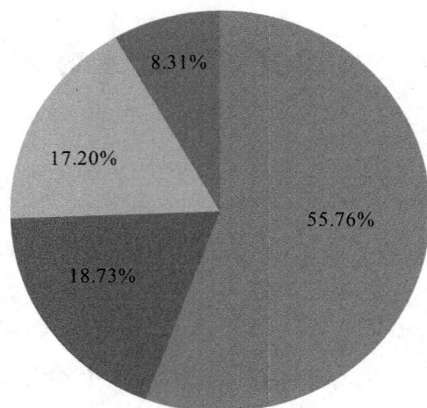

图 5‑26　2015 年中国流通业增加值区域比重
资料来源:中国统计局(国家数据 2012—2016)数据
整理而得。

2015 年,中国流通业增加值比上年增长 18.1％,与 2010 年相比,增长了 97.9％;东部地区、中部地区、西部地区和东北地区流通业增加值分别比上年增长了 5.0％、7.2％、21％和 9.3％。2011—2015 年,中国这四个区域的流通业增加值增长率表现为一路下滑(见图 5‑27),但西部和中部地区的增长率都高于东部和东北地区,表明流通业增长速度在减缓,区域间的发展行业有各自的特征,传统商贸流通业在受到其他行业的发展及互联网的影响下,行业内部发展亟须调整。

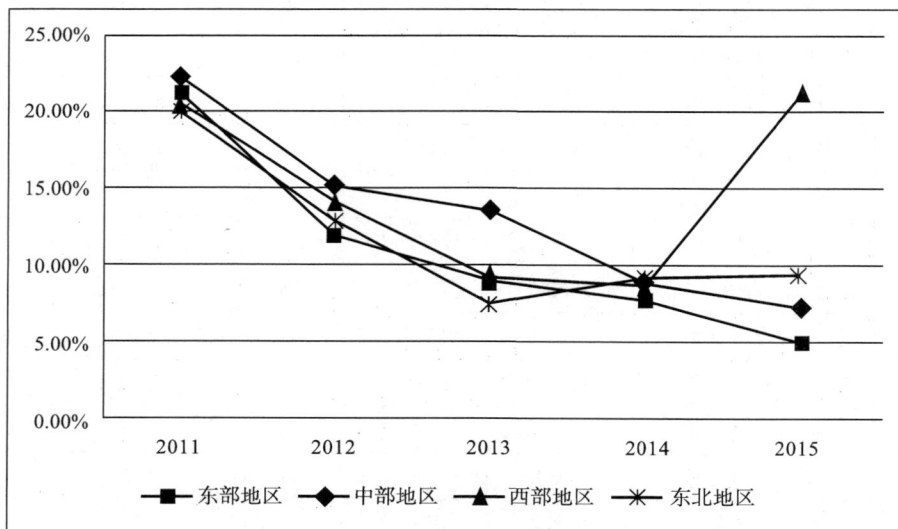

图 5‑27　2011—2015 年中国区域流通业增加值增长情况
资料来源:中国统计局(国家数据 2012—2016)数据计算整理而得。

二、较发达的典型地区流通业发展比较

当前,较发达地区经济发展已经进入工业化中期的后半阶段,产业结构正从低附加值的资源依赖型产业向高附加值的信息、技术集约型产业转变,本报告选取北京、上海、江苏、浙江、山东和广东六个地区的商贸流通业发展来分析。

2015 年,第三产业占地区生产总值比重,北京、上海、江苏、浙江、山东和广东分别为 79.7%、67.8%、48.6%、49.8%、45.3%和 50.6%(见表 5-22),不难看出,北京和上海处于第一梯队,遥遥领先于其他城市,已步入发达城市行列,江苏、浙江和山东甚至都不及全国的平均水平 50.2%。第三产业增加值占地区生产总值的比值是一个重要的统计指标,它反映一个国家或地区所处的经济发展阶段、经济发展的总体水平,发达的第三产业是经济中心城市的重要标志,并成为带动经济增长的主要动力。

(一)流通业规模及增长

表 5-24 2015 年六省市第三产业与流通业规模比较　　　(单位:亿元、%)

地区	GDP	第三产业		流通业		人均 GDP (元)
		增加值	比重	增加值	占三产比重	
北京	23014.83	18331.74	79.65	2749.93	15.00	106497
上海	25123.45	17022.63	67.76	4198.85	24.67	103796
江苏	70116.38	34085.88	48.61	8182.08	24.00	87995
浙江	42886.49	21341.91	49.76	6240.05	29.24	77644
山东	63002.33	28537.35	45.30	9717.49	34.05	64168
广东	72812.55	36853.47	50.61	9073.46	24.62	67503
全国	685505.8	344075.0	50.19	86671.2	25.19	49992

资料来源:中国统计局(国家数据 2016)计算整理而得。

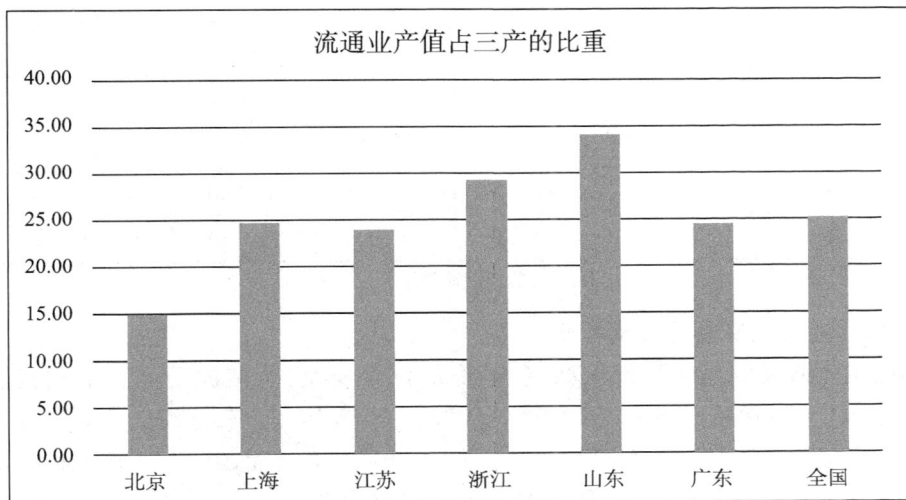

图 5-28 2015 年六省市流通业增加值占地区第三产业的比重

资料来源:中国统计局(国家数据 2016)计算整理而得。

商贸流通业在扩大内需,增加就业,服务民生的作用增强,同时对发展壮大第三产业,促进市场经济发育,优化社会资源配置,提高国民经济整体效益和运行质量具有非常重要的意义。2015年,北京、上海、江苏、浙江、山东和广东流通业增加值分别为2749.93亿元、4198.85亿元、8182.08亿元、6240.05亿元、9717.49亿元和9073.46亿元,占第三产业的比重分别为15%、24.7%、24%、29.2%、34.1%和24.6%(见表5-24),除山东、浙江外,均低于全国的平均水平25.2%。从流通业规模看,山东和浙江均超过29%,为第一梯队,其次广东、上海、江苏,均超过24%,北京则低于20%(见图5-28)。流通业在注重发展规模的同时,还需考察其行业结构是否优化,流通方式的选择,流通组织化程度及流通效率高低如何,如果地区以传统流通方式为主,这一比重偏高的地区就需要优化产业结构。同时,我们来考察人均地区生产总值,2015年,北京、上海、江苏、浙江、山东和广东人均GDP分别为106497元、103796元、87995元、77644元、64168元、67503元,北京、上海人均GDP超9万元,分列第一、二位,江苏、浙江分列第三、四位。

2015年,北京、上海、江苏、浙江、山东和广东流通业增加值与2014年相比,增长率分别为-0.9%、4.8%、6.9%、7.7%、8.7%、-0.4%,山东增长速度最快,其次是浙江和广东,上海和江苏紧随其后,全国的平均水平为18.1%。与2010年相比,北京、上海、江苏、浙江、山东和广东分别增长了24.7%、46.8%、58.6%、96.9%、97.2%、58.6%,浙江和山东是增长速度最快的。2011—2015年,这一阶段的流通业增加值增长变化,六个省市与全国的平均水平基本一致,都呈缓慢下降态势,其中,北京、上海和山东相似,2010年一路下滑到2013年,2014年又开始上升,江苏则在2011年略有上升后下滑,2014年上升,浙江则先下滑,到2013年上升,后又下降,广东则是两年相互交替上升下降,这期间,全国的平均水平缓慢下降。这五年间,流通业增加值的年均增长率,北京、上海、江苏、浙江、山东和广东分别为10.1%、11.4%、12.7%、18.5%、19.8%和14.2%,全国的年均增长率为15.4%,山东和浙江分列第一、二位,均超过了全国水平,广东和江苏分列第三、四位(见表5-25、图5-29)。

表5-25 2011—2015年六省市流通业增加值 (单位:亿元)

年份	北京	上海	江苏	浙江	山东	广东	全国
2011	2488.07	3320.33	6260.52	3908.78	6281.77	6873.45	52295.9
2012	2602.83	3590.33	6749.87	4340.08	7566.87	7642.02	59367.9
2013	2715.49	3844.91	7151.43	5357.77	7883.72	8580.99	66512.4
2014	2774.9	4006.61	7653.48	5796.62	8938.65	9112.63	73414.4
2015	2749.93	4198.85	8182.08	6240.05	9717.49	9073.46	86671.2

资料来源:中国统计局(国家数据2012—2016)计算整理而得。

(二)消费品市场交易规模及增长

全国内贸流通领域总体运行平稳,各类商品供给充足,价格波动处于合理范围之内。2015年,全国社会消费品零售额为300930.8亿元。2015年,北京、上海、江苏、浙江、山东和广东完成社会消费品零售总额分别为10338亿元、10131.5亿元、25876.8亿元、199784.7亿元、27761.4亿元和31517.6亿元,分别占全国的比重为3.4%、3.4%、8.6%、6.6%、9.2%和10.5%(见表5-26、图5-30),广东、山东、江苏分列前三位。

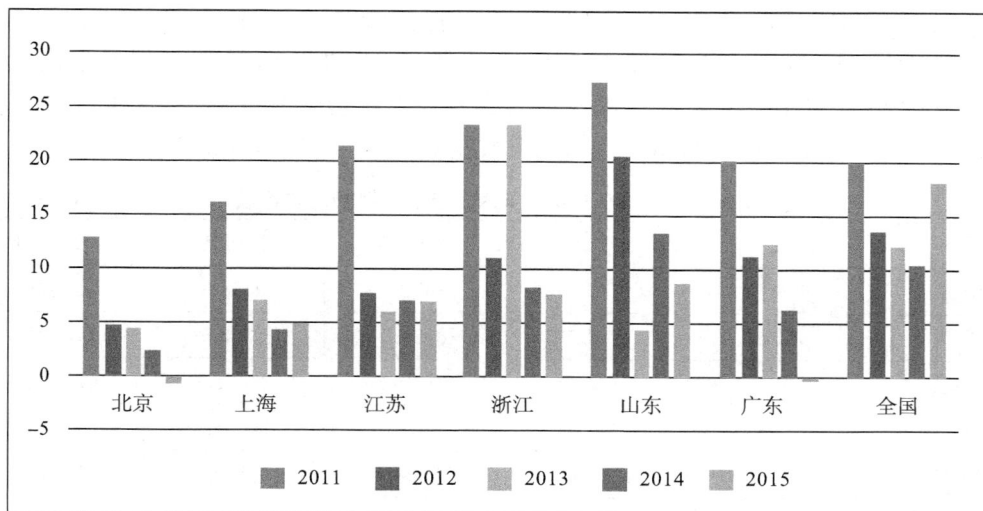

图 5－29　2011—2015 年六省市流通业产值增长情况　（单位：%）

资料来源：中国统计局（国家数据 2012—2016)计算整理而得。

表 5－26　2015 年六省市社会消费品零售额　（单位：亿元）

地　区	社会消费品零售额	占全国比重（%）
北京	10338.0	3.44
上海	10131.5	3.37
江苏	25876.8	8.60
浙江	19784.7	6.57
山东	27761.4	9.23
广东	31517.6	10.47

资料来源：中国统计局（国家数据 2016)及北京、上海、江苏、浙江、山东、广东地区统计局或统计信息网站计算整理而得。

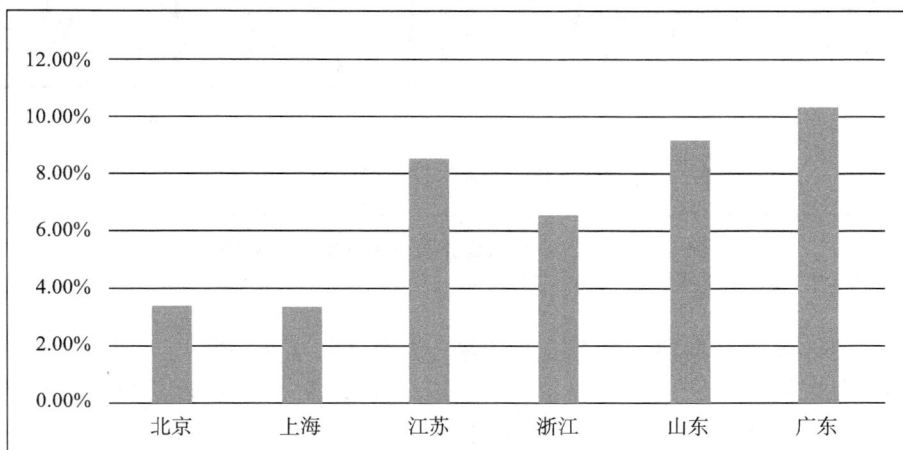

图 5－30　2015 年六省市社会消费品零售额占全国的比重

资料来源：中国统计局（国家数据 2016)整理而得。

与 2014 年相比,2015 年,北京、上海、江苏、浙江、山东和广东分别增长了 7.3%、8.9%、10.3%、10.9%、10.6% 和 10.7%,浙江和广东社会消费品零售额增速最快,其次是山东和江苏;与 2010 年相比,北京、上海、江苏、浙江、山东和广东分别增长了 66%、67%、90.2%、93.1%、89.9%、80.5%,浙江、江苏和山东增长幅度最大,其次是广东(见表 5-27)。

表 5-27　2010—2015 年六省市社会消费品零售额　　　　　　(单位:亿元)

地区	2011 年	2012 年	2013 年	2014 年	2015 年
北京	6900.3	7702.8	8872.1	9638.0	10338.0
上海	6814.8	7412.3	8557.0	9303.5	10131.5
江苏	15988.4	18331.3	20878.2	23458.1	25876.8
浙江	12028.0	13588.3	15970.8	17835.3	19784.7
山东	17155.5	19651.9	22294.8	25111.5	27761.4
广东	20297.5	22677.1	25453.9	28471.1	31517.6
全国	183918.6	210307.0	242842.8	271896.1	300930.8

资料来源:中国统计局(国家数据 2011—2016)整理而得。

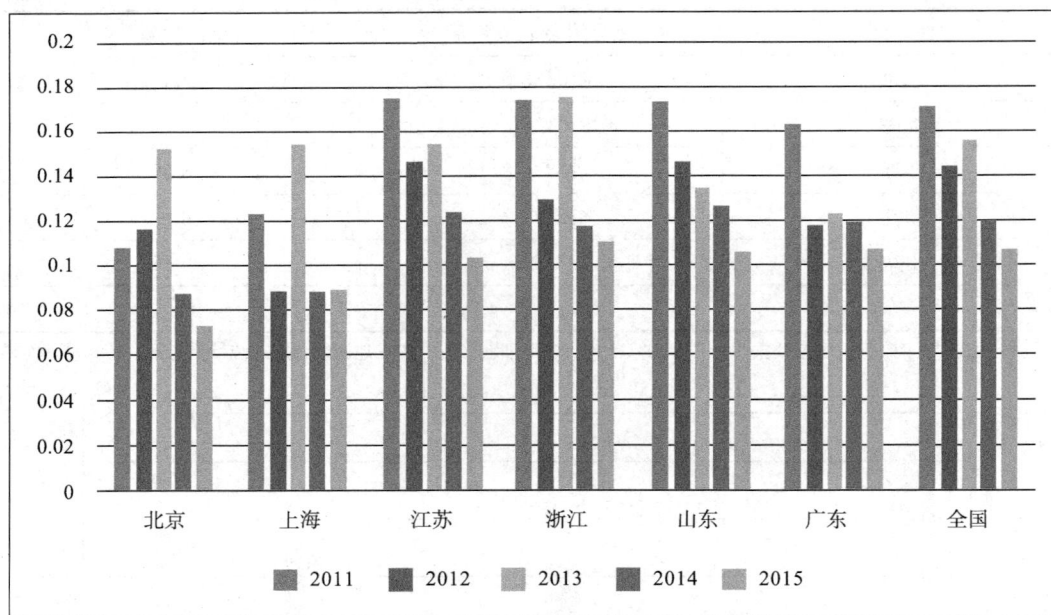

图 5-31　2011—2015 年六省市社会消费品零售额增长情况
资料来源:中国统计局(国家数据 2012—2016)整理而得。

2011—2015 年,这一阶段的社会消费品零售额的增长变化,图 5-31 显示,六个地区发展各有不同,北京从 2011 年的 10.77% 开始逐步增加,2014 年大幅度降低,2015 年比 2014 年增长幅度还低,是这五年最低的;上海、浙江、广东与全国平均水平相似;江苏和山东相似,从 2011 年一路下滑到 2014 年。

第六章　服务外包产业发展分析

在全球经济缓慢复苏、国际贸易发展低迷的背景下,中国经济结构调整、产业升级取得显著成效,促使我国离岸服务外包实现较快增长。全国已有130多个地级以上城市发展服务外包产业,这对推动地区产业转型升级、促进大学生就业创业以及优化外贸结构具有重要意义。目前,我国服务外包发展处于重要的战略机遇期,在加快构建开放型经济新体制、大众创业万众创新的驱动下,服务外包正在成为市场配置全球资源和要素、实现全球价值链地位跃升的重要抓手,摆脱以低成本为主的传统发展模式,从要素驱动向创新驱动转变,从成本驱动向价值驱动转变,产业链和价值链地位提升的节奏加快,研发外包、高附加值外包占比逐渐增多,产业生态环境不断向好,政策红利进入释放期,但体制机制创新能力、国际服务竞争力、示范城市引领带动作用等仍需进一步加强。

第一节　服务外包产业发展现状分析

2015年,在全球经济复苏缓慢、国内经济下行压力加大的背景下,中国服务外包产业发展总体向好,2015年我国签订服务外包合同金额1309.3亿美元,执行金额966.9亿美元,分别同比增长22.1%和18.9%。世界贸易组织最新发布的报告显示,2015年我国服务进出口总额继续保持世界第二,其中服务出口居第五位,服务进口居第二位。2015年我国服务外包产业拉动GDP0.56个百分点的增长;对服务业增长的贡献约为13.6%;新增就业127.5万人,占全国新增城镇就业的9.7%,其中吸纳大学毕业生就业66.9万人,占当年大学毕业生比重约8.9%。2015年中国服务外包主要呈现以下七个特点:

一、服务外包发展势头迅猛,但规模还很小

1982—2015年,中国服务贸易出口增长近29倍,年均增长15.9%,为全球平均增长水平的2倍,出口世界排名由1982年的第28位上升到2015年的第8位,进口世界排名由第4位上升到第7位。与此对应,服务外包正逐渐成为服务贸易的重要形式,呈现迅猛发展势头,在服务外包领域中扩张最快的是IT服务、人力资源管理、客户服务等。以发展势头最为迅猛的IT服务外包为例,2001—2014年,我国软件外包服务市场年复合增长率达到52.1%,市场规模由2001年的1.8亿美元上升到2014年的6.33亿美元。商务部数据显示,2015年中国以1.45万亿美元的货物进出口总额继续保持全球第三大贸易国位置,但服务贸易却相对滞后,仅占我国贸易额的1.9%,远远低于19%的世界平均水平。其中,服务外包的所占比例更是微不足道。以软件外包出口为例,根据专业机构的研究报告,2015年全国软件外包出

口的总量仅占全球的 2.3%。

二、离岸服务外包保持稳步发展，但服务外包增速放缓

2015 年我国离岸服务外包合同金额 872.9 亿美元，执行金额 646.4 亿美元，分别同比增长 21.5% 和 15.6%；在岸服务外包合同金额 436.4 亿美元，执行金额 320.6 亿美元，分别同比增长 23.3% 和 26.1%。相较于前几年的高速增长，近两年的增长率明显下降。如图 1 所示，相较于 2011 年，2015 年增速均有大幅下降。

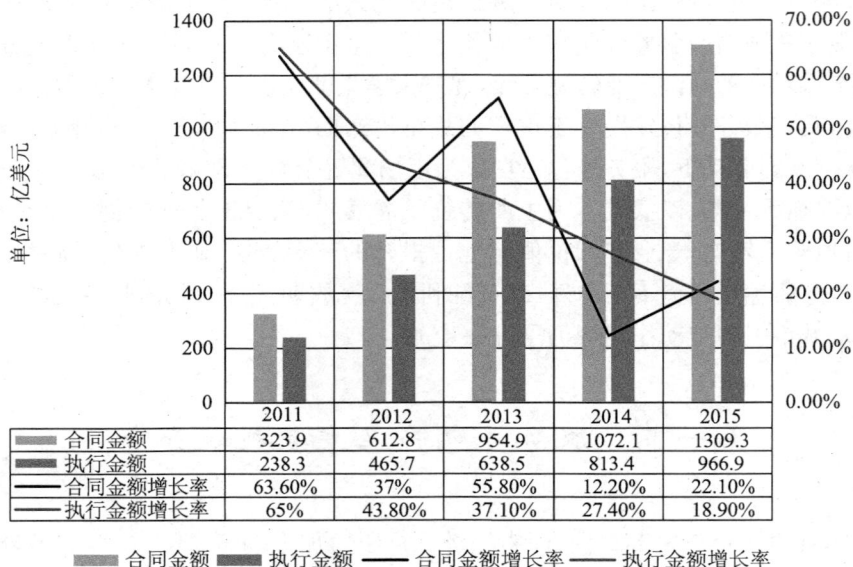

单位：亿美元	2011	2012	2013	2014	2015
合同金额	323.9	612.8	954.9	1072.1	1309.3
执行金额	238.3	465.7	638.5	813.4	966.9
合同金额增长率	63.60%	37%	55.80%	12.20%	22.10%
执行金额增长率	65%	43.80%	37.10%	27.40%	18.90%

合同金额　　执行金额　　合同金额增长率　　执行金额增长率

图 1　2011—2015 年我国服务外包合同金额和执行金额增长情况

三、主要发包市场格局相对稳定

2015 年，中国企业承接美国、欧盟、中国香港和日本的服务外包执行额分别为 150.6 亿美元、98 亿美元、95 亿美元和 54.8 亿美元，分别同比增长 17.5%、17.6%、28% 和 −9.8%，合计占中国离岸服务外包执行额的 61.6%。受日元持续贬值和中日政治大环境的影响，中国企业承接日本市场业务意愿不高，日本对中国发包呈下降趋势，但日本仍然是我国服务外包产业的最重要市场。与此同时，我国积极开拓新兴市场，承接新加坡、韩国、中国台湾等国家和地区服务外包合同金额分别为 17.4 亿美元、16.4 亿美元和 11.5 亿美元，同比分别增长 24.4%、22.8% 和 21.5%。

四、离岸服务外包的结构日益优化

2015 年，中国企业承接信息技术外包(ITO)、业务流程外包(BPO)和知识流程外包(KPO)的离岸服务外包执行金额分别为 316.8 亿美元、91.7 亿美元和 237.8 亿美元，同比分别增长 8%、16% 和 27.4%，占比分别为 49%、14.2% 和 36.8%。医药和生物技术研发、动漫及网游设计研发、工业设计和工程设计等外包业务快速发展，带动服务外包业务结构稳步优化。

五、长江经济带沿线省市业务快速增长

2015 年,长江经济带沿线 11 个省市承接离岸服务外包合同金额 481.3 亿美元,执行金额 394.1 亿美元,分别占全国的 55.1％和 61％,同比分别增长 13.1％和 16.9％。其中,江苏省、浙江省和上海市是开展离岸外包业务的主力军,合计执行金额 344.8 亿美元,占沿线省市的 87.5％;中部的江西省、湖北省和湖南省利用经营成本较低和人力资源丰富的优势,积极承接产业转移,离岸服务外包执行金额分别同比增长 37％、33.8％和 26.6％,增速远高于全国平均水平。

六、"一带一路"市场的重要性显著提高

2015 年,中国承接"一带一路"沿线国家服务外包合同金额 178.3 亿美元,执行金额 121.5 亿美元,同比分别增长 42.6％和 23.4％。在我国离岸服务外包的占比分别为 20.4％和 18.8％,较 2014 年分别提高了 3 个和 1.2 个百分点。未来,我国与"一带一路"沿线国家的服务外包合作将继续呈现良好的发展势头,预计业务规模将保持 20％左右的年增长速度。

(一)东南亚市场保持稳定增长

2015 年我国承接东南亚国家的服务外包合同金额 89.9 亿美元,执行金额 63.2 亿美元,同比分别增长 30.6％和 17.3％,约占"一带一路"地区接包总金额的 52％,显示出较为成熟的市场基础。随着"一带一路"战略投资与合作推进,在华人聚集的文化、地缘优势下,该区域有望呈现良好的市场活跃度。

(二)中东北非市场空间大

承接西亚北非国家的服务外包合同金额 43.5 亿美元,执行金额 25.2 亿美元,同比分别增长 113％和 61.5％。根据安永公司的研究报告,2018 年中东北非地区服务外包市场规模预计将达 70 亿美元。其中,像迪拜等一些商务发展好的城市已经将服务外包列为重点发展方向,并建立外包区。未来,这一新兴市场区域在云服务、系统开发、互联网服务等领域将呈现可观的市场和合作机会。

(三)中西亚业务需求将大量释放

随着"一带一路"沿线交通运输、能源工业、电子通讯等领域的大量投资与广泛合作,中亚、西亚等地区将释放更多工程、工业技术服务与专业业务服务需求。此外,俄罗斯、中东欧、独联体等部分国家和地区还具有良好的技术人才和服务需求。

七、服务外包与垂直产业的融合加深

随着"互联网＋"战略和行动计划在 2015 年正式实施,基于互联网和现代信息技术的专业化生产组织方式得到广泛应用,进一步加深服务外包与信息服务业、制造业、批发和零售业、交通运输业、能源业、金融业、卫生健康业等垂直行业的深度融合。2015 年,信息服务业、制造业离岸服务外包执行额分别为 315.6 亿美元和 177.3 亿美元,分别占全行业的 48.8％和 27.4％。服务外包模式广泛应用,既提高了国内企业的专业服务能力,又促进了产业结构转型升级,提升了整体生产效率,实现较好的经济效益和社会效益。

第二节　服务外包产业发展存在的主要问题

在新一轮的国际资本转移中，我国凭借广阔的市场空间和丰富的人力资源，服务外包的业务量不断增加，但仍然存在不少问题。

一、服务外包领域相对狭小，项目质量有待提高

服务外包具有信息科技含量高、附加值大、资源消耗低等特点，涵盖的领域广泛，涉及IT服务、金融、保险、研发、人力资源管理、会计、客户服务、产品设计等较多领域。但目前我国的服务外包主要涉及信息技术、研发设计及金融业等领域，其中软件外包业务占据主导地位。

相较于全球服务外包的发展水平，我国服务外包产业总体规模及企业规模还存在很大差距。我国服务外包产业尚处于起步阶段，仍然处于产业链的中下游，且主要以政策驱动、成本导向为主，企业规模普遍偏小，同质化竞争严重，承接的外包项目业务量和项目质量有待于提高。绝大部分中小型外包企业在离岸市场的竞争中将更加困难，甚至面临生存危机。我国服务外包行业中缺乏大型国际化、集团化的服务外包企业，产业国际竞争力不强，仍然缺乏在国际市场上同服务外包产业巨头分庭抗礼的规模和实力。

二、服务外包企业小、零、散，区域发展不平衡

国际发包商非常重视接包企业的能力和规模。印度有许多服务外包企业的员工都在万人以上，著名的 Infosys 公司在 17 个国家设有分公司，员工人数高达 5.2 万。而目前我国的外包企业规模大多比较小，接单能力比较弱，市场渠道还很有限，很难拿到大的外包合同。我国经济的梯度发展也造就了服务外包的地区差异，导致东部沿海地区成为外包的主要基地，西部地区外包业务极少；大城市承接服务外包业务较多，中小城市外包业务较少。我国承接服务外包的地区主要集中在上海、深圳、北京、大连、西安、成都、广州等少数大中城市。以软件出口为例，2016 年 1—8 月，深圳、北京、上海、西安、大连等城市的软件出口额已经占到全国软件出口额的 8% 以上，而占全国 79% 以上城市的软件出口额还不到全国软件出口额的 2%。

三、技术准备不足，企业研发创新能力较弱

目前，我国服务外包产业存在技术准备不足、知识产权保护意识淡薄，措施不完善等问题，企业创新研发能力较弱，在云计算、大数据外包快速增长的产业变革下，我国外包产业及企业都还没有做好充分准备，在平台化、智能化技术方面均落后于欧美企业，而这一点将直接影响整体产业的全球竞争力及持续发展能力。由于我国服务外包企业起步晚、积淀薄、利润低，多数没有自主知识产权的产品和解决方案，企业很难拿出大量资金搞研发创新，由此形成了一个恶性循环。目前我国服务外包企业的成本构成中，人力资源成本为最大支出，约占企业营运成本的 60%，市场支出约占 25%，而技术研发投入份额较小，仅占 4%。

四、我国服务外包成本逐渐上升,国际竞争更趋激烈

我国服务外包产业与西方发达国家相比成本差距在不断缩减,我国服务外包产业之前发展主要依靠低成本因素驱动市场扩张,包括低廉的人力成本、土地成本等,但随着我国成本逐渐增长,该优势已日益缩减,我国服务外包产业被迫面临转型。

国际服务外包产业竞争更趋激烈,一方面,我国服务外包产业面临印度、马来西亚、印度尼西亚等国的激烈竞争。尽管近期美国对服务外包争论不休,甚至还通过一些限制外包的法案,但却不能从根本上影响全球服务外包的发展趋势,各国承接服务外包的积极性也未因此减弱。许多国家采取措施为承接服务外包创造有利条件,积极抢占国际外包市场。如印度政府一直大力支持本国企业承接服务外包,采取开放的人才培养和流动政策,为承接外包创造有利的人力资源条件;同时,积极为企业提供优惠政策和信息咨询服务支持,这直接促进了印度服务外包出口的快速发展。承接服务外包成为各国尤其是发展中国家竞争的重点,我国也被印度视为可能的最大竞争对手,这都使得我国在扩大国际市场时面临强大对手的激烈竞争。

另一方面,开拓欧美市场的难度加大。据国际数据公司统计,全球软件外包业务主要来自欧美,美国的软件外包业务接近全球4%,而日本仅占1%。我国目前还无法承接来自欧美的软件外包大单,尽管在对日软件外包上取得了一定进展,但业务量小,远不足以支撑我国成为服务外包承接大国。最近,美国通过了一些限制外包的法案,并已开始指责我国争夺其白领的工作,这对我国企业开拓欧美市场将产生不利影响。

五、外包行业不够成熟,政策创新滞后于产业发展

目前,中国的服务外包产业虽然增长迅速,但外包行业的整体成熟度不足。外包企业专业资源拥有程度较低,在境外推广宣传缺乏全球战略总体布局,缺乏有效的业务营销渠道,沟通能力也较弱,所承接的业务主要集中在嵌入式软件开发、应用软件开发、信息服务等劳动密集型领域,而产品研发、建筑设计、人力资源外包等还处于起步阶段,行业结构体系比较落后,行业集中度也比较低。

我国服务外包行业统计体系与国际不接轨,服务外包政策创新滞后于产业发展等问题都亟待解决。政策期限短、优惠力度小、门槛高是政府支持产业发展在政策上存在的突出问题。政府应遵循国际市场规律,紧密结合产业发展趋势,不断创新和深化产业政策,为企业创造发展条件。此外,我国知识产权保护环境仍不理想。国际服务外包作为知识密集型行业,跨国公司在考虑外包服务时,对承接地的知识产权保护状况格外重视。虽然近年来我国知识产权保护工作取得了很大成效,但仍需要进一步完善相关工作,切实保护服务外包过程中涉及的知识产权,解除国际发包商的后顾之忧,促进我国国际服务外包产业的快速发展。

六、专业人才供求存在结构性矛盾,人才国际化不足

作为智慧密集型产业,人才是服务外包的核心要素之一,也是推动服务外包产业发展的主要力量。服务外包吸纳大学生就业涉及的专业也非常广泛,不仅有软件、计算机、IT技术、英语、日语、会计等专业,而且涵盖经济管理、通信技术、广告设计、动漫、机械设计等管

理、设计类专业。我国服务外包产业发展初期，产业从 ITO 起步，吸纳的大学生以计算机、电子通信、管理类等专业为主，随着服务外包产业的发展和转型升级，产业从以 ITO 为主，向 ITO、BPO、KPO 全面发展转型，产业正逐渐从产业链的中低端向金融外包、生物医药研发、检验检测、工程工业设计等高端服务外包业务拓展，产业吸纳大学生就业所涉及的专业也趋于分散化。其中，计算机、电子通信类专业比重和吸纳大学生就业比重分别为 25.0％和 47.6％，外语、管理类专业比例和就业比例基本保持在 26.9％和 22.1％，动漫、医药、机械、财务类专业比重和就业占比则快速上升到 35.55％和 22.16％。依据目前服务外包发展的速度，到 2019 年我国至少还需要 3 万软件外包方面的人才，其中有 17.7 万是初级人才。显然，我国在软件人才的供给和需求方面还有很大缺口。

虽然我国拥有丰富的人才储备，拥有大量学历层次较高的人员，但是由于人才标准不统一，整个行业仍然面临着人才荒、人才断层、缺乏国际化人才等问题，人才产业链体系尚未完善，主要表现在四个方面：一是我国人力资源基数较大，但是对口服务外包产业发展的人才数量却不多；二是外包人才流动率高，稳定性差，成为制约行业发展的重要瓶颈；三是在学校教育出来的人才和企业需求相脱节，企业要花费很大力气去培训；四是符合服务外包产业发展需求的专业高端人才更为匮乏，在外语能力、专业技能和项目管理上能全面满足服务外包企业需求的复合型人才不足，中高级技术和管理人才更是严重短缺。

第三节　服务外包产业发展的对策建议

我国发展服务外包具有低成本和劳动力资源丰富的比较优势，同时我国的国情也决定了发展外包业务具有自身的独特之处。因此，我国发展服务业外包必须依据自身的实际情况制定有效的政策措施，选择合适的发展路径。各地和各企业要抓住技术变革的机遇，积极培育云计算、大数据、区块链技术等领域的服务外包新业态，充分利用智能服务有效降低信息技术和业务流程外包的成本，通过接包、发包双向整合全球资源，巩固美欧日港澳台等传统市场，加快拓展"一带一路"沿线市场新空间。

一、从战略高度重视发展服务外包，加快部署发展我国知识型服务产业

继上一轮全球制造业向具有劳动力规模和成本优势的发展中国家转移的浪潮后，又出现了以美国为代表的发达国家知识型服务产业向具有智力人才优势的发展中国家转移的新浪潮。在这一轮浪潮中，印度、中国和俄罗斯这三个具有智力人才资源优势的国家处于最有利的位置，印度已经把握了这次产业机遇，在软件外包服务及其他技术服务领域走在中国和俄罗斯的前面，成了全球服务外包中心。在全球制造业转移过程中，中国继日本、韩国之后，通过改革开放，基本抓住了这次机会，成为全球制造业中心之一。但在把握和利用新一轮的服务产业转移上，中国还缺乏战略上的重视和部署，整体发展上与制造业比较还有很大差距。因此，应该从战略高度研究分析国际服务产业转移的浪潮，从国家产业发展的战略高度提出对策，加快部署发展我国知识型服务产业。

二、加强服务外包产业地区品牌建设，向产业价值链高端延伸

着力打造我国服务外包整体品牌，提升我国在这一领域的整体形象，提升企业在国际市场的竞争力。我国要打响自己的服务外包，服务外包的品牌建设也是必不可少的。各级政府应该加大对外宣传力度，组织开展服务外包招商和论坛活动，搭建对外交流平台，畅通国际渠道，树立承接服务外包的品牌形象。打造出一批有规模、有影响力的区域性国际服务外包龙头企业和服务外包品牌，从地区品牌逐步发展成为在国际市场中有影响力的中国服务外包品牌，带动我国中小企业在国际服务外包市场中参与竞争。

另一方面，以移动互联、大数据、云计算、物联网等为代表的新一代信息技术在各行各业的广泛应用，服务外包产业要素将打破地域范围的限制，通过互联网平台形成新的聚集和互动，在不断拓展服务外包领域，推动服务外包企业提升研发创新水平，促使其向产业价值链高端延伸的同时，正在催生新的服务外包业务领域。以服务业为重点，我国政府正在推进新一轮高水平对外开放，推进金融、教育、文化、医疗等服务业的有序开放，放开育幼养老、会计、物流、电子商务等准入限制，在上海、天津、广东、福建等四个自贸区和北京市探索扩大服务业自主开放，扎实推进"一带一路"建设，加快建立面向全球的高标准自由贸易区网络，这一系列的举措为服务外包产业的发展开辟了新空间和新领域，提升服务外包水平，实现产业的升级和可持续发展。

三、大力开发本土市场需求，推动产业的跨界融合

新一代信息技术冲击的不仅是服务外包行业，同样给我国传统制造业和农业等都带来颠覆性的变革，技术变革推动下工业正在朝着智能化 4.0 时代演进，我国加速两化融合、制造业升级的过程中将释放出大量的本土市场需求。同时，我国在加快中西部建设、新型城镇化建设等国家级战略的部署过程中，也将形成本土服务外包增量市场的快速扩容。在"十三五"期间，我国本土服务外包需求和市场规模将获得爆发式的增长，整体市场规模将突破3000亿美元，占全球服务外包产业规模的 17.2%，紧随美国成为全球第二大发包市场。作为全球第二大经济体，中国服务外包产业的核心优势之一，就是我国巨大的本土市场需求。

服务外包企业通过承接海外业务，不断增强自身的能力，也更有利于参与国内市场的竞争。随着本土市场体量的快速增长，我国服务外包产业同垂直行业的融合度将进一步加深，产业链覆盖面进一步拓宽，市场成熟度不断提升，应有计划、有步骤地开发高端市场及优质客户，提高其市场份额及重要性。在拓展本土市场的同时，一定要深刻思考我国经济和产业的自身特征及转型路径，将我们承接国际业务过程中所积累的对垂直行业发展的实践经验、先进的企业转型和管理理念及流程、卓越的技术能力同中国本土市场和企业特有的规律和特点相结合，真正从客户需求出发，以高附加值的服务及解决方案推动整体产业的转型发展，并引领我国传统产业的转型和升级。

四、进一步完善投资环境，加强制度保障

欧美企业在选择软件外包地点时，主要考虑高素质的服务人才、具有战略高度的方案集成、核心外包的服务能力以及语言、文化和知识产权保护等因素。目前，中国在这些方面与

竞争对手还存在着不少的差距，而且，外包国际市场上呈现出的竞争态势是国家层面竞争与企业级别竞争的交叉并行，因此，对于我国还处于自发状态的外包出口产业来说，更需要国家政府的推动和大力支持，进一步完善投资环境。目前，我国已经在北京、上海、深圳、杭州、西安、大连等中心城市进行了重点产业布局，但还应继续加大力度，扶持发展软件、芯片设计、技术服务等知识型服务产业：一是加强政府职能转变，增强服务意识，简化办事程序，提高办事效率；二是加强法制环境建设，制定与国际服务外包相适应地方法规，规范承接服务外包交易行为；三是要加强知识产权保护，加大执法力度，鼓励承接服务外包企业自主创新；四是加强税收支持；五是应结合服务贸易的特点，在财政税收、投融资、进出口、出口信贷和信用保险、设立境外研发和营销机构、人才培训、保护知识产权等方面加大支持力度，鼓励服务业的"三来一补"，拓展国际服务外包市场。

五、加快服务贸易人才培养，提高服务贸易人员素质

坚持"基础人才职训、中端人才专培、高端人才引进"的总体思路，提升服务外包人才的适用性，引进各类人才服务机构，结合人才专项政策提供包括服务外包人才教育与培训、招聘等人才专业服务，全面构建大规模、多形式、有针对性、可持续的人才供应链体系。同时，将解决就业同鼓励创业创新结合起来，"扶持一批'专、精、特、新'中小型企业"，从全新的视角审视服务外包产业人才体系。

（一）重视服务外包人才培养

一是引入国家级产业人才平台及标准，整合国际最新教材、流程和本地教育培训资源，鼓励各大学和各类高职院校大力培养不同层次既懂相关技术又具备外语能力人才，支持高校建立"国际服务外包人才培养基地"，以市场为导向，培养高素质服务外包人才。二是深化院校与企业之间联合与合作，建立"国际服务外包人才培训实习基地"等多种形式，经过培训后的人才可能更好地适应企业的需要，加强产业人才储备力量。三是引进并支持一批办学规范、实力强、效果好的国外服务外包人才培训机构和培训公司、人力资源公司等，开展有针对性的业务培训，做好人才"最后一公里"的转化，提高人才的产业和岗位适用性，一并为企业提供经过专业培训有一定技能的服务外包人才。四是鼓励中介机构与培训机构合作建立人才资源库，建立中国外包服务的供应链。五是整合各类人才派遣、招聘等服务机构，为企业提供快捷、优质和低廉的专业人力资源服务；同时，进一步做实做细人才工作，例如，承接地政府将建设的公租房，优先提供给转移到当地服务外包企业员工；允许转移落地的服务外包企业，建设自用办公物业的同时，配套建设部分员工公寓，用于入职五年内新员工居住；为入职三年内的服务外包新任员工，提供一定的住房补贴；为本科以上的专业从业人员解决当地户籍问题，等等。

（二）引进中高端人才

以人才引进为核心解决产业的中高端人才紧缺和人才结构优化问题，具体包括大力引进国内外服务外包高级人才，向服务外包紧缺、急需的项目管理人才和关键技术领军人物给予政策倾斜，并对接收企业给予相应的补贴；搭建中高级人才交流平台，拓宽获取渠道；建立国际人才项目合作机制，加强国际化高端人才的引进；通过"引凤还巢"、"创业大赛"等专项计划的实施，鼓励本地的高级人才回家乡创业。

（三）完善人才政策

通过人才培训补贴等政策立竿见影地降低企业用人成本；针对高级人才的个人所得税返还、子女入学名额配比、购房租房补贴、落户等专项政策的制定，提升对高级人才的吸引力；基于本区域的社会环境建设和文化氛围，在产业载体及产业核心聚集区围绕人才高级需求重点加强文化、休闲娱乐、商业等相关配套，提升区域的综合人才吸引力。

第四节　服务外包产业发展的新方向

当前中国服务外包行业正呈现四个方面的趋势：第一是创新正在成为服务外包行业的新动力，推动服务外包行业从中低端业务向高端外包业务拓展；第二是服务外包行业的内部业务结构呈现更深层次的调整，从边缘性核心业务逐渐向研发、市场等核心业务拓展；第三是产业地域分布更为广泛，很多服务外包企业逐步把业务、机构从东部一线城市向二三线城市转移；第四是与新技术以及其他行业的结合日益紧密，服务外包作为嵌入式的产业，为各行各业提供服务。

一、充分抓住"一带一路"有利契机，积极开拓新市场

自从习近平主席提出建设"新丝绸之路经济带"和"21世纪海上丝绸之路"的战略构想，"一带一路"成为我国实施新一轮全方位对外开放，构建与相关国家和地区组织新型合作关系的重要的国家战略。"一带一路"包括交通基建、贸易金融、信息通讯、能源生态等多方面的合作，横跨多部门多领域的服务外包产业将受益匪浅，我国新一轮的国家战略调整为服务外包产业新发展带来新机遇。"一带一路"的国家战略给我国服务贸易提供的不仅是发展的动力与空间，更是在可持续性、互补性上引出了一个地理支撑点。服务外包作为服务贸易的重要组成部分和前沿阵地，理应在"一带一路"沿线国家合作中展现出特殊的示范和引领作用。

尽管面临激烈的国际竞争，但是中国凭借丰富的人力资源储备、稳定的政治经济环境、独特的地缘文化等优势，在全球传统服务外包市场中的地位预计不会发生剧烈的变动。因此，新兴市场成为我国离岸服务外包产业下一步发展的重要机遇和突破口。在加快推进与沿线国家基础设施互联互通、重大产能项目合作的同时，着力构建面向沿线国家地区的服务外包合作体系，形成统一、透明的服务标准，培育高效、优质的中国服务品牌，有助于我国与沿线各国深化互利合作，形成更加紧密、全面的互联互通整体格局，营造更加宽松、便捷的贸易投资环境，有助于我国服务外包产业的全球布局，开发利用好全球智力资源，提升"中国服务"的竞争力和影响力。

（一）确定三级市场拓展战略

多数"一带一路"国家与地区同中国的政治互信度高于多数经济发达体，交流基础也较为健全，在经济发展领域更倾向于和中国进行合作。受历史因素影响，中国与大多数"一带一路"国家有双边、多边机制，不涉及政治、安全等敏感领域，依托政治关系优势，让市场营销的"利益共同体"和"命运共同体"成为现实的可能性更大，这都为服务外包业务合作创造了

良好的外部条件。为此,综合评估"一带一路"沿线国家的基础、条件以及与我国合作意向,可按优先、鼓励、关注三个层次有序推进我国与沿线国家的服务外包合作。

第一,优先级。具有较好的经济发展基础,国际贸易发展迅速,与我国经贸往来频繁,在服务外包领域已经具备一定合作基础的国家,如印尼、马来西亚、新加坡、泰国、印度、巴基斯坦、哈萨克斯坦、沙特、阿联酋、俄罗斯以及欧盟主要发达国家等。建议坚持主动出击、造船出海的原则,搭建合作平台,推动双方政府间经贸合作委员会建设,加快自贸区建设,营造便捷的金融支持、信用担保及通关便利环境,全方位加速服务外包企业走出去,培育新的增长优势。

第二,鼓励级。明确支持并积极参与"一带一路"建设,自身经济和国际贸易发展相对平稳,市场环境较稳定,与我国经贸与服务外包合作有一定经验的国家,如老挝、斯里兰卡、乌兹别克斯坦、伊拉克、以色列以及中东欧大部分国家。建议秉承激励培育、多管齐下的发展策略,加大宣传推介力度,建立跨国界、跨行业的联盟合作机制,积极推广我国服务标准及模式,抢占服务外包国际合作新高地。

第三,关注级。自身经济体量较小,国际贸易发展缓慢,与我国经济合作较少,对"一带一路"战略态度不明朗的国家,如阿富汗、黎巴嫩、叙利亚、阿尔巴尼亚、波黑及部分独联体国家等。建议依托当地资源优势,采取顺势而为、借船出海的发展思路,构建跟随服务机制,适时借助重大援助项目、经贸交流合作平台,推动双方业界就开展服务外包合作的可行性及合作载体,进行深入探讨,挖掘合作机会。

(二)以项目带动服务外包"走出去"

结合"一带一路"地区对外援助项目、重大合作项目的开展,增加服务外包的类别、内容及企业名录,明确研发、设计等服务外包内容,加强后续长期服务外包业务和跟随服务内容。依托中国当前在电子商务、交通物流、工业能源、电子通讯等领域的业务优势和"走出去"的丰富经验,一方面可以抓住后续相关运维服务和技术服务等生产性服务出口的业务机会,另一方面通过这些行业衍生出贸易服务、信息服务等外包机会。

(三)优化服务平台和交流环境

中国与"一带一路"国家在文化层面的交叉、融合度较高,为两者进行服务外包产业领域合作提供了良好的软环境。通过文化认同感、高契合度发挥了重要作用,而且这种优势是别的国家和地区很难在短时间内复制和超越的。为此,整合利用资源,构建"一带一路"及欧盟地区多语言翻译服务平台,促进语言交流、人才交流、研发合作、宣传推广、产业协调等,支持合作开展服务外包相关职业教育和培训。

(四)统一互认相关标准

采用"以点带面"的策略,以与传统贸易联系密切、具有专业优势、成熟度较低、推广阻力小的具体行业、技术标准为突破口,构建推广我国服务外包相关业务规则、行业标准、技术准则、资质认证标准等,并以此探索推进服务贸易区域贸易协定的达成。

(五)加强风险防范和信用体系建设

联合有关国家政府、金融机构、行业组织和企业等建立风险预警机制和风险信息发布平台,定期发布区域服务外包合作指引信息;构建企业信用体系,避免因个别企业和项目问题损害"中国服务"声誉。

（六）加强金融支持和保障

创新融资模式和担保方式，推广知识产权质押融资、订单抵押贷款、信用抵押贷款、政策性基金、互联网金融等新型融资方式和渠道的应用，支持服务外包企业在相关国家的投资并购、项目担保贷款、流动资金周转、优质项目孵化等。

二、鼓励创新，培育新技术的创新服务外包企业

随着新一轮技术革命的深化，信息技术和互联网在颠覆传统产业格局和产业链条的过程中，将重新制定商业模式和游戏规则，而企业的经营路径也将发生重大的变革，互联网的普及发展使得企业透明度提高，合作空间加大，企业之间能够以创新和信用为纽带实现资源的最佳配置，所有的企业行为包括研发设计、宣传、销售、融资等都可以从虚拟平台上得以实现。在这样的平台上，企业的物理特质被打破，不再有固定办公场地，也没有长期不变的员工，人才如同资本一样成为企业经营所需的要素之一，在平台上实现自由流动。而服务外包是孕育这一转变的摇篮，在全球经济环境对国内服务外包正负双重影响的产业背景下，我国服务外包最大的产业机遇在于创新。而服务外包产业技术含量高、产业链长、覆盖面广、进入门槛低，是最适合大学生创业的产业之一。因此，配合"大众创业、万众创新"、"互联网＋"的国家战略发展浪潮，积极鼓励服务外包领域内的创业和创新，是在"十三五"期间推动我国服务外包产业发展的首要策略。服务外包行业内的大学生创业项目也获得了业内各界的广泛关注，自2010年开始举办的中国大学生服务外包创新创业大赛已经在无锡连续成功举办五届，吸引了国内200多所高校近450支代表队的踊跃报名参赛，大赛的举办过程中涌现出一大批高质量的作品和项目。同时，我国300多个服务外包示范园区均设立了大学生创业孵化平台，提供创业导师、创业场、政策讲解和资金扶持等多项服务，孵化出了众多优秀的创业企业。

为此应继续完善创业环境，降低创业门槛，提供创业支持，学校和社会也能够加强对创业的引导和鼓励。具体包括：资本层面，建立产业天使投资引导基金；政策层面，制定更有利的引导和激励政策；社会资源导入，鼓励针对服务外包领域的第三方创业创新孵化平台的发展；加大院校内的大学生服务外包创业支持力度，等等。

三、拓展企业级服务，加速服务外包产业转型升级

随着劳动力成本增长，云计算、大数据、物流网等新兴技术的普及、应用和变革，服务外包的交易模式、交付模式、服务模式和定价模式都发生了重要改变。人力价格的刚性上涨消除了成本套利空间，中国在承接服务外包转移方面的成本优势开始减弱，离岸市场发展增速出现下滑。新技术的广泛使用改变了外包的服务模式，原来那些服务外包业务收入和人员规模成正比的"卖人头"形式已经不适合了，逐渐被云外包服务模式取代，企业将越来越多地利用网络或者生态系统创造竞争优势以获得价值。越来越多的跨界竞争者正在侵蚀传统市场，越来越多的新企业开始进入到服务外包这个领域，有更多传统意义上的其他行业的企业开始跨界进入外包服务领域，同时也有很多行业我们认为的传统意义上的服务外包企业，领域在不断拓宽。

抓住移动、云、大数据这三个新的基础概念和新的技术手段，实现传统企业IT服务的升

级,是服务外包产业未来的发展路径和方向,其中,企业级服务是服务外包产业发展的最大机遇。产业环境的变化倒逼服务外包企业转型升级。2016年企业级服务元年,大批资本正在寻找创新型项目投资。如果能够把握当前产业发展大环境,抓住机遇重新理解服务外包的本质,势必迎来服务外包产业发展的黄金时代。

四、向二三线城市转移,引领城市转型和可持续发展

服务外包企业全部收入的约65%通常会被用于支付劳动成本,10%—15%用于支付物业租金和办公费用,余下的才是利润。随着一线城市产业规模膨胀甚至呈现饱和状态,迫于成本飙升、人才竞争、人民币升值、全球经济影响等压力,服务外包企业向成本低、人才丰富、环境良好的二三线城市转移成为必然趋势。二三线城市的成本优势主要还是人力成本,并且已经成为推动我国服务外包产业从一线城市向二三线城市战略转移的关键驱动要素。因此,同时具有较低成本、较高素质的人才的城市将在此次转移中最具有竞争优势。二三线城市也陆续完善地区优惠政策、公共基础设施、生活宜居条件、服务体系支撑、智力支持等,吸引着越来越多的跨国服务外包企业将注意力转向这些城市。

对于新型城市、开发区、园区以及向服务经济转型发展的二三线城市而言,人力资源竞争力是推动城市发展转型的动力引擎,是实现重塑动力机制、转变经济形态、突破城市功能的重要要素。因此,在服务外包未来的发展过程中,能够率先认识到人才的重要性并准确把握自身人才特点,从而打造人才高地和人才池的城市将在产业转移和城市转型中获得先发优势。

作为现代服务产业的代表产业,服务外包具有信息技术承载度高、附加值大、资源消耗低、环境污染少、吸纳就业能力强,国际化水平高等特点,在改善产业结构、拉动消费、转变经济发展方式、扩大就业和提供收入、促进技术进步等方面有着重要的作用,能够有效促进城市传统产业升级及产业结构优化,推动对外贸易及国际化发展,提升技术能力及创新竞争力,加快城镇化进程及国际品牌的打造,是发达城市提升服务业比重、资源枯竭型城市构建经济新引擎、欠发达城市实现跨越式发展的重要选择。服务外包强大的就业能力,使得城市人口导入和人口结构调整变的可能,同时服务外包带来的高素质人口与传统产业工人在消费习惯上有着天壤之别,能够通过消费有效带动城市整体经济体系的优化。而在服务外包产业发展的过程中,一方面要明确看到服务外包不同于传统制造业和其他产业的独特性,对于人才、载体、资本等要素的差异化需求及产业生态系统搭建和运营的路径,同时深刻认知到产业正在经历巨大的变革,前瞻性地预判产业未来发展方向和趋势;另一方面要充分将服务外包产业发展同城市优势资源和主导产业的转型升级结合起来,从而充分发挥出服务外包在推动传统产业信息化建设和升级,优化产业结构和转变经济增长方式方面的作用。乘着整体产业新一轮发展浪潮的"东风",科学制定城市产业发展顶层设计规划,在推动产业发展的实践中解放思想,积极引进创新的经营理念和商业模式,以服务外包引领城市宏观经济及社会的升级和可持续发展。

第七章　文化创意产业发展报告

2015 年是承上启下的一年,既是"十二五"规划的收官之年,也是"十三五"规划的开启之年;2015 年是中国经济进入"新常态"的第二年,也是全面深化改革的关键之年。文化创意产业作为一种经济形态,文化创意产业的发展和经济发展是一种血脉相依的关系,但从其发生、发展的机理来看,因文化本体价值规律的作用,文化产业发展又有某种程度的延后性。在市场环境变化、国家政策支持、传媒技术变革等多种因素的影响下,文化创意产业全面贯彻落实党的十八大和十八届三中、四中、五中全会精神,深入学习贯彻习近平总书记系列重要讲话精神,紧紧围绕"四个全面"战略布局,坚持社会主义先进文化前进方向,坚持以人民为中心的工作导向,开拓创新,积极作为,抓住了新的产业变革与发展机遇,确保"十二五"时期的各项任务圆满收官,也为"十三五"规划目标的实现奠定了扎实的基础。

第一节　文化创意产业发展现状分析

当前,我国经济发展正从高速增长转向中高速增长,经济发展方式正从规模速度型的粗放增长转向质量效率型的集约增长,经济结构正从增量扩能为主转向调节存量、做优增量并存的深度调整,经济发展动力正从传统增长点转向新的增长点。文化创意产业作为经济发展新的增长点之一,近年来文化创意产业的发展速度一直保持着快速、稳健的增长态势,结构不断优化,产业融合进一步深化。

一、政策红利为文化创意产业发展提供了战略机遇

《中共中央关于制定国民经济和社会发展第十三个五年规划的建议》中重申,到 2020 年要将"文化产业成为国民经济支柱性产业",表明中央在"十三五"时期大力推进文化产业发展、实现文化产业发展目标的决心和信心。为了更好地推进我国经济转型升级,拓宽经济发展空间,国家出台了一系列宏观战略政策推动经济发展,国内方面主要包括新型城镇化战略、京津冀一体化战略、长江经济带、互联网＋等,为 2015 年区域文化产业空间布局、特色文化产业发展提供了想象和实践的空间以及新的重要支点;国际方面的"一带一路"倡议作为中国大外交战略的新支点,推动中国与沿线各国广泛开展经济、文化等多领域的交流合作,为文化走出去战略的实施提供了新的通道和载体。伴随着国家战略的推动,一系列政策措施的落地,为我国文化创意产业的发展提供了非常好的战略机遇。

一方面,一系列具有重大突破性的政策文件出台,为文化产业进一步突破体制机制障碍、焕发活力提供了新机遇。党的十八届三中全会作出了全面深化改革的决定,对文化领域

深化体制机制改革提出了诸多具体要求，并连续下发诸多与之配套的政策文件。按照中央深改办的部署，一系列具有重大突破性的政策文件陆续出台，如《关于推动传统出版和新兴出版融合发展的指导意见》《传媒企业开展特殊管理股试点的指导意见》《国有控股上市文化企业股权激励试点办法》等。可以预见，这将为文化产业的发展释放新的活力。

表 7－1 2015 年中国文化创意产业主要政策一览表

日　期	发文机构	政策意见	主要内容
2015 年 3 月 31 日	国家新闻出版广电总局、财政部	关于推动传统出版和新兴出版融合发展的指导意见	创新内容生产和服务；加强重点平台建设；扩展内容传播渠道；拓展新技术新业态；完善经营管理机制；发挥市场机制作用
2015 年 5 月 5 日	文化部、财政部、新闻出版广电总局、体育总局	关于做好政府向社会力量购买公共文化服务工作意见的通知	加快推进政府向社会力量购买公共文化服务工作
2015 年 7 月 11 日	国务院	关于支持戏曲传承发展若干政策的通知	促进戏曲繁荣发展，弘扬中华优秀传统文化，丰富人民群众精神文化生活
2015 年 10 月 2 日	国务院	关于推进基层综合性文化服务中心建设的指导意见	推进基层公共文化资源有效整合和统筹利用，提升基层公共文化设施建设、管理和服务水平

资料来源：根据文化部和网络资源整理获得。

另一方面，"一带一路"政策带来了新机遇。《推动共建丝绸之路经济带和 21 世纪海上丝绸之路的愿景与行动》的制定发布让"一带一路"的倡议设想进入了实践阶段。"一带一路"作为一个综合性的倡议，提供了市场、交通、人才等各个方面的政策红利，特别是"一带一路"沿线的广阔地域提供了丰富的可供开发的文化资源，这为文化创意产业创造了良好的发展条件。围绕"一带一路"倡议，沿线城市可以举办各种主题的文化艺术博览会，也可以建设相关主题的文化创意产业园，而旅游资源的开发、传统手工艺品的创新、互联网平台的应用无疑给文化创意公司带来了新的发展机遇，文化创意公司可以将各种创意理念和现代传媒工具与"一带一路"沿线的文化要素相结合，凭借"一带一路"的政策红利寻求新的市场空间。事实上，诸多文化企业和地方政府已经着手利用"一带一路"倡议的政策优势来发展壮大文化产业，"一带一路"政策不仅推动了诸多文化创意企业的崛起与发展，从宏观的角度讲，它也推动了中国文化和中国文化企业走出国门，通过与"一带一路"沿线的国家与地区的合作，中国文化企业将赢得更大的国际市场，中国文化品牌也将获得更多国家民族的认同。

二、文化创意产业量质齐升，为经济转型升级贡献力量

2015 年，在中国经济面临较大下行压力，寻求经济转型新动力的关键时刻，文化创意产业作为当前经济增长的一个亮点，总量持续快速增长，比重日益上升，在推动经济发展、优化经济结构中发挥着越来越重要的作用，朝着成为国民经济支柱产业的方向迈出新的步伐。

首先,文化创意产业总量持续快速增长,占 GDP 比重稳步提升。2015 年,全国文化创意产业增加值 27235 亿元,比上年名义增长 11%,比同期 GDP 名义增速高 4.6 个百分点,在 2014 年增长 12.2% 的基础上继续保持两位数增长,同时增速远高于同期 GDP 增长,呈快速增长态势;对 GDP 增量的贡献达 6.5%,比上年提高 1 个百分点,文化产业发展活力突显,已成为当前经济增长的亮点之一;2015 年文化产业增加值占 GDP 的比重为 3.97%,比上年提高 0.16 个百分点,达到历史新高,近年来呈稳步提升态势,在推动经济发展、优化产业结构中发挥着越来越重要的作用。

其次,文化创意产业结构调整步伐加快,文化服务业占比提高。2015 年,代表文化内容的"文化产品的生产"创造的增加值为 17071 亿元,占 62.7%,而"文化相关产品的生产"创造的增加值为 10165 亿元,占 37.3%;且"文化产品的生产"作为我国文化产业的主体,增速达 13.4%,远高于"文化相关产品"的 7.1% 增速。从产业类型看,文化制造业增加值 11053 亿元,比上年增长 8.4%,占 40.6%;文化批发零售业增加值 2542 亿元,增长 6.6%,占 9.3%;文化服务业增加值 13640 亿元,增长 14.1%,占 50.1%,文化服务业的较快发展,使其占比得到提高,目前已超过一半。文化休闲娱乐服务业和以"互联网+"为主要形式的文化信息传输服务业发展迅猛,2015 年实现增加值分别为 2044 亿元和 2858 亿元,增速分别达 19.4% 和 16.3%,占文化产业的比重分别为 7.5% 和 10.5%,均比上年提高 0.5 个百分点;广播电视电影服务业实现增加值 1227 亿元,增长 15.8%,占比为 4.5%,比上年提高 0.2 个百分点;文化创意和设计服务业也呈现良好发展势头,实现增加值 4953 亿元,增长 13.5%,占比为 18.2%,比上年提高 0.4 个百分点。

表 7-2　2015 年文化创意产业结构情况表

指　　标	金额(亿元)	同比变化(%)	占比(%)
文化产品的生产	17071	13.4	62.7
1. 新闻出版发行服务	1299	7.4	4.8
2. 广播电视电影服务	1227	15.8	4.5
3. 文化艺术服务	1255	10.0	4.6
4. 文化信息传输服务	2858	16.3	10.5
5. 文化创意和设计服务	4953	13.5	18.2
6. 文化休闲娱乐服务	2044	19.4	7.5
7. 工艺美术品的生产	3435	10.6	12.6
文化相关产品的生产	10165	7.1	37.3
1. 文化产品生产的辅助生产	3132	8.0	11.5
2. 文化用品的生产	6105	7.1	22.4
3. 文化专用设备的生产	927	4.3	3.4
合计	27235	11.0	100

资料来源:根据《中华人民共和国文化部 2015 年文化发展统计公报》整理获得。

再次,文化产业投资规模持续扩大,规模以上文化企业营业收入快速增长。文化产业投资规模持续扩大,发展基础不断增强。2015年,全国文化产业固定资产投资28898亿元,比上年增长22.0%,增速比全社会固定资产投资(不含农户)高12个百分点;占全社会固定资产投资(不含农户)的比重为5.1%,比上年提高0.5个百分点。投资规模的持续扩大,强劲地推动了文化产业快速发展。分行业看,投资额增长最快的是以"互联网+"为主要形式的文化信息传输服务业,比上年增长77.0%,文化专用设备生产、新闻出版发行服务业、文化创意和设计服务业分别增长41.8%、40.7%和38.1%。投资规模最大的行业是文化休闲娱乐服务业,投资额达10784亿元,占文化产业的37.3%。

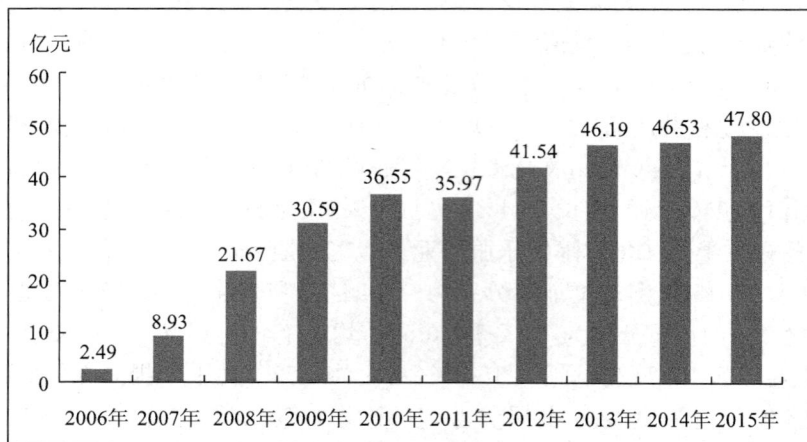

图7-1　2006—2015年中央对文化基金项目补助情况

规模以上文化企业营业收入快速增长,是推动文化产业发展的主要力量。截至2015年底,我国共有规模以上文化企业49356家,资产总额83902亿元,分别比上年增长7.8%和20.9%,文化企业的规模化、集约化水平进一步提升。2015年上述规模以上文化企业实现营业收入84163亿元,比上年增长14.0%,占全部经营性文化企业营业收入的74.5%;规模以上文化企业实现增加值为17796亿元,比上年增长11.0%,占全部文化产业的65.3%。

表7-3　2015年全国群众文化机构开展活动情况

	总　　量		比上年增长(%)	
	活动次数(万次)	服务人数(万人次)	活动次数	服务人次
项活动总计	166.39	54827	13.0	8.2
其中:展览	13.98	10752	6.2	4.8
文艺活动	95.99	39728	13.5	9.2
公益性讲座	2.79	478	9.0	7.4
训练班	53.63	3868	14.3	8.1

资料来源:根据《中华人民共和国文化部2015年文化发展统计公报》整理获得。

文化产业发展后劲较强,将继续保持快速增长势头。2016年上半年,全国规模以上文化及相关产业10个行业的营业收入均实现增长,文化服务业增速强劲。其中,实现两位数以上增长的5个行业分别是:以"互联网+"为主要形式的文化信息传输服务业营业收入为

2502 亿元、增长 29.7%，文化艺术服务业 125 亿元、增长 19.8%，文化休闲娱乐服务业 496 亿元、增长 17.8%，广播电视电影服务业 712 亿元、增长 16.4%，文化创意和设计服务业 4341 亿元、增长 11.1%。随着文化产业及相关领域的供给侧结构性改革力度不断加大，文化市场主体创新创业活力不断激发，骨干文化企业得以做优做强做大，新型文化业态得以培育，我国文化产业将继续保持快速增长势头。

最后，居民文化消费水平稳步提高，就业人员规模明显扩大。居民文化消费水平稳步提高，形成了对文化产业发展的强劲拉动作用。2015 年，全国居民用于文化娱乐的人均消费支出为 760.1 元，比上年名义增长 13.2%，增速比全部人均消费支出高 4.8 个百分点；文化娱乐支出占全部消费支出的比重为 4.8%，比上年提高 0.2 个百分点。分城乡看，2015 年城镇居民人均文化娱乐消费支出 1216 元，增长 11.8%，占城镇居民人均消费支出的比重为 5.7%，比上年提高 0.3 个百分点。农村居民人均文化娱乐消费支出为 239 元，增长 15.4%，占农村居民人均消费支出的比重为 2.6%，比上年提高 0.1 个百分点。城乡居民文化消费水平稳步提高，对更多、更好文化产品和服务的需求有力地拉动了文化产业的发展。

文化产业吸纳了大量人员就业，呈现出逐年增强的势头。截至 2015 年底，我国文化产业法人单位共吸纳就业人员 2041 万人，比上年增长 6.0%；占全社会就业人员的比重为 2.6%，比上年提高 0.1 个百分点。分行业看，文化休闲娱乐服务业就业人员为 187.2 万人，增长 14.7%；文化信息传输服务业为 88.2 万人，增长 12.8%；广播电视电影服务业为 71.5 万人，增长 12.6%。所占比重较大的文化用品生产就业人员为 444.8 万人，占 21.8%；文化创意和设计服务业为 366.7 万人，占 18.0%。

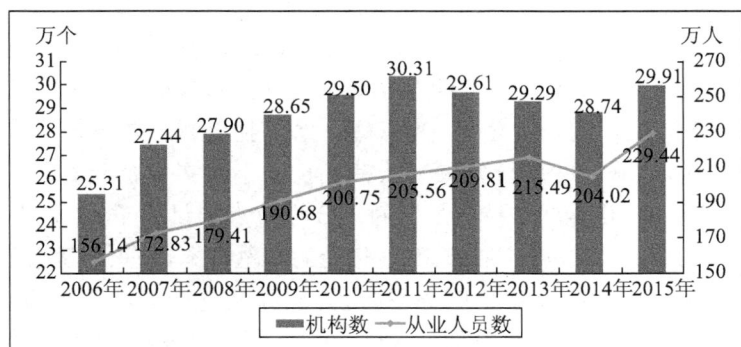

图 7-2　全国文化单位机构数及从业人员数

三、文化创意产业的融合度不断提高

2015 年，文化创意产业积极响应国家的号召，重点推进文化业态创新，进一步推进文化与科技、信息、旅游、体育、金融等产业融合发展，加强文化产业共性、关键和核心技术研发应用，提升文化产业的核心竞争力，并强化文化创意的引领功能，培育面向旅游、信息、制造业等的专业设计创意机构，大力推动文化产业与相关产业的融合发展，努力打造完整的文化产业链条。

首先，以"互联网+"激活产业发展原动力。 随着互联网平台的成熟，文化产业与互联网的联系越来越紧密,甚至要用互联网思维来重新定义文化创意产业。通过将互联网在生产要素资源配置中的优化和集成作用,文化产业的创新力、生产力不断增强,并不断变革着文化产品的生产和消费模式,带来文化产业提质升级的新业态。所谓的"互联网",不是指用互联网来取代传统文化产业,也不是指把传统文化产业原样搬到互联网平台上来经营,"互联网"的意涵是:进入互联网的传统文化产业从业者,首先应该像互联网人一样思考互联网需要什么样的文化消费。例如在阅读方面,互联网不是把报纸放在互联网上阅读就可以了,而是要重新思考如何在互联网上进行全新的新闻出版。互联网思维最大特点就是无边界,企业可以在互联网上做任何想实现的产业类型、市场规模、商业模式,这是"互联网文化产业"所赖以存在的互联网思维,也是"互联网文化产业"的价值源泉。文化创意产业的发展需要充分利用"互联网"的思维方式,越来越多的文化创意公司已经涉足互联网领域,同时许多互联网企业也在开拓文化创意产业相关的业务。目前,中国正处于互联网文化产业市场价值超越传统文化产业市场价值的转折时期,传统文化企业不仅面临产业链再造的问题,而且更为关键的是如何在新的互联网改造的新兴产业里,找到自己的位置重新出发,互联网与文化产业正在深度融合,文化产业需要互联网,互联网也需要文化产业。例如,从故宫手机壳、朝珠耳机等新鲜玩意儿到《韩熙载夜宴图》《皇帝的一天》的 APP,7000 多种各具特色的文创衍生品勾勒出另一个"活色生香"的故宫。2015 年的探索仅仅是个开始,用创意和设计形成全新的产品和服务,重塑文化价值,还将贯穿于今后经济结构调整的全过程。随着传统行业转型需求的日趋迫切,"文化+"的作用无疑会进一步凸显。

其次,科技助力文化创意产业转型。2015 年,文化部推进国家文化产业创新实验区建设,开展拉动城乡居民文化消费试点项目,积极探索建立扩大文化消费长效机制。推动落实国务院关于推进文化创意和设计服务与相关产业融合发展的政策措施,实施文化产业创业创意人才扶持计划。推动将特色文化产业发展纳入中央财政文化产业发展专项资金重点支持范围,支持专项资金 1.66 亿元。落实《藏羌彝文化产业走廊总体规划》,推进藏羌彝等民族聚居地区文化与生态、旅游的融合发展。扶持成长型小微文化企业发展。深化文化金融合作,联合财政部实施"文化金融扶持计划",对 138 个重点项目给予 11.8 亿元资金支持,同比增长 75%。截至 2015 年末,累计带动 8330 亿元的金融资本,超 1.8 万亿元的社会资本投入文化产业。建设国家文化产业项目服务平台,为优秀文化产业项目提供公共服务,截至 2015 年末,共征集 7134 个文化产业项目。截至 2015 年末,全国共有 10 个国家级文化产业示范园区,10 个国家级文化产业试验园区和 335 个国家文化产业示范基地。2015 年,60 个动漫项目入选弘扬社会主义核心价值观动漫扶持计划,46 个动漫项目入选国家动漫品牌建设和保护计划。加强对优秀原创动漫作品的宣传推广,提高动漫会展专业化、市场化水平。促进动漫与新媒体渠道对接,助推互联网+动漫发展,推进数字内容产业发展。在国际电信联盟推出中国自主原创的手机动漫标准,抢占国际标准制定权。年末经文化部、财政部、国家税务总局三部门联合认定的动漫企业共有 730 个,重点动漫企业 43 个。2015 年,文化部积极推动科技项目组织实施与成果应用,53 个项目获批为国家科技支撑计划项目、国家文化科技提升计划项目、国家标准化项目等,完成 47 项文化科技创新类项目的验收结项工作。加强项目管理,遴选培育对策性、时代性、创新性俱佳的艺术科研项目,4 个项目确立为国家社科基金艺术学重大项目,184 个项目确立为国家社科基金艺术学年度项目,71 个项目确立为文化部文化艺术科学研究项目,完成 127 项全国艺术科学规划项目的鉴定结项工作。

再次,金融资本对文化创意产业的支持力度进一步加大。2015 年,文化产业继续得到资本的热切关注,场内文化板块的上市公司受资本追捧,场外文化产业并购热点不断,进一步完善了文化产业的供血能力。2015 年,文化产业的并购相当活跃,既有行业内龙头通过并购拓展产业链,又有传统行业通过跨界并购实现向文化产业的转型。据不完全统计,2015 年,文化产业资金流入 3241.8 亿元,其中最显著的现象就是互联网企业对文化企业的并购。仅 2015 年上半年,文化产业市场投融资及并购事件共有 83 起,除去未披露资金的 27 起,涉及金额约 244.24 亿元。近年来,国家对文化产业的利好政策不断出台,"十三五"规划建议提出,文化产业成为国民经济支柱性产业。随着我国人均收入的增长,中等收入人群的崛起,"生活美学"的个性化消费将出现爆发式增长,使得文化企业的成长性具有无限的"想象空间"。

另一方面,新三板与众筹等融资方式方兴未艾。"新三板"是指全国性的非上市股份有限公司股权交易平台,主要针对的是中小微型企业,它为中小微企业的融资提供了便利,帮助它们提高公司信用等级,实现更快融资。资本在文化创意产业中的整合作用是十分突出的,然而由于很多文化创意企业规模较小,且处于创业起步阶段,因此很难获得充足的发展资金。而新三板的建立完善将有利于中小型或创业阶段的文化公司的成长。众筹是当下流行的另一种有效解决文化创意企业资金困难问题的方法,众筹是一种网络商业模式,基本模式是由项目发起人在中介网站上展示项目,而投资人则透过中介网站根据相关信息,选择投资项目,为某一项目或某一创意提供资金支持。众筹模式利用并发挥了互联网的平台优势,极大限度地整合资本资源。新三板与众筹的融资方式都对文化产业领域的创业活动有良好的扶持保护作用,同时也切实地培育了文化创新力量,在"大众创新,万众创业"的热潮之中,新三板、众筹将越来越被人们所看重,它们将孕育出中国文化创意产业的新生力量。

第二节 中国文化创意产业发展存在的问题

近年来,国家对文化创意产业的关注度不断提高,出台了一系列政策并给予了较多的资金支持,文化创意产业的发展也取得了较大的进步。但是,文化创意产业的发展模式、金融支持、产业园区功能定位、产业融合等仍存在较大的问题。

一、文化创意产业的发展模式有待改革

在经济新常态背景下,政府驱动型发展模式在促进文化创意产业快速发展方面起到了重要作用,但是随着社会主义市场经济的不断完善和发展,文化创意产业所面临的国内外发展环境越来越复杂,政府驱动型文化创意产业发展模式所产生的"政府失灵"现象越来越严重。宏观调控是社会主义国家的重要调控手段,是我国社会主义市场经济的特色之一,是我

国政府处理市场经济中各产业问题和矛盾的重要手段。近几十年来经济发展历程告诉我们,行政干预用得好的时候,就可以高效、正确地弥补市场调节缺陷,可以集中力量办大事,但同时,政府干预是一把双刃剑,如何干预、把控多少很难掌握,这里面度的问题是很难解决的。干预过多、过久会造成较大负面影响,很多时候文化创意产业发展战略中出现的脱离市场、思路死板大多与政府行政干预过多过死有关。就当前来看,我国文化创意产业发展中,最大的制约瓶颈仍然是政府行为中的管办不分。政事、政企不分等使很多文化企业不能作为文化市场竞争的主体发挥积极性和主动性,缺乏文化产品生产自主权,企业自主运行困难,最终导致整个产业发展被动。

二、文化创意产业的金融支持制度仍有待完善

随着我国经济结构的转型和产业升级换代的快速推进,文化创意产业对经济发展的贡献度大幅上升,但是融资难、融资贵仍是文化创意产业发展的重要制约因素。

一是投融资机制不健全。促进文化创意产业和金融业更好的合作,需要搭建文化创意产业投融资平台,完善金融与政策的支撑体系。目前,我国已初步搭建起服务于文化创意产业的相关投融资平台,针对金融机构在文化创意领域中存在的调查、评估、监管不足等问题,也已经着手提供相关解决方案和对应的配套服务。但有关文化创意产业投融资的相关支撑体系仍处于探索阶段,文化创意产业与金融支持的对接桥梁尚未有效接通。此外,我国文化创意产业的制度安排不尽合理、法制保障不到位,导致其在投融资方面的不少敏感问题,如产权界定、资产评估、风险补偿等很难恰当处理,这在很大程度上影响了对文化创意产业有投资意向的投资主体的决策。

二是文化创意产业的信贷制度有待建设。当前,我国文化创意产业主要依赖银行进行外部融资,但是由于文化创意产业属于资金与技术密集型产业,其资产主要表现为知识产权和品牌价值等无形资产,可供直接提供银行贷款抵押的固定资产占总资产比例较少,虽然无形资产的价值可以通过专业评价机构评估、登记而具有可质押的特性,由于银行业自身发展的一些局限,银行贷款往往更倾向于实物资产抵押贷款,这无形中抬高了其获取银行融资的门槛。基于此,文化创意产业实际上仍缺乏金融机构的足够直接支持。目前,有意愿对文化创意企业放贷的金融机构以国有政策性银行和地方农商行为主,而能够取得贷款的文化创意企业多为国有或国有控股性质,其从银行融得的资金也多数流向公共文化事业领域,这些都在很大程度上限制了文化创意产业的有序良性发展。

三是文化创意企业的管理不规范制约了其融资能力。文化创意产业多数为私营企业,从家族企业发展而来,这使得企业在管理上存在诸多弊端。企业业主拥有投资者和经营者的双重身份,企业所有权与经营权不分,企业管理上难以形成相互监督相互制衡的机制,企业管理非常混乱。"因为是从家族式企业发展而来,因此文化创意企业在用人机制上表现出较强的排外性,在一些核心岗位上主要是由有血缘关系的人担任,而不管其能不能胜任。"企业内部管理不规范,导致企业与银行之间信息不对称,银行为防止逆向选择与道德风险便不愿对文化创意产业放贷。

专栏1：京津冀文化创意产业（海淀 西青）示范基地

　　2016年6月16日，京津冀文化创意产业（海淀-西青）示范基地在京正式挂牌。海淀作为中关村国家自主创新示范区核心区，是科技部认定的国家级国际科技合作示范基地，拥有的国际科技合作基地占北京市总量的50％。"十二五"期间，海淀以文化科技融合为驱动力的文化创意产业增势强劲，为首都产业结构升级注入了新动力，"大众创业，万众创新"激发了青年创业的蓬勃发展。海淀企业已经走向世界，一些领军企业或者细分行业的隐形冠军企业已经开始全球业务战略布局。可以说，海淀区拥有国内最优质的文化科技产业资源，而西青开发区拥有良好的产业空间、优惠的产业政策和相对较低的运营成本。海淀和西青合作共建"京津冀文化创意产业（海淀-西青）示范基地"，是在资源共享、优势互补的基础上，开展的具有一定规模的产业合作。"京津冀文化创意产业（海淀-西青）示范基地"项目，是响应国家战略，实施"京津冀协同发展"的落地项目。"京津冀文化创意产业（海淀-西青）示范基地"的建设与运营，是京津创新资源的高端整合，也是京津高端创新机构的强强联手，将进一步发挥中关村的产业优势，加强京津两地文化、人才和技术的交流与合作。

　　"京津冀文化创意产业（海淀-西青）示范基地"项目一期位于西青区兴华八支路四号厂房，建筑面积10283.7平方米，占地面积8400平方米。项目周边配套设施齐全，紧邻大梅江生态居住区。项目1.5公里范围内共有公交站点18处，公交线路11条，规划中的地铁7号线距离项目仅500米。四处大型商业配套设施能够满足园区工作人员的日常生活需要。"京津冀文化创意产业（海淀-西青）示范基地"的商业模式是：平台＋基地＋产业链＝打造闭环产业生态系统，管理团队将着眼于市场运营和产业运营，为入园企业"打造品牌""实现价值"。天津西青经济技术开发区（英文缩写"XEDA"，中文音译"赛达"），始建于1992年，位于天津市中心城区西南部，与天津市行政、金融、文化、展示交流中心融为一体。2010年底，经国务院批准升级为国家级开发区。西青开发区规划面积150平方公里，包括已建成区域16.88平方公里。截至2016年4月底，开发区累计吸引企业2024家，其中世界五百强企业33家，主要经济指标保持30％以上的增长，是国内最具竞争力和发展潜力的国家级经济技术开发区之一。经过多年的建设和发展，西青开发区目前已形成电子信息、汽车配套、生物医药三大主导产业和个人高档护理品、机械制造两大加速聚集产业，并正在积极发展、培育现代服务业和文化创意产业、模具、节能环保、新能源、新材料等潜在开发产业。

　　据介绍，"京津冀文化创意产业（海淀-西青）示范基地"项目将打造成为天津市创意设计风向标和文化产业新街区。基地有四大优势，一是优越的地理位置，即区位优势、高铁优势、地铁优势、公交优势，二是优质的商务配套，即商业购物、休闲会务、生活服务，三是优秀的人才供给，即周边天津大学城高等院校提供的技术人才和专业人才，四是优质的服务环境，即审批中心、一站式服务、安全环境、物业服务提供的服务扶持。另外，基地钢结构厂房内部净高7.5米；办公楼层框架结构能够满足文化创意类、设计类、展览展示类、影视动漫类等企业的发展需求。

　　资料来源：根据网络资料整理获得。

三、文化创意产业园区的功能定位仍然有待提高

文化创意产业园区作为文化产业中重要的基础性平台,为文化创意产业实现产业集聚,打造集生产、交易、休闲、居住为一体的多功能区域作出了重要贡献。但是,从整体性、功能性和前瞻性的角度看,我国文化创意产业园区存在不少问题。

一是布局定位同质化。 目前,我国诸多园区建设中存在一定的盲目跟风现象,同质化现象严重。园区建设缺乏有效的规划和顶层设计,没有根据当地文化资源,形成自身特质,未能全面适应市场需求。纵观各大城市已建成或将建的各类文化创意产业园区产业形态相似,地区间竞争严重,集群的资源分散造成效益损失,缺乏主动创新的精神,一味效仿成功产业园模式。近期,数字娱乐影视传媒以及动漫游戏等成为许多文化产业园区的主力业态,但由于城市内部未建立好协调机制,许多行政单位处于各自利益造成园区数量递增但主导产业不清晰,有企业无产业,缺乏领军的企业。园区特色不鲜明,在创意孵化、商业化开发等功能方面定位不清楚,公共资源的利用和优化程度不高,未能产生明显的集群效益。

二是内部建设盲目化。 当前,我国文化产业园区在内部建设上存在着不合理的情况,无法真正发挥集聚效应。许多园区内的企业仅停留在分享基础设施、优惠政策带来的低成本上,没有形成真正以园区为基础的产业链,各企业间是各自封闭的生产体系,无法主动寻求合作,相互缺乏信息共享与知识交流。上下游企业之间的脱节,增加了企业交易成本和生产成本,导致企业产品生产与市场化更加困难。园区管理机构仅仅充当了物业管理的角色,无法促进企业间建立有效的分工和相互学习、相互依存的机制。

三是商业模式模糊化。 文化产业园区往往以技术创新或者创意作为优势吸引资本,却欠缺在商业运作乃至产业化落地的意识,无法很好地利用资本、市场等要素的力量。如何引入真正优质的创新资源和完善的运营模式,实现产业升级,是这类文化产业园区需要突破的难题。另有一些文化产业园区在规划定位上就已经与其初衷相去甚远,相当一部分园区变为了房地产开发的取巧方式,文化产业园区带有公共利益性,土地价格及配套费用低,手续简单,开发成本相对较小。有些企业为了避免楼市调控影响,通过申请投建文化产业项目来曲线拿地。因此这类文化产业园区名不副实,缺乏基本的园区支撑要素,无商业模式,单纯追求房屋出售或房租回报,实际上以圈地来盈利。

四是服务平台不完善。 优秀的文化创意产业园区应当为入园企业提供完善的公共服务平台,通过组织整合、集成优化各类资源提供企业所需的基础设施与信息资源共享的各类渠道,为企业的公共需求提供统一的辅助解决方案,减少企业重复投入、提高资源效率、加强信息共享,发挥园区功能来推动企业发展,达到资源配置的最优化。然而,目前文化园区的整体优势并未有效发挥,信息交流、人才培训、技术支撑、推广展示等服务平台不完备,尤其表现在企业融资渠道过窄等方面。文化产业的轻资产、无形化等特点,造成的融资难是困扰文化创意企业发展的大问题。文化产业园区面对此问题,更多的是依靠政府的优惠政策对产业进行扶持,或单纯的减低租金等方式直接给予在园企业便利,而没有在融资资源渠道上进行拓宽,也未针对园区企业有计划、有针对性地引入金融机构的资源对企业进行有效扶持。

四、文化创意产业区域不均衡现象仍然比较严重

一方面,西部地区的文化创意产业市场仍有待挖掘。我国目前文化创意产业发展比较好的地区基本上集中在北京、上海、广东、深圳等东部及沿海发达地区,西部地区虽然已经认识到创意产业在实现产业转型升级中的作用和重要意义,并且已经起步,但和东部地区相比差距仍然较大。发达地区与西部地区发展创意产业所共同面临的焦点问题是高端创意人才的缺乏。西部地区低端人才过剩,中高端人才严重缺乏,这严重制约了西部创意产业的发展。西部目前最缺乏的是高端原创的经营管理人才和复合型人才高端原创型人才是产生好的创意、想法和点子并能把创意用有形的产品承载的人。近些年来,西部地区创意产业总体发展迅速,但产业基础较差,多点开花,创意产业领域产业同构现象、重复建设等问题比较严重。产业低端、产业链短,各地发展大而全,产业布局不合理,区域发展不平衡,没有形成集群发展,规模优势无从显现。虽然各省市为了自身发展都制定了发展规划和政策措施,但是在本省本市范围内,缺少统筹协调和顶层设计,不利于创意产业的资源整合,也不利于形成完善的创意产业链和带动周边产品的开发,从而导致各地发展同质化,阻碍本地特色和比较优势的充分发挥。西部地区总计有 11 个省份在全国相对贫困,与东部地区相比,不仅经济基础薄弱,且文化创意产业也存在开发结构单一,民族地区在文化资源开发利用和传统文化艺术挖掘、研究、整理上仍在落后状态,没有形成规模化、集约化发展模式,缺乏科学合理的规划,小、散、乱的状况比较突出,这些问题都严重地制约着民族地区文化资源优势转化为产业优势。同时,没有充分发挥西部文化旅游资源的优势和特色,精品战略意识不足,致使文化产品流于一般,效益较低。创意企业的市场化不足,整体竞争力不强。在英国和美国等发达国家,他们的创意企业和创意人才更多关注的是市场,发现市场机会,根据市场需求,创造出更有趣的、不同的、有独特体验的文化产品;创意产业的门类也是非常务实,竞争力极强。

表 7-4　2015 年按区域全国文化市场经营单位主要指标

		机构数 (万个)	从业人员数 (万人)	营业总收入 (亿元)	营业利润 (亿元)
总量	总计	23.17	156.47	2965.63	1002.09
	城市	8.36	72.04	2283.89	796.60
	县城	9.32	65.38	535.62	161.66
	县以下	5.49	19.05	146.13	43.83
比重(%)	总计	100.0	100.0	100.0	100.0
	城市	36.1	46.0	77.0	79.5
	县城	40.2	41.8	18.1	16.1
	县以下	23.7	12.2	4.9	4.4

资料来源:根据《中华人民共和国文化部 2015 年文化发展统计公报》整理获得。

另一方面,文化创意产业城乡不均衡现象也比较严重。文化创意产业是一个国家或地区经济、社会发展到一定水平的产物,与经济发展水平、科技创新能力、文化教育事业进程、国民消费水平等密切相关。在文化创意产业中,含金量最高的就是具有原创性的产品或服

务。文化资源的开发与文化创意产业的发展都需要高层次的经营管理和科技人才,由于我国城乡二元经济结构的存在,城乡之间文化创意产业发展也存在非常大的差距。目前,县以下的文化经营管理人才、科技创新、文化创意人才都十分匮乏,缺少原创性的产品,不能适应文化创意产业新发展的要求,制约了产业的快速发展,无论是机构数、从业人员数、营业总收入,还是营业利润,与城市相比,占比都明显偏低。

表7－5 全国文化事业费按城乡和区域分布情况

		1995 年	2000 年	2005 年	2010 年	2013 年	2014 年	2015 年
总量 (亿元)	全国	33.39	63.16	133.82	323.06	530.49	583.44	682.97
	♯县以上	24.44	46.33	98.12	206.65	272.67	292.12	352.84
	县及县以下	8.95	16.87	35.70	116.41	257.82	291.32	330.13
	♯东部地区	13.43	28.85	64.37	143.35	231.41	242.98	287.87
	中部地区	9.54	15.05	30.58	78.65	120.01	133.46	164.27
	西部地区	8.30	13.70	27.56	85.78	152.16	171.15	193.87
所占比重 (%)	全国	100.0	100.0	100.0	100.0	100.0	100.0	100.0
	♯县以上	73.2	73.4	73.3	64.0	51.4	50.1	51.7
	县及县以下	26.8	26.7	26.7	36.0	48.6	49.9	48.3
	♯东部地区	40.2	45.7	48.1	44.4	43.6	41.6	42.1
	中部地区	28.6	23.8	22.9	24.3	22.6	22.9	24.1
	西部地区	24.9	21.7	20.6	26.6	28.7	29.3	28.4

资料来源:根据《中华人民共和国文化部2015年文化发展统计公报》整理获得。

发展文化创意产业需要资金,有投入,才有产出。一般说来,文化创意产业投入时间长,资金多,但收益回报周期长,具有一定的风险性。由于受县域经济总量小的限制,财政投入有限,社会资本投资不足,影响了文化创意产业的进一步发展。全国文化事业费中,县以上文化单位352.84亿元,占51.7%,比重比上年提高了1.6个百分点;县及县以下文化单位330.13亿元,占48.3%,比重比上年下降了1.6个百分点。东部地区文化单位文化事业费287.87亿元,占42.1%,比重提高了0.5个百分点;中部地区文化单位164.27亿元,占24.1%,比重提高了1.2个百分点;西部地区文化单位193.87亿元,占28.4%,比重下降了0.9个百分点。

第三节　中国文化创意产业发展的对策建议

当前,我国文化创意产业发展面临着新的历史机遇,从战略层面看,"十三五"规划纲要提出:"'十三五'期间要实现公共文化服务体系基本建成,文化产业成为国民经济支柱性产业……加快文化改革发展,丰富文化产品和服务……推进文化事业和文化产业双轮驱动,实施重大文化工程和文化名家工程,为全体人民提供昂扬向上、多姿多彩、怡养情怀的精神食粮。"为文化创意产业的发展注入了强劲的动力。从产业层面看,我国已经迈入质量效益型发展的新阶段,需要进一步提升产业发展的质量和内涵,为文化创意发展带来了广阔的空间。

一、完善文化产业管理机制

一是转变政府职能,为文化创意产业发展提供政策保障。坚持正确导向,着力抓好创作生产这个中心环节,从源头上把握好正确导向,始终将社会效益放在首位,实现社会效益和经济效益相统一;着力转变职能,正确把握和处理政府与市场、政府与社会的关系,做好简政放权、放管结合、优化服务等相关工作,构建健康、清廉、公开、透明的新型政商关系,进一步提振投资者和企业发展信心;加强统筹协调,更加积极主动地与综合经济管理部门沟通协调,争取各项政策和资金向文化产业倾斜,推动文化产业与文化事业、文化遗产保护传承相协调;积极主动作为,自觉主动地适应文化产业发展的要求,加强自身学习和对具体问题的研究,站在经济社会发展全局的高度思考谋划文化产业发展。

二是科学规划,打造特色化的文化创意产业。我国地域广阔,资源丰富,从地缘分布情况来看,各地区、各民族在经济社会长期发展的过程中逐渐积累起丰富的地方文化创意产业资源,培养出独具特色的民族文化风情,成为地区文化创意产业发展的重要资源禀赋。区域文化创意产业资源是培育地方特色文化创意产业的宝贵财富,各地区需根据对近期、中期和远期市场需求的预测情况进行宏观控制,并结合文化创意产业资源特征、开发价值、开发方向、开发时间、开发方式和综合利用等,做好科学规划、分类和评估,建立地区文化创意产业资源开发的长效机制,在此基础上培育地方特色文化创意产业。

三是加强知识产权保护,为文化创意产业发展提供法律保障。建议由知识产权行政执法部门牵头,引入专业的知识产权中介机构,组建面向全市文化企业及科技企业的统一知识产权公共服务平台,实现知识产权保护平台与其他投融资平台、交易平台的对接。以公共服务平台为载体,提供知识产权信息查询,企业知识产权管理,知识产权申请、保护、交易、评估、融资等方面的服务,发挥知识产权侵权举报及行政执法、知识产权培训等各项职能。强化专利和知识产权保护工作的部门、区域(国际)联动,更好地保护科技创新和原创内容。

专栏2:中国文化创意产业发展的"杭州模式"

> 文化创意产业崛起,为诸多城市抢占产业新高地开辟了一片天地。在文化创意产业发展过程中逐步涌现出了一批具有代表性的地方实践案例,杭州市就是其中之一。
>
> **一马当先:杭州文创的非凡战绩**
>
> 她是联合国教科文组织全球创意城市网络"工艺和民间艺术之都",她是全国首批"国家级文化和科技融合示范基地"和"国家三网融合试点城市",她拥有全国唯一的"两岸文化创意产业合作实验区",她在全国率先提出打造"动漫之都"的战略目标;她是全国首个建有两家文创金融专营支行的城市,她拥有全国首个文化创意企业无形资产担保贷款风险补偿基金;台湾亚太文化创意产业协会发布的《2013两岸城市文化创意产业竞争力调查报告》中,她在两岸42个城市文化创意产业竞争力排行中位列第4,在大陆35个城市中位列第3。

没错,她就是杭州。这里曾经因为一句"上有天堂,下有苏杭"成为人们印象中天堂的化身,也曾因为"梁祝"、"白蛇传"而被披上浪漫的头纱。西子湖的一池碧水,闹中取静的西溪湿地,内敛隽秀的杭州人让这人间天堂在今天始终保持着大家闺秀的静谧风韵。杭州处于我国经济社会最为发达、最具活力的长三角地区,消费需求强势、产业发展空间巨大,有着发达的民营经济和充足的民间资本。这里文化底蕴深厚,文化基础良好,文创空间巨大,文化创意产业的发展有着先天的利好环境。

1607.27 亿元文化创意产业增加值,GDP 占比 17.4%;4347.56 亿元规模以上文创企业单位资产总额;2842.07 亿元规模以上文创企业主营业务收入,587.32 亿元利润总额;33.68 万从业人员;规模以上文创企业 3183 家,其中民营企业 3023 家;5 家国家动画产业(教育)基地,8 家国家文化产业示范基地,24 家市级园区,33 家市级文创楼宇……说起杭州文创的发展,不得不提的是 2014 年杭州文创发展再次取得的一个个亮眼的成绩。

杭州文创发展的喜人数字背后,离不开企业的创新、尝试以及文创人才的智慧。"中国电视剧第一股"华策影视股份有限公司、"中国旅游演艺第一股"宋城集团控股有限公司、"中国数字电视内容原创第一股"华数传媒、"中国民营广告第一股"思美传媒、"中国网吧服务软件第一股"顺网科技等知名文创企业早已在业内耳熟能详,杭州文创在实践当中造就了一批领军企业,企业的力量不断为杭州文创的发展增添动力。当然,这里有余华、麦加、蔡志忠、赵志刚等 30 余位文化名人,有着文创企业孵化工程培训班、成长型文创企业高端培训班等诸多人才项目,人才集聚效力的发挥为杭州文创的发展提供了强大的智力支撑。

在产业规模、企业效益、重点企业、园区楼宇建设、文创品牌等多个方面,杭州文化创意产业均领衔全国。卓著的成绩是"杭州模式"成功的证明,也是"杭州模式"推广的事实基础。

四轮驱动:杭州文创的发展模式

1. 布局蓝海:政府主导力

杭州文化创意产业在发展初期并没有特别的优势,它之所以能够实现后来居上的跨越式发展,与杭州市政府从构建"生活品质之城"的战略高度给予大力扶持和引导息息相关。

第一,利好政策为杭州文创发展明确方向。2005 年《杭州大文化产业发展规划(2005—2010)》提出要使"创意产业"成为"杭州文化的支柱产业";2007 年杭州市委、市政府提出了打造全国文化创意产业中心的战略目标;2008 年杭州市提出构建"3+1"现代产业体系和实施"软实力"提升战略的重要部署,进一步确立了文化创意产业的战略地位;2009 年出台《杭州市文化创意产业发展规划(2009—2015 年)》,2012 年出台《杭州市"十二五"文化创意产业发展规划》,多年来,杭州市政府对于文创发展的支持政策不断,杭州文创的发展方向也在政策的推动下不断明确。

第二,切实保障文创发展。在管理机构方面,杭州市成立了专门的政府部门,设立市、区两级"文化创意产业管理办公室",协调全市文化创意产业发展,为杭州文创的发展搭建产业集聚平台、投融资平台、项目引导平台、人才开发平台和交易展示平台,有效地解决了条块分割的传统管理模式所导致的管理混乱的问题。这不得不说是一项重要的制度创新。在财政支持方面,自2008年起,市本级财政共投入了18.6亿元,以公开申报的形式,对全市约3100个文创项目进行了扶持,带动社会投资约630亿元。在体制机制创新方面,近年来,杭州市通过大力推进文化市场综合执法改革、公益文化单位内部三项制度改革、经营性文化单位改制等文化体制改革,较好地解决了文化事业单位面临的突出问题,宏观管理体制得到进一步完善,产业结构得到优化,投资主体多元、股权结构合理化的局面逐步形成。在展会平台搭建方面,中国国际动漫节被誉为目前国内规模最大、人气最旺、影响最广的动漫盛会,中国杭州文化创意产业博览会跻身全国文化领域四大展会之一。展会平台的搭建无疑为杭州文创的发展拓展了空间。

2. 激励保障:文化金融驱动力

在文化金融服务方面,杭州市一直处于全国文创发展的前列,无论是建立文化银行、创新金融产品,还是提供担保贷款,杭州的文化金融实验为文创的发展提供了充足的动力。

第一,率先成立文创银行。2013年杭州在全国率先成立杭州银行文创支行,一年来该行已为200家文创企业授信超过9亿元。同时杭州市推动成立浙江省建行文创专营支行,使得杭州成为全国首个建有两家文创金融专营支行的城市。

第二,完善无形资产担保。自2011年杭州市建立全国首个文化创意企业无形资产担保贷款风险补偿基金以来,该无形资产担保贷款风险补偿基金Ⅱ期已为129家文创企业提供了超过5亿元的信贷支持。

第三,不断创新金融产品。在杭州市文创办、杭州市财政局、杭州市金融办等有关部门支持和推动下,杭州市文化创意产业银政投集合信贷产品"满陇桂雨"第七期文创集合信贷产品在2014年顺利发行;此外,杭州市文投公司与市中小企业担保有限公司合作组建文创产业转贷基金,为在杭州银行文创支行贷款的中小微文创企业提供转贷资金周转服务,转贷基金作为无形资产担保风险补偿基金的配套产品,为破解中小微文创企业还贷资金瓶颈,减轻企业融资负担创造新途径。此外,杭州市还针对具体的文化产业门类,推出了类似"印石通宝"艺术品融资产品、"拍益宝"金融产品及"助保贷"融资平台等相关金融产品。

杭州市在文化金融方面的创新得益于文化产业市场的成熟,是市场发展的实际需求,更与政府的利好政策导向密不可分,他们都将进一步为杭州文创企业的发展注入资金血液。

3. 整合发力:集聚驱动力

文化创意产业园区是杭州文化创意产业发展的主平台,园区的集聚效应和规模效应不断为杭州文创助力。近年来,杭州市在先期园区规模与体系的基础上不断提升集聚品质,优化集聚区运行机制和治理结构。

目前,杭州以西湖创意谷、之江文化创意园、西湖数字娱乐产业园、运河天地文化创意园、杭州创新创业新天地、创意良渚基地、西溪创意产业园、湘湖文化创意产业园、下沙大学科技园、白马湖生态创意城等十大园区作为主平台,不断完善全市文化创意产业空间布局,逐步形成了"两圈集聚、两带带动"的文化创意产业空间新格局。"两圈"指环西溪湿地文化创意产业圈和环西湖文化创意产业圈,"两带"指沿运河文化创意产业带和沿钱塘江文化创意产业带,这就为打造全国文化创意中心提供了良好的空间载体。

从自发集聚、目标确立,到集群化发展战略实施,再到集群化品质的提升,杭州文创在集群驱动的力量下走上了快车道。据统计,目前,杭州共拥有5家国家动画产业(教育)基地,8家国家文化产业示范基地;拥有24家市级园区,规划面积约为7371.29万平方米,建成面积约为1217.47万平方米,共集聚文创相关企业8283家,2014年实现营收1141.05亿元。集聚,是杭州文化创意产业发展的催化剂,无数的化学反应在大大小小的集聚区内不断发生,为杭州文创的发展创造了无限的可能。

此外,为加快推进杭州市"文创西进"工程,2014年,杭州还认定了10个市级文创小镇培育对象。通过培育一批环境优越、特色鲜明、效益突出的文化创意小镇,进一步促进文创产业与区域经济融合发展,不断激发杭州文创发展的集聚力量。

4. 为我所用:人才驱动力

2015年1月27日,杭州出台了最具吸引力的"人才新政27条"——《杭州市高层次人才、创新创业人才及团队引进培养工作的若干意见》,从加大人才和团队引进培养力度、完善人才创业扶持政策、优化人才生活服务保障、切实加强组织领导等五个方面对政策进行创新,可以说是最优惠、最实在、最有含金量、最可操作的吸引人才的政策。没有人才,一切都是空话,吸引人才难,善待人才更难。杭州市从人才发展的实际需求出发,通过一系列人才政策,搭建了创意人才栖居的美好凤巢。

自2008年起,杭州市就先后出台了《关于加快文化创意产业人才队伍建设的实施意见》、《青年文艺家发现计划》等文件,市财政每年安排4500万,从人才的"选拔、引进、培养、使用和服务"等五个环节入手,不断壮大创意人才队伍。在高端文化人才引进方面,杭州市目前已经以不同方式引进了余华、麦加、蔡志忠、赵志刚等30余位文化名人,他们的入驻为杭州带来了更多的文化因子。在本地创意人才培养方面,杭州市先后启动"杭州影视业国际化青年人才培养计划"、"'创意杭州'广告大赛优秀获奖选手赴国外培训"、"优秀工业设计师赴国外进修方案"等重点人才建设项目,共选拔70余位优秀人才出国深造,为创意人才的成长提供了肥沃的土壤。在本地人才培训方面,自2011年以来,杭州市通过举办文创企业孵化工程培训班、成长型文创企业高端培训班,为杭州市培养了文创青年管理人才近千余人;此外,2014年,杭州市还举办两届杭州文创人才专场招聘会,吸引了全国17个省市、700余家企业,共有5000余人达成就业意向,为广大文创人才搭建起筑梦的桥梁。

继往开来:中国文创的杭州启示

中国文创的杭州模式是经验,更是一种思考与启迪。杭州文化创意产业的快速、高质发展,让我们不得不思考:文化创意产业发展中政府应该如何作为? 文化市场如何全方位盘活? 文化创意人才如何为我所用?

1. 政府应如何作为?

文化创意产业的发展需要政府的培育与政策的导向,这已经成为世界各国文化产业发展的共识,毫无疑问,杭州文创的快速发展是离不开政府导向和积极推动的推动作用。

政府是为文创发展保驾护航的,在这里,政府不是要面面俱到、事无巨细的全面管理,而是要重点做好顶层设计,制度安排,为文化创意产业的发展创造良好氛围与发展空间,引导文化创意产业在市场的大浪淘沙中形成适合自身特点的运行模式,找到明确的发展方向,通过政府力量撬动社会力量参与文创,为文创发展搭建完善的市场体系,才是政府在文化创意产业发展中应当实现的最佳效果。不论是《杭州市"十二五"文化创意产业发展规划》的宏观布局,还是杭州文化创意产业"两圈集聚、两带带动"的空间新格局,抑或是杭州市政企银合作推出的文化信贷担保产品,都体现着政府政策的导向性与撬动力。

当然,在这一过程中,创新仍然是第一位的。政策要创新,体制机制要创新,政策的具体落地与实施要创新,政府行为需要与时俱进,进而与产业发展不同阶段的特点相吻合。杭州专门成立的市区两级的文化创意产业管理办公室,就是制度创新的重要体现。

2. 市场如何全方位盘活?

产业需要在市场的检验中实现自己的价值,市场是实现文化创意产业价值的广阔天地。杭州文创发展的实践可以说盘活了全市文创市场,为文创的发展开拓了一片广阔天地。

全方位盘活市场,第一,需要充分释放企业的活力,为企业发展提供支持,创造企业的成长空间。在第六届全国"文化企业30强"评选中,杭州市宋城集团控股有限公司、华策影视股份有限公司和思美传媒3家企业入选,占到了总数的十分之一,在全国起到了典型的表率作用。正是龙头企业的带动与中小文化企业的推动,共同造就了杭州文创发展的繁荣局面。因此,在文化创意产业发展过程中,要给予文创企业充分发展动力与空间。

第二,要通过对园区、集聚区、功能区的有效规划为文化创意产业的发展助力。集聚发展是杭州文创发展的重要特点,集聚的力量对于市场的盘活作用不可小觑,杭州文创的成绩证明了这一点。在未来,文化产业园区、集聚区的发展更要找准定位、丰富内涵、完善服务,形成自身的核心竞争力,实现自身的转型升级,进而全面盘活市场资源,推动文创产业质变的实现。

第三,要健全投融资支持体系。文化创意产业是资本密集型产业,资金是企业的根本血脉,而文化投融资体系则更是文化市场的重要组成部分。杭州文创的金融实践大胆创新在全国领先,如及时雨一般解决了全市诸多文创企业发展的资金问题,值得我们学习与研究。投融资体系的建立健全需要大胆创新,需要整合撬动各方力量,而这一过程离不开政府、社会资本、金融机构的协同创新。

资料来源:根据网络资料整理获得。

二、完善文化创意产业投融资体系

文化创意产业社会效益大于经济效益,投资回收期较长。文化创意产业是高投入、高风险的行业,具有生产周期长、制作成本高、资金回收慢等特点,必须建立完善的投融资体系解决企业的融资困境问题,才能更好地推动文化创意产业的发展。

一是完善文化创意企业无形资产评估制度,培育产权交易市场。加强量化文化创意企业与个体的知识产权及其他无形资产价值,规范版权与文化创意企业价值评估工作,鼓励企业设立专门的无形资产评估报表。完善专利权、著作权等无形资产评估、质押、登记、托管、流转和变现管理办法,建立并充分发挥文化创意产权交易平台作用,为文化创意企业的著作权、商标权和专利技术交易等文化创意产权交易提供专业化服务。另外,当前文化创意企业和银行各自委托的评估机构,对资产的评估价值存在较大差距,这种情况要求有独立于银行和企业之外的第三方存在,由第三方提供相关服务和信息,推动银企合作。推动文化创意企业版权融资可先易后难,重点对接被市场广泛认可的文化创意企业。先行筛选一批实力强、版权价值被市场广泛认可的文化创意企业开展版权质押贷款业务,引导银行业金融机构熟悉版权质押登记、评估的相关流程,进一步促进相关配套市场加快完善。在此基础上,逐步引导金融机构将文化创意版权质押贷款的支持重点转向初创期文化创意企业,合理评估企业版权价值,按一定质押率支持融资。

二是推动文化创意产业走直接融资渠道,扩大债券融资规模。积极推动大中型文化创意企业利用上市、发债等直接融资渠道实现跨越发展;同时继续鼓励发展文化创意创业投资,建立文化创意产业投资基金,积极为初创期、成长期文化创意企业提供风险投资支持,并引导银行跟进提供服务。文化创意企业要积极利用银行间交易商协会和人民银行共同提供的发债融资平台,在区域集优债、中期票据、短期融资券等方面继续扩大发行规模。

三是发挥财税支持效力,将财政基金由奖励导向转变为扶持导向。设立文化创意产业贷款风险补偿基金,对符合政策导向的文化创意产业贷款给予贴息支持,对银行文化创意产业贷款损失给予一定比例的风险补偿,引导信贷资金更多地向文化创意产业倾斜。成立以财政出资为主、具有政府背景的文化创意产业融资性担保公司,为各类文化创意企业融资提供专业化的担保等信用增级服务,建立专业担保性机构。文化创意产业专项资金要由"奖励导向"转为"扶持导向",要凸显"雪中送炭"而非"锦上添花",更加突出基金的引导性和前瞻性。

四是推广创新模式,加强政银对接。一方面,继续大力推广实施文化创意与金融合作新模式,如实施文化创意产业金融服务专营机构模式、"投贷一体化"的融资联动模式等,在收费权质押、知识产权抵押、流水贷等产品服务上加大创新力度。另一方面,政府要重视解决金融机构反映的现实问题,建立文化创意企业与金融机构融资对接平台,加快完善文化创意企业法人治理结构,在文化创意产业版权价值评估、流转等方面为金融机构提供便利。

三、推进文化创意产业的融合发展

文化创意产业与相关产业的渗透与融合势必将成为推动我国产业结构转型升级、经济发展突破"低端锁定"向价值链高端攀升、加快实现由"中国制造"向"中国智造"转变的重要驱动力。

首先,促进文化创意产业与农业融合发展。农业生产者可以综合运用先进栽培、先进园艺以及创意设计等手段,将文化元素和创意元素植入农作物栽培过程之中,对农作物的形态、颜色、质感等进行优化甚至赋予美学特征,丰富农产品的表现形态和美学价值。与此同时,还可以利用故事秀、故事桥段等方法,充分挖掘和演绎与农作物栽培、生长等相关的各种故事,赋予农产品内容价值、美学价值甚至是历史价值,提升农作物和农产品的文化内涵,从而实现更高的经济附加值。同时,信息时代的到来,使得农业生产者可以利用数字技术、信息技术对农产品的生产、加工、销售、运输等环节产生的信息进行数字化、网络化、智能化转化,配以创意文字或者图片,不仅能加快信息在农户、中间商、消费者之间的传递速度,更能提高信息的可阅读性,赋予传统的农业活动以趣味性、艺术性,使参与者乐在其中。

其次,大力推进文化创意产业与制造业的融合发展。文化创意产业可以利用自身在创意、设计、内容、广告等方面的优势,为改造制造业生产方式以及提升制造业产品价值提供巨大帮助,制造业反过来也可以借助成熟的工业生产体系推动文化创意与设计等服务的产品化与产业化。通过工业设计、服装设计等专业设计手段,文化创意产业可以将符号、色彩、图案、形状等文化、创意甚至艺术元素作为中间投入品融入制造业的上游研发环节,丰富制造业产品的内在构架、外观设计与表现形式,增加制造业产品的文化内涵与创新外观,提升工业产品的符号价值与风格品位,提高产品的特色以及与竞争对手之间的差异化程度,在提升竞争优势、实现巨大市场效益的同时,带来口碑、品牌、顾客忠诚度等产品附加价值的显著提高。另一方面,文化产业化进程在快速推动文化和创意规模化标准化生产、满足社会日益增长的文化消费需求的同时,也将迂回生产方式引入文化创意生产环节。部分文化创意服务,譬如出版印刷、广播电视电影、摄影照相等,逐步加大了对印刷专用设备、广播电视电影专用设备、幻灯及投影设备、照相机及器材等文化专用设备的需求。在分工与专业化经济的作用下,不断增长的市场需求将会拉动文化装备制造业的发展,这对于传统制造业而言无疑是一个新的增长点。

再次,推进文化创意产业与科技服务业的融合发展。随着数字技术、信息技术的快速发展,信息技术产业对人们日常生活各个方面的渗透与影响越来越广,文化创意产业与信息技术的融合发展也越来越紧密。作为一种符号产业,文化创意产业正逐渐利用信息技术实现产品和服务的生产、传播与消费的全产业链数字化处理与改造,在以信息技术为支撑的各类数字化平台上实现创意、内容在生产、传播等关键环节的集成与创新。在信息技术改造下,创意与内容的创作生产不再局限于手工撰写、制作、描绘,以及图案、文字、语音等要素的单一投入使用,而是能够通过个人电脑、手机终端等数字化硬件设备以及计算机技术、多媒体技术等一系列应用软件,实现上述创作与生产方式的集成化和要素的全方位整合,创新并丰富了文化内容与创意设计的内涵以及表现形式。借助信息技术的渗透与改造,文化创意产业中的多数行业,譬如图书出版、广播电视等的内容传播不再局限于电视、杂志、报纸等相对而言渠道稍窄的传统媒体,而是能够利用各类基于信息集成与共享平台的新兴媒体,如互联网、移动网以及微信、微博等实现内容和信息的多渠道传播。最后,推动文化创意产业与旅游体育产业的发展。旅游业应积极与文化创意产业融合发展,充分利用文化创意产业的高渗透性、强辐射性,推动旅游产业结构的转型与升级,旅游反过来也会为文化创意产业带来更高的人气与品牌影响力。旅游企业可以通过在旅游目的地增设创意工艺品、文化演艺节目、节庆会展活动等实现与文化创意产业的有机结合,利用文化创意丰富旅游产品种类、扩大旅游产品的文化创意内涵,从而增强游客的旅游参与度和体验感。文化创意空间由于具有典型的人文和艺术气息,因此是潜在的文化旅游目的地。文化旅游的兴起可以扩大文化创意空间的潜在旅游市场规模,通过吸引周边游客前来游玩,不断积累人气并带动配套和周边产业的发展,最终实现提升集聚区品牌知名度和行业影响力的目的。同时,可以依靠文化创意设计丰富体育衍生产品种类,体育企业可以利用文化创意产业中的创意设计、专业设计等手段与消费品业产生关联,针对那些拥有范围广泛而且稳定粉丝群体的体育明星或者体育俱乐部,开发服装、玩具、书籍、纪念品、装饰品、日用品等衍生文化创意产品,实现更高的经济收益。

四、优化教育环境,培养创意人才

文化创意人才是最核心的生产要素,也是文化创意产业最宝贵的资源禀赋。文化创意从概念设计到转化成进入渠道的商品,涵盖了设计、制作、营销等多个环节。就全国范围来看,目前既懂文化创意,能够整合利用各种文化创意产业资源设计文化创意产品,又掌握文化市场营销知识,能够将文化、创意和技术相结合转化成有市场价值的文化创意商品的文化创意人才十分匮乏。实施文化创意产业人才战略,加大人力资本投入力度,加大对文化创意产业建设专项扶持计划,保障文化创意产业的重点人才培养。

一是支持院校培养专业型人才。加大对全国各大高校特别是艺术类院校的建设力度,促进各院校根据文化创意产业的发展趋势,建立相关文化创意产业专业群,创新和改革教学体系,培养市场需要的人才。

二是完善人才管理系统。政府成立专门文化创意产业人才管理机构,建立全国文化创意产业人才资源库,提供优质人才服务,对优秀文化创意产业人才提供资金支持和奖励。

三是加强文化创意产业人才继续教育培训。整合文化创意产业教育资源,利用网络远程教育、全国文化干部培训基地等载体,产、学、研、演联手一体,制订文化创意产业人才的领军人物和骨干人才的成长培养体系,培养文化创意产业急需的特殊专门人才。

四是加强人才交流合作。加大对文化创意产业管理型与创意型人才培养,与国内外文化企业进行交流学习;加快国际化经营人才的培训与选拔,培养一批具备创意能力、管理能力、谈判能力、国际能力的复合型人才。

五是提高全民的文化创意意识。一个地区文化创意产业发展的兴盛与否,立足于该地区全民的文化素养。唯靠全民的力量,才能使创意生存,也才能走向全国,推向世界,引发世人的共鸣。只有这样,才能成就出深具创意、独特性与国际竞争力的文化创意产业。一个地区的文化环境与全民灌溉,实为栽培创意种子、成长和苗壮的关键因素。振兴文化创意产业除了离不开政府培育、经济投入、科技支持,更离不开文化生产者的创新、创造、创意。文化创意产业的发展,终究是需要让人们先感受到创意产品的感动,人们才会进而支持文化创意产业。

第八章　旅游业发展分析

2015 年,我国经济发展进入新常态,国内经济下行压力加大,旅游业却逆势增长。在巨大的消费市场推动下,有利的宏观政策引领下,旅游产业正成为新常态下中国经济增长的新引擎。

第一节　我国旅游业发展的新特点

一、旅游成为经济增长新引擎,国际影响力不断提升

2015 年以来,作为国家重点培育的六大消费领域之一,旅游消费成为拉动中国经济增长的新引擎,旅游业对国民经济的贡献明显提高。如图 8-1 所示,2015 年我国接待国内外旅游人数超过 41 亿人次,旅游总收入达 4.13 万亿元,同比增长 11%。其中,国内旅游人数达 40 亿人次,国内旅游收入达 3.42 万亿元,同比分别增长 10.5% 和 13.1%,居民出游率达到 2.98 次,城镇居民 28.1 亿人次,约占 70%;农村居民 11.9 亿人次,约占 70%。全国国内旅游收入 34195.1 亿元人民币,比上年增长 13.0%,其中,城镇居民旅游消费 27610.9 亿元,约占 81%;农村居民旅游消费 6584.2 亿元,约占 19%。全国国内旅游出游人均花费 857.0 元,其中,城镇居民国内旅游出游人均花费 985.5 元,约占 64%;农村居民国内旅游出游人均花费 554.2 元,约占 31%。2015 年全国旅游业对 GDP 的直接贡献为 3.32 万亿元,占 GDP 总量比重为 4.9%;综合贡献为 7.34 万亿元,占 GDP 总量的 10.8%。旅游直接就业 2798 万人,旅游直接和间接就业 7911 万人,占全国就业总人口的 10.2%,实现每年约 200 万贫困人口通过发展旅游实现精准脱贫。

旅游业日益成为对外关系的重要战略性产业,中国旅游的国际影响力不断提升。中韩旅游互访人数突破 1030 万人次,中美旅游往来总量达到 428.1 万人次,中日、中俄、中印、中东欧的旅游交流规模也在迅速扩大,为中国同这些国家外交关系的发展作出了积极贡献。

二、出境游增速有所放缓,入境游市场复苏

(一)出境游方面

受中国经济放缓以及人民币汇率倒转等因素的影响,2015 年我国出境游增速有所放缓,呈现理性增长趋势。我国出境旅游人数达 1.17 亿人次,同比增长 9.8%,比起近年 20% 左右的高速增长明显趋缓。在出境游目的地方面,短程目的地依然是出境游客的首选,港澳台占七成以上。经旅行社组织港澳游 1013.92 万人次,下降 4.3%;组织台湾游 398.10 万人

2015国内外旅游人数（亿人次）

■国内旅游人数 ■国外旅游人次

2015年国内旅游人数（亿人次）

■城镇居民旅游人数
■农村居民旅游人数

2015国内旅游收入（亿元）

■城镇居民旅游消费
■农村居民旅游消费

2015国内旅游人均消费（元）

■城镇居民国内旅游人均消费
■农村居民国内旅游人均消费

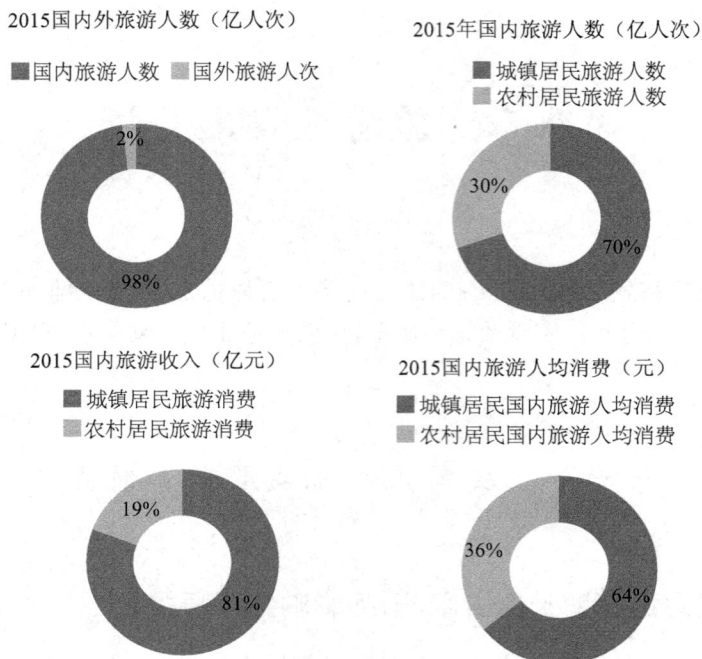

图 8-1　2015 年我国旅游数据分析图

次,增长 5.1%。泰国、韩国、日本、越南、美国、新加坡、俄罗斯、澳大利亚、印尼和马来西亚排名前十。其中,赴泰国和日本人数去年同比增幅高达 88%。中国已成为包括日本、韩国、俄罗斯、英国在内多个国家的第一客源国。

与此同时,2015 年中国出境游消费达 1045 亿美元,同比增长 16.6%,人均消费 893 美元,增速也有所放缓。中国游客购物消费支出最高的国家分别为:日本、韩国、美国、澳大利亚、法国等。

（二）入境游方面

受汇率因素的影响,吸引美元货币国家游客来我国入境游。同时,随着我国周边国家的经济好转,也刺激境外游客的涌入。2015 年入境旅游人数 13382.0 万人次,比上年同期增长 4.1%。入境过夜游客人数 5688.6 万人次,比上年同期增长 2.3%。国际旅游收入 1136.5 亿美元,比上年同期增长 7.8%。

三、政策措施发力,创造利好环境

从政策层面上来说,旅游行业正处在政策红利利好的阶段,国家接连发出了促进旅游行业发展的意见以及鼓励促进旅游地产转型等文件,为旅游企业的发展营造了一个良好的政策环境,而习主席提出的供给侧改革也在一定层面上起到了推波助澜的作用,旅游行业发展形势可谓一片大好。

其中,2015 年 4 月 1 日开始实施的《景区最大承载量核定导则》、《绿道旅游服务规范》、《自行车骑行游服务规范》、《旅游滑雪场质量等级划分》、《国家商务旅游示范区建设与运营规范》等共 5 项行业标准,首次细分旅游行业市场规范。2015 年 7 月 28 日,国务院第 100 次常务会议上审议通过《国务院办公厅关于进一步促进旅游投资和消费的若干意见》,首次在国务院文件中把旅游投资和旅游消费并重对待,而且还把投资置于消费之前,这是对旅游业认识和定位的新突破。由促进消费的单一支撑,向投资、消费的"双轮驱动"转变,标志着我国旅游业进入了一个新的发展阶段。

主管部门在贯彻放权管理的同时,也放下身段引入更接地气地现代化管理模式进行平台化管理,如从 2015 年 12 月开始正式开始实行的行程单无纸化管理,正是依托了电子行程单平台;而旅游电子合同的应用也已在全国多个省市全面铺开,旅游主管部门借此真正做到了互联网化的监管。

国家促进旅游业发展的系列政策出台,正在破解旅游业发展供给侧——旅游生产要素优化组合配置的一系列瓶颈问题,包括土地、资金、体制、机制、组织、技术、人力资源、品牌等,激发了旅游供给更好地满足旅游市场的有效需求与需求升级需要,同时,引导旅游业与基础设施建设、工业、农业、教育、医疗、金融业互相促进发展,使旅游业成为中国经济发展持续、强大的新增长点。

四、旅游投资加速全球化进程,民营投资成为主力

中国旅游投资已进入"黄金时代",增长势头强劲,大额资本不断流向旅游企业,随着供给侧改革深入推进,旅游已成为吸纳社会投资的重要领域和各地调整产业结构的重要抓手。我国正在进入旅游消费市场与旅游投资要素市场双向互动、良性循环发展的新阶段。旅游业作为全球最大的产业之一,仅依靠存量资源优化配置发展是不够的,需要依靠增量资源的有效投入。2015 年,我国旅游投资持续强劲增长,全年完成投资 10072 亿元,同比增长42%,增幅比 2014 年扩大 10 个百分点,高于全国固定资产和第三产业投资增速约 30 个百分点,在历史上首次突破万亿元大关,全国旅游直接投资年均增长 20%。

2015 年中国企业继续加快对外旅游投资步伐,投资布局的全球化更加明显,旅游企业并购重组和"走出去"步伐加快。首旅集团 150 亿元收购如家酒店集团;锦江集团国内 100亿元战略投资铂涛酒店集团,境外 13 亿欧元收购卢浮集团,加速向全球化企业转型;开元旅业集团斥资 1050 万欧元收购德国的金郁金香饭店,富华集团 1.3 亿澳元收购澳大利亚柏悦酒店,港中旅 4 亿英镑收购英国布莱顿酒店集团 55 家酒店,安邦保险 19.5 亿美元收购华尔道夫酒店,万达集团也开始并购海外旅游企业和景点。投资领域除了传统的酒店、景区外,在线旅游预订平台和旅游航线等增长较快。除了传统的亚洲、欧洲等地区,北美、大洋洲和非洲等区域的投资明显增加。

大型非旅集团加速进军旅游业、跨行业投资态势也很明显。2015 年,BAT(百度、阿里巴巴等)投资旅游业累计超过 160 亿元。万达集团与四川、广西、辽宁、重庆、河南、云南等省份签署战略合作协议,未来几年,计划投资商贸和文旅项目资金将超过 7000 亿元。

值得注意的是,2015 年全国旅游投资中,民间投资快速增长。全国民营企业投资超过5700 亿元,占全部投资比重的 57%,同比增长 39%。全国 10 亿元以上的在建旅游项目有1749 个,实际完成投资 4402 亿元,占全国的 62.4%。而且,全国 60% 的旅游投资来自民营企业,160 多个投资百亿元以上的在建旅游大项目,投资主体都是民营企业,全国在建的 162个百亿元以上投资的旅游大项目,基本上都是民营资本投入。而从区域划分来看,东部地区

是旅游投资的增长极,西部地区旅游投资潜力巨大。山东、浙江、江苏等省区市成为民营资本投资的热点地区。东部地区实际完成投资超过 5100 亿元,占全国的比重为 51%。西部地区实际完成投资超过 2700 亿元,占全部投资的比重为 27%,比去年提高 10 个百分点。

五、二三线城市旅游市场发展火爆,中西部地区消费激增

我国旅游市场的一个新趋势表现为出行城市从经济发达地区向相对不发达地区的进一步覆盖,从一线城市向二三线及以下城市拓展。根据英国航空数据分析机构 OAG 发布的中国航空市场报告,日本新增的运力中,约 60% 的运力增加在新开的 48 个航线上,这些新航班中 94% 是由中国的航空公司运营,而且一半以上都是从二三线城市出发;泰国新开的航班中,只有 32% 是从北上广的机场始发的,而剩下的 67%,也就是 932 个航班都是由二三线城市的机场发出,二三线城市的发展潜力巨大,已逐渐成为我国境内游和出境游的主要市场。

表 8-1 2015 年各城市自由行游客增长率排行表

一线城市		二线城市		三四线城市	
城市	增长率	城市	增长率	城市	增长率
深圳	177.7%	东莞	213.74%	海东	10091.94%
北京	75.53%	无锡	187.53%	菏泽	3452.39%
广州	60.29%	太原	176.46%	吕梁	1759.14%
上海	40.91%	淄博	161.13%	山南	1366.10%
		合肥	152.42%	白银	1344.15%
		佛山	146.40%	昌都	1321.48%
		烟台	139.94%	阿拉尔	1227.76%
		唐山	124.35%	定西	1189.00%
		济南	117.27%	吉首	1103.11%
		南宁	95.82%	呼和浩特	878.99%

如表 8-1 所示,仅以自由行为例,2015 年二线城市中东莞、无锡、太原三地自由行游客增长最多,分别上涨 213.74%、187.53%、176.46%。而在三四线城市中,青海海东上涨约 100 倍,山东菏泽上涨约 35 倍,山西吕梁上涨约 18 倍。

值得注意的是,在二三线城市中,中西部地区所占比例大幅提高,尤其三四线城市中表现更为明显,青海、甘肃、山西、内蒙古、新疆等地三四线城市旅游市场发展增速惊人。同以往东部沿海城市和一线城市领跑我国旅游市场相比,中西部城市旅游市场发展有了新的突破。

六、自由行增速明显,成为我国主要旅游方式

2015 年全球自由行市场规模为 42.5 万亿元人民币,同比增长 5.6%。增长主要来自以中国、日本、韩国为主的亚太地区。从区域分布来看,2015 年自由行在亚洲所占市场份额为

50%—60%,欧洲为 70%—80%,北美高达 90%。2015 年中国出境自由行市场规模已达 9300 亿元人民币,出境自由行人群高达 8000 万人次,人均消费 11625 元,消费同比 2014 年的 8820 元增长 24.1%;2015 年中国国内自由行市场规模为 3 万亿元人民币,国内自由行人群高达 32 亿人次,人均消费 937.5 元,同比 2014 年增长 9.7%。中国自由行市场的强劲增长有力带动了全球的旅游消费,中国自由行市场的增速为 16.7%,是全球的 3 倍。

从国家来看,据世界旅游组织(UNWTO)的数据,2014 年中国游客的旅游消费增长了 28%,达 10395 亿人民币;排在其次的是美国游客,其旅游消费增加了 7%,达 7056 亿人民币。以自由行为主的中国游客消费增长水平是美国的 4 倍。2015 年,中国的自由行市场保持稳定增长,自由行已经成为中国人最主要的旅游方式。

第二节 我国服务业发展存在的问题

一、旅游法律体系不健全

旅游法律法规是旅游服务贸易健康有序发展的前提,当前,我国旅游法律体系存在三方面问题:

(一)我国现有旅游法律体系较为分散,地位较低

目前,我国在各个主要方面,如旅行社、饭店、旅游投诉等领域均有相应的法规,但多是"旅游条例"、"暂行条例"、"管理条例"、"通知"等,法律法规的颁布主体主要有国务院、各级旅游局及各级政府部门,这些法规的法律效力普遍较低,有的还只是临时性政策文件,甚至有些地方性法规带有地方保护主义和部门保护主义的色彩。由于旅游规划不是法定规划,对旅游开发和市场管理的约束力明显不足。这种法律法规体系使得同一旅游行为或现象在不同的省区、市区适用不同的规范规制,相关旅游责任很难裁定。国家层面的综合性旅游立法尚未完成,旅游法规和依法行政的能力不能满足旅游业发展的要求。

(二)法律法规在行业管理和责任裁定上缺乏细化、量化

旅游业本身的构成就非常复杂,加之不同的地区、不同的消费能力、不同的背景,使得旅游法律法规很难覆盖所有情况,在具体的权利和义务上规定得并不细致,缺乏量化标准。同时,旅游产品的构成中更多的是一种无形的服务,这种服务的优劣也很难进行量化。比如,对精神赔偿就存在较大争议,旅游消费者的权利享受形态和损害形态明显不同于一般消费,消费者受到的损害更多地表现为心情感受及情绪好坏,对于这种无法量化的赔偿在我国旅游法律体系里仍然是个空白。

(三)国际旅游相关法律缺失

国际旅游法律主要是国际经贸相关协议、准则和国际交往惯例,这些很难上升为我国的法律法规,现有的这方面法律法规主要是保护入境旅游者和对华旅游投资者,对于我国出境旅游者和对外投资人的权利与义务规定得并不明确,也不细致。国际旅游相关法律的缺失造成的最大问题是中国的旅游企业在国际竞争中的合法权益得不到很好的保护。

二、旅游业发展机制不完善

（一）旅游供给有限

随着中国旅游市场规模持续扩张和大规模建设，资源条件和环境容量的压力明显增大。总体旅游供给不足，结构性矛盾突出，度假休闲和个性化旅游产品不足，不能有效满足旅游者多样化的需求。与大众化旅游消费和分散式出游特点相配套的公共服务不健全，交通、住宿等刚性消费支出比重高，文化性消费和购物性消费支出比重低。

（二）景区开发缺乏规划，环境破坏严重

当前我国景区开发主体不清晰，资金使用混乱，很难按照长远规划去建设，破坏建设现象突出。第一，开发观念落后。传统的景区开发是"垒上墙，修好庙，成立管委会收门票"，这种开发模式非常落后。我国旅游业的发展基本上是"边开发，边建设，边规划"，发展经济是最重要的出发点，许多旅游景点在规划之时就基本上没有或者很少考虑环保设施的配套开发。第二，很多旅游企业和景区单纯地靠压制饭店价格、靠攫取门票的收益，获取商业佣金回扣来实现自己短期的收益，是不可持续的。第三，缺乏对景区容量的控制。我国人口本来就多，黄金周景区游客爆满，造成交通、安全等方面的问题。第四，景区环境污染严重。景区环境一旦遭到污染和破坏则很难恢复，这种污染主要是废弃物污染，土壤、水质变质，植被退化。据中国人与生物圈国家委员会所做的调查显示，在已经开展旅游的自然保护区中，仅有10％的景区能够定期进行环境监测。

（三）旅游标准化建设特别是实施相对滞后

旅游资源管理与产业管理脱节，缺乏综合协调机制。旅游市场秩序不够规范，削价竞争、承包挂靠经营、"零负团费"等问题长期存在，不少环节还存在安全隐患。

三、旅游企业缺乏规模，运营方式粗放

我国的旅游企业规模普遍还比较小，在品牌、管理、分销等方面与跨国旅游公司存在明显差距，这种差距导致我国旅游企业的国际竞争力普遍较弱，参与国际服务贸易的底气不足。虽然我国在改革过程中鼓励社会资本、民间资本进入旅游业，但这些企业同国外跨国公司相比较，其规模和实力远远落后。

对于酒店来讲，是旅游服务贸易中最先与国际接轨的行业，硬件设施已经达到国际水平，但是管理水平仍然比较落后。与国际酒店集团相比，我国酒店集团大都品牌单一，并且仅限于在国内发展，而国际酒店集团往往是遍及全球并且拥有完善的酒店预定平台，虽然我国酒店也都加入了 CRS（中心预定系统）和 GDS（全球分销系统），但是大多数星级酒店仍然属于独立经营管理。当前，国内高档酒店几乎被外国酒店品牌垄断，经济性酒店市场也并不乐观。

我国旅行社业主要为中小企业，资金不足，各自为政，宣传促销手段初级且分散，众多的连锁跨国企业一起进入我国，使得竞争越来越激烈。长期以来旅行社在低水平上进行竞争，瓜分有限的市场份额，致使大量的资源得不到整合利用，新的增长点得不到开发。对于旅行社和导游来讲，2004 年以后我国降低了国内旅行社的市场准入，使得旅行社队伍迅速扩大，但其中，真正具有规模优势的旅行社并不多，整体效益不高，小、弱、散、差的局面并没有

改变,出入境旅游管理混乱。

此外,我国旅游企业发展方式和运行方式比较粗放。许多地方仍处于单纯依托门票的经营模式,没有形成完善、高效的产业链。旅游经营没有把节能减排工作摆到应有高度,旅游业科技含量不高,旅游人才队伍需要进一步提高专业化、国际化水平。

四、旅游高端人才匮乏,培训形式比较单一

由于旅游业发展过程中业态及领域的不断扩展,旅游业已由传统范畴扩展至涵盖吃、住、行、游、购、娱等多种元素的行业,这就对旅游业从业人员素质提出了更高的要求。而从我国现阶段旅游从业人员结构来看,总体文化素质较低,高学历人才所占比例很低,专业水平不高,知识结构不健全。目前我国的旅游业正处于转型升级中,一方面传统观光旅游要提升品质,需要大量的从事人力资源管理与开发、市场营销、旅游娱乐管理、旅游规划、旅游景区管理、旅游物业管理等高素质管理人才。另一方面,休闲度假旅游迅速崛起,乡村旅游、冰雪旅游、温泉旅游、邮轮旅游、会展旅游等新兴业态快速发展,电子商务、网络营销等旅游商业模式创新加快,这些新的旅游业态呼唤着新的旅游专业人才。

我国目前旅游服务接待的培训主要由两部分组成,一部分是院校教育,另一部分是在岗培训。前者较注重学生的理论性,后者注重动手能力,这两种形式都没有很好地解决员工理论联系实践的能力。现有的院校教育很难适应旅游行业人才的需求,接受教育的期望值过高,使得毕业生很难踏踏实实地在服务业工作,员工收入普遍偏低,行业歧视现象仍然广泛存在。此外,从产业性质来讲,旅游业重经验、轻技术,科技含量不高,具体事务十分繁杂,需要良好的体魄和较高的工作热情。从这一点来讲,本科生教育存在的问题普遍较多,上不能搞学术,下不能搞服务,虽是学管理,但是很难进入旅游企业的核心管理层。当前的教育形式使旅游企业背负"二次培养"的责任,企业的人力资源管理成本普遍较高。

五、"互联网十旅游"还需进一步深度融合

随着"互联网十旅游"的融合渐渐深入,以互联网为载体,线上的旅游 OTA 与线下的旅游企业融合互动,B2B 电商合作平台、B2C 产品营销平台和 OTA 电商合作模式不断创新,智慧旅游营销、智慧旅游管理、智慧旅游服务等新兴业态,以及智慧旅游企业、智慧旅游景区、智慧旅游城市等新兴载体快速涌现,旅游产业发展插上了腾飞的翅膀。以在线旅游市场为例,投资持续升温,"互联网十旅游"进程加快,2015 年在线旅游投资超过 770 亿元,是2010 年的 55 倍。然而,线上线下因为发展所产生的矛盾也不容小觑。

(一)对线下产品依赖严重

我国目前的"互联网十旅游"大多数都集中在抢占市场获取短期垄断利润,并未真正见得线下服务变革的动力,无论是 OTA 还是 Offline,都只是把线下资源搬到线上来售卖而已,产品照旧是原来的产品,旅游服务质量和旅游体验、旅游 O2O 远未达到完美。随着用户越来越多的个性化需求被唤醒,线下旅游服务的分布广泛和复杂性也逐渐凸显,从攻略、预订、打车租车、导游、餐饮、门票等旅行过程的各个维度(吃、住、行、游、购物、娱乐),都需要移动互联网提供本地化的、实时化的 O2O 服务。原属于传统行业范畴的旅游行业,已经成了和互联网联系最为紧密的行业之一,而微信十旅游的尝试只是"互联网十"旅游的开始。旅

游电子商务绝不是用互联网经营旅行社业务那么简单，而是会通过互联网及其辅助设计、大数据、云计算等技术，来使游客行前、行中、行后的感受更好，旅游经营服务的自动化、科学化水平和效率都大幅度提升。从这个角度来看，"互联网＋旅游"的服务要真正靠谱，目前急需解决的问题就是怎样用互联网的力量解决旅游行业线下的体验。

（二）互联网应用简单

"互联网＋旅游"，要回到"互联网＋"，而不是简单的"＋互联网"。旅游O2O应该是互联网在游前、游中、游后发挥优势，同时通过线上的信息展示、营销、互动、决策、预订、支付等反作用于线下旅游体验服务的加强，形成线上线下服务体验的闭环过程。对用户而言，旅游绝不再是在线订票订酒店那么简单。出发前通常对目的地缺乏了解，此阶段，丰富的资料和可信的评价是用户服务的核心；途中则需要线上线下结合的高效管理，景点周边的实时交通信息、购票排队状况、景区内游客密集程度，等等。

（三）产品趋于雷同

创意性是旅游产品的核心竞争力所在，把旅游产品、服务和游客体验做到极致，通过创意产品升级，让游客尖叫不断，是旅游业保持持续竞争力的关键。旅游的核心就是要追求差异化的兴奋点和体验奇观。真正好的旅游产品、服务和体验应该是从产业内部生长出来的，而不只是应一时之需而临时拼盘端出来的混搭。旅游产业要彰显产业个性及其独特的文化魅力，不能什么热，就搞什么产品，最后将没有自己的特色。

第三节　我国旅游产业的政策建议

一、健全旅游法规及相关规章制度，促进旅游业持续健康发展

（一）联系我国实际，制定旅游基本法

基本法的内容应包括：明晰国家发展旅游旅游服务贸易根本原则和宗旨；明确规定旅游主管机构的法律地位和职能；规定各类旅游企业的行为准则；加强对旅游者合法权益的保护；贯彻国际旅游发展的基本政策；调整行业管理制度；细化法律责任及处理措施。

（二）修改旧的旅游法律法规以促进旅游业的发展

逐步修订和完善旅游大环境的法律。这类法律对旅游发展的宏观环境起着非常重要的作用。这些法律重点是解决旅游发展的法治大环境问题，涉及的主要法律有公司法、反不正当竞争法、价格法、保险法、食品卫生与安全法等。此外，应进一步清理、补充、修改部门规章。部门规章是由国家旅游局单独制定或与国务院其他部门联合制定的各种调整特定旅游关系的行业性规范。

（三）强化对旅游者合法权益的保护

针对我国旅游立法中存在的对旅游消费者的保护力度不够等现象，在今后的立法活动中，应重视旅游者权益的规范，制定专门性旅游法规，有效保障旅游消费者的合法权益，使旅游者的权益与其作为一般消费者的权益相契通。为了更好地促进旅游业健康发展，应规定旅游消费者应尽的义务和保护其合法权益的条款。

随着我国旅游地区的不断扩大和国际游客的迅速增长,对游客的人身和财物安全须引起更大重视,对旅游行业中违规现象须做到有法可依、有法可循,有效控制旅游市场愈演愈烈的"零负团费"、强迫购物、旅行社违约、游客无法维权、门票乱涨价和旅游安全意识淡薄等不良现象。

二、优化旅游服务环境,保证可持续发展

(一)实施旅游休闲重大工程

适应人民群众消费升级和产业结构调整的必然要求,对于扩就业、增收入,推动中西部发展和贫困地区脱贫致富,促进经济平稳增长和生态环境改善意义重大,依托旅游休闲重大工程的实施,基本建立与大众旅游时代相匹配的基础完善、城乡一体、结构优化、供需合理、机制科学、规范有序的现代旅游业发展格局。打造1000家新的自然生态环境良好、文化科普教育功能完善、在国内外具有较强吸引力的精品景区,使主要热门景区长期高负荷运行、游客数量超过环境容量、游览品质无法保障的现象得到有效改观,游览品质得到提高,科普教育功能明显增强。

(二)优化旅游服务环境

中国旅游资源丰富,但一些地方对自然旅游资源实行了破坏性、掠夺性开发,致使生态环境恶劣,历史文化遗产遭人为破坏。因此,必须做好环境保护工作,保证旅游的可持续性发展。通过重视对自然资源、人文资源和生态环境的保护,加强旅游目的地的环境建设,加强对原有生态环境的保护和开发监督力度,建立环境检测机构,组建全国旅游环境预警网络。同时引导旅游企业和旅游者积极履行社会责任、环境责任,关注和应对全球变暖问题,努力减少旅游活动对自然、人文和生态环境的负面影响,积极发展绿色旅游、生态旅游、文明旅游,改善一个国家和地区的生态环境,使之实现可持续发展。

(三)加大基础设施投入

要加紧旅游产业的基础设施及配套设施的建设与更新,在保护生态环境和可持续发展的前提下合理有序地对旅游资源进行开发,出台相关的产业扶持政策,整合各地区资源,形成产业链,对某些重点地区进行重点支持。

在改善旅游基础设施建设的问题上,我国应该积极做好两手准备:一方面,要继续加大资金投入力度,根据旅游服务业的发展进一步增建和扩建旅游基础设施建设规模,以减少可能因需求压力的增加而出现供应能力不足问题的风险;维修和改善原有的基础设施,或对已经破损或落后的基础设施进行重建;同时,积极开发与建设新的旅游基础设施以适应旅游服务贸易不断发展的需要。

另一方面,从全局出发,结合各地旅游服务贸易发展的实际情况,综合考虑旅游产业发展各要素之间的协调发展,国内旅游服务贸易市场与国际旅游服务贸易市场统筹兼顾,营造一个良好的旅游服务贸易发展的大环境。随着国民收入的增加和人民生活水平的提高,将积极带动境外旅游消费的增加,旅游服务出口也会随之有较快的增长。未来中国旅游服务将是一个具有潜力和更富有竞争性的市场。这就对我国的旅游基础设施建设提出了更高的标准,同时成为了加快我国旅游基础设施建设的催化剂。

旅游服务贸易的发展离不开旅游基础设施,加大旅游基础设施建设是伴随旅游业发展

的必然要求。旅游服务贸易是中国服务贸易的重要组成部分,随着旅游服务贸易持续增长,对旅游基础设施的要求也会不断提高,因此,我们一定要提前做好准备,不断扩大和改善旅游基础设施建设。

（四）继续整合相关资源,形成"大旅游"的发展格局

这对一个国家的国民经济、社会建设、人的素质的提高都有好处。为此,我国政府应加大与旅游业相关的公共投资力度,用于改善道路交通、环保设施、文物保护和开发、旅游教育和科研、景点开发、旅游商品开发、景区度假区环境和辅助设施建设等方面。重点包括以下几个方面:

第一,旅游公共服务保障工程。建设重点旅游目的地机场、火车站、汽车站、码头、高速公路服务区、商业集中区等游客聚集区域的旅游咨询中心;区域性的旅游应急救援基地;游客集散中心、集散分中心及集散点;旅游交通引导标识系统;旅游数据中心。

第二,重点景区建设工程。建设景区到交通干线的连接路,景区内的道路、步行道、停车场、厕所、供水供电设施、垃圾污水处理设施、消防设施、安防监控设施、解说教育系统、应急救援设施、游客信息服务设施以及环境整治等。

第三,旅游扶贫工程。建设乡村旅游富民工程重点村的道路、步行道、停车场、厕所、农副土特产销售中心、供水供电设施、垃圾污水处理设施、消防设施以及环境整治等。

第四,红色旅游发展工程。建设全国红色旅游经典景区到交通干线的连接路,景区内道路、步行道、停车场、厕所、供水供电设施、垃圾污水处理设施、消防设施、安防监控设施、展陈场馆、解说教育系统、游客信息服务设施以及环境整治等,国家级抗战纪念设施、遗址的必要维修保护。

第五,贫困户乡村旅游"三改一整"工程。对乡村旅游扶贫重点村的农家乐等,重点支持实施"三改一整"工程(即改厨、改厕、改房间、修整院落)项目,改善贫困户旅游接待条件。

第六,旅游创业创新工程。重点支持全域旅游示范区、旅游产业园区、乡村旅游创客基地、跨境旅游合作区和边境旅游试验区、智慧旅游景区等项目。

第七,绿色旅游引导工程。重点支持旅游景区、民宿客栈等节水节电、绿色低碳升级改造项目。

第八,旅游休闲重大工程的保障措施,加强重大工程项目监督检查。国家发展改革委、国家旅游局将统筹利用月度调度、项目稽查和专项检查等方式,加大对旅游休闲重大工程实施情况的监督检查。加大对项目进展缓慢、调度协调不力的地方的督办力度,研究建立推进旅游休闲重大工程成效与安排中央预算内投资额度相挂钩的机制。

三、加快企业改革,提高国际竞争力

（一）加快企业产权改革

积极探索建立符合国际惯例的旅行开发商、经营商、零售(代理)商的纵向旅行社体制,形成以大旅行社为"龙头"、旅行经营商为中坚力量、零售商为基础的旅行批零体系,提高旅行社开拓海外客源市场的能力。同时,大力推进旅游饭店的连锁化发展,鼓励优势旅游饭店以收购、兼并、联合等方式组建旅游饭店连锁集团,加快旅游饭店集团化发展,以壮大国内旅游企业的实力,提高国内外的竞争力。此外,应积极探索景区景点经营权转让的改革,鼓励具备条件的旅游企业上市融资,吸引外资和民间资本投入开发旅游景区景点和建设各种旅游设施,增强旅游企业的整体竞争力。

(二) 加强旅游企业集团化战略发展

目前全世界的酒店中,有57%以上以各种形式隶属于酒店集团。我国应通过政策调整旅游企业结构,改变小、散、弱、差的恶性发展局面,为了增强竞争能力,必须大力推进集团化发展。首先,旅游企业可根据自身的具体情况,选择适合自己的集团化道路,或以资金、设备等有形纽带实施集团化,或以品牌、经营管理技术等无形资产为手段实施集团化。其次,在推进集团化进程中,要改变过去片面强调以有形资产为手段进行集团化的做法,要重视以品牌、经营管理技术等无形资产为手段实行集团化。旅行社一直是中国旅游业的薄弱环节,因此要通过体制改革,与国外旅行社合资、合作,走集团化道路,创造自己的品牌,增强竞争自身力。

(三) 加强品牌建设,建立共同的市场目标

促进旅游企业综合化、专业化能力进一步提高,信息化和现代化管理水平明显提升,形成100家左右具有国际一流水平的龙头型、创新型的综合旅游企业集团和旅游服务品牌。创立一些有特色的、有影响力的品牌景区,以此来带动其他地区旅游产业的发展,减少一些公共资源和财产的浪费。通过对管理的改进和吸引优秀人才来发展创造一批国际名牌,对小的企业要加以正确的引导,必要时可以加以适当的政策保护,使得他们也保持适当的竞争力,避免垄断现象的产生。

注意借鉴国外先进经验,进行资产的重组,对资源进行有效的整合,组成一批跨行业、跨地区的大型现代化企业。鼓励有实力的旅游企业到周边国家投资、联营、承包或管理旅游企业,积极探索、开发海外市场。此外,加大旅游营销的力度,充分利用互联网宣传,提高知名度,从而为我国的旅游服务贸易打下一个良好的基础,提高我国旅游服务贸易的竞争力。

(四) 强化管理创新,提高行业竞争力

管理创新是指创造一种新的资源整合范式,这种范式既可以是新的有效整合资源达到企业目标和责任的全过程管理,也可以是新的具体资源整合及目标制定等方面的细节管理。首先,保持新颖性。其次,保持其高附加值。创新可以重新组合生产要素,从而改变资源的产出效果,达到整体价值的提升。在旅游服务产品创新的过程中,资源通常是有限的,这时就要突出产品的附加价值,通过提高附加值增加产品的创新性和实用性。最后,保持动态性。管理创新是一个不断完善的过程,永远没有止境。坚持创新的动态化,本身就是企业资源可持续发展的一种表现,符合企业的长远利益。

管理创新不只是企业的任务,更是全社会的任务。一个立体式的国际服务贸易创新局面可以概括为以观念创新为基础、以格局创新为突破、以制度创新为实质,通过形式创新、政策创新、构成创新和工具创新、体制创新、制度创新等具体体现的包括服务贸易各个方面、贯穿其全过程的创新。

四、完善人才培养机制,强化人才国际化策略

长期以来,由于我国的旅游企业大都在国内发展,真正懂得国际经营的人才很少,所谓"人才国际化策略"就是放眼世界,培养和吸引人才。完善我国人才培养机制,可以从以下几

个方面入手:

一是加大力度调整旅游教育结构和学校布局,从提升办学层次的"追高"转向多种办学层次的均衡求实发展,从专业设置、教学计划和教学过程管理等方面对旅游人才培养模式进行创新,使得有限的教育投入发挥更好的效益,旅游职业教育将面临巨大的发展空间。

二是在原有的院校为主的人才培养体系的基础上,充分调动旅游行政部门、培训中心、旅游院校和旅游企业等多方面参与人才培养与开发的积极性、主动性、创造性。

三是加快人才国际化步伐,拓展旅游人才开发的国际合作渠道,适当选送一部分管理人员到国外学习先进的管理经验,通过海外实习、合作办学、国外留学等多渠道融入国际旅游教育,积极开展境外培训,形成大旅游教育的格局,有针对性地引入旅游产业稀缺的综合性高端人才。

四是进一步完善和加强人才培训与行业管理相结合的有关政策,完善旅游企业从业人员持证上岗培训制度,坚持先培训、后上岗,完善旅游行业从业人员资格考试制度和教育培训机构认证制度。

五是积极推进旅游人才市场建设,发挥市场在旅游人才配置中的基础性作用,建立包含政府、企业、社区、教育机构的旅游人才培训体系,开展多层次、多形式和针对性的知识和技能培训,全面提升旅游从业人员素质。

六是借用外国人才,聘请少量外国著名旅游管理公司的高级人才帮助管理我方企业,在学习与模仿中积累经验,成长壮大。

七是企业要加强完善自身的管理体制和分配机制,建立真正适合市场经济的人才制度,提高企业对人才的吸引力,留住人才。

五、深化"互联网+",继续加快发展智慧旅游

在"互联网+"时代,旅游作为产业升级发展的一种服务性产品,从一般的产业受众到忠实消费者,消费者越来越成为品牌塑造的参与者与推动者。通过平台共享、品牌授权、广告植入、市场对接、营销捆绑等创新方式,找到旅游产业与品牌体验设计之间的价值平台,全面释放旅游的文化交流功能和品牌沟通功能,让消费者在潜移默化中强化品牌感知体验。

旅游新媒体营销在外部形态上,主要表现为应用互联网生动形象地展示宣传旅游目的地及其旅游产品、服务项目,及时互动回应询问、进行针对性推介,并延伸至旅游计划安排建议及辅助设计服务、网上预订和通知等服务,实现更有效、更高效的目标。

在内部支撑方面,主要是运用大数据、云计算、物联网、射频等信息化技术,收集、汇总、分析游客及其旅游消费信息,研究确定旅游推广宣传的目标区域、重点人群,并根据其选择旅游目的地及产品、服务的特点使用相应的推广营销方式、时间,大幅度提高旅游营销的针对性、精准度并使得效率和效益更高、效果更好。

智慧旅游必然是通过"互联网+"旅游消费、生产经营、组织管理和服务等各个方面来实现和具体体现。以"1+N(养老、养生、温泉、亲子、餐饮、住宿、购物、娱乐等)"为模式,自然生态的要素、气候环境的要素、历史文化的要素、产业生产的要素、流通消费的要素和创新创意的要素被激活,各类传统上不相关的产业要素融通,形成以一产为基础、二产为支撑、三产为亮点,三大产业协同发展的复合产业关系。从这个意义上,旅游是一种产业润滑剂和融通

剂,也是产业发展变压器,在产业整合当中塑造着产业的新生态和新未来。在继续加大智慧旅游的发展过程中还需要做到以下几点:

(一)夯实智慧旅游建设基础

目前各地在智慧旅游建设中存在认识不清、盲目跟风、技术力量薄弱等现象,反映了智慧旅游建设过程中的基础薄弱。夯实智慧旅游建设基础,主要包括三个方面:第一,在智慧城市建设框架下,根据各地经济发展水平和旅游产业地位,进行有针对性、持续性的资金投入,避免短期效应和政绩工程,建设符合本地实际的智慧旅游系统,避免浪费。

第二,国家旅游局应加强与信息产业部、建设部等智慧城市方案实施部门的沟通协调,对智慧旅游发展的概念内涵、系统构成、技术要求、服务能力、经济效益和市场前景等有清楚的认识,争取智慧城市建设项目的技术支持,同时积极引导高新技术企业开展智慧旅游的专项技术研发,鼓励旅游企业和相关企业开展智慧旅游服务。

第三,加强与信息技术研究机构、高等院校的合作,同时鼓励旅游研究机构、旅游院校、旅游管理部门等开展智慧旅游技术的可行性论证、标准制定、行业实践、人才培养和宣传推广工作。

(二)统筹规划促进融合

一方面,由于旅游业涉及面广,旅游者在目的地的活动涉及当地各领域和各产业部门;另一方面,根据现阶段我国智慧旅游与智慧城市的发展现状,大多数地区的智慧旅游建设都是智慧城市建设的有机构成。

因此,都要求智慧旅游建设,在智慧城市框架下统筹规划,对于移动网络、物联网建设、信息安全、三网融合等基础设施建设应一步到位;打破行业壁垒、条块分割,实现旅游业与第三产业其他部门、第一产业和第二产业的信息与资源共享,以智慧旅游建设为契机,促进旅游产业与其他产业的融合,发展多种旅游业态和产业旅游,带动本地区的整体发展;在国家信息化领导小组领导下,由分管旅游的主管领导和旅游管理部门,对智慧旅游建设进行职能分工,落实工作任务,保障智慧旅游发展目标顺利实现。

(三)紧贴需求进行改进创新

智慧旅游作为一种新兴的旅游发展理念,本质就是满足旅游者多元化的信息需求和体验需求,同时智慧旅游建设的成败也必须以旅游者的亲身体验和评价判断为根本标准。因此,智慧旅游建设必须以旅游者为中心,紧贴其需求变化,并不断进行改进创新,在智慧旅游项目设计和建设发展过程中,要以旅游行程和消费过程为线索,建设智慧旅游终端系统、无线上网条件、专业网站、手机程序、平板电脑程序、支付平台、导航定位服务系统、虚拟旅游服务系统等设施,将旅行社、旅游交通、旅游景区、旅游住宿、旅游购物、旅游表演、旅游休闲娱乐以及旅游目的地等其他与旅游活动密切相关的企业和部门纳入建设范围,同时注重与电信、广电、交通、金融、文化、安全、医疗等部门的配合,建立以旅游者需求为核心的信息库与资源共享平台,为游客提供定制、多元、人性、时尚、低碳的旅游服务项目,最终实现游客的完美体验。

(四)加快配套设施建设

智慧旅游配套建设主要包括四个方面:第一,加快智慧旅游建设的标准化建设,健全各项法律法规,保障智慧旅游建设中的网络安全、数据安全和个人信息安全;第二,智慧旅游建设涉及国内不同类型、不同发展水平的旅游目的地，目前发展势头虽然喜人，但缺乏一套统一的建设实施考核评价体系，对各地的智慧旅游建设情况、部门协调情况、产业融合情况、旅游者满意程度以及智慧旅游对旅游经济和地区经济的贡献情况等进行量化评价，促进各地区的互相学习与良性竞争，因此，智慧旅游实施考评体系建设迫在眉睫；第三，我国智慧旅游发展时间较短，要及时吸取国外先进经验，并对国内智慧旅游发展经验进行总结，在此基础上向全国推广；第四，通过基础设施建设、商业模式革新、企业技术扶持与政策优惠、社会宣传推广、人才教育培训等方式，营造智慧旅游发展良好的技术环境、社会环境、商业环境。

（五）大数据引领旅游产业升级发展

通过建设旅游孵化基地，聚集全国优秀旅游信息化企业，开展大数据研究、产品研发、旅游智能化系统建设，打造完整的旅游信息大数据生态链。推动中国大数据特别是大数据旅游产业的创新发展，凝聚旅游产业链上下游资源，对接旅游相关行业，吸纳先进的国内和海外驻华旅游及相关企业、基金资本、行业媒体、科研院所、行业协会、旅游管理部门，从供给侧角度，引进、打造、转化、扶植一批旅游和大数据领域的优秀企业，打造"数据＋媒体＋资本"的全方位创新型科技服务平台。围绕旅游大数据产业发展所需，建立旅游大数据智库，聘请国内行业领先企业领军人物作为旅游大数据发展的专家顾问，鼓励高等院校与旅游行业主管部门、旅游大数据企业采取政企（校企）合作等方式联合办学，打造一批旅游大数据人才的实训基地，培养一批懂管理、懂技术、懂旅游、实用性强、复合型的旅游大数据专业人才。

第四节　我国旅游业发展新趋势

一、旅游综合体发展前景乐观

近年来，随着大众旅游时代的来临和旅游消费需求的不断升级，旅游综合体日益受到游客的青睐，成为旅游产业发展的新业态。旅游综合体是以一定的旅游资源和土地资源为基础，将旅游功能、文化功能、体育功能、商务功能、社区功能等进行有机结合的旅游产业聚集区。全国旅游项目管理系统统计显示，目前全国在建的旅游综合体项目 2027 个，占到全部在建旅游项目总数的 19.2％，预计总投资 52235.7 亿元，已完成投资 12253.2 亿元，占全部旅游投资的 38.8％。大型旅游综合体项目已经遍布全国东中西部，投资额在 100 亿元以上的在建旅游综合体项目中，东部地区为 81 个，已完成投资 2179.2 亿元；中部地区项目数量为 25 个，已完成投资 751.1 亿元；西部地区项目数量为 25 个，已完成投资 599 亿元。

旅游综合体是旅游业发展的重要载体，可以产生集聚效应、辐射效应，在一定区域内可以引导产业发展。可以涵盖"吃住行游购娱"等各类设施，集聚了观光、休闲、娱乐、文创、商贸等多种业态，成为重要旅游集散点，辐射带动了周边区域发展。成功的旅游综合体将对旅游产业转型、相关产业带动、居住水平升级、社会就业拉动、整体形象提升、文化影响突破、城乡统筹推进等方面产生极大的推动作用，有助于推动中国旅游消费模式、景区发展模式、地产开发模式升级。旅游综合体依靠核心主题元素及配套的丰富业态提升旅游体验，对外部依赖性小、受季节影响很小,且能满足多元化的旅游消费需求,可以在一定程度上避开激烈的市场竞争,摆脱对旅游观光资源的依赖。对于旅游综合体的进一步发展,可从以下几个方面着手进行科学引导:

一是旅游综合体规划建设要面向市场需求,找准主题定位及功能定位,以创造差异化的吸引力与感召力为指向,明确综合体的各级客源市场及品牌形象,结合当地文化,主动融入当地特色,系统规划,整合资源,凸显比较优势,形成独特主题。

二是政府对管辖范围内综合体的土地地价、位置选取,要充分考虑城市发展及社会经济状况。政府在监督管理方面,则要做好宏观指导与科学规划,加大公共设施和配套服务供给,切忌一窝蜂式的无序发展,防范泡沫风险。

三是从国家层面出台相关政策措施,科学引导旅游综合体项目健康发展。首先,加强宏观指导,研究编制旅游综合体发展专项规划,按照城乡经济社会发展实际,合理布局,科学引导大型旅游综合体项目建设发展,通过进目录、进规划,分步实施,让旅游综合体的强大生命力带动旅游基础设施的进一步完善;其次,抓紧制定旅游综合体服务质量标准和安全监管标准,不断提高综合体的服务水平、经营能力和综合效益;再次,加大与相关部门的沟通协调,切实发挥综合体项目在稳增长、促消费、调结构中的重要作用。

二、开展网络一站式服务,发展深度旅游

在碎片化和移动互联网时代,根据调查,71%的旅游消费者希望获得一站式的解决方案和完整的旅游产品购买、消费体验,缩短旅游决策时间。除了优质的旅游点评、旅游问答、旅游攻略、游记等供决策参考,用户希望能够同时购买酒店、机票、签证、邮轮、租车、保险、当地游等全网高性价比的自由行产品和服务,并进行旅游结伴社交。携程、蚂蜂窝等在线旅游企业都开始打造一站式的自由行服务平台。以日本为例,通过蚂蜂窝,用户可以详细了解日本约7500种特色美食、3200个景点,下载日本各热门城市攻略、主题攻略,阅读日本的精品游记;还可以预订日本2.6万家各具风情的酒店民宿、上千种个性化的当地游产品;还可以与去过日本或身在日本的朋友问答互动,与打算前往日本的朋友结伴同行。

旅游消费者个性化、当地化、深度化的旅游体验需求增长迅速,促使自由行信息、产品、商业模式也不断地向个性化、当地化、深度化方向发展,从而满足自由行游客多元化的需求。在需求和资本、技术、创业的推动下,以"直面用户、直采资源"为核心的自由行创新站在了旅游业发展的前沿。随着移动互联网的迅猛发展,以及全球旅游市场结构、旅游观念、消费模式的变化,机票、酒店、签证、当地游等旅游产品的在线购买更加便捷,性价比也越来越高,越来越多的旅行者希望通过自由行,自我主导整个旅游过程,"说走就走"、"边走边订"。2015年途牛的"一日游"和门票等产品交易额大幅增长,比如"日本东京-箱根1日游","美国一号公路自驾"等一日游产品能让游客近距离接触当地的自然和人文景观,因而颇受追捧;而听一场演唱会、看一场高水平的球赛,被视作新的旅行时尚,台湾小巨蛋演唱会、欧洲杯球赛门票预订率在去年一直居高不下;"韩国乐天世界+汗蒸体验","澳大利亚悉尼海港大桥攀爬活动"等休闲、冒险类产品也广受游客欢迎,这些产品的热销说明自由行用户渴望感受当地的生活,享受真正的深度休闲游。

第九章 科技服务业产业发展报告

2015 年是"十二五"收官之年,科技服务业的发展既承载着为经济发展转型升级提供动力,也承担着在科技前沿领域抢占高地的重任。在我国经济发展面临着多重困难和严峻挑战的背景下,国家对科技服务业的重视程度显著提高,国务院出台了《关于加快科技服务业发展的若干意见》,明确提出科技服务业是现代服务业的重要组成部分,具有人才智力密集、科技含量高、产业附加值大、辐射带动作用强等特点;提出加快科技服务业发展是推动科技创新和科技成果转化、促进科技经济深度融合的客观要求,是调整优化产业结构、培育新经济增长点的重要举措,是实现科技创新引领产业升级、推动经济向中高端水平迈进的关键一环,对于深入实施创新驱动发展战略、推动经济提质增效升级具有重要意义。在政策的大力推动下,我国科技服务业也取得了逆势发展,一批创新成果达到国际先进水平,第三代核电技术取得重大进展,国产 C919 大型客机总装下线,屠呦呦获得诺贝尔生理学或医学奖;科技创新实现重大突破。量子通信、中微子振荡、高温铁基超导等基础研究取得一批原创性成果,载人航天、探月工程、深海探测等项目达到世界先进水平;科技服务业的规模进一步扩大,对经济发展的贡献显著增加,为适应新常态、引领新常态,培育壮大新动能。

第一节 科技服务业发展现状分析

2015 年,面对错综复杂的国际形势和艰巨繁重的国内改革发展稳定任务,党中央、国务院团结带领全国各族人民,按照"五位一体"总体布局和"四个全面"战略布局的总要求,牢固树立和贯彻落实创新、协调、绿色、开放、共享的发展理念,适应经济发展新常态,坚持改革开放,坚持稳中求进工作总基调,坚持稳增长、调结构、惠民生、防风险,不断创新宏观调控思路与方式深入推进结构性改革,扎实推动大众创业万众创新,努力促进经济保持中高速增长、迈向中高端水平,转型升级步伐加快。在此基础上,我国科技服务业发展势头良好,国家对科技服务业的重视程度进一步提高,进一步强化了对创新驱动战略对国家经济转型升级的重要意义,完善了相关法律法规,推动科技服务业规模不断扩大,对经济发展的贡献显著提高。

一、科技服务业的重要性显著提高

面对当前传统产业增长乏力,2015 年以高新技术产业、新能源、"互联网＋"等为代表的科技服务业悄然崛起,日益成为支撑中国经济转型升级、提质增效的一股关键力量。伴随着新产业的蓬勃发展、新业态的不断涌现以及"双创"热潮下市场活力的进一步激活,推动中国经济这艘"巨轮"破浪前行的新动能,正在加速孕育与积聚。"新意"盎然的中国经济,不仅让人感受到阵阵"暖意",也更加坚定了我们直面困难与挑战的信心。

首先,科技服务业的政策法规陆续出台,为科技服务业的发展提供了战略新机遇。2015年政府工作报告中明确提出以体制创新推动科技创新,要加快科技成果使用处置和收益管理改革,扩大股权和分红激励政策实施范围,完善科技成果转化、职务发明法律制度,使创新人才分享成果收益;制定促进科研人员流动政策,改革科技评价、职称评定和国家奖励制度,推进科研院所分类改革;引进国外高质量人才和智力;深入实施知识产权战略行动计划,依法打击侵权行为,切实保护发明创造,让创新之树枝繁叶茂;要落实和完善企业研发费用加计扣除、高新技术企业扶持等普惠性政策,鼓励企业增加创新投入。支持企业更多地参与重大科技项目实施、科研平台建设,推进企业主导的产学研协同创新。大力发展众创空间,增设国家自主创新示范区,办好国家高新区,发挥集聚创新要素的领头羊作用。中小微企业大有可为,要扶上马、送一程,使"草根"创新蔚然成风、遍地开花;要改革中央财政科技计划管理方式,建立公开统一的国家科技管理平台。政府重点支持基础研究、前沿技术和重大关键共性技术研究,鼓励原始创新,加快实施国家科技重大项目,向社会全面开放重大科研基础设施和大型科研仪器。把亿万人民的聪明才智调动起来,就一定能够迎来万众创新的浪潮。在政府工作报告的引领下,2015年国家出台了一系列政策文件推动科技服务业的发展。

表9-1　2015年中国科技服务业主要政策一览表

日期	发文机构	政策意见	主要内容
2015年8月31日	科技部	中华人民共和国促进科技成果转化法	为了促进科技成果转化为现实生产力,规范科技成果转化活动,加速科学技术进步,推动经济建设和社会发展
2015年1月10日	科技部	关于进一步推动科技型中小企业创新发展的若干意见	激发科技型中小企业技术创新活力,促进科技型中小企业健康发展
2015年7月4日	国务院	关于积极推进"互联网+"行动的指导意见	主要围绕"互联网+"进行讲述如何把互联网的创新成果与经济社会各领域深度融合,进一步促进社会发展
2015年12月29日	工业和信息化部、国家标准化管理委员会	信息技术服务标准化工作五年行动计划(2016~2020)	加大信息技术服务标准(ITSS)应用示范,开展咨询设计、集成实施、运行维护、信息技术治理、数据(信息)保护等领域标准应用示范
2015年12月22日	工业和信息化部	产业技术基础公共服务平台建设管理暂行办法	推进基层公共文化资源有效整合和统筹利用,提升基层公共文化设施建设、管理和服务水平
2015年4月27日	国家统计局	国家科技服务业统计分类(2015)	为科学界定科技服务业的统计范围,建立科技服务业统计调查制度

资料来源:根据网络资料整理获得。

其次,科技服务业的规模不断扩大,吸纳就业人员人数显著增加。科技服务业作为转型升级的助推器,在国家出台了一系列加快科技服务业发展的政策引导下,主动引领服务业发展新趋势,加快结构转型步伐,尤其是奋力推进大众创业万众创新,极大地增强了转型升级新动力。在"互联网+"的带动下,现代信息技术与传统产业加速融合,推动了科技服务业新产业、新业态和新商业模式的蓬勃发展,成为经济转型升级的新亮点。2015年信息传输及软件和信息技术服务业新增企业24万户,增长了63.9%;高技术服务业、科技服务业、战略性新兴服务业的规模以上企业营业收入同比增速分别为9.4%、8.6%、12.0%。在规模以上服务业企业中,互联网和相关服务营业收入增长25.0%,软件和信息技术服务增长19.9%。"互联网+"也带动了电子商务的高速发展,2015年社会消费品零售总额的同比增速为10.7%,网上零售额的同比增速为33.3%。另一方面,科技服务业是吸纳就业的压舱石。2015年,服务业就业人数占全部就业人数的比重为42.4%,较2010年扩大了7.8个百分点,高出第二产业占比13.2个百分点。2015年,互联网和相关服务、科技推广和应用服务业、软件和信息技术服务业等高技术服务业的从业人员分别比上年增长13.6%、4.2%和4.5%,而2015年全国就业人员同比仅增长0.3%。

表 9-2　近年来中国科技服务业增加值及从业人员情况

	增加值(万元)		科技服务业占比(%)	从业人员(万人)	
	科技服务业	服务业		科技服务业	服务业
2005 年	2163.99	77427.80	2.79%	212.71	23439.16
2006 年	2684.79	91759.70	2.93%	219.70	24142.92
2007 年	3441.34	115810.70	2.97%	227.56	24404.00
2008 年	3993.35	136805.80	2.92%	240.17	25087.25
2009 年	4721.73	154747.90	3.05%	255.15	25857.35
2010 年	5636.85	182038.00	3.10%	292.29	26332.33
2011 年	7939.40	216098.60	3.67%	298.50	27281.94
2012 年	9449.40	244821.90	3.86%	330.68	27690.00
2013 年	11010.20	277959.30	3.96%	387.76	29636.00
2014 年	12250.70	308058.60	3.98%	408.04	31364.00
2015 年	——	346150	——	410.58	32839.00

资料来源:根据 WIND 资讯数据整理获得。

再次,科技服务业税收贡献进一步提升。受经济下行、产能过剩及库存较高的影响,制造业税收增长较慢,但部分高端装备制造业得益于创新力度大,产业集聚程度高,市场竞争力强,税收增长较快。2015年,第三产业实现的税收占全部税收的比重达54.8%,较上年提高了1.3个百分点,比第二产业高出9.7个百分点。第三产业税收增长7.6%,比第二产业快5.5个百分点。从新增税收贡献看,第三产业新增税收占全部新增税收总量的80%,较上年提高了13个百分点,其中,互联网和相关服务业、软件和信息技术服务业、租赁和商务服务业、科学研究和技术服务业等现代服务业税收收入分别增长19.0%、21.2%、23.8%和13.0%。

二、科研投入稳步增加,研发强度显著提高

十八大以来,我国研发投入明显加大,原始创新能力不断提升,科技产出成果丰硕,企业创新活力竞相迸发,科技创新为经济保持中高速增长、迈向中高端水平提供了强有力支撑。2015 年,我国研发经费投入强度再创历史新高,国家财税对科技创新扶持作用增强。据初步统计,2015 年全国研发经费投入总量为 1.42 万亿元,比上年增长 9.2%;按汇率折算,我国研发经费继 2010 年超过德国之后,2013 年又超过日本,目前我国已成为仅次于美国的世界第二大研发经费投入国家。2015 年我国研发经费投入强度(研发经费与 GDP 之比)为 2.10%,比 2012 年提高 0.17 个百分点,已达到中等发达国家水平,居发展中国家前列。我国研发经费投入水平的提高为科技创新实现"并跑"和"领跑"创造了有利条件。

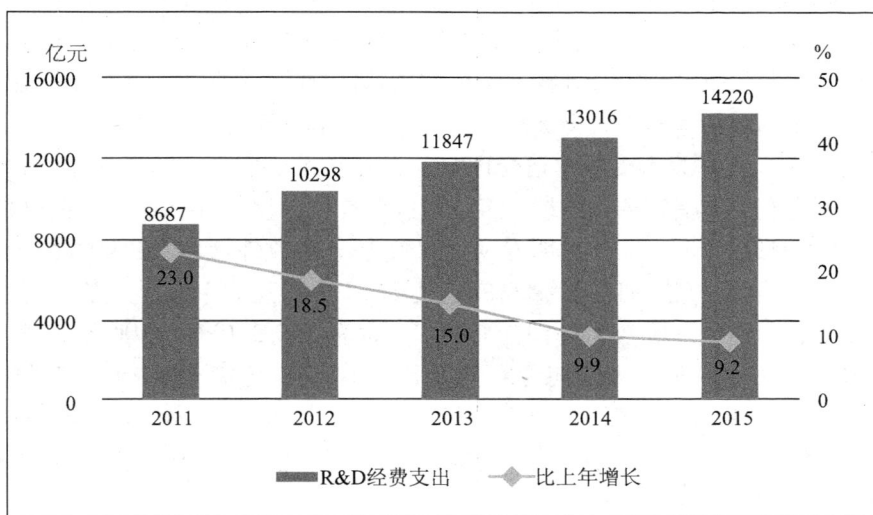

图 9-1　2011—2015 年研究与试验发展(R&D)经费支出
数据来源:2015 年国民经济和社会发展统计公报。

表 9-3　2015 年专利申请受理、授权和有效专利情况

指　　标	专利数(万件)	比上年增长(%)
专利申请受理数	279.9	18.5
其中:境内专利申请受理	261.7	19.7
其中:发明专利申请受理	110.2	18.7
其中:境内发明专利	95.7	21.2
专利申请授权数	171.8	31.9
其中:境内专利授权	157.8	32.4
其中:发明专利授权	35.9	54.1
其中:境内发明专利	25.6	62.5
年末有效专利数	547.8	18.0

指　　标	专利数(万件)	比上年增长(％)
其中:境内有效专利	467.4	19.3
其中:有效发明专利	147.2	23.1
其中:境内有效发明专利	87.2	31.4

首先,我国原始创新能力不断提升,科技成果硕果累累。据初步统计,2015 年我国基础研究经费为 670.6 亿元,比 2012 年增长 34.4％,年均增长 10.4％;其中作为知识创新主体的高等学校和研究机构基础研究经费分别为 347.2 亿元和 295 亿元,比 2012 年分别增长 26％ 和 49％。2015 年我国基础研究经费占全社会研发经费的比重为 4.7％。十八大以来,我国基础研究成绩斐然,在量子反常霍尔效应、铁基高温超导、外尔费米子、暗物质粒子探测卫星、热休克蛋白 90α、CIPS 干细胞等研究领域取得重大突破;屠呦呦研究员获得诺贝尔生理学或医学奖,王贻芳研究员获得基础物理学突破奖,潘建伟团队的多自由度量子隐形传态研究位列 2015 年度国际物理学十大突破榜首。2015 年我国专利申请受理数为 279.9 万件,比 2012 年增长 36.5％;其中发明专利申请受理数首次突破百万件,为 110.2 万件,比 2012 年增长 68.8％,发明专利申请受理数已连续 5 年位居世界首位。2015 年我国专利授权数为 171.8 万件,比 2012 年增长 36.9％;其中发明专利授权数为 35.9 万件,比 2012 年增长 65.5％。发明专利授权数占专利授权数的比重为 20.9％,比 2012 年提高 3.6 个百分点。截至 2015 年底,我国有效专利和有效发明专利分别为 547.8 万件和 147.2 万件,分别比 2012 年增加了 196.9 万件和 59.7 万件;每万人发明专利拥有量为 6.3 件,超额完成"十二五"规划目标。2015 年我国共受理《专利合作条约》(PCT)国际专利申请 30548 件,从 2013 年起连续两年排名均位居世界第三位。专利的快速增长、结构优化和国际排位的提升,反映了我国科技产出能力、水平和效益的日渐提高。

其次,我国创新资源进一步向企业集聚,企业创新活力竞相迸发。据初步统计,2015 年我国企业研发经费逾 1.1 万亿元,比 2012 年增长 40.3％,年均增长 11.9％;占全社会研发经费支出的比重为 77.4％,比 2012 年提高 1.2 个百分点。其中,规模以上工业企业研发经费支出首次突破万亿元,达 10150.9 亿元。企业研发人员约为 425 万人,比 2012 年增长 26.2％。截至 2015 年底,我国累计认定的国家级企业(集团)技术中心为 1187 家,比 2012 年增加 300 家。截至 2015 年底,建在企业的国家重点实验室为 177 个,占国家重点实验室的 36.8％;建在企业的国家工程(技术)研究中心为 144 个,占国家工程(技术)研究中心的 41.6％。2015 年国家新兴产业创投计划累计资金总规模 556.8 亿元,比 2012 年增长 92％;累计投资创业企业 1233 家,比 2012 年增加 995 家。

表 9-4　2005—2015 年研究与试验发展(R&D)经费支出　　　　　(单位:亿元)

年份	(R&D)经费支出	经费支出领域			资金来源	
		基础研究	应用研究	试验发展	政府资金	企业资金
2005	2450.00	131.20	433.50	1885.30	645.40	1642.50
2006	3003.10	155.80	489.00	2358.40	742.10	2073.70

年份	(R&D)经费支出	经费支出领域			资金来源	
		基础研究	应用研究	试验发展	政府资金	企业资金
2007	3710.20	174.50	492.90	3042.80	913.50	2611.00
2008	4616.00	220.80	575.20	3820.00	1088.90	3311.50
2009	5791.90	264.80	724.90	4802.20	1329.80	4120.60
2010	7062.60	324.50	893.80	5844.30	1696.30	5063.10
2011	8687.00	411.81	1028.40	7246.80	1882.97	6420.64
2012	10298.41	498.81	1161.97	8637.63	2221.40	7625.02
2013	11846.60	554.95	1269.12	10022.50	2500.58	8837.70
2014	13015.6	613.5	1398.5	11003.6	2824.3	10060.6
2015	14169.88	716.12	1528.64	11925.13	3013.20	10588.58

资料来源：根据 WIND 资讯数据整理获得。

再次，我国科技创新优化产业结构，支撑引领经济社会发展。规模以上工业企业新产品开发为改善产品的市场结构奠定了基础。2014 年规模以上工业企业实现新产品销售收入 14.3 万亿元，比 2012 年增长 29.3%，年均增长 13.7%；新产品销售收入占主营业务收入的比重为 12.9%，比 2012 年提高 1 个百分点。2012—2014 年，新产品销售收入对主营业务收入增量的贡献为 18.2%。在我国经济增速换挡期，以电子及通信设备制造和医药制造为代表的高技术制造业总体呈现稳中有进的发展态势，为优化我国工业产业结构奠定了基础。2015 年，高技术制造业增加值比上年增长 10.2%，比同期规模以上工业增加值增速高出 4.1 个百分点，占规模以上工业增加值的比重为 11.8%；全年实现主营业务收入 13.7 万亿元，比 2012 年增长 33.9%，年均增长 10.2%，比规模以上工业年均增速高 3.9 个百分点；2012—2015 年，高技术制造业对规模以上工业主营业务收入增量的贡献为 19.9%。

十八大以来，科技创新为经济社会发展带来日新月异的变化，我国 TD－LTE 产业链日趋成熟，2015 年末 4G 用户数超过 3.8 亿；自主研发的新一代高速铁路技术世界领先，高铁运营总里程达 1.9 万公里，占世界的 60% 以上，并进军海外市场；ARJ 支线飞机成功实现商业销售和交付运营；油气开发专项再造一个西部大庆；半导体照明技术加快应用推广，2015 年半导体照明产业整体规模达 4245 亿元，比上年增长 21%；第四期"超级稻"创造百亩连片平均亩产 1026.7 公斤的新纪录；全球首个生物工程角膜艾欣瞳以及阿帕替尼、西达本胺等抗肿瘤新药成功上市。科技创新对经济社会产生重大影响，为改善民生提供了有力保障。

最后，区域创新迈出新步伐，部分地区创新取得明显成效。十八大以来，京津冀协同创新共同体建设深入推进，长江经济带转型升级明显加快，北京、上海积极建设具有全球影响力的科技创新中心，创新型省份、创新型城市建设试点初见成效，区域创新改革试验全面启动。2015 年江苏、广东、山东和北京等地区研发经费超过 1000 亿元，北京、上海、天津、江苏、广东、浙江、山东和陕西等地区研发经费投入强度达到或超过全国平均水平。2013—2014 年，我国东部地区、中部地区、西部地区和东北地区的创新活动企业占比分别为 44%、39.8%、37.9% 和 26.3%，天津、江苏、浙江、广东、陕西等地区位居前列。你追我赶、各具特色的区域创新格局正在逐步形成。

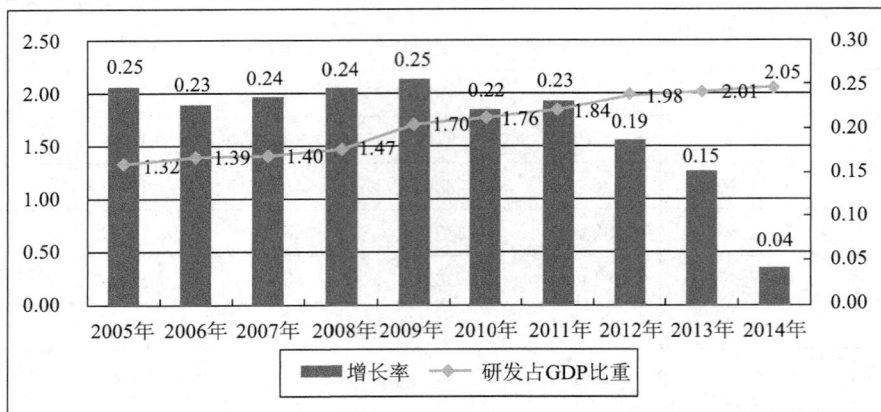

图 9-2　2005—2014 年研究与试验发展(R&D)经费支出增长趋势图

资料来源:根据 WIND 资讯数据整理获得。

三、技术市场质量提升,成果转化明显增加

2015 年,技术要素市场化配置进一步加快,全国技术市场交易额稳步增长,为促进我国经济结构调整和产业提质增效、推进大众创业万众创新提供了有力支撑。2015 年,全国技术市场实现技术合同成交额 9835.79 亿元,较 2014 年增长 14.67%。首先,全国技术合同交易总量持续增长。2015 年共成交技术合同 30.71 万项,成交额 9835.79 亿元,同比增长 14.67%,平均每项技术合同成交额 320.25 万元,同比增长 10.91%。全国技术合同交易额占全国 GDP 的比重继续增加,由 2014 年的 1.35% 上升到 1.45%,提高了 0.1 个百分点。

表 9-5　2011 年—2015 年我国技术市场交易情况

项　　目	2011 年	2012 年	2013 年	2014 年	2015 年
国内生产总值(GDP)(亿元)	473104.05	519470.10	568845.21	636462.70	676708
技术合同成交额(亿元)	4763.56	6437.07	7469.13	8577.18	9835.79
技术合同成交额/ 国内生产总值(%)	1.01	1.24	1.31	1.35	1.45

资料来源:根据 WIND 资讯数据整理获得。

其次,技术转让与技术服务成交额大幅提升。技术转让和技术服务合同成交额占全国技术合同成交总额的 66.34%,同比提高 4 个百分点。技术转让合同成交 1466.53 亿元,增幅居四类合同首位,达到 28.96%;技术服务合同成交 5058.96 亿元,成交额居四类合同首位,同比增长 19.13%。1000 万元以上的重大技术合同成交 9589 项,增长 5.05%;成交额 7370.04 亿元,增长 18.49%,占全国技术交易成交总额的 74.93%,比上年提高 2.42 个百分点。企业输出和吸纳技术居各类交易主体首位,其中,输出技术 196517 项,成交额 8476.92 亿元,同比增长 12.78%,占全国技术合同成交总额的 86.18%;吸纳技术 209342 项,成交额 7463.91 亿元,同比增长 12.93%,占全国 75.89%。

最后,技术市场质量同步提升,科技成果快速转化。技术市场的持续开放与交易模式的不断创新,使技术成果转移转化路径更加多元,技术交易质量同步提升。全国技术合同中,扣除仪器设备、原材料等购置费用后的技术交易额占比近80%;涉及知识产权的技术合同占全国总量近五成;单项技术合同成交额较上年增长10.91%。以技术咨询、技术中介、技术培训等技术服务为代表的科技服务业快速发展,交易总量大幅提升,产业结构明显优化。科技成果使用权、处置权和收益权改革、国家自主创新示范区技术转让所得税政策全国推广等一系列政策措施"组合拳"利好叠加,调动了创新源头活力的持续释放,高校、科研院所技术转移和成果转化步伐加快,服务经济社会的能力显著提高。2015年,高校和科研机构通过技术转让、技术入股、产学研合作等方式,签订技术合同97744项,成交额874.7亿元,比"十一五"末增长121.1%。其中,科研机构输出技术成果40663项,高等院校输出技术成果57081项,分别较上年增长11335项和2717项。

四、国家高新区创新能力稳定提升

2015年国家高新区面对错综复杂的形势,紧抓机遇、应对挑战,主动作为、创新发展的动力,积极引领新常态、推进新发展。2015年,国家高新区坚持改革开放和自主创新,坚持依靠科技创新支撑引领经济发展。国家高新区围绕又"高"又"新"的目标,着力推动科技创新与经济社会发展紧密结合,不断增强自主创新能力,积极完善人才发展机制,努力营造良好政策环境,大力扩展国际化开放合作,科技创新资源持续聚集、科技企业快速成长、重大创新成果不断涌现,在实施创新驱动发展战略中发挥了标志性引领作用。2015年,国家高新区有效把握稳增长与调结构的平衡点,加快培育和发展新产业、新业态、新技术,在推动经济增长动力由要素驱动向创新驱动转换方面卓有成效,突出强调经济发展质量和效率,成为科学认识新常态、主动适应新常态和有效引领新常态的排头兵、先锋队。

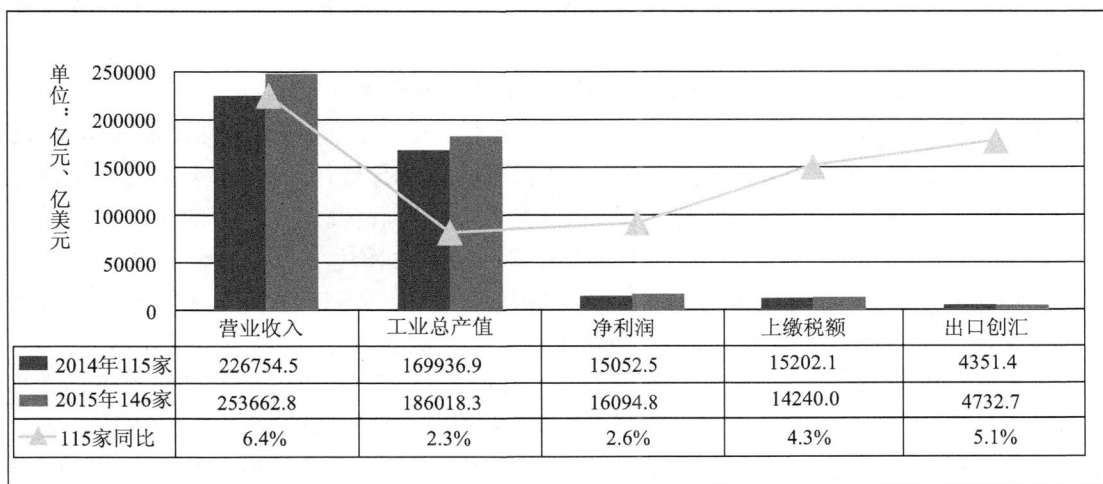

单位:亿元、亿美元	营业收入	工业总产值	净利润	上缴税额	出口创汇
2014年115家	226754.5	169936.9	15052.5	15202.1	4351.4
2015年146家	253662.8	186018.3	16094.8	14240.0	4732.7
115家同比	6.4%	2.3%	2.6%	4.3%	5.1%

图 9-3　2014年、2015年国家高新区主要经济指标比较

数据来源:程凌华等.2015年国家高新区综合发展与数据分析报告[J].中国科技产业,2016(10).

（一）高新区企业效益稳步上升，集约化程度不断提高

2015 年，国家高新区的数量进一步扩容，从 2014 年的 115 家上升到 2015 年的 146 家，全国高新区共有 82712 家企业纳入统计，新增入统企业 4403 家。受我国经济新常态的影响，国家高新区主要经济指标增速较 2014 年均有所下降，实现营业收入 25.37 万亿元、工业总产值 18.60 万亿元、净利润 1.61 万亿元、上缴税额 14240 亿元、出口创汇 4732.7 亿美元，同比增速分别为 6.4%、2.3%、2.6%、4.3%、5.1%。虽然 2015 年增速有所放缓，但总体依然保持增长态势。尤其是在全球出口贸易低迷的情况下，2015 年国家高新区出口创汇保持增长，其增速高出全国出口增速（−1.8%）6.9 个百分点。

表 9-6　2014 年、2015 年国家高新区人均经济效益指标比较

人均指标	2015 年 146 家	2014 年 115 家	115 家同比
营业收入（万元）	147.6	148.5	1.6%
工业总产值（万元）	108.2	111.3	−2.5%
净利润（万元）	9.4	8.6	−2.6%
上缴税额（万元）	8.3	9.9	−0.1%
出口创汇（万美元）	2.8	2.9	0.2%

数据来源：程凌华等.2015 年国家高新区综合发展与数据分析报告[J].中国科技产业，2016(10)

国家高新区着眼于持续推动科技创新的发展方式促进生产效率不断提升，人均经济效益指标在经历了多年持续增长后，2015 年国家高新区企业人均创造价值的能力开始进入稳定期。2015 年，国家高新区人均营业收入、人均工业总产值、人均净利润、人均上缴税额、人均出口总额分别为 147.6 万元、108.2 万元、9.4 万元、8.3 万元、2.8 万美元，虽然较原 115 家都有小幅下降或小幅提升，但 2015 年 146 家国家高新区的劳动生产率为 30.2 万元/人，是全国全员劳动生产率（7.7 万元/人）的 3.9 倍，国家高新区已经成为全国经济效率的高地。

（二）国家高新区创新投入力度不断加强，创新能力显著提升

国家高新区逐步建立起政府、企业、社会的多元化、多渠道、高效率的科技投入体系，通过不断加大政府科技资金投入力度，充分发挥财政资金的引导作用，调动社会多元化资金投入创新，保障国家高新区科技创新投入资金持续增长，保证国家高新区企业的研发投入强度处于较高水平。2015 年，146 家国家高新区财政科技拨款总额达 564.7 亿元，占高新区财政支出比例达到 12.7%，同比增长 13.2%。截至 2015 年底，全国 146 家高新区的 82712 家企业科技活动经费内部支出 7578.3 亿元，与原 115 家国家高新区比较，实现同比增长 10.7%；企业 R&D 经费内部支出 4521.6 亿元，占到全国企业 R&D 经费支出（10880.9 亿元）的 41.6%，实现同比增长 10.9%，增速比全国 R&D 经费支出增长（9.2%）快 1.7 个百分点；国家高新区企业研发经费支出与园区生产总值（GDP）比例为 5.6%，是全国研发经费支出与国内生产总值比例（2.1%）的 2.7 倍。

2015 年，国家高新区深化体制改革创新，加强科技供给，在稳定发展已有科技创新平台的基础上，积极探索传统研发机构与市场经济有效对接的途径，国家高新区正在以新型研发平台为基础，结合企业研发中心和传统高校科研院所共同形成规模化、产业化的创新科技供

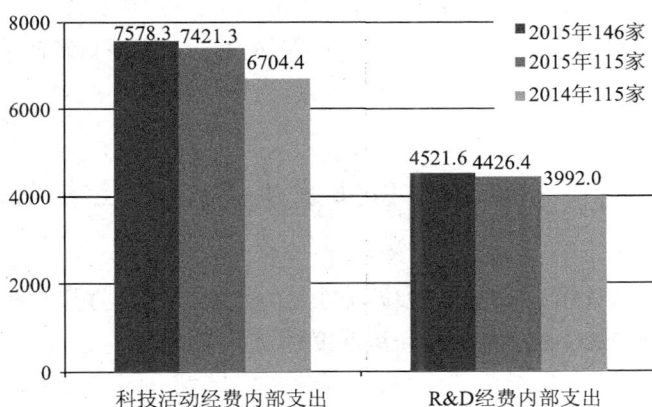

图 9-4 2014 年、2015 年国家高新区企业内部科技/R&D 经费支出情况
数据来源:程凌华等.2015 年国家高新区综合发展与数据分析报告[J].中国科技产业,2016(10).

应体系,引领我国科技体制转变新方向。同时充分发挥政府的桥梁纽带作用以及科技、人才、成果和平台四位一体的创新优势,通过搭建协同创新平台有效集成创新资源和创新要素,促进产学研协同创新,为我国实现科技和经济社会发展深度融合、孕育培养"科研产业"奠定了坚实基础。国家高新区中集聚的众多大学机构、科研院所和相关国家级研究机构,为搭建园区创新平台提供知识载体和技术源头。截至 2015 年底,国家高新区内共有各类大学 753 所;研究院所 2415 家,其中国家或行业归口的研究院所 604 家;博士后科研工作站 1455 个,其中国家级 844 个。并且国家高新区累计建设国家重点实验室 318 个、产业技术研究院 803 个、国家工程研究中心 97 个(包含分中心)、国家工程技术研究中心 217 个、国家工程实验室 107 个、国家地方联合工程研究中心(工程实验室)114 个,其中,国家工程研究中心、国家工程实验室数量均占全国的 70% 左右。

(三)高新区企业规模不断扩大,融资渠道多元化

2015 年,146 家国家高新区营业收入超过千亿元企业 10 家,较 2014 年增加 3 家;超过百亿元企业 362 家,较 2014 年增加 13 家;超过十亿元企业 3532 家,占企业总数的 4.3%,较 2014 年提高 0.1 个百分点;超过亿元企业 20633 家,占企业总数的 24.9%,较 2014 年提高 1.3 个百分点。国家高新区亿元以上规模企业的经济体量庞大,经济效益表现突出。2015 年,营业收入超过亿元的企业共计实现营业收入、工业总产值、净利润、上缴税额和出口总额分别为 239782.8 亿元、176514.5 亿元、15615.9 亿元、13481.8 亿元、4578.1 亿美元,占高新区整体的比例均超过 94%,也就是说,企业数量占比仅为 25% 的上亿企业贡献了园区 94% 以上的经济规模。同时,2015 年国家高新区内上亿元企业的净利润率和净资产收益率为 6.5% 和 11.7%,分别高于高新区企业平均水平 0.2 个和 1.1 个百分点。

国家高新区自创建以来积极吸纳和培育各类金融机构,打造科技金融全产业链,为区内企业提供多元化的融资渠道,催化和完善高新区资本市场,加速推进科技与资本的深度融合。国家高新区积极设立引进科技金融专营机构,促进金融机构更好地为科技创新服务。截至 2015 年底,国家高新区内共有银行 2527 家,其中,448 家科技支行;担保公司 878 家;小额贷款公司 908 家;科技融资租赁公司 555 家;科技金融服务机构 1960 家。2015 年 146 家

国家高新区共有创业风险投资机构 3681 家,平均每家高新区拥有 25 家,企业当年获得创业风险投资机构的风险投资额共计 129.0 亿元,以 2014 年 115 家高新区同比,获得风险投资增长近一倍。

第二节 科技服务业发展存在的主要问题

科技服务业在当今世界占据重要地位,在"大众创业,万众创新"的环境下,科技服务业对落实创新驱动发展战略、推动科技与经济深度融合具有重要意义。大力发展科技服务业,不仅有助于开发新技术、催生新业态,而且能够为经济转型升级提供配套科技服务,促进创新成果转化,推动服务业结构和经济结构优化,实现经济持续健康发展。但是我国的科技服务业因起步较晚,发展过快,还存在区域结构不平衡,产业融合发展程度较低、科技服务业复合型人才缺乏等问题。

一、科技服务业发展的区域分化进一步加剧

首先,东部地区的研发投入强度显著大于中西部地区。分地区看,研究与试验发展(R&D)经费支出超过千亿元的省(市)有 5 个,分别为江苏(占 12.7%)、广东(占 12.7%)、山东(占 10.1%)、北京(占 9.8%)和浙江(占 7.1%)。研究与试验发展(R&D)经费投入强度(与地区生产总值之比)超过全国平均水平的省(市)有 8 个,分别为北京、上海、天津、江苏、广东、浙江、山东和陕西(分地区情况详见下表)。

表 9 - 7　2015 年各地区研究与试验发展(R&D)经费支出情况

地区	R&D 经费支出 (亿元)	R&D 经费 投入强度(%)	排名	地区	R&D 经费支出 (亿元)	R&D 经费 投入强度(%)	排名
北京	1384.0	6.01	1	甘肃	82.7	1.22	16
上海	936.1	3.73	2	河北	350.9	1.18	17
天津	510.2	3.08	3	河南	435.0	1.18	18
江苏	1801.2	2.57	4	黑龙江	157.7	1.05	19
广东	1798.2	2.47	5	江西	173.2	1.04	20
浙江	1011.2	2.36	6	山西	132.5	1.04	21
山东	1427.2	2.27	7	吉林	141.4	1.01	22
陕西	393.2	2.18	8	宁夏	25.5	0.88	23
安徽	431.8	1.96	9	云南	109.4	0.80	24
湖北	561.7	1.90	10	内蒙古	136.1	0.76	25
四川	502.9	1.67	11	广西	105.9	0.63	26
重庆	247.0	1.57	12	贵州	62.3	0.59	27
福建	392.9	1.51	13	新疆	52.0	0.56	28

地区	R&D经费支出 （亿元）	R&D经费 投入强度（%）	排名	地区	R&D经费支出 （亿元）	R&D经费 投入强度（%）	排名
湖南	412.7	1.43	14	青海	11.6	0.48	29
辽宁	363.4	1.27	15	海南	17.0	0.46	30
全国	14169.9	2.07		西藏	3.1	0.30	31

资料来源：国家统计局、科学技术部、财政部，《2015年全国科技经费投入统计公报》。

其次，创新指数的差距进一步拉大。从区域布局来说，2015年东北和西部地区国家高新区创新能力指数有所下降。东北地区和西部地区国家高新区的创新能力总指数、创新活动绩效指数、创新的国际化指数，均出现较大幅度下滑。西部地区国家高新区的创新创业环境指数，虽然在2015年加速上涨，但仍然大幅低于国家高新区平均水平。东北地区国家高新区的创新驱动发展指数，一直低于国家高新区平均水平，在2015年出现大幅度滑落。中部地区表现较好，创新驱动发展指数增长率在15%以上的5个省份的国家高新区群体中，有4个省份位于中部地区；而增长率在−20%以下的4个省份的国家高新区群体中，有3个省份位于西部地区；东北地区3个省份国家高新区群体的创新驱动发展指数的加权增长率，则均为负值。

再次，区域技术市场交易差异明显。2015年，区域技术交易持续活跃带动全国技术总量快速提升。东部地区和环渤海地区成交额占比较大，输出技术成交额分别占全国技术合同成交总额的67.34%和47.16%，吸纳技术成交额分别占全国技术合同成交总额的51.01%和25.69%。其中，东部地区占据全国技术交易主要地位。全年共输出技术207958项，成交额6623.61亿元，占全国技术合同成交总额的67.34%。北京发挥创新资源集聚优势，成为东部地区最大的技术输出地，输出技术成交额占全国35.11%，达到3453.89亿元。同时，北京承接了全国5万余项技术成功转移转化，吸纳技术金额1147.53亿元，成为东部地区最大的技术吸纳地。江苏输出和吸纳技术增幅位居前列，吸纳技术增长81.26%，居全国第二位。中部地区输出和吸纳技术基本持平。全年共输出技术48318项，成交额1399.70亿元，增长23.07%，占全国技术合同成交总额的14.23%。其中，湖北输出技术金额在去年突破500亿元的基础之上再次增长35.93%，达到789.34亿元，居中部地区输出技术首位。中部地区吸纳技术48853项，成交额1310.97亿元，占全国技术合同成交总额的13.33%，较上年基本持平。其中，湖南、江西、山西、河南、吉林技术需求明显，吸纳技术成交额均高于输出技术成交额；湖北、江西、安徽成交额增长较快，增幅均超过30%。西部地区吸纳技术实现增长。全年共输出技术合同48748项，成交额1345.01亿元，增长8.59%，占全国技术合同成交总额的13.67%。陕西是西部地区技术的主要输出地，输出技术成交额首次突破700亿元，占西部地区输出技术成交额的53.67%。甘肃、重庆、广西输出技术有所下降。吸纳技术方面，西部地区波动较大，继上年下降后，今年实现增幅12.84%，成交金额1704.10亿元，超出输出金额近400亿元，共吸纳技术5万余项。环渤海地区技术输出能力增强。全年共输出技术合同121549项，成交额4638.49亿元，增长13.57%，占全国技术合同成交总额的47.16%；吸纳技术合同103933项，成交额2527.22亿元，占全国技术合同成交总额的25.69%，输出技术能力显著高于吸纳技术。北京、天津、山东既是环渤海地区技术的主要输出地，也是技术的主要吸纳地,输出和吸纳金额位居环渤海地区前三位。吸纳技术方面,除内蒙古外,环渤海地区吸纳技术成交额均有所下降,山西降幅最大,达到53%。长江三角洲地区技术交易稳中有增。全年共输出技术65900项,成交额1334.80亿元,增长9.18%,占全国技术合同成交总额的13.57%;吸纳技术74295项,成交额1728.38亿元,增长28.41%,占全国技术合同成交总额的17.57%。上海输出技术交易额超过600亿元,为663.78亿元,增长12.09%,居全国输出技术交易额第四位;江苏吸纳技术交易额超过千亿元,达到1016.34亿元,增长45.15%,居全国吸纳技术交易额第二位。珠江三角洲地区技术交易两极分化。全年共输出技术17346项,成交额666.32亿元,增长59.63%,占全国技术合同成交总额的6.77%;吸纳技术23280项,成交额746.54亿元,增长5.77%,占全国技术合同成交总额的7.59%。香港、澳门地区技术交易总量不大,交易金额均出现负增长。

表9-8 2015年区域技术合同交易情况　　　　　　（单位:项、亿元、%）

地区	输出技术				吸纳技术			
	合同数	成交额	增长	占比	合同数	成交额	增长	占比
东部地区	207958	6623.61	16.26	67.34	202049	5017.64	6.51	51.01
中部地区	48318	1399.70	23.07	14.23	48853	1310.97	15.05	13.33
西部地区	48748	1345.01	8.59	13.67	51095	1704.10	12.84	17.33
环渤海地区	121549	4638.49	13.57	47.16	103933	2527.22	25.69	7.97
长三角地区	65900	1334.80	9.18	13.57	74295	1728.38	28.41	17.57
珠三角地区	17346	666.32	59.63	6.77	23280	746.54	5.77	7.59

资料来源:科学技术创新发展司,中国技术市场管理促进中心.2016年全国技术市场统计年度报告[D].2016(6).

二、科技服务业从业人员的综合效率有待提高

首先,符合"资格"的科技人力资源进入"岗位"的比例不高。目前,我国高等教育每年都培养出大量受过良好教育的科技人力资源,2012—2014年,累计新增科技人力资源1312万人,但同期新增高等教育毕业生却多达3230万人,这表明半数以上高等教育毕业生没有进入到科技相关领域岗位工作。一方面,新兴产业对科技人力资源有很大需求,但高等教育的学科设置调整相对滞后,人才培养需要一定周期,使得需求与培养有脱节现象;另一方面,相对于金融、投资、商业等"白领"行业,科技创新相关领域特别是生产一线技术岗位的薪酬缺乏竞争优势,而且需要"甘坐板凳十年冷"的执着。这些都影响了符合"资格"的科技人力资源向"岗位"从业者转换。在这方面,一些发达国家出现的问题是前车之鉴。在美国,由于年轻人选择科技为职业的越来越少,产业界和科研部门不得不引进大批科学家和工程师。2007年,麻省理工学院的一项调查表明,该校28.7%的毕业生准备进入金融业,13.7%的毕业生愿意做管理,只有很少的毕业生愿意从事技术工作。

其次,科技人力资源质量影响利用效率。目前,我国专科层次科技人力资源占绝大多数,本科学历和研究生学历的科技人力资源所占比例不高,这在很大程度上制约了利用效率的提高。我国科技事业发展正从以跟踪模仿为主的"跟跑"向"并跑"、"领跑"转变,需要大批能够参与全球竞争的高素质人才,在这方面我们的短板还十分明显。中国科协2014年开展

的第三次科技工作者状况调查结果显示,74.1%的科研人员认为我国科技工作者的研究能力落后于发达国家。麦肯锡《新兴市场人才报告》的数据表明,我国工程方面的毕业生只有10%左右具备全球化企业所要求的能力。

再次,区域间人才分布的马太效应突出。科技人力资源流动是追逐经济效益的过程,目的地经济发展水平、中间路径和个体特征成为影响科技人力资源流动的重要因素。以 R&D 人员为例,区域分布主要集中在东部地区,人数总量排名前三的省份是广东、江苏和浙江,三省均位于东部地区,东部地区其他省份(除海南)的 R&D 人员总量也显著高于中部和西部地区。中部地区的 R&D 人员分布较为均衡,省份之间差距较小。西部地区的 R&D 人员总量相对较少,特别是甘肃、青海、宁夏和新疆,R&D 人员十分匮乏。从 R&D 人员的学历层次看,区域之间的差距要小于 R&D 人员总量的差距,但是高学历 R&D 人员在北京、上海等大型城市的聚集效应较为突出。

最后,对全球科技人力资源利用水平较低。我国的高端创新型人才仍非常稀缺,同时对全球优质科技人力资源利用水平较低。一直以来,我国引进外籍人才占比都处在全球较低水平。根据《中国国际移民报告(2014)》,2013 年居住在我国境内的外籍人士为 84.85 万人,占我国人口比例仅为 0.06%,而发达国家和地区的平均水平则为 10.8%,世界平均水平为 3.2%,发展中国家的平均水平为 1.6%,最不发达国家的平均水平为 1.2%。

三、科技服务业发展的产业融合有待进一步加强

当前,科技服务业在我国发展势头强劲。现代产业结构逐渐呈现第一产业向第二、第三产业转移,第二产业向第三产业转移的趋势。与此同时,随着科技创新的迅速发展及信息化程度的不断提高,知识成为生产力中最重要的要素,科技逐渐向各产业渗透,而产业由于新陈代谢加快,界限逐渐模糊,仅靠自身难以实现可持续发展,由此引爆了对科技服务业巨大的潜在需求。但我国作为科技服务业与现代产业体系后发国家,两者发展尚不深入,现代产业体系构建存在诸多问题及瓶颈,而科技服务业更是存在着投入高而回报低的问题,易因缺乏产业支持而陷入"失败陷阱"。

首先,科技服务针对性弱,技术转化率低。当前,我国科技服务业处于产业生长发育期,缺少清晰的市场定位,在经营性质、发展方向、主体业务等方面尚不明确,还未形成有效的市场化运作机制。此外,科技服务业与现代产业市场需求融合度较低,服务与产业存在脱节现象,服务并不能有效转化为生产力。据中国科技发展研究中心的抽样调查显示,我国科研技术转化率不足 25%,产业化率仅为 7%左右。而科技服务业一旦脱离了产业,其创新过程就像一个"黑盒",致使科技服务业无稳定服务业务。

其次,产业相对孤立,发展效率低下。一直以来,我国产业整体大而不强,大而不优,技术含量低,在全球价值链分工与产业形态中处于低端位置。其症结在于:第一、第二产业与服务业之间"一手硬、一手软";产业之间相互独立,上下游产业链尚未充分衔接,科技要素难以渗透到产业当中;各主体利益需求与价值不尽一致,生产模式持续为粗放型,难以通过精准定位形成系统优化趋势。这些问题极大程度上制约了现代产业发展所追求的资源优化配置、产业效率提升、产业素质加强的实现。产业认识不足,服务需求匮乏。企业对科技服务业的价值认知较低。统计结果显示,我国有 60%以上的企业认为自身对科技服务的需求不

太迫切；部分企业缺乏正确认识，认为当前科技服务层次低，服务质量不高，满足不了企业发展需求。有些企业与科技服务业之间甚至还存在着信任危机，担心与科技服务业的合作会导致技术、商业机密泄露，而不愿将科技创新业务外包，并进行数据与资源的交换共享。这些问题导致科技服务整体需求不足，也让科技服务业成了鸡肋。

再次，行政色彩浓厚，生存能力低下。当前，我国科技服务业很大一部分是由原来的国企分离出来或直接由政府出资建立的，官办色彩浓厚，行政力量较大，从而导致其创新能力差、机制不灵活。此外，科技服务业在运营过程中，主要依靠政府资助或政府单位出课题，尚未形成有效的市场机制，服务增值率低、生存能力弱，同时由于其占有资源多、效率低，缺乏可持续发展能力，存在资金短缺等问题。上述问题使得科技服务业可能出现资金链断裂，导致创新流产、市场开发困难。

最后，地域偏差较大，联动平台匮乏。现代产业技术需求演变为科技服务业需求存在一定的时滞，再由科技服务业向产业转移知识与技术亦存在着一定的空间时滞。时滞与需求变化导致两者之间始终存在着供需失衡，在数量、内容、品质上存在或多或少的偏差。再加上地域偏差的存在，致使两者整体发展效率较低，耦合也处于低层次水平。现代产业尚未与科技服务业之间搭建起基本链接平台，未形成有效的联动机制，内容相对空白。此外，当前市场上主要强调科技服务对现代产业的推动作用以及科技服务业与制造业的单一联动，但其基石并不稳固，实用性弱，尚未形成发展闭环，缺乏正确的驱动机制。

第三节　科技服务业发展的对策建议

随着国家对科技服务业的不断重视，为促进我国科技服务业健康快速的发展，我国应根植于本国国情，借鉴发达国家的先进经验，健全法律法规体系，加大财政金融支持力度，构建合理有效的产业体系。

一、以政策法规杠杆推动科技服务业发展

首先，强化科技服务业的统筹协调发展。建立健全部门、行业、区域之间的协调推进机制，在协同创新、标准制定、行业管理、市场监管、资金保障等方面加强联动合作。引导和推动各地区、各部门因地制宜发展产业，合理布局重大应用示范和产业化项目，分工协作、有序推进。引导和鼓励企业与其他行业企业建立多层次合作创新机制，在技术研发、应用推广、安全保障、资源分配利用等方面实现协同发展。加强规划实施情况动态监测和评估，确保规划实施质量。

其次，完善政策法规体系。深入落实《国务院关于加快科技服务业发展的若干意见》（国发〔2014〕49 号），研究制定新形势下适应科技服务业发展新特点的政策措施，完善激励创新的政策措施和机制，强化对科技服务创新产品和服务的首购、订购支持，鼓励科技服务企业加大研发投入。各地政府应根据当地科技服务业的发展现状，选择可以带动当地经济的重点领域作为主攻方向，制定一系列有利于该领域快速发展的政策，不断抢占该行业发展制高点。引导和鼓励在信息化建设中加大对科技服务业的研发投入，支持制定推动科技服务业

与其他行业融合发展的政策措施。进一步完善鼓励政府购买服务的相关机制和措施手段。支持有条件的地区开展产业政策创新试点。鼓励地方研究制定加快企业"走出去"的政策措施,加强产业政策执行、评估和监管,推动完善科技服务业相关法规体系。

再次,健全行业管理制度。鼓励利用大数据、云计算等新技术,探索加强行业运行监测分析、预警预判以及事中事后监管的新模式新方法,提升行业管理和服务水平。进一步完善行业标准体系建设,强化标准对行业发展的促进作用。开展行业知识产权分析评议,加强行业态势分析和预警预判,深入推进知识产权创造、运用、保护、管理和服务能力。强化行业自律,完善行业信用评价体系,进一步规范市场秩序。加强行业智库建设,提升发展决策支撑能力。根据当地资源、产业的不同,整合各类资源,建立一批类型多样、功能丰富、具备专业知识及技术的科技服务公共平台及中介机构。包括联盟及行业协会、大学科研课题机构、特定领域的专业服务机构、科技园区和技术创业孵化器等各种类型的科技服务中介机构。为当地科技型企业提供专业的、有效的全方位技术智力支持。

最后,加强科技服务业平台建设。积极促进科技服务业中介机构的市场化以防止资源垄断、信息沟通不畅所造成的限制发展的局面。加快建立国家科技报告制度,建设统一的国家科技管理信息系统,逐步加大信息开放和共享力度。积极推进科技服务公共技术平台建设,提升科技服务技术支撑能力。建立健全科技服务的标准体系,加强分类指导,促进科技服务业规范化发展。完善科技服务业统计调查制度,充分利用并整合各有关部门科技服务业统计数据,定期发布科技服务业发展情况。研究实行有利于科技服务业发展的土地政策,完善价格政策,逐步实现科技服务企业用水、用电、用气与工业企业同价。

专栏1:中关村,强势驱动创新引擎

在中关村自主创新示范区,大众创业、万众创新风起云涌。"双创"牵动经济发展,拉动社会投资,中关村"双创"中呈现的五大新趋势。

趋势一:天使创投集中,尖端技术创业快速涌现

创新创业,金融是血液。"不缺钱!"是诞生在中关村的新企业的特殊幸福!天使创投集中,尖端技术创业快速涌现,成为中关村"双创"的新趋势。

2016年1—8月,中关村新创办科技型企业10861家,平均每天诞生45家,其中90%以上是民营企业,90%以上属于科学研究、技术服务业。经过天使投资和创业投资的扶持,"双创"企业量增质优。

中关村自2011年起率先在全国设立了天使投资引导基金,已与创新工场、戈壁绿洲、梅花天使等知名投资机构合作设立了17只子基金,引导基金出资近1.6亿元,基金总规模为15.3亿元,资金放大倍数近10倍。

目前活跃在中关村的天使投资人已超过1万名,占全国的80%。2015年中关村共发生1353起天使投资案例,占全国的42.7%,披露投资金额93.88亿元,占全国的40.5%。2016年上半年中关村发生379起投资案例,占全国的46.3%,披露金额23.41亿元,占全国的45.1%,居全国首位。天使投资催生了滴滴出行、美团等一批估值超过10亿美元的"独角兽"企业,目前中关村"独角兽"企业已超过40家,在全球仅次于硅谷。

趋势二：布局前沿领域，企业研发经费集中投入

布局前沿领域，提高未来竞争优势，中关村的企业纷纷加大研发经费投入，促进创新链、产业链、资金链相互支撑，形成又一趋势。2015年，世界高科技企业领先代表平均研发强度为10%，中关村有67家上市公司研发强度超10%。2016年1—8月，示范区企业内部科技活动经费支出846.7亿元，同比增长16.4%。超三成的企业投入强度超过10%，百度在线、北京汽车等136家企业科技活动经费支出超亿元。超过六成的科技活动经费支出集中在以人工智能为代表的前沿信息领域。2016年1—8月，以人工智能为代表的前沿信息领域企业科技活动经费支出527.4亿元，同比增长17.1%，占示范区总体62.3%。

大型企业加大研发投入促进转型升级，小微企业加大研发投入抢占产业制高点。以环境保护、能源互联网为重点的生态环境与新能源产业科技活动经费支出同比增长15%以上。碧水源将营业收入5%投入研发，致力于为国家"水环境污染、水资源短缺、饮水不安全"问题提供整体解决方案。

趋势三：移植创新基因，科技企业与国企嫁接优势

创新的科技企业与国有企业嫁接优势，移植创新基因，形成深度合作，拓展开了一片新局面。立体车库、智能停车机器人，让停车、取车格外方便。汽车的托举、入位，或送达，只需10秒。这是首钢与中关村科技公司合作的新项目，不久将服务北京市民。

创新体制机制迸发新活力，国企与科技企业合资，形成混合所有制模式。电子控制与旗下电子城共同和五八信息公司组建合资公司，打造"创E+"创新创业平台；北京金隅股份有限公司与启迪控股公司共同合资成立"北京金隅启迪科技孵化器有限公司"，衍生了"孵化＋投资"的经营模式。资本与技术的融合释放新动力。联合国有资本，吸收社会资本，筹建云梯产业投资基金，首期募资将不低于50亿元，由政府引导基金、保险或社保基金、联盟成员企业投资及社会创投组成，优先投向成员企业"高精尖"项目。"中关村京企云梯科技创新联盟"成立，服务中关村企业与市属国有企业合作，联盟成员之间建立了经济纽带，找到了结合点。

趋势四：追逐优质资源，企业并购投入持续高涨

企业并购，并不是简单的商战，而是产业的战略布局，技术制高点的再造，企业创新能力的重塑。京东斥资98亿元收购沃尔玛旗下的1号店，并与沃尔玛达成深度战略合作，共同打造融合线上线下的全球领先零售商业模式。途家并购蚂蚁短租补齐C2C业务，强化短租业务板块。中文在线860万美元收购ATA股权，助推在线教育平台建设，加速公司的国际化布局。清华控股收购硅谷芯片商Marvell Tech（MRVL）股权，布局全球存储产业。2016年上半年，示范区企业发起并购交易案例数282起，较上年同期增加61起，并购金额1202.3亿元，同比增长24.7%；其中境外并购案例达24起，并购金额165.8亿元，涉及12个地区8个领域。

目前，中关村核心区已完成设立前期300亿元的中关村并购母基金及相关政策落地，并成立了"中关村并购资本中心"，汇聚国内外并购金融机构、资源，服务数万家科技企业。

趋势五：打造产业生态，大企业批量孵化新企业

参天大树，可以孵化一片森林。在中关村，大企业批量孵化新企业，新企业高速成长，

形成特殊的生态链,是值得关注的又一走势。小米今年因市场饱和销售下降,引发关注。然而,它悄悄做的另一件事,对企业成长的意义也许更为重大。在过去的两年多时间里,小米考察了600多个创新团队,先后投资了55家公司,其中超过30家都是从零开始的初创公司。在所投公司中,目前有20家公司已经发布了产品。这20家公司中,年收入超过1亿人民币的有7家,超过10亿人民币的有两家。不止小米,乐视致力于构建"平台＋内容＋终端＋应用"的全产业链业务体系,这一模式也被业界称为"乐视模式"、乐视生态。乐视生态包含4层架构11大引擎,11大引擎包含平台层的云视频平台、电商平台、用户运营平台、广告平台和大数据平台;内容层的内容运营和内容库,另有终端层和应用层等。

　　这种特殊的产业生态,带来了新的产品集群,由此形成新的消费群体和消费方式,其影响将日益显现。

资料来源:根据网络资源整理获得。

二、加大科技服务业财政金融支持

　　一是给予科技服务业更高的金融服务政策倾斜。金融机构要充分结合国家供给侧改革的政策思路,紧紧围绕去产能、去库存、去杠杆的政策导向,不断增强大局意识、发展意识,切实把思想和行动统一到扶持服务业发展的政策要求上来,摒弃低水平竞争的传统思维和做法,跳出同质化的窠臼,把脉发展科技服务业是转变经济发展方式以及产业结构升级的必然趋势,坚持"向下"、"向小",走差异化发展之路,不断地探索新思路、新对策、新举措和新途径,采取切实可行的措施,把科技服务业列入金融支持的重点行业,深化产融合作,在风险可控的前提下,推动商业银行创新信贷产品和金融服务,支持软件和信息技术服务企业创新发展,推动政策性银行在国家规定的业务范围内,根据自身职能定位为符合条件的企业提供信贷支持。

专栏2:科技服务业与现代产业联动六大要素

　　科技服务业与现代产业联动六大要素包括市场导向、双轮驱动、价值创造、动态柔性、二元创新和闭环循环。科技服务业与现代产业联动应以市场导向为基石,实现两者的对接与关联;以双轮驱动为支撑,实现两者的深度嵌入;以价值创造为驱动力,实现两者的复合效益;以动态柔性为策略,实现两者的灵活适应;以二元创新为机制,实现两者的长效发展;以闭环循环为阶梯,实现两者的螺旋循环上升。

　　1. 市场导向联动。 现今,科技转化率极低,究其原因在于科技服务业与现代产业市场需求融合度低,相互缺乏清晰的市场定位。故而,科技服务业要实现良性发展,提高自身效率,必须建立市场导向联动机制,把握好现代产业的当下需求,明确自身市场定位,充分认识现代产业业务活动的内外接口,以终端诉求为起点,进行业务关联和资金链关联,并依据产业中的现实数据及环境分析,始终从产业实践出发,避免天马行空、以自身意念为主导而跨越市场需求进行科技服务。鉴于产业链联动中服务的传递需要两者之间的高度协调,因此,科技服务业必须在整合产业需求、坚持产业导向的基础上,充分促进各要素配置中的对接、催化与加速,实现两者之间的基本链接形态。

2. 双轮驱动联动。以科技服务业为中枢点,现代产业为辐射点,采取两者双轮驱动联动方式,打造科技服务与现代产业嵌入模式,实现关系、结构与技术的全面嵌入。具体而言:首先,在关系上,建立长期平稳的信任关系,实现关系投资与有效的路径依赖,以此降低现代产业对科技服务业的质疑;其次,在结构上,对两者的(工、农、服务业)重叠要素、业务、市场、人才等实现有机融合,共享信息资源,建立联动信息平台,加强沟通和参与深度,构建人才共享机制。例如,可让科技服务业人员在现代企业中担当技术顾问;最后,在技术上,构建与现代产业相融合的有利于技术转移与扩散的运行机制,充分运用技术带动性、网络性等优势,实现两者的密切联系,有效实现科技服务业向现代产业的知识传递。总之,只有进行关系、结构、技术的深度嵌入,才能通过关联乘数效应提高生产资源利用效率,推动现代产业转型,最终促进产业结构优化调整与再布局。由此可见,三者嵌入的双轮双驱要素强调了科技服务业对现代产业的带动作用,强化了科技服务业的核心载体作用及集聚、辐射功能。

3. 价值创造联动。根据我国科技服务业增值率较低、经济效益不高、行政色彩浓厚这一现实,可基于现代产业环境,立足于可持续发展,采取价值创造联动方式,积极培养科技服务业竞争优势,淘汰冗余联系,使科技服务业致力于提供现代产业价值创造的增值服务。反过来,现代产业又将价值传递给科技服务业,通过价值创造的彼此联动,促进现代产业对科技服务业的自然消化与吸收,增强科技服务业对现代产业基于有效价值的带动能力,最终实现价值互补与价值创新。在这一过程中,需注重现代产业对科技服务业的接受能力,确保科技服务业创造的知识势能小于或等于现代产业的知识势能。因为只有真正的消化与吸收,现代产业才能真正汲取科技服务业的养分,实现科技与经济的对接,创造更多溢价空间。总之,只有坚持正确的价值创造导向,才能激发科技服务业与现代产业的整体创新活力,加快技术创新成果转化,科技服务业才会有更大的服务生产力与更高的服务品质,现代产业也才能更快、更好地实现产业结构升级。

4. 动态柔性联动。现代产业结构与科技服务业自身处于不断运动、逐渐升级的动态过程中,再加上两者时滞性与偏差的存在,故而为了应对快速变化的市场环境与激烈竞争的形势要求,在科技服务业与现代产业之间必须建立起动态柔性联动方式。该联动方式能够充分把握时滞性与偏差的实际形态,具有超前规划的特性和高度的市场环境适应性,可以充分灵活地实现信息共享与融合创新。柔性动态联动包括三项内容:一是市场动态,即随着现代产业结构、市场环境发展态势灵活调整联动形态,致力于打造灵活性与稳定性并举的联动方式;二是区域动态,此为区域差异化联动,即根据不同地区的具体情况使联动有所侧重,如在欠发达地区对于联动要有所引导,避免科技服务断层,出现缺口;三是创新动态,即寻找适合我国国情的联动创新道路,既要借鉴先发国家经验,更要注重从自身出发构建创造性的动态模式,如此现代产业才能对科技服务进行有效的承接、消化与吸收,避免东施效颦、落入"比较优势陷阱"。

5. 二元创新联动。科技服务业与现代产业之间的联动是一个长期过程,需准确把握近期目标与长期发展的平衡点。因此,必须构造短期关系导向与长期关系导向的二元创新联动方式。从短期看,应充分实现科技服务与现代产业的对接与落地;从长期看,要有适度超前规划的联动思想。如果过分重视眼前联动,两者的可持续发展会因环境的快速变化而发生震荡、失效;若只实现跨越式长期联动,则往往会影响产业更替的有序性、平稳性,造成产业断层,容易导致整体系统不稳定。因此,国家产业要实现新常态中的稳态发展,必须进行二元创新联动,既尊重市场经济的自然发展规律,避免一跃直上;又要适度进行政府调控及探索式创新,将科技服务业的延伸链加长,实现阶段性发展联动,重质保量。如此才能通过市场导向与市场创新并举,引导联动耦合与升级,使两者在发展中保持平衡、在平稳中实现升级。

6. 闭环循环联动。 当前,现代产业还未形成紧密联系的产业集群,在产业之间、企业之间均存在着服务缺口,如先进研发产业与生产企业之间、跨国企业与国内产业之间等。而科技服务业处于产业链供求关系中心,对推动其他产业发展具有超常的渗透效用,可通过其极特殊的业务性质覆盖现代产业链各个缺口,将产业有效衔接起来。

资料来源:谢泗薪,戴雅兰.经济新常态下科技服务业与现代产业联动模式创新研究[J].科技进步与对策,2016(3).

二是创新拓宽科技服务业融资渠道。支持有条件的地方、大企业和投资机构设立产业专项资金或产业基金、创新创业基金、天使创投、股权和并购等各类基金。鼓励运用政府和社会资本合作(PPP)模式,引导社会资本参与重大项目建设。针对科技服务业的核心资本是人才和专业技术,缺乏固定资产的特点,人行分支机构应积极疏通货币政策传导,加强与地方财政、工商、科技等部门以及金融机构沟通协作,制定“专利权及商标专用权质押贷款”等政策规定,疏通金融信贷支持服务业发展的渠道,支持金融机构通过创新为服务业量身定做相应的金融产品,提供灵活多样的融资便利。针对科技服务业带动系数大的特点,以产业链条中的核心企业为中心依托,创新研发链条金融产品;针对高科技服务业企业风险大、收益高的特点,研发嵌入齐全的信贷产品;针对现代服务业大多以知识和技术为主要投入,属于技术密集型产业,主要依靠高素质的研发人员,一般缺乏土地、厂房等有效抵押物,探索开展知识产权质押、股权质押、版权质押、应收账款质押贷款、商标专用权质押贷款等担保方式创新。引导科技服务业企业完善会计制度,强化公司治理,通过发行短期融资券、集合票据、联合债券、应收账款支持债券等新型直接融资工具提高债务融资比例,让更多的科技服务业企业分享金融服务的阳光雨露。

三是政策倾斜营造金融支持服务业发展良好生态环境。发挥政府引导服务职能,运用财政金融政策为金融支持现代服务业发展营造良好外部环境。一方面,完善财税、担保、坏账核销、风险补偿、保险等政策支持体系和差异化监管措施,鼓励和调动金融机构扶持服务业中小企业发展的积极性。制定财政税收政策、贷款保障政策等为科技服务业的发展提供经济支持,完善风险投资体系。创新财政资金支持政策,统筹利用现有资金资源,加大对科技服务业发展的支持。另一方面,采用政府引导、市场化运作方式,探索建立科技服务业产业投资基金,采取财政出资建立风险补偿专项资金,科技服务业中小企业缴纳一定比例的助保金,共同作为科技服务业企业增信手段,按5至10倍的杠杆放大率为科技服务业中小企业贷款提供担保,通过银政合作,有效解决科技服务业中小企业缺乏抵押担保造成的贷款难问题,引导更多的资金流入科技服务业。

三、加强科技服务业从业人员专业能力的培养

首先,建立良好的科技服务业就业环境。实施人才优先发展战略,加快建设满足产业发展需求的人才队伍。高度重视科技服务业高智力、高技术的特殊性,对企业和科研人员给予扶持和奖励,为高层科技人才提供广阔自由的研发空间。强化人才培养链与产业链、创新链有机衔接,依托重大人才工程,加强"高精尖缺"软件人才的引进和培养。完善科技服务引才引智机制,面向科技服务业发展需求,支持科技人员"一岗双薪",领办创办科技服务企业和机构,充分调动科研院所等各类人才在科技服务领域创业创新的积极性。依托社会组织、行业协会,开展科技服务人员从业知识培训,提高从业人员的专业素质和服务能力。

其次,发挥专业机构的人才孵化器作用。充分发挥高等院校、科研院所、职业学校等机构的作用,引进和培育一批具有综合管理和专业技术服务能力的高层次人才和科技创新团队,努力打造一支高素质、复合型科技服务人才队伍。高技术服务业离不开优秀人才,高校要加快改革人才培养模式,加强学生创新能力和实践能力的培养,鼓励高校面向产业发展需求,优化专业设置和人才培养方案。以学校教育为基础、在职培训为重点,建立健全产教融合、校企合作的人才培养机制,探索建立人才培养的市场化机制,利用信息化手段创新教育教学方式,为经济社会发展培育专业化的高技术服务人才队伍。同时,通过多种渠道吸引国外高技术服务领域的优秀人才。

最后,加强人才引进和培养,强化国际交流合作。深入实施人才引进政策,重点发挥企业在人才引进中的作用,吸引和集聚海外优秀人才特别是高端人才回国就业、创业。建立完善以能力为核心、以业绩和贡献为导向的人才评价标准,大力弘扬新时期工匠精神。鼓励有条件的地区设立软件和信息技术服务业人才培养基金,重点培养技术领军人才、企业家人才、高技能人才及复合型人才。推广首席信息官制度,鼓励企业加强复合型人才的培养和引进。让科技人才"走出去",科学技术"引进来"。加强国际的交流合作,使我们的科技人员能够与国际上先进技术接触,将优秀经验引进国内,结合自身特点为科技服务业发展提供更有营养的内容。

第十章　现代物流业发展分析

物流业作为基础性、战略性产业，为国民经济稳中有进、稳中有好发展发挥了较好的支撑和保障作用。"十三五"时期，物流业需以转型升级为主线加强供给侧改革，把握发展新红利，努力适应经济社会发展新常态。

第一节　我国物流业发展现状

2015 年是"十二五"规划的收官之年。回顾过去的五年，我国经济进入新常态，经济增速放缓，结构调整加快，发展动能转换。在下行压力不断加大的情况下，物流业保持了中高速增长。2015 年，我国社会物流总额 219.2 万亿元，"十二五"时期年均增长 8.7%；社会物流总费用与 GDP 的比率为 15% 左右，比 2010 年的 17.8% 有较大幅度下降。这里需要说明的是，其中既有公路货运量、货物周转量、GDP 数据调整的因素，也有产业结构调整、物流服务价格下降的因素，同时也显示出物流运行效率有所提升。物流业作为国民经济的基础性、战略性产业，为"稳增长""调结构""惠民生"提供了较好的支撑和保障。

一、物流需求进入调整转型期

（一）社会物流总额平稳增长

2015 年，全国社会物流总额为 219.2 万亿元，按可比价格计算（下同），同比增长 5.8%，增速虽比上年回落 2.1 个百分点，但依然保持平稳增长。从各季度情况看，一季度为 49.4 万亿元，增长 5.6%；上半年为 104.7 万亿元，增长 5.7%；前三季度为 162.8 万亿元，增长 5.8%；全年社会物流总额呈稳中趋缓的发展态势。

表 10-1　2011—2015 年我国社会物流总额　（单位：万亿元）

指　　标	2011 年	2012 年	2013 年	2014 年	2015 年
社会物流总额	158.4	177.3	197.8	213.5	219.2
工业品物流总额	143.6	162.0	181.5	196.9	204.0
进口货物物流总额	11.2	11.5	12.1	12.0	10.4

资料来源：中国第三产业统计年鉴，中国物流与采购网。

从增速看，社会物流总额经过 2000 年以来的持续快速增长，自 2012 年以来增速逐年放缓，进入调整转型期。"十二五"时期社会物流总额为 966 万亿元，是"十一五"时期的 2.2 倍，年均增长 8.7%，增速比"十一五"时期回落 12 个百分点，比"十五"时期回落 10 个百分点。

(二) 需求结构继续优化

从结构看,受传统产业转型升级步伐加快,电子商务、信息平台等新产业、新业态加速发展等因素影响,物流需求结构继续优化。一方面,钢铁、煤炭、水泥等大宗商品物流需求增速进一步放缓;另一方面,与民生相关的消费类物流需求保持较快增长。

1. 工业品物流需求小幅回落,新产业增长较快

2015年,工业品物流总额同比增长6.1%,增速比上年回落2.2个百分点。从各季度情况看,一季度增长6.4%,上半年增长6.3%,前三季度增长6.2%;全年增速小幅回落但缓中趋稳。农产品物流总额3.5万亿元,增长3.9%,回落0.2个百分点;再生资源物流总额8616亿元,增长19.0%,增速提高4.9个百分点。

2015年,高技术产业物流需求同比增长10.2%,比工业物流需求快4.1个百分点,占比为11.8%,比上年提高1.2个百分点。如航空、航天器及设备制造业增长26.2%,电子及通信设备制造业增长12.7%,信息化学品制造业增长10.6%,医药制造业增长9.9%,增速比上年均有所加快。

2. 国际物流需求总体偏弱,结构不断优化

2015年进口物流总额同比增长0.2%,增速比上年回落1.9个百分点。受国际大宗商品价格大幅下跌等因素影响,进口物流总额按现价计算,同比下降13.2%。

在我国外贸从"大进大出"转向"优进优出"的背景下,国际物流需求结构不断优化。一方面消费升级类商品进口物流量较快增长,如鲜、干水果进口物流量增长11.9%,谷物增长67.6%,另一方面高端装备制造产业进口物流量增长超过500%。与此同时,大宗商品物流需求量增幅放缓。

3. 消费物流需求加快增长,新业态蓬勃发展

扩大内需和增加消费对经济增长的拉动作用突出,2015年最终消费对经济增长的贡献率为66.4%,比上年提高15.4个百分点。受此影响,消费物流需求呈现加快增长态势。2015年,单位与居民物品物流总额5078亿元,增长35.5%,提高2.6个百分点。从各季度情况看,一季度增长27.3%,上半年增长30.4%,前三季度增长32.8%,呈现加快增长态势。

4. 新业态继续保持蓬勃发展

2015年,网上商品零售额同比增长31.6%,增速比社会消费品零售总额快20.9个百分点。其中吃穿用类零售总额快速增长,如食品类商品增长40.8%,穿类商品增长21.4%,用类商品增长36%。

5. 物流实物量结构调整加速

2015年,铁路货物发送量同比下降11.9%,降幅创历史新低;水路货运量同比增长3.7%,公路货运量同比增长6.4%,民航货运量同比增长5.2%,增速总体平稳;快递业务量同比增长46%,继续保持高速增长。物流实物量结构变化明显,其中,铁路货运量所占比重同比下降1.4个百分点,公路货运量则提高1.5个百分点。与此同时,铁路与公路、水路等运输方式配合日益紧密。

二、物流供给转型升级态势明显

(一)市场规模平稳增长

随着我国现代物流业的快速发展,物流社会化、专业化发展加快,产业细分更加深入,我国物流市场规模进一步扩大。2015 年我国物流业总收入为 7.6 万亿元,同比增长 4.5%。增速虽然小幅回落,但整体已经超过美国,成为全球第一大物流市场,也是全球最具成长性的物流市场。"十二五"时期我国社会物流总收入为 34.4 万亿元,是"十一五"时期的 1.8 倍,年均增长 5.6%。近年来,我国物流市场规模增速由 2011 年的 20.9%,降为 2014 年的 6.8%,进入平稳增长期。

(二)物流质量加速提升

1.社会物流总费用增速回落明显

2015 年社会物流总费用为 10.8 万亿元,同比增长 2.8%,增速比上年同期回落 4.1 个百分点。其中,运输费用 5.8 万亿元,同比增长 3.1%,增速回落 3.5 个百分点;保管费用 3.7 万亿元,同比增长 1.6%,增速回落 5.4 个百分点;管理费用 1.4 万亿元,同比增长 5.0%,增速回落 2.9 个百分点。"十二五"时期社会物流总费用为 49 万亿元,是"十一五"时期的 1.8 倍,年均增长 6.5%,增速比"十一五"时期回落 9.7 个百分点,比"十五"时期回落 6.7 个百分点。

从构成看,运输费用占社会物流总费用的比重为 53.3%,比上年提高 0.4 个百分点;保管费用占 34.1%,下降 0.8 个百分点;管理费用占 12.6%,提高 0.4 个百分点。

表 10-2　2011—2015 年我国社会物流总费用

指　标	2011 年	2012 年	2013 年	2014 年	2015 年
社会物流总费用(万亿元)	8.4	9.4	10.2	10.6	10.8
运输费用与总费用比率(%)	52.8	52.5	52.5	52.9	53.3
保管费用与总费用比率(%)	35.0	35.2	35.0	34.9	34.1
管理费用与总费用比率(%)	12.2	12.3	12.5	12.2	12.6
总费用与 GDP 比率(%)	17.8	18.0	16.9	16.6	16.0

资料来源:中国第三产业统计年鉴,中国物流与采购网。

2.社会物流总费用与 GDP 的比率进入加速回落期

2015 年社会物流总费用与 GDP 的比率为 16.0%,同比下降 0.6 个百分点,连续三年下降,进入加速回落期,表明物流运行质量和效率有所提升。究其原因,主要受以下两个方面的影响:

首先,产业结构调整稳步推进,三产比重首次占据"半壁江山"。在国民经济整体"调结构、转方式"的大背景下,淘汰落后产能和化解过剩产能步伐稳步加快,经济结构加速优化、更趋协调。2015 年第三产业增加值占国内生产总值的比重为 50.5%,首次占据"半壁江山",比上年提高 2.4 个百分点,高于第二产业 10.0 个百分点,比 2010 年("十一五"收官之年)提高了 7.3 个百分点。根据测算,服务业增加值占 GDP 的比重每上升 1%,社会物流总费用与 GDP 的比率下降约 0.3%—0.4%。

其次,行业提质增效的成效初步显现。在国民经济整体增速放缓、企业经营效益走低的背景下,各行业重视物流效率的提升,努力实现转型和提升发展,物流费用增速明显减缓。首先,生产经营方式向供应链模式转变。2015年规模以上工业企业库存由上年增长6.2%转为下降0.1%,存货率为9.1%,比上年下降0.1个百分点,比2010年下降1.1个百分点,反映出工业企业存货的流动性水平有所提高。2015年社会物流总费用中仓储费用增速比上年回落1.3个百分点;其次,融资难融资贵等问题得到改善。2015年相继出台的降息、减税、清费等一列政策,对企业降本增效起到积极作用。2015年社会物流总费用中利息费用支出比上年下降2.4%,是近年来的首次下降;再次,物流技术、运作等管理方式有所提升。2015年物联网、云计算、大数据等新兴技术在物流行业得到推广应用,物流管理水平进一步提升。2015年社会物流总费用中管理费用增速比上年回落近3个百分点;最后,国家积极推进减免物流相关的收费项目。例如推进收费公路专项清理,降低偏高的车辆通行费收费标准,农产品冷链物流的冷库用电费降至与工业企业相同,等等。

(三)市场主体加速分化

1. 市场集中度显著提高

物流企业通过兼并重组、战略调整、联盟合作等多种方式,市场集中度显著提高。2015年,四大航运央企启动重组,市场向强势企业进一步集中。中国物流与采购联合会发布的"中国物流企业50强",主营业务收入近8 000亿元,第50名入选企业门槛为18.8亿元,比2010年提高了3.5亿元。截至2015年底,我国A级物流企业总数已经达到3500多家,其中5A级企业214家,具有标杆作用的领先物流企业群体成长壮大。随着互联网时代的到来,创新型物流企业快速涌现。据不完全统计,我国各类物流互联网平台超过200家。与此同时,一批跟不上时代发展步伐的企业被陆续淘汰。

2. 物流市场细分不断涌现新亮点

"十二五"时期,随着国民经济的发展,产业分工越来越细,不同产业对物流服务提出了不同的个性化要求,所以,物流业形成了不同的细分行业,从而形成了不同的物流市场。

在一些细分领域出现了一批实力雄厚、模式先进、前景看好的大型物流企业。"十二五"期间,涌现了一批领军企业,如快递中的"三通一达"、邮政速递、中铁快运等;城际快运中的顺丰、德邦、卡行天下、安能、天地华宇等;冷链中的荣庆、众品等;电商物流中的菜鸟网络、日日顺、京东快递、苏宁易购等;物流地产中的中储、普洛斯、宝湾等;钢铁物流中的浙江物产、天津物产、中铁股份、五矿等;汽车物流中的安吉、长久、长安、风神、一汽国际等;供应链平台中的怡亚通、创捷、一达通、卓志、嘉诚等;国际物流中的中远、中外运长舱、中海运等。

(四)市场化程度有所提升

我国物流市场化程度大约在90%以上,物流市场化程度的衡量标准主要有三个:一是物流资源是否通过市场进行交易,二是价格是否按市场的需求波动自由定价,三是物流服务的运作主体是否是自负盈亏的法人实体。目前中国的实际情况是,除《邮政法》规定的公务文件,部分铁路、管道与航空资源以外,其他资源都已进入市场,除邮政、铁路货运、管道运输、航空货运中的重要服务项目仍由国家作出指导价以外,其他价格都已放开,物流服务的运作主体都已公司化,铁路企业最后一个与政府脱钩,走向市场。

2014年9月24日,李克强总理主持召开国务院常务会议。会议决定,全面开放国内包裹快递市场,对符合许可文件的外资企业按核定业务范围和经营地域发放经营许可。同年

11 月 15 日,李克强总理召开国务院常务会议,部署加快推进价格改革,明确放开港口集装箱装卸、铁路散货快运、铁路包裹运输价格,放开社会资本投资控股新建铁路的货运价格,全面放开民航国内航线货物运输价格。到 2015 年,物流领域凡可以开放的,特别是向 WTO 承诺的,均已向民营和外资开放。

（五）创新成为发展新动力

十八大以来,习近平总书记明确提出,中国要改变经济发展方式,实现两个翻番与新四化,必须实行创新驱动战略,十八届三中全会又进一步提出了明确要求,把创新提到了一个新的高度。2015 年,李克强总理在政府工作报告中又提出"大众创业,万众创新"。"十二五",是中国物流业创新的五年,无论是组织形式、功能运作、物流技术、信息化还是物流金融、专业分工等,勇于实践,大胆探索,取得了可喜的成绩。特别是"互联网＋物流",智慧物流成为目标,信息化技术大量应用,平台思维改变传统模式,园区基地平台、电商物流平台、供应链集成平台、协同采购平台、供应链金融平台风起云涌。产业联动、跨界经营、线上线下、联盟互助、转型升级层出不穷。

1978 年,中国从日本引进物流概念,我们从引进、消化吸收到积极探索、快速发展,取得了很大的成绩,但中国的物流业大而不强,缺少的是创新,是自主知识产权,是软实力。从"十二五"开始有所突破,主要体现在以下几个方面:

一是理论创新。中国物流理论界已经起步,如徐寿波的"大物流论"、何明珂的"物流系统论"、宋华的"供应链金融"、王宗喜的"军事物流"、汪鸣的"复合产业论",等等。

二是模式创新。"十二五"时期,我国物流企业通过技术创新、管理创新、组织创新,整合优化物流资源,新的商业模式不断涌现。菜鸟网络、卡行天下等一批企业打造平台模式,整合物流资源。安能物流、圆通速递等企业优化加盟模式,强化干线管控。顺丰速运、德邦物流等企业启动多元化发展模式,发挥自身优势。怡亚通、招商物流、海尔日日顺等企业深耕供应链模式,提供物流一体化解决方案。长久物流、安吉物流等汽车物流企业拓展全产业链模式,提供物流、贸易、金融、汽车后市场等全方位服务。林安物流、传化公路港、中储股份、深国际等一批企业复制基地模式,搭建全国节点网络。随着互联网进入物流行业,易流科技、维天运通、正广通、安联程通等一批企业尝试物流线上到线下（O2O）模式。这些新理念、新模式倒逼传统企业转变观念,加速变革。

三是企业创新。推行现代企业制度,推进职业经理人制度,实施混合经济,兼并重组上市,跨界经营,众筹合伙、平台转型。根据经济发展的需要,物流企业分类评估制度"十二五"得到了进一步的规范与完善。

四是技术创新。物流的技术与装备是物流业的基础,涉及物流业的效率与效益,"十二五"中国物流与采购联合会科技发明奖与科技进步奖数量增加,水平提高。物联网、移动互联、大数据、云计算、智慧物流得到应用。物流装备特别是自动化立体库、输送分拣设备、运输透明化等都有所创新和发展,标准化水平进一步提高。

三、物流环境持续向好

（一）物流业明确为国民经济基础性、战略性产业

2014 年 6 月 11 日,李克强总理主持召开国务院常务会议,讨论通过了《物流业发展中长期规划（2014—2020 年）》，把物流业明确为"基础性、战略性产业"。其基础性主要是指物流业对国民经济发展的贡献度，2014 年，物流业增加值为 3.5 万亿元，占 GDP 的 5.6%，占服务业的 11.6%。其战略性，主要是指物流业对国民经济发展的引领度，国民经济的发展，物流必须先行，用现代物流特别是供应链管理去提升与改造传统工业、农业、流通业。习近平、李克强等党和国家领导人对物流园区、物流企业的考察，进一步为物流业的发展指明了方向。

（二）基础设施扩容提档

截至 2015 年底，我国高速公路和高速铁路里程分别突破 12 万千米和 1.9 万千米，与 2010 年相比分别增长 62% 和 127%，均居世界第一。全国高速公路不停车收费系统（ETC）实现联网，统一收费成为可能。水路、航空等运输服务能力稳步增长，高效便捷的综合运输体系初步形成。根据中国物流与采购联合会《第四次全国物流园区（基地）调查报告》，截至 2015 年 7 月，全国符合调查要求的物流园区共计 1210 家，投入运营的比例大幅上升，以物流园区为支撑的产业生态圈正在逐步形成。多式联运受到重视，2015 年国家正式启动多式联运示范工程，推动运输资源的高效整合与运输组织的无缝衔接。

（三）信息技术普及应用

"十二五"时期，正是新一轮科技革命孕育的时期。物联网、云计算、大数据等新兴技术在物流行业得到推广应用。嵌入物联网技术的物流设施设备快速发展，车联网技术从传统的车辆定位向车队管理、车辆维修、智能调度、金融服务延伸。云计算服务为广大中小企业信息化建设带来福音。大数据分析帮助快递企业预测运力需求，缓解了"双 11"等高峰时期的"爆仓"问题。2015 年，由菜鸟网络牵头，国内主流快递企业全部普及使用电子面单，快递基础业务信息化管理水平进一步提升。

（四）基础工作稳步推进

"十二五"时期，物流标准、统计、人才教育等基础工作取得积极成效。《物流标准化中长期发展规划》印发执行，一批新的物流国家标准开始实施。2015 年，中国物流与采购联合会作为国家试点单位启动团体标准试点工作。物流统计调查制度不断完善，采购经理人指数（PMI）提供决策参考，物流业景气指数、公路物流运价指数、中国仓储指数等陆续发布，物流指数体系不断扩充完善。物流教育培训工作迅猛发展，目前全国已有 443 所本科院校、954 所高职高专院校、900 多所中职院校开设了物流专业。"物流管理与工程"正式进入教育部全国学科目录一级学科。物流基础理论研究与产学研结合取得新成果。

（五）政策环境持续向好

"十二五"时期，党中央、国务院重视物流业发展。2014 年 9 月，国务院出台《物流业发展中长期规划》，将物流业定位为支撑国民经济发展的基础性、战略性产业。有关部门出台了《促进物流业发展三年行动计划》。各部门从自身职能定位出发，密集出台支持物流业发展的政策措施。从 2015 年开始，全国现代物流工作部际联席会议形成新的运行机制，由国家发展和改革委员会、商务部、交通运输部、工业和信息化部以及中国物流与采购联合会轮流主持，坚持问题导向，着力解决制约物流业发展、亟待跨部门协调解决的重点问题。支持物流业发展的部门间合力逐步加强，行业政策环境持续改善。

（六）绿色物流已见行动

"十二五"时期，交通运输领域落实推进节能减排低碳发展行动，提出到 2015 年化学需氧量(COD)、总悬浮颗粒物(TSP)等主要污染物排放强度比2010年下降20％。2015年起，国家第四阶段机动车污染物排放标准在全国范围内正式统一实施，黄标车淘汰力度加大。新能源汽车在货运行业得到推广应用，一些城市新能源快递配送车辆获得通行准入。液化天然气(LNG)等清洁能源汽车获得快速发展，太阳能发电屋顶在仓储行业开始使用。

（七）国际物流双向开放

作为加入世界贸易组织(WTO)以来开放最早的服务行业，我国物流业已经实现了全面开放。开放的市场环境吸引了大批跨国企业全面进入国内市场。随着"走出去"战略的实施，中外运、中远物流等国内企业积极拓展国际市场。阿里巴巴等电商和快递企业，纷纷参股国际快递企业，投资海外仓储设施，打造物流通关渠道，支持跨境电商发展。其中以顺丰的全球覆盖范围最为广泛，包括欧盟、日韩、美国、俄罗斯、东南亚地区、澳大利亚等，而中邮航的服务主要覆盖在日韩等地。申通、圆通、韵达三家虽然处于第二层，但服务的全球覆盖范围也不俗，中通稍显乏力，仅覆盖到了欧盟和俄罗斯。优速和宅急送也开启了自己品牌的国际之旅。2014年，国家提出"一带一路"战略，物流设施建设和网络布局加快落地。招商物流、远成物流等一批企业积极到沿线国家和地区布局。2011年，渝新欧班列首次全程运行。截至2015年10月底，中欧班列开行已经超过1 000列。上海、天津、福建、广东等自由贸易试验区陆续获批，对外开放新格局为物流业开辟了新的空间。

第二节　我国物流业的主要问题

一、有效物流需求不足

（一）外部因素

从外部因素来说，随着中国经济增速放缓，作为传统经济体系支柱的工业、制造业等产业也面临着不同程度的萎缩问题，而这些萎缩直接导致了公路物流行业的总体发展速度减缓。

（二）内部因素

由于有效供给不足、政策约束、需求方经营组织方式及其对现代物流认识不足，导致物流资源分散、有效需求不足。

二、物流有效供给不够

当前，我国物流业需求不足的主要矛盾在于结构，结构性矛盾的主要方面在于供给，一方面，大量存量资源沉淀在传统物流业务领域不能退出，无法满足生产者和消费者对高端服务的需求；另一方面，增量资源受投入不足和体制机制约束，难以创造新需求。受此影响，行业出现开工不足、产能过剩问题，市场配置资源效率降低，导致供给质量下降和有效供给不足。因此，供给侧结构性矛盾是当前物流业面临的主要矛盾。

（一）企业主体结构性矛盾

1. 主体规模结构性矛盾

我国物流企业规模普遍较小，2015年中国物流企业50强业务收入仅占物流业总收入的

11.5%,市场集中度较低。截止到 2016 年 2 月,我国共评定 A 级物流企业 3625 家,其中,业务收入超过 16 亿元的 5A 级企业仅有 223 家,仅占 A 级企业总数的 6%。小微企业在一些领域大量存在。2015 年,我国道路运输经营业户达 810 万户,其中个体运输业户超过 90%。一方面,这是市场长期发展的结果,符合小规模分散经营的特征,另一方面,由于缺乏事中事后监管,导致市场出现了"劣币驱逐良币"现象,行业集约发展困难重重。从行业从业人员看,劳动密集型特点较为明显。随着新技术应用和装备升级,将缓解基层员工紧缺的局面,也对从业人员素质提出了更高的要求。

2. 产品服务结构性矛盾

近年来,我国消费结构升级带动生活性物流潜力释放,消费对物流增长的贡献度增加。2011—2015 年,单位与居民物品物流总额年均增长 26.2%,保持高速增长态势。电商物流、快递快运、冷链物流等生活性物流持续快速增长,成为物流业发展的动力来源。由于现有物流产品和服务主要适用于大批量、少批次的生产性物流,生活性物流与生产性物流相比,更加强调小批量、多批次、个性化和灵活性。由于企业缺乏创新投入,产品更新速度慢,新的需求无法满足,同质化竞争挤压了企业利润空间。2015 年,快递件均收入为 13.4 元,较上年下降 8.5%,比 2007 年件均收入 27.6 元下降了 51.4%。

3. 创新能力不足矛盾

物流业企业创新动力不强,研发投入很低,商业模式创新、组织创新、技术创新、管理创新等滞后,无法通过创新向资本和知识密集型的高端物流转型。

4. 国际化能力不强矛盾

与我国高增长的国际贸易相比,物流业尚未形成与之相匹配的全球物流和供应链体系,国际市场份额很低,进出口所需的物流服务很大程度上需要依赖国外跨国物流企业。我国与 200 多个国家建立起了贸易联系,但国内没有一家物流企业能够提供全球送达业务。

(二)设施能力结构性矛盾

1. 运输能力结构性矛盾

我国货运规模居于世界前列,2015 年全国货运量达到 417 亿吨,公路、铁路货运量、港口货物吞吐量和快递业务量位居世界第一。随着产业结构调整,传统上货运量占比较大的大宗商品需求大幅减少,与之配套的运输能力过剩。铁路货运量自 2013 年开始逐年递减,已经跌回到 2010 年前的水平。2015 年,全国铁路完成货运量同比下降 11.9%。铁路货运改革正式启动,加快向现代物流转型。但是,由于铁路货运市场化不足,开放度不够,仍不适应现代物流发展需求。特别是铁路两端的短驳费用较高,削弱了市场竞争力。目前,铁路平均运距已经从 800 公里延长到 1000 公里以上。此外,由于铁路承运主体较为单一,民营资本难以进入,导致缺乏承接铁路货运全程业务,组织多式联运的市场化主体。

2. 仓储能力结构性矛盾

我国仓储能力与需求存在较大差距,全国通用仓储设施面积 8.6 亿平方米,折合人均面积 0.66 平方米。同时,高标准仓储设施较为短缺,仅为 2000 万平方米,占全国仓储设施面积的 2% 左右。随着消费市场启动,特别是电子商务的发展,大量老旧仓储设施不适应现代化仓储需要。近年来,由于供给短缺,我国仓库租金呈加速上涨趋势。截止到 2015 年末,一线城市仓库平均租金达到 38 元/月·平方米。仓储设施短缺主要面临物流用地供给不足的问题。由于物流用地投入大、回报慢、收益相对偏低,导致用地难规划、难审批。一些地方要求较多的用地附加条件,如投资强度、税收贡献等,导致开发和运营成本过高,单纯经营物流业务难以达到要求,物流企业用地难、用地贵问题突出。

(三)供需融合度过低矛盾

物流企业速度慢、成本高、渠道不畅、模式陈旧,与制造业、农业、商贸联动不足,已经成为制约制造业由大变强、解决三农问题、商贸服务和电子商务持续发展的瓶颈。如工业与流通企业对外支付的物流费用已占物流总费用的 65%,但是,物流外包水平有待提升。物流企业承接业务仍然主要是产前、产后的采购物流、销售物流,供应链设计、采购供应、厂内物流、供应链金融等高端物流服务很少,企业内部的生产物流没有进行有效剥离,主要还是企业自己解决,物流资源分散在不同部门和环节,无法实现一体化运作,供应链融合度过低,降低了整个供应链物流的运作效率。

三、物流环境约束明显

(一)多头管理缺乏统筹

物流涉及多行业、多层面、多部门,使物流业出现多头管理、政出多门、新政难出更难推的政府管理体制和地区、部门间相互分割封锁等问题,导致利益相关者间统筹协调难、大物流平台衔接不畅。

(二)物流系统衔接不畅

我国物流基础设施初具规模,2015 年,高速公路和高速铁路里程分别突破 12 万公里和1.9 万公里,双双居世界第一。截止到 2015 年 7 月,全国共有物流园区 1210 家。但是,物流系统性不强,网络化程度低,呈现分散、独自发展的态势,基础设施的配套性、兼容性较弱,出现"最后一公里"瓶颈制约。由于部门间缺乏统筹协调,铁路和水路基础设施衔接不畅,海铁联运比例不到 2%(发达国家已达 20%),集疏运体系不健全,制约铁水联运发展。我国物流园区利用铁路专用线的比例为 37%,缺乏转运换装设施。因此,大量本应通过铁路和水路运输的中长距离运输业务由公路承担,抬高了综合运输成本。

同时,大量物流基础设施布局在沿海地区,内陆地区还有较大差距。随着沿海制造成本上升,相关产业逐步向内陆转移,迫切需要加大内陆地区物流基础设施配套,建设内陆地区外向发展大通道,降低内陆地区物流成本。

(三)基础工作相对滞后

首先,数据是决策之本。对现代物流业了如指掌是新时期指导流通业发展甚至宏观经济全局的基本功、必修课,也是物流企业、行业转变发展方式、创新发展模式、提高管理水平的重要前提。随着产业分工的细化和产业链条的拉长,使得物流成本核算不仅越来越重要,而且越来越复杂;对物流成本状况以及产品总成本的客观描述越来越困难。我国物流成本信息虽已开始分析发布,但统计核算的基础工作与核算能力相当薄弱,统计口径、数据来源和解释评估能力含糊笼统,物流研究和信息数据分析处于一个个"孤岛状态",准确性及其来龙去脉很难令人放心,监测调控更是严重缺失。倘若这种状况得不到根本改变,将会严重阻滞"十三五"规划期间发展现代物流业、提高效能、降低成本、节能降耗的总进程。其次,物流标准化建设落后,物流研究离散,统一的大物流法律、法规缺乏,物流监测调控严重缺失,市场环境和诚信体系建设有待加强,急需人才与人才培养机制不适应,这将严重阻滞"十三五"期间发展现代物流业、提高效能、降低成本、节能降耗的总进程。

(四)政策约束依然较大

1. 税收政策不合理

2012年,物流业作为首批营改增试点行业,在试点过程中出现了税负大幅增加的严重问题。从新近公布的《营业税改征增值税试点实施办法》(财税〔2016〕36号)及其相关附件来看,这一问题并未得到有效解决,李克强总理关于"确保所有行业税负只减不增"的庄严承诺,在物流行业存在落实风险。

2. 通行政策约束大

在干线运输方面,车辆过路过桥费占企业运输成本的20%以上,高昂的收费挤占了企业利润。在城市通行方面,二线以上城市交通管理基本都采取了限制货运车辆进城的管制措施。配送车辆进城必须办理通行证,且办理难度大、不透明,导致很多企业改用金杯面包车或依维柯客车违规送货。调研了解,四辆违法的载货客车才相当一辆货车的载货量,增加了城市拥堵和空气污染。

3. 简政放权仍有空间

当前,随着我国经济的快速发展,特别是互联网应用的普及,许多新的经营模式不断涌现,对行政审批管理提出新的要求。在资质审批方面,由于物流业涉及行政审批和许可管理部门较多,同一经营事项往往涉及多个部门,存在多头管理、重复审批现象。在工商登记方面,许多地方以各种理由不予办理非法人分支机构营业执照,导致企业不得不在每个经营网点都设立独立核算的法人分支机构。在信息共享方面,部门间信息平台互联互通差距较大,"互联网+"政务的协同监管作用亟待发挥。

4. 物流发展不平衡

受经济、生产力、基础设施、市场化程度、信息化水平、需求等因素的影响,物流业呈现东部发展快,中西部物流业发展慢,城市物流相对发达,农村物流滞后且水平低。2015年,东、中、西部地区快递业务收入的比重分别为81.9%、10.3%和7.8%,业务量比重分别为82%、11.2%和6.8%。物流企业、物流设施、物流活动高度集中在交通、信息更为发达的大中城市。

从社会物流总额的绝对值构成来看,工业品物流总额占社会物流总额的比重从2001年的82.83%增长到2015年的93.07%,工业物流在国民经济发展中占据主导地位,是推动社会物流总额增长的主要动力。与消费市场紧密连接、竞争激烈、技术水平要求较高的家电、日用化工、烟草、医药、汽车、连锁零售和电子商务等行业物流需求旺盛。居于产业链上游、资本密集型的农产品与农资、钢材、煤炭、矿石等大宗物资物流发展相对滞后。

第三节 "十三五"我国物流业发展面临的新要求

"十三五"时期是全面建成小康社会的决胜阶段,经济社会发展的新常态对我国物流业发展提出了新的要求:

一、全面建成小康社会与中高速增长的新要求

全面建成小康社会的奋斗目标,要求经济保持中高速增长,要求把经济发展的重心从追求速度和规模转到追求质量和效益上来。物流业作为新兴的服务产业,对于调整经济结构、转变发展方式具有十分重要的意义。进一步降低物流成本,提高物流效率,将成为"十三五"时期物流业发展的总基调。

二、新型工业化与产业转型的新要求

国务院发布的《中国制造2025》提出,力争用十年时间,迈入制造强国行列。目前,我国正在逐步从工业化中后期向工业化后期过渡,其突出特点是从传统资源密集型产业向知识和技术密集型产业转变,从产业链中低端向中高端延伸。物流业作为重要的生产性服务业,是服务型制造重要的转型方向,中高端产业链需要中高端物流服务相配套。

三、新型城镇化与消费升级的新要求

我国城镇化仍将处于快速发展区间,并进一步释放巨大的投资和消费潜力。消费升级对经济增长的贡献度提高,也对物流服务的精细化、响应度和一体化水平提出了更高的要求。"十三五"时期,对专业化、个性化、多样化解决方案的需求会保持旺盛,城乡物流一体化、末端服务体验将成为竞争焦点。

四、区域协调发展与产业转移的新要求

国家"三大战略"进入实质推进阶段,新的区域经济布局与发展空间格局正在形成,将对物流设施、运输方式以及交通网络的联通性提出更高的要求。区域物流大通道建设、战略性物流枢纽节点布局调整、物流园区等基础设施互联互通以及多式联运、甩挂运输服务体系的构建,是区域物流协调发展的必备条件。

五、创新驱动与科技革命的新要求

国家提出了大众创业、万众创新的号召,要打造发展的新引擎。国务院出台了《关于积极推进"互联网＋"行动的指导意见》,云计算、大数据、物联网等信息技术与传统物流业态深度融合,已经并且正在带来物流领域的深刻变革。"十三五"时期,创新将被摆到物流发展全局的核心位置,其重点是释放新需求,创造新供给,加快实现发展动力转换。

六、开放型经济与全球化的新要求

中国经济加快融入世界,从单纯"引进来"转向"引进来"与"走出去"并重发展。特别是"一带一路"国家战略的实施与跨境电子商务的兴起,对国际物流提出了更高的要求。"十三五"时期,将要发展更高层次的开放型经济,亟待补上国际物流的"短板",为国内企业"走出去"提供坚实的物流保障。

七、生态文明建设与节能减排的新要求

社会各界对加强环境治理形成共识,国家生态文明建设步入快车道。物流业作为继工

业与生活消费后的第三大能耗产业,也是温室气体排放的主要行业,加强物流领域的绿色环保与节能减排工作对生态文明建设具有重要意义。"十三五"时期,这种以破坏资源环境为代价的物流发展模式必须改变。

八、全面深化改革与创新政府治理的新要求

全面深化改革,完善市场经济体制和政府治理体制任务艰巨。物流业作为重要的服务产业,涉及领域多,覆盖范围广,协调难度大,迫切需要建立统一开放、竞争有序的市场环境。当前,"互联网＋"产业快速发展,离不开"互联网＋"政务的配套跟进。没有国家政务的互联网化,就无法支撑产业与互联网的深度融合。进一步转变政府职能,建设服务型政府,着眼打造"互联网＋"政务新机制,创新管理方式,激发市场主体活力,构建诚实守信、规范自律的行业治理环境,将是物流业管理体制改革的重要任务。

第四节　我国物流业发展的对策建议

"十三五"时期,是全面建成小康社会的决胜阶段,经济社会发展的新常态,对我国物流业提出了新要求。物流业面临的结构性矛盾,主要体现在物流供给不适应产业转型和消费升级的需要,这是我国经济进入工业化中后期,产业形态向中高端发展,人均居民收入达到中等水平后出现的新问题。推进物流业供给侧结构性改革,要坚持问题导向,抓住主要矛盾,沿着转变物流业发展方式,推动行业转型升级和提质增效的主线,三端发力,多措并举,提高物流运行质量和效益,培育行业发展新动能,满足国民经济对物流业发展的供给要求。

三端发力要从一个层面推进需求侧释放需求和两个层面推进物流业供给侧结构性改革。在需求侧微观层面,通过宣传教育、主辅分离、主动开发,释放和挖掘理性社会化需求。在供给侧微观层面,着眼于发挥市场配置资源的作用,充分利用新技术革命机遇加快创新驱动,提高供给质量和效益,激发市场主体活力,提供有效供给,增加优质供给,创造新价值,形成持续发展的新动能;在管理侧宏观层面,着眼于提高政府治理能力和政策实施效力,创新行业管理体制和管理方式,放松行业管制和政策约束,为市场主体营造诚实守信、规范治理的政策环境,加大公共产品投入,打破瓶颈制约,提高行业整体竞争力。

一、释放需求侧社会化需求

（一）宣传教育

加强对需求侧的宣传教育,强化需求侧物流社会分工认识和实践,释放需求侧有效的、理性的社会物流需求。

（二）主辅分离

进一步优化支持制造企业主辅分离的政策环境,采取切实措施,制定相关配套政策,鼓励制造企业优化物流管理活动,实施主辅分离,成立独立核算的物流公司,自主经营,自负盈亏,开展面向社会的物流服务。鼓励制造企业与物流企业之间,以资产重组、合资、合作等形式,组建第三方物流企业,建立供应链战略合作伙伴关系,并不断扩大合作领域,向物流金融

服务、保税物流业务等功能服务延伸。鼓励制造企业资源整合,引导制造企业逐步将整合后的部分或全部物流业务外包给专业化的物流企业。支持制造企业通过分离、外包、合作等形式,释放物流需求,降低物流成本,提高运作效率。

重点整合制造业集聚区的物流功能,实现主辅分离。加强制造业集聚区物流功能整合,提升服务能力,积极引导工业园区、经济开发区、高新技术产业园区等制造业集聚区释放和集聚物流需求。统筹规划制造业集聚区的物流服务体系,鼓励集聚区内物流基础设施、物流信息平台共享共用,为制造业物流需求释放提供良好的服务条件。严格控制集聚区内制造企业自营物流用地,凡能够委托外包的物流资产和业务,都要实行社会化运作。鼓励区内制造企业与专业物流企业建立物流业务托管机制,形成制造企业集约生产,物流企业提供专业化服务的格局。生产服务型物流园区要面向周边制造企业,充分发挥园区布局集中、用地节约、功能集成、经营集约等优势,整合物流资源,增强吸引力和辐射力,提高为制造业服务的能力和水平。

（三）主动开发

挖掘经济欠发达区域物流需求,积极发展中小城市、农村地区的区域物流和农副产品物流;积极参与城镇化建设,扩展主体需求的弹性和空间。

二、推进供给侧结构性改革

（一）打造高效物流服务体系

1. 降成本

在"十三五"规划期间,要统筹兼顾、科学谋划,借助现代物流技术创新及其广泛应用,率先改善大宗货物的物流效率。重点体现在充分运用信息技术和现代储运技术,在全国要素资源价格趋于统一的前提下,减少远距离运输的盲目性,注重产销调配的合理化,特别是加强铁路、公路、水路、海上、航空和管道等不同运输方式各个转换节点上的有效衔接。

在运输成本明显降低并趋于稳定的基础上,要结合国民经济结构转型升级,将发展现代物流业、节能降耗的重点转向库存控制。为此,工业企业要在加快资本周转、降低物流成本、消除库存积压、优化产品流程等方面下功夫;促进工业企业采购、销售、储运业务和流程的外包,推动社会化第三方物流供应商的发展,改变工业企业"家家有仓库、户户有车队"的落后低效局面,提高企业物流的社会化、专业化、集约化、现代化水平,逐年降低全社会的库存比率。

2. 促集约

通过整合优化实现集约发展是现代物流的重要特点。要充分利用兼并重组、平台整合、联盟合作等多种方式,整合分散物流资源,促进市场优化配置,补短板,实现集约发展和组织结构优化,提高市场集中度和行业盈利水平。

3. 增创新

创新是行业转型升级不变的主题。充分利用现代化信息技术、装备设施,增强物流的个性化、精细化、定制化、高端化水平,实现去库存、去产能、降成本、调结构,提质增效。要推行多式联运、甩挂运输、无车承运等多种运输组织方式,加强模式创新和管理创新;要重点发展精益物流,优化重点产业供应链,促进物流业与相关产业联动融合,努力寻找行业发展新动力。充分利用新技术和"互联网+"物流,实现与互联网融合发展,互联网平台创新创业。加快创新驱动,激发市场主体活力,提供有效供给,增加优质供给,创造新价值,形成持续发展的新动能。物流企业应用物联网、云计算、大数据、移动互联等先进技术,研究物流云服务。

(二)深入融合互动发展

打破供需环节隔阂,重塑供应链关系,实现资源共享、强强合作,推进物流与相关产业深度融合、全链条互动发展。

1. 引导制造业物流供应链一体化发展

鼓励制造企业引进专业第三方物流企业,开展物流规划,再造物流流程,实施一体化物流管理,保障物流活动在供应链体系内的有效运作。鼓励物流企业深入了解制造企业物流和供应链运作模式,提供定制化服务和规范化运作,引导物流企业按照集成整合、便捷高效、服务增值、绿色环保的原则,加强与制造企业的融合互动,加快向制造业物流服务商和供应链集成商转变。

2. 物流企业托管置换制造企业的物流要素

鼓励物流企业托管置换制造企业物流要素,对制造企业闲置物流设施出租、物流企业承租、租赁制造企业的仓储、设备等闲置物流设施等方面给予一定的土地置换优惠政策。

三、管理侧优化发展环境

(一)深化体制改革,推进互联互通

1. 深化物流管理体制改革

进一步深化大部制改革,统筹协调综合运输体系建设和管理。加强城市物流管理体制改革,建立完善多部门协商协调机制。发挥全国现代物流工作部际联席会议的部门间协调作用,理顺政府各部门行政管理职能,健全监管责任制,强化事中、事后监管,推出责任清单和负面清单。充分利用信息化手段,创新监管机制和方式,通过综合执法和大数据监管,推进政务公开和信息共享。打破政府部门间壁垒,切实解决部门间职能交叉和多头执法问题。推广"互联网+"政务服务,利用互联网平台增强社会服务功能,营造开放透明的政府治理环境。

2. 推进物流网络互联互通

推进多种运输方式协同发展,打破链条各环节间瓶颈,调整运输组织结构,提升铁路运输、内河航运在多种运输方式中的货运比重。开展多式联运衔接工程,加强铁路与公路、水运、航空货运枢纽的规划衔接和网络对接,支持铁路进港口、进园区、进机场,支持在物流节点城市建设一批多式联运枢纽。培育社会化的多式联运市场主体,建立多式联运代理人制度,统一多式联运单证,推广电子运单,实现"一单制"。完善社会化回收体系,实现托盘、集装箱等标准化装载单元一贯化运输。引导工商企业开展供应链管理,重构产业价值链,实现全链条、多主体协同发展。

(二)加大优质供给,规范行业发展

1. 优化公共设施供给

在收费公路建设运营领域引入政府和社会资本合作(PPP)机制,逐步从"补建设"向"补运营"转变,提高财政支出引导作用。增强财政支持力度,加大对战略性的多式联运枢纽、高速公路、高速铁路、内河航道的投资力度,健全综合交通运输网络。充分利用现有闲置资源,支持仓储设施改造升级,增加高标准仓储设施比重。将物流用地纳入城市总体规划,建设公益性的城市公共配送中心和末端分拨中心,缓解城市配送压力和交通拥堵。对物流园区、配送中心等仓储类物流设施用地应进行硬性规定和立法保护,不得随意变更用地性质和规模。

2. 注重物流人才供给

部分发达国家为了推动物流产业的发展,在高等院校当中设置了专门的物流专业,并且还在一些高校当中设置了物流方向的研究生课程以及学位教育。通过物流协会组织,全方位组织物流在职教育,给物流产业培养了大量专业型人才。我国应该参考发达国家的成功经验,在对人才进行培养的前提条件下,构建我国物流专业学科以及人才培养的体系。加强探索物流基本理论知识,对于发达国家一些有效的物流经营方法以及管理经验进行归纳,并研究出一套适合我国国情的物流理论。构建多层次的物流人才教育制度,在高校中加入物流专业,给物流企业培养拥有坚实基础的专业型人才,并在一些高校与研究机构中设置物流专业培训中心,构建物流产业人员终身学习的系统。要求物流企业必须要积极主动组织员工参与在职训练,不断丰富员工的知识结构,做到与时俱进,适应社会的发展。

3. 引导行业健康发展

首先,我国迫切需要符合自己要求、经得起推敲、可靠的物流成本核算体系和真实数据的支撑。这就需要:a. 理顺物流统计监测机构,对数据信息发布建立问责制,改变"数出多门、估计推测、随意发布、依据缺失"的状况。发布机构有责任、有义务对数据采集过程、统计框架、统计口径、来龙去脉以及缺失不足等事项做出合乎逻辑的解释。b. 尽快统一我国企业物流成本的核算规则和方法,充分发挥行业协会和相关中介组织的作用,确定物流成本指标,统一核算方法,强化物流信息管理。c. 加强对现行国民经济统计体系中的物流管理数据接口研究,同时改革企业会计准则,推进物流成本科目的试点,在企业会计科目中增设物流成本项目或者分立的运输成本、库存成本、物流管理成本项目。提出相应的数据剥离方案、专项补充调查和分析测算方法。d. 为企业物流成本分类评价建立行业标准,定期监测物流运作效率的变化;以领先企业为基础确立行业标杆,开展对物流成本分行业、分地区、分类别细化考察。e. 在具备科学可比性的前提下,加强物流成本实际状况的国际比较和国际交流,加强国内物流成本状况变动的实时跟踪监测,并从中提炼进一步降低物流成本的政策和措施。

其次,清理现行各级标准,取消一批不适应行业发展的标准。整合国家强制性标准,严控准入门槛,确保社会安全。制定物流模数标准,在生产、包装、运输、装载、储存等各个环节,以标准化装载单元为基点建立统一的模数标准体系。推行团体标准,支持和鼓励社会组织协调相关市场主体,共同制定满足市场和创新需要的物流团体标准,确保标准"有用"和"落地"。发挥社会组织作用,通过推广团体标准,促进行业规范自律。加强物流诚信体系建设,增强守信激励和失信惩戒机制,维护公平竞争的市场环境。坚持以人为本,增强从业人员素质,关心、关爱物流从业人员,增强行业认同感和职业荣誉感。

(三)优化服务体系,构建便捷环境

1. 降成本、去库存,打造高效物流服务体系

增加财政对公共产品和服务投入,将收费公路养护费纳入财政预算,降低收费公路收费

标准,下调过路、过桥费占运输成本的比重。落实货运车辆高速公路不停车收费,减少货运车辆等待时间。在工商企业推行物流成本核算制度,摸清供应链物流成本。推行精益物流等现代管理技术,降低工商企业存货水平,减少生产和流通环节库存浪费。解决物流企业增值税进项抵扣不足问题,将房屋(仓库)租赁费、过路过桥费纳入进项抵扣范围。解决个体运输业户开具增值税发票问题,允许物流企业和互联网平台代开发票,确保物流行业税负"只减不增"。加快在物流领域推广工商登记"一照多址",解决经营网点和分公司等非法人分支机构设立问题。进一步减少物流领域行政审批事项,逐步推广网上申请、网上年审、异地年审、合并年审等便民措施。

2.去产能、畅通行,创建便捷交通运输环境

开展车型标准化和车辆绿色化工作,加大财政补助力度,推动车辆更新改造,全面淘汰黄标车和非标车辆,加强事中、事后监管,引导不规范企业退出。建立配送车辆分类管理机制,强化车型市场准入,推广厢式货车配送,全面替代客车送货。取消通行证管理制度,用环保标准替代数量限制,提升城区车辆通行环保要求,开放电动车配送城区通行权。制定共同配送支持政策,加大城市共同配送节点设施投入,减少车辆在途等待时间和城市总行车量。深化铁路货运市场化改革,以货运价格改革为突破口,建立适应市场需求的货运价格体系。进一步放开铁路货运市场,培育铁路货运主体,吸引民营资本参与铁路货运经营,降低铁路短驳成本。

(四)科学规划体系,统筹协调发展

1.科学规划建设国际国内物流通道

东部提质增效、中西部扩展规模,完善城市、注重农村,形成物流一体化发展格局;打通国际国内物流大通道,完善重要枢纽节点物流基础设施网络建设,构建与其他国家有效衔接的物流网络;支持优势物流企业强强联合,共同开发周边国家物流市场,打造全球性有竞争力物流企业,构筑连接世界的全球物流通道,形成全球物流服务体系。

2.统筹国内外物流协调发展

围绕国家"一带一路"战略,科学规划建设国际国内物流通道路径,搭建内陆向东到沿海和内陆向西跨境的国际物流大通道,充分发挥铁路、水路运输优势,降低中西部地区国际物流成本。进一步改善通关环境,简化通关手续,延长通关时间,实现 24 小时不间断通关。培育世界级跨国物流集团和专业化物流企业群体,鼓励国内企业开展国际产能合作,融入全球供应链体系。支持物流企业兼并重组战略性国际物流资源,提高全球物流资源的配置效率,加快形成与国际产业布局相协调的国际物流格局和物流网络。

国 际 篇

第十一章 德国现代服务业发展分析

第一节 德国服务业发展基本情况分析

一、德国服务业发展整体概况

德意志联邦共和国(简称德国)是位于中欧的联邦议会共和制国家。其北邻丹麦,西部与荷兰、比利时、卢森堡和法国接壤,南邻瑞士和奥地利,东部与捷克和波兰接壤。德国首都为柏林,国土面积 357167 平方公里,人口约 8069 万人(联合国贸发会议,2015),是欧洲联盟中人口最多的国家。德国行政区划分为联邦、州和市镇三级,共由 16 个联邦州组成。各州名称依次为巴登-符腾堡州、巴伐利亚州、柏林市、勃兰登堡州、不来梅市、汉堡市、黑森州、梅克伦堡-前波莫瑞州、下萨克森州、北莱茵-威斯特法伦州、莱茵兰-普法耳茨州、萨尔州、萨克森州、萨克森-安哈特州、石勒苏益格-荷尔斯泰因州和图林根州,其中柏林、不来梅和汉堡为市州,各联邦州的地理分布具体见图 11-1。从各州占全国面积比重看,排名前五的依次是南部的巴伐利亚州(19.8%)、西北部的下萨克森州(13.3%)、南部的巴登-符腾堡州(10%)、西部的北莱茵-威斯特法伦州(9.5%)和东北部的勃兰登堡州(8.3%)。从各州占全国人口比重看,排名前五的依次是北莱茵-威斯特法伦州(21.8%)、巴伐利亚州(15.3%)、巴登-符腾堡州(13.2%)、下萨克森州(9.7%)和黑森州(7.4%)。各州面积和人口分布指标显示,超过三分之二的常住人口集中于德国西部和南部地区,其中西部的北莱茵-威斯特法伦州虽然面积小于南部的巴伐利亚和巴登-符腾堡州,但人口总量最大,且分布密集程度最高。

德国作为欧盟的创始会员国之一以及北约、申根公约、八国集团、联合国等国际组织的重要成员国,不仅是欧洲最大经济体,还是世界第四大经济体。按 2015 年现价美元核算,德国 GDP 总计约 3.296 万亿美元,占全球份额的 4.41%,不变价 GDP 环比增长率为 1.69%(联合国贸发会议,2015)。按 2014 年国际汇率核算,德国人均 GDP 为 41219 美元。从 2014 年德国 GDP 的支出构成看,消费支出占 73.9%,净投资占 19.3%,净出口为 6.8%。2015 年德国货物出口约 1.329 万亿美元,占全球贸易额的 8.03%;服务出口构成中,运输业占比约 20.7%,旅游业占比约 14.6%,其他服务业占比为 60.2%(联合国贸发会议,2015)。此外,德国还拥有完善的社会保障制度,国民具有极高的生活水平。联合国发布的世界各国 2014 年人类发展指数显示,德国为 0.911,仅次于挪威(0.944)、澳大利亚(0.933)、瑞士(0.917)、荷兰(0.915)和美国(0.914),位居世界第六。以上综合反映出德国高度发达的经济发展水平、世界版图中的重要经济地位,以及经济和社会等全方位协同发展的突出优势。

图 11-1　德国主要行政区划分

德国作为一个高度发达的资本主义国家,工业革命以来一直是推动经济日益全球化的先驱者、创新者和受益者。德国在基础科学与应用研究方面十分发达,以理学、工程技术而闻名的科研机构和发达的职业教育支撑着德国的科技进步和经济发展,以汽车、机械、金属和化工品等为代表的高端制造业更是德国的重要象征。受益于制造业和工业的高品质和高声誉,德国曾长期处于世界工业强国前列。随着制造业和工业发展日益成熟,自 20 世纪 80年代末开始,德国逐渐由工业经济向服务经济转型,并成长为世界服务业大国和全球第三大服务贸易国,服务业占 GDP 比重已超过 70%。德国服务业的快速发展具有极其鲜明的特征,与本国制造业发展高度化、高端化引致的服务业种类增加、服务业外包扩张以及服务质量提高密切相关。德国既不像美国高度专注于服务业发展而将制造业大量转移至国外,以规避发展中国家的制造业成本优势,也没有过分专注于制造业而忽视制造业和整体经济对服务业的需求,延缓经济服务化趋势。相反,德国制造业和服务业在国民经济中始终维持着均衡的发展状态和高度的产业关联。例如,德国大众、西门子等大型制造业周围均集聚了众多的中小型服务企业。它们专注于某一技术领域,为大型制造企业提供完整的技术解决方案、培训、调试和售后服务等一系列专业化的生产性服务。这些专业化服务大大降低了制造业生产成本,提高了制造业生产效率,有效巩固和提升了德国制造业的核心竞争力。这种制造业高端化和服务化的产业特色支撑德国经济有效抵御了美国次贷危机和欧洲债务危机,并在全球经济发展前景不明朗的大背景下,助推德国经济维持高水平的稳步增长。

受德国制造业的市场需求影响,德国服务业分布存在鲜明的制造业关联特色。具有较高知名度的德国物流业、会展业、金融保险业、咨询业等服务细分行业发展迅速,且服务业出口占全球市场份额日益提高。受国内部分行业打破垄断机制的激励,通讯、计算机和信息服务等高端服务业同样获得了快速发展。德国服务业具有与制造业融合发展、市场集中度高、服务业务多元化、管理体系完善等鲜明特色。服务业务多元化在德国银行业和物流业表现尤为突出。与美、日等发达国家银行业分业经营体系不同，德国银行以混业经营著称，能提供保险、商业银行、证券和投资银行等多种金融服务，这种"全能银行"在实现优势互补的同时又能促进创新，增强其综合竞争力。同样，德国物流业不仅为客户提供运输等基础服务，还能够为客户提供专业配送、转运和仓储等多项延展服务。另外，德国服务业具有十分完善的管理体系，主要表现为以下几方面：如建立健全服务行业的法律法规体系、搭建成熟的行业协会、服务业的标准化管理，以及明确界定市场和政府等的主体责任。德国已建立包括《保险法》《银行法》、相关物流法规、咨询业相关法规和政策等多部服务行业法规政策，以促进服务业健康有序发展。在此基础上，服务业各行业都组建了一定规模的行业协会，他们对内发挥着搭建交流平台、促进信息共享、提高行业从业人员业务水平、修订完善法律法规的功能，对外则是行业企业与工商界、学界以及政府沟通的桥梁纽带。此外，为使提供服务更加标准、科学和严谨，德国在服务业发展初期就开始进行服务标准的制定，1996年成立的德国标准委员会的主要职责就是制定和修订服务标准。2009年，德国还成立了服务业标准委员会，该机构主要针对终端客户和企业制定相关基础性服务。

二、德国服务业的行业结构分析

根据德国联邦统计局统计资料，德国服务企业行业分布显示，服务业中排名前三的行业分别是批发零售贸易及机动车和摩托车修理业（19.3％），专业、科学和技术活动业（15.1％），以及房地产业（9.6％）。相对而言，制造企业占企业总数的7.3％，建筑业企业数占比较高，为11.5％。从雇员的行业分布看，制造业雇员占比最高，为26.9％。服务业中雇员占比最高的细分行业仍然是批发零售贸易及机动车和摩托车修理业（17％），其次是保健及社会活动服务业（15.2％）。而专业、科学和技术活动业，以及房地产业的雇员占比分别为6.8％和1％，均远低于各自的企业数占比。从营业额的行业分布看（2015年5月统计数据），制造业占国民经济全行业营业额比重高居行业榜首，接近三分之一。其次是服务业中的批发零售贸易及机动车和摩托车修理业，占民经济全行业营业额的三成。此外，服务业中营业额占比排名第二的仍然是专业、科学和技术活动业，但份额仅为4.8％，比批发零售贸易及机动车和摩托车修理业低约25个百分点。综合德国国民经济全行业的企业数、雇员数和营业额的行业分布得出，虽然德国制造业企业占比仅位居全行业中等水平，但雇员数和营业额占比均处于全行业领先地位，具有就业承载能力强和企业平均规模大的双重优势，在国民产业体系中占有举足轻重的地位。另外，以批发零售贸易及机动车和摩托车修理业为代表的传统服务业不仅企业数目众多、雇员比重较高，同时创造了仅次于制造业的营业份额，凸显流通服务业等在德国国民产业体系中的基础作用。以专业、科学和技术活动服务业为技术支撑的现代服务业表现同样抢眼。虽然雇员占比位列服务业第四，低于批发零售贸易及机动车和摩托车修理业、保健及社会活动服务业，以及行政和支持服务活动业，但企业数占比和营业额占比均位列服务业第二，仅次于批发零售贸易及机动车和摩托车修理业，说明德国的专业、科学和技术活动服务业的市场主体众多，市场份额较高，整体发展比较成熟，为德国制造业的关键技术突破、管理流程优化、商业模式创新，以及服务业和制造业的深度融合提供了强大的智力支撑和服务保障。与专业、科学和技术活动服务业相仿的房地产业,企业数占比远高于雇员数占比以及营业额占比,说明德国房地产企业数目较多(2012年超过32万家),但在吸纳就业和创造产值方面表现平平,类似表现的还有文化娱乐业和其他服务活动业。与之相反,行政和支持服务活动业、教育业以及保健及社会活动业等具有公共服务性质的行业,虽然合计的企业占比(8.4%)与合计的营业份额(4%)均偏低,但容纳了国民经济整体约27%的雇员数,成为除制造业、批发零售贸易及机动车和摩托车修理业外的重点就业行业。此外,信息及通信业、金融保险业等现代服务业的企业数、雇员数及营业额比重虽然均不如专业、科学和技术活动服务业表现突出,但仍然是德国现代服务产业体系的重要组成部分,在市场主体数目、就业承载能力和营收规模方面表现可圈可点。

表 11-1 德国国民经济各行业发展规模情况

产业部门	企业数 (家)	雇员数 (人)	营业额 (千欧元)	企业数比重 (%)	雇员数比重 (%)	营业额比重 (%)
采掘业	2279	57083	15665821	0.1	0.2	0.3
制造业	248135	6742721	1987791475	7.3	26.9	32.7
电力、燃气蒸汽和空调供应业	61969	245724	567593613	1.8	1	9.3
供水、污水处理、废物管理及补救活动业	12304	236463	48256079	0.4	0.9	0.8
建筑业	389557	157464	247027325	11.5	0.6	4.1
批发零售贸易及机动车和摩托车修理业	655102	4261569	1801060759	19.3	17	29.6
运输仓储业	119016	1511766	264439824	3.5	6	4.3
住宿餐饮业	245787	879989	74915734	7.2	3.5	1.2
信息及通信业	130027	918856	217176861	3.8	3.7	3.6
金融保险业	68773	999269	127163262	2	4	2.1
房地产业	326238	249378	120757216	9.6	1	2
专业、科学和技术活动服务业	513141	1698571	294048191	15.1	6.8	4.8
行政和支持服务活动业	205519	2044174	173210698	6.1	8.2	2.8
教育业	76011	924492	12532499	2.2	3.7	0.2
保健及社会活动服务业	2369	3798707	60881255	0.1	15.2	1
文化娱乐业	104644	239307	33055868	3.1	1	0.5
其他服务活动	234264	86667	39379735	6.9	0.3	0.6

资料来源:德国联邦统计局。其中企业数为2012年数据,营业额根据缴纳增值税企业2015年5月31日登记的数据计算得出。

表11-2进一步展现了德国国民经济主要行业的就业规模及其变化趋势。从就业总量表现看,2007—2015年,德国总就业人数呈稳步缓慢上升趋势,由2007年的4032.5万增长

到 2015 年的 4305.7 万,就业人数增加约 273 万,年均增长率约 0.8%。从就业行业分布看,服务业成为吸纳劳动力就业的主要产业,并且就业地位不断巩固强化。至 2015 年,服务业就业人数约 3190 万,占总就业容量的 74%,比 2007 年的服务业就业比重提高 1 个百分点。与之相反的是,农林牧渔业就业总量维持了缓慢下降的趋势,2015 年就业人数不足 64 万人,约占总就业容量的 1%。制造业就业规模除受 2008 年全球金融危机影响出现短期的小幅下滑外,整体仍然保持稳中有升的发展态势,2015 年制造业就业人数超过 750 万人。不过,制造业就业总量虽然有所上升,但就业份额有所回落,2015 年制造业就业占全行业就业比为 17%,比 2014 年下降 1 个百分点。综合就业行业分布及变动趋势,服务业容纳了德国国民经济全行业约四分之三的就业,担负着稳定就业和社会安定的重任,服务业就业容量的稳步扩张和就业份额的持续增加,彰显了德国服务业在国民经济体系中的中流砥柱作用,以及德国经济服务化向纵深推进的整体发展趋势。

从服务业就业的细分行业分布看,除其他服务业外,作为传统服务业主要构成的贸易运输住宿餐饮业,其就业数占全行业就业总量比重十分稳定,典型年份均达到 23%。就业变化趋势显示,虽然就业量整体缓慢上升,但就业增幅具有显著的阶段性特征,其中 2010 年—2014 年的年均增幅比 2007—2010 年的年均增幅高约 5 万人,进一步凸显贸易运输住宿餐饮业等传统服务行业的就业地位反弹。就业占比位列服务业全行业第二的商务服务业保持稳中有升的增长态势,2015 年的就业总数约 576 万,占国民经济全行业就业总量的 13%。作为现代服务业重要组成的信息通信业和金融保险业,就业数占全行业就业比重均接近 3%,但前者就业量呈现小幅震荡式波动,后者表现出稳步下降趋势。以公共服务业为主体的其他服务业,就业人数表现出稳步上升态势,就业数占比约 31%,比贸易运输住宿餐饮业等传统服务业高约 8 个百分点。两者合计的就业量占比为 54%,说明公共服务业和传统型服务业构成德国服务业就业的主体。

表 11-2 还显示了雇佣型就业的行业分布和变化趋势。从国民经济全行业看,雇佣型就业不仅总量稳步上升,2015 年突破 3800 万,而且占全行业就业比重从 2010 年的 89% 上升为 2015 年的 90%,表明雇佣型就业是德国的主要就业形式。从雇佣型就业与普通型就业的行业比较看,受产业特点及产业发展规律影响,农林牧渔业的雇佣型就业占全行业雇佣型就业比重下降约 1 个百分点,而工业及制造业的雇佣型就业占比均提高约 1—2 个百分点。对于服务业及其绝大多数细分行业,雇佣型就业占全行业雇佣就业比重与整体就业占全行业就业比重持平。唯一例外的是其他服务业,不仅雇佣型就业占全行业雇佣型就业比重位于细分行业之首,且高出该行业整体就业占全行业就业比重 1 个百分点,说明其他服务业不仅发挥着服务业就业的重大功能,而且其雇佣型就业特征比服务业其他细分行业更为突出。

表 11-2　代表性年份德国就业数、被雇佣数及相应比重的行业分布

行　　业	人数(千人)				比重(%)			
	2007 年	2010 年	2014 年	2015 年	2007 年	2010 年	2014 年	2015 年
就业	40325	41020	42662	43057	100	100	100	100
农林牧渔业	667	661	649	637	2	2	2	1
工业	7839	7705	8068	8087	19	19	19	19

行 业	人数(千人)				比重(%)			
	2007年	2010年	2014年	2015年	2007年	2010年	2014年	2015年
制造业	7274	7138	7486	7512	18	17	18	17
建筑业	2312	2331	2436	2430	6	6	6	6
服务业	29507	30323	31509	31903	73	74	74	74
贸易运输住宿餐饮业	9380	9476	9804	9856	23	23	23	23
信息通信业	1189	1162	1230	1213	3	3	3	3
金融保险业	1231	1214	1189	1187	3	3	3	3
房地产业	474	463	463	467	1	1	1	1
商务服务业	4866	5172	5618	5757	12	13	13	13
其他服务业	12367	12836	13205	13423	31	31	31	31
被雇佣	35798	36533	38260	38721	89	89	90	90
农林牧渔业	304	309	343	350	1	1	1	1
工业	7532	7416	7795	7822	21	20	20	20
制造业	6975	6857	7222	7255	19	19	19	19
建筑业	1833	1843	1923	1937	5	5	5	5
服务业	26129	26965	28199	28612	73	74	74	74
贸易运输住宿餐饮业	8191	8355	8744	8827	23	23	23	23
信息通信业	1040	1018	1090	1077	3	3	3	3
金融保险业	1071	1061	1043	1039	3	3	3	3
房地产业	405	393	407	409	1	1	1	1
商务服务业	4091	4371	4795	4933	11	12	13	13
其他服务业	11331	11767	12120	12327	32	32	32	32

表11-3和表11-4逐一展示了德国主要传统服务业和现代服务业的发展规模,其中表11-3主要描述住宿业、餐饮服务活动、批发贸易和零售业等传统服务业及其细分行业的发展规模。以2014年为例,从企业数目看,零售业、餐饮服务活动、批发贸易和住宿业依次递减,分别约33.3万、18万、15.3万和4.7万家。从雇员数目看,零售业的349万高居行业首位,其次是批发贸易业,雇佣人数约183万,餐饮服务活动和住宿业雇佣人数分别约154万和54万。从营业收入看,批发贸易的11667亿欧元高居行业第一,零售业以5264亿欧元的营业规模位列第二,餐饮服务活动和住宿业的营业额相对较低,分别约510亿欧元和264亿欧元。从固定资产投资总额看,批发贸易业以88亿欧元稳居榜首,零售业以82亿欧元紧随其后,住宿业和餐饮服务活动的固定资产投资总额均不足20亿欧元。综合传统服务业的四大细分行业的规模表现得出,批发零售业比住宿餐饮业容纳更多的企业市场主体,承载着大量的劳动力就业,获得高水平营业收入,固定资产投资力度较大。从企业平均规模看,批发

贸易仍然占四大行业之首。企业平均营业额突破 760 万欧元,雇员人均营业额接近 64 万欧元,比零售业分别高出约 605 万欧元和 49 万欧元,凸显批发企业营业规模平均水平较高的行业特征。从电子商务的普及程度看,住宿业电子商务营业额占比约 16%,显著高于批发贸易(7.3%)、零售业(6.6%)和餐饮服务活动(1.8%)。

　　数据还显示,批发贸易、零售业、餐饮服务活动和住宿业的行业构成各具特色。批发贸易业的行业分布显示,合同批发、家居用品、其他专业批发和其他机械设备及用品批发类企业数目众多。家居用品的雇员数占比最高,为批发业总雇员数的 26%,其他专业批发雇员占比为 24%,仅次于家居用品行业。此外,其他专业批发和家居用品行业的营业额和固定资产投资额均高于批发贸易的其他细分行业,综上看出,家居用品和其他专业批发企业是批发贸易业的主要组成部分,尾随其后的其他机械设备及用品批发,食品、饮料和烟草企业,以及合同批发企业为批发贸易业的重要组成。从企业平均营业额看,信息和通信设备批发位于批发贸易业首位,约 1690 万欧元。企业平均营业额较接近的三大细分行业分别是非专业批发贸易、其他专业批发,以及食品、饮料和烟草行业,均不足 1400 万欧元。电子商务普及程度指标显示,信息和通信设备批发以及家居用品行业名列前茅,电子商务营业额比重均超过 10%。观察零售业的细分行业分布得出,各种货物(商店等)和其他物品(商店等)这两种类型不仅雇员数、企业数位居细分行业前列,营业额和固定资产投资额同样远高于零售业其他细分行业,构成零售业主体。零售(不在商店等)、食品(商店等),以及玩具(商店等)类型的发展规模则处于零售业中等水平。此外,餐饮服务活动中的餐厅和移动餐饮服务活动类型,以及住宿业中的酒店式住宿类型发展规模较大,在各自所属的产业大类中占有举足轻重的地位。

表 11 - 3　2014 年德国住宿餐饮业、批发零售业及细分行业相关统计指标

服务业	企业数(个)	雇员数(人)	营业额(百万欧元)	企业平均营业额(千欧元)	雇员人均营业额(千欧元)	电子商务营业额比重(%)	固定资产投资总额(百万欧元)
住宿业	46630	542602	26391	566	49	16.2	1956
酒店式住宿	35402	480764	23810	673	50	16.6	1725
度假住宿及短时住宿	8478	45911	1854	219	40	15.6	127
露营等住宿	1428	9517	448	314	47	5.8	42
其他住宿业	1322	6410	279	211	44	3.9	62
餐饮服务活动	179566	1542445	51013	284	33	1.8	1619
餐厅和移动餐饮服务活动	130727	1079064	35977	275	33	1.6	1208
活动餐饮及其他餐饮服务活动	14239	235884	9464	665	40	3	230
饮料服务活动	34600	227497	5572	161	24	1.1	182
批发贸易(除摩托车和机动车辆)	152959	1825934	1166730	7628	639	7.3	8814

续 表

服务业	企业数（个）	雇员数（人）	营业额（百万欧元）	企业平均营业额（千欧元）	雇员人均营业额（千欧元）	电子商务营业额比重（%）	固定资产投资总额（百万欧元）
合同批发	41261	100606	10358	251	103	4.8	275
批发农资、原料及活的动物	6608	65724	62468	9454	950	1	480
食品、饮料和烟草	14221	256967	190952	13427	743	9.9	1321
家居用品	29852	478806	247934	8305	518	10.2	1705
信息和通信设备批发	5261	121791	88857	16890	730	14.8	434
其他机械设备及用品批发	22025	276166	107375	4875	389	7.4	1602
其他专业批发	28178	429725	382917	13589	891	4.3	2582
非专业批发贸易	5553	96148	75869	13663	789	2.7	414
零售业(不含汽车贸易)	333002	3488584	526392	1581	151	6.6	8155
各种货物(商店等)	35911	1128932	216087	6017	191	0.4	3334
食品(商店等)	37766	261870	21600	572	82	1.7	413
零售(加油站)	7252	83759	15873	2189	190	0.8	149
交流通信器材(商店等)	18022	109215	20342	1129	186	3.7	316
玩具(商店等)	48977	405467	59279	1210	146	2.4	923
运动器材	26297	150456	16097	612	107	6.3	254
其他物品(商店等)	120448	1140556	130015	1079	114	2.4	2217
零售和市场摊位	6389	23502	1324	207	56	1.3	25
零售(不在商店等)	31939	184828	45776	1433	248	59.3	524

资料来源：德国联邦统计局。

表 11 - 4　2014 年德国典型服务业及细分行业相关统计指标

服务业	企业数	从业人数	营业额	固定资产形成总值
	单位：千		单位：十亿欧元	
运输仓储业	91.4	2104	290.6	22.9
陆运和管道运输	54.1	791.8	82.7	8.4
水路运输	2.7	26.5	28.4	1.2
航空运输	0.6	63.7	24.9	1.9
仓储和运输支持活动	20.3	706.1	124.4	10.7
邮政和快递活动	13.6	515.9	30.2	0.7
信息通信业	114.9	1180.20	249.2	14.8

服务业	企业数	从业人数	营业额	固定资产形成总值
	单位：千		单位：十亿欧元	
出版业	8.6	197.8	32.8	0.5
电影、电视节目制作、录音和音乐出版活动	10.5	68.7	11.6	0.6
节目与广播活动	0.4	41.6	15.7	0.4
通信业	2.8	114.3	63.1	6.9
计算机程序设计、咨询及相关活动	79.9	665.2	112.8	5.5
信息服务活动	12.7	92.6	13.1	0.8
房地产业	258	614.9	132	35.1
专业及科学技术活动业	460	2452.20	295.5	11
法律和会计活动	116	670.5	50.9	1
管理咨询活动	104.5	517	107.1	4.3
建筑与工程活动、技术测试与分析	125.3	651.2	73.2	2.3
科学研究与发展	6.3	166.2	14.6	2.2
广告与市场分析	33.6	248.1	27.3	0.5
其他专业技术活动	64.4	151.8	19.3	0.6
兽医活动	10	47.5	3.2	0.1
行政及支援服务活动业	181.2	3175.70	187.9	12.8
租赁活动	21.7	120.6	32.9	8.8
就业活动	9.3	979.5	37.8	0.4
旅行社、旅游经营者及其他预订服务及相关活动	11.8	93	29.2	0.3
安全和调查活动	5.4	207.1	6.5	0.1
建筑和景观活动服务	85.4	1262.30	35.4	1.3
其他支持活动	47.6	513.1	45.9	1.8
其他服务业	12	41.7	3.3	0.1

资料来源：德国联邦统计局。其中企业数包括从事自由职业活动的组织，从业人员登记时点为 2014 年 9 月 30 日，营业额包含其他营业收入。

表 11-4 展示了德国运输仓储业、信息通信业、房地产业、专业及科学技术活动业等现代服务业，以及行政及支援服务活动业等公共服务业的发展情况。各行业发展规模指标显示，专业及科学技术活动业的发展规模处于现代服务业领先地位。以 2014 年数据为例，德国从事专业及科学技术活动的企业数有 46 万家，从业人数超过 245 万，营业额接近 3000 亿欧元，指标水平均高于同期的运输仓储业、信息通信业和房地产业。受行业人力资本密集和知识技术密集特征影响，专业及科学技术活动业的固定资产形成总值仅为 110 亿欧元，低于

上述三大行业,比居于行业之首的房地产业低约 240 亿欧元。整体凸显出专业及科学技术活动业在德国现代服务业的重要地位。运输仓储业尽管企业数目较少,约 9.1 万家,但从业人员和营业额仍然高于信息通信业和房地产业,表明运输仓储业企业平均规模较大。固定资产形成总值指标同样显示出运输仓储业的投资规模处于服务行业前列。相对而言,无论从企业数、从业人数、营业额和固定资产形成总值等绝对指标,还是从平均企业营业额和人均营业额等相对指标看,信息通信业的发展规模均属于中等水平。另外值得关注的是,作为公共服务特色明显的行政及支援服务活动业,在德国现代服务产业体系中发挥着不可或缺的作用。2014 年的数据显示,行政及支援服务活动企业数超过 18 万家,从业人数约 318 万,营业额达到 1879 亿欧元,固定资产投资额为 128 亿欧元。尽管企业总数、营业总额和固定资产形成总值低于专业及科学技术活动业,但从业人数比该行业高出 72 万,凸显德国行政及支援服务活动业这一公共服务行业较强的吸纳就业能力。

与发达经济体现代服务业发展特征类似,德国专业及科学技术活动业的细分行业构成中,法律和会计活动、管理咨询活动等市场份额较大,合计企业数占专业及科技活动总企业数的 48%,合计从业人数占比、合计固定资产形成总值占比同样约 48%,合计营业额占比则高出 6 个百分点,为 54%,充分展现出法律和会计活动、管理咨询活动在德国国民经济和产业部门间发挥重要的润滑和助推功能。此外,具有鲜明德国特色的建筑与工程活动、技术测试与分析行业,其重要地位同样不可小觑。无论是企业数、从业人数、营业额还是固定资产形成总值,其占比均超过 20%,其中企业数占比最高,为 27%,从业人数占比与法律和会计活动持平,也为 27%,彰显建筑与工程活动、技术测试与分析的重要市场地位。对于科学研究与发展业,其市场份额的表现并不抢眼,但绝对产业规模仍然较高,例如,2014 年德国从事科学研究与发展的企业数高达 6300 家,从业人数接近 17 万,营业额为 146 亿欧元,固定资产形成总值为 22 亿欧元,占专业及科技活动总固定资产投资的 20%,体现德国政府和实业界对科学研究的高度重视和大力支持。分析公共服务性质突出的行政及支援服务活动业的行业分布,发现无论是企业数还是从业人数,建筑和景观活动服务的从业规模均居于细分行业首位,特别是从业人数高达 126 万,占行政及支援服务活动业总从业人数的 40%。结合专业及科技活动中建筑与工程活动、技术测试与分析的突出表现,说明德国与建筑设计和服务相关的产业活动异常活跃,彰显德国现代服务业独有的行业特色。

三、德国服务业的地区结构分析

德国共划分为 16 个联邦州,其中柏林、不来梅和汉堡为市州。各州基于不同的地理区位和历史沿革,形成了各具特色的产业体系和经济规模。从各州所辖面积、常住人口数、就业人数、地区生产总值等统计指标看,巴伐利亚、下萨克森州、巴登-符腾堡和北莱茵-威斯特法伦在德国占有主导地位。从州辖面积看,处于全国前四位的依次是南部的巴伐利亚、下萨克森州、巴登-符腾堡和北莱茵-威斯特法伦,四州合计面积占全联邦面积的 53%。从常住人口、就业人口和地区生产总值指标看,排名前四的仍为上述四州,常住人数合计占比超过 60%,就业人数合计占比接近 61%,地区生产总值合计占比超过 63%。其中北莱茵-威斯特法伦州的常住人口数、就业人数和地区生产总值又位于四州之首,如常住人口占比约 22%,就业人数占比约 21%,地区生产总值占比为 22%。受各州产业结构和德国联邦高度重视职业教育双重影响,学徒规模也存在明显的区域集聚性。例如,2014 年德国学徒总数高达 136 万人,其中近 90 万人集中在上述四州。高校学生的区域分布特征与学徒区域分布类似,除黑森州学生数超过下萨克森州外,其他三州高校学生数排序维持不变。其中北莱茵-威斯特法伦、巴伐利亚、巴登-符腾堡和黑森四州合计学生数约 170 万,占全联邦学生总数的 63%。

德国服务业的地区分布特征与国民经济规模地区分布特征基本一致。以运输仓储业、信息通信业、房地产业、专业及科学技术活动业,以及行政及支援服务活动为主的现代服务业为例,2014 年,服务企业总数、服务业从业人数、总营业额以及固定资本形成总值位于德国前三的州仍然是北莱茵-威斯特法伦、巴伐利亚和巴登-符腾堡,三州服务业企业合计数占比、服务业从业人数合计占比以及服务业营业额合计占比均为 55%,固定资产形成总值合计占比为 52%。三大州中,北莱茵-威斯特法伦各项指标均处于领先地位,例如,2014 年服务企业数接近 25 万家,服务业从业人数约 246 万,总营业额为 3133 亿欧元,固定资产投资额为 240 亿欧元,依次占全联邦相应指标的 22%、26%、27% 和 25%。值得一提的是,下萨克森州的国内生产总值虽然比黑森州略胜一筹,但服务经济规模不如黑森州抢眼。例如,黑森州服务企业从业人数占比、营业额占比和固定资产形成总值占比依次为 11%、13% 和 15%,比下萨克森州分别高出 4 个百分点、7 个百分点和 9 个百分点,凸显黑森州比下萨克森州享有更高的服务经济份额。对于柏林、汉堡和不来梅三个市州,首都柏林的表现最为抢眼,尽管其服务业营业额比汉堡低约 150 亿欧元,但服务企业总数和就业人数占有绝对优势,例如,服务企业总数约 5.9 万家,服务业从业人数达 53 万,约为该地区总就业人数的三分之一。相比于柏林在服务企业数和服务业就业人数的绝对规模优势,汉堡地区拥有服务企业平均营业额和人均营业额较高的相对规模优势。对于不来梅州,其服务企业数、就业人数、营业额和固定资产形成总值普遍较低,依次为 0.91 万家、13 万人、178 亿欧元和 7 亿欧元,但其企业平均营业额约 196 万欧元,位列全联邦第一,比排名第二的黑森州、排名第三的汉堡分别高 18 万欧元和 28 万欧元,说明不来梅州具有服务企业平均营业额较高的相对产业规模优势。

表 11-5 2014 年德国各州主要统计指标

州 名	面积 (平方 公里)	面积占 全国比重 (%)	人口数 (千)	人数占 全国比重 (%)	就业 人数 (千)	学徒数 (千)	高校 学生 (千)	GDP (十亿 欧元)	GDP占 全国比重 (%)
巴登-符腾堡	35752	10.0	10717	13.2	5577	192	357	438	15.1
巴伐利亚	70549	19.8	12692	15.6	6677	242	368	522	18.0
柏林	892	0.2	3470	4.3	1644	40	171	117	4.0
勃兰登堡	29477	8.3	2458	3.0	1196	26	50	62	2.1
不来梅州	404	0.1	662	0.8	307	15	36	30	1.0
汉堡	755	0.2	1763	2.2	907	32	96	103	3.5
黑森	21115	5.9	6094	7.5	2990	98	238	250	8.6
梅克伦堡-前 波美拉尼亚	23174	6.5	1599	2.0	738	19	39	38	1.3
下萨克森州	47618	13.3	7827	9.6	3794	146	191	254	8.7

州　名	面积（平方公里）	面积占全国比重（%）	人口数（千）	人数占全国比重（%）	就业人数（千）	学徒数（千）	高校学生（千）	GDP（十亿欧元）	GDP占全国比重（%）
北莱茵-威斯特法伦	34043	9.5	17638	21.7	8285	310	726	625	21.5
莱茵兰-普法尔茨	19847	5.6	4012	4.9	1986	69	123	128	4.4
萨尔兰州	2569	0.7	989	1.2	457	18	30	34	1.2
萨克森	18416	5.2	4055	5.0	1931	47	113	109	3.8
萨克森-安哈尔特	20445	5.7	2236	2.8	1042	28	55	56	1.9
石勒苏益格-荷尔斯泰因	15763	4.4	2831	3.5	1355	49	56	84	2.9
图林根	16172	4.5	2157	2.7	1056	26	51	54	1.9
合计	356991	100.0	81198	100.0	39942	1357	2700	2904	100.0

表 11-6　2014年德国各州主要服务行业相关统计指标

州　名	企业数	就业数	营业额	固定资产形成	企业数占全联邦比重（%）	就业数占全联邦比重（%）	总营业额占全联邦比重（%）	固定资产形成占全联邦比重（%）
	（千）		（十亿欧元）					
巴登-符腾堡	166	1223.50	151.5	10.8	15	13	13	11
巴伐利亚	203.7	1486.60	176.9	15.8	18	16	15	16
柏林	58.9	530.3	60.5	6.8	5	6	5	7
勃兰登堡	25.1	181.8	15.6	1.8	2	2	1	2
不来梅州	9.1	129.9	17.8	0.7	1	1	2	1
汉堡	45.2	399.5	75.7	7.5	4	4	7	8
黑森	82.2	1015.90	146.3	14.2	7	11	13	15
梅克伦堡-前波美拉尼亚	13.3	104.4	9.5	0.8	1	1	1	1
下萨克森州	81.3	713.7	70.3	5.4	7	7	6	6
北莱茵-威斯特法伦	249.1	2457.30	313.3	24	22	26	27	25
莱茵兰-普法尔茨	48.1	353.3	38.2	1.9	4	4	3	2
萨尔兰州	10.6	87.9	7.5	0.5	1	1	1	1
萨克森	48.2	343.3	27.9	2.4	4	4	2	2
萨克森-安哈尔特	18.1	151	10.6	0.9	2	2	1	1

州 名	企业数	就业数	营业额	固定资产形成	企业数占全联邦比重(%)	就业数占全联邦比重(%)	总营业额占全联邦比重(%)	固定资产形成占全联邦比重(%)
	（千）		（十亿欧元）					
石勒苏益格-荷尔斯泰因	37.5	252	26.8	2.4	3	3	2	2
图林根	21.1	138.4	10.1	0.9	2	1	1	1
德国	1117.50	9568.70	1158.50	96.6	100	100	100	100

注：根据德国联邦统计局资料整理计算得出。其中服务业统计口径为 1995 年划分的运输仓储业、信息通信业、房地产业、专业及科学技术活动和行政及支援服务活动业。

四、德国服务业的投入产出分析

投入产出分析以适当的国民经济部门分类为基础,通过一定的统计平衡表和技术经济系数描述各部门间错综复杂的投入产出数量关系,能清晰刻画产业部门间消耗来源和产品去向的交易信息,展现经济系统的内在联系。对单个产品部门和国民经济整体而言,主要的平衡关系是总投入(即中间投入与增加值之和)等于总产出(即中间使用与最终使用之和)。基于该平衡关系式,通常构造中间投入率、增加值率、中间需求率和最终需求率等统计指标反映国民经济各行业的价值增值能力和资本品特征。以 2012 年德国投入产出资料为例,不考虑产业产值份额时,制造业的中间投入率普遍较高,约 67%,其中服务业投入占总中间投入比重接近 30%。服务业的表现刚好相反,其中间投入率整体偏低,不足 40%,但服务业占总中间投入比重接近 75%。制造业较高的中间投入与偏低的服务投入,以及服务业较低的中间投入与偏高的服务投入说明,德国制造业中间投入率整体高于服务业,德国服务业同样存在较强的自我需求和自我消耗特征。中间投入率在制造业和服务业之间的显著差异同样体现在各自的细分行业。如表 11-7 所示,服务业中的运输和储存业,其中间投入率为 0.604(服务业中最高),比制造业中的医疗、精密和光学仪器业的中间投入率(制造业中最低)仅高 0.1。与之相反,制造业中的焦炭、精炼石油产品和核燃料业中间投入率为 0.921(制造业中最高),比服务业中的教育行业的中间投入率(服务业中最低)高 0.7。因此,服务业整体的中间投入率低于制造业,且中间投入中服务投入比重大,产业软化程度高。综合德国国民经济的产业结构和三大产业的增加值率指标得出,德国服务业不仅在整个国民经济中的产值份额较高,而且产业价值增值能力同样较高,平均水平超过 60%,而制造业该指标不足 33%。

表 11-7　2012 年德国国民经济各行业投入产出相关统计指标

国民经济各行业	中间投入率	服务占中间投入比	增加值率	中间需求率	最终需求率
农林牧渔业	0.590	0.407	0.410	0.844	0.156
食品饮料和烟草	0.739	0.329	0.261	0.335	0.665
纺织、皮革和鞋类	0.676	0.230	0.324	0.485	0.515
木材和软木 C20 木材及制品	0.684	0.265	0.316	0.792	0.208

国民经济各行业	中间投入率	服务占中间投入比	增加值率	中间需求率	最终需求率
纸浆、纸、纸制品、印刷和出版	0.612	0.414	0.388	0.651	0.349
焦炭、精炼石油产品和核燃料	0.921	0.133	0.079	0.685	0.315
化学品及化学产品	0.647	0.374	0.353	0.616	0.384
橡胶和塑料制品	0.626	0.288	0.374	0.743	0.257
其他非金属矿物制品	0.622	0.404	0.378	0.801	0.199
基本金属	0.738	0.233	0.262	0.952	0.048
金属制品机械设备除外	0.586	0.255	0.414	0.703	0.297
机械设备的维护与修理	0.617	0.295	0.383	0.351	0.649
办公室、会计和计算机设备	0.723	0.367	0.277	0.849	0.151
电气机械及设备维护与修理	0.640	0.286	0.360	0.654	0.346
广播、电视和通信设备	0.662	0.345	0.338	0.758	0.242
医疗、精密和光学仪器	0.503	0.368	0.497	0.273	0.727
汽车、拖车和半拖车	0.760	0.210	0.240	0.373	0.627
其他运输设备	0.675	0.224	0.325	0.436	0.564
制造维护与修理;回收	0.648	0.347	0.352	0.306	0.694
电力、燃气及水的供应	0.518	0.377	0.482	0.600	0.400
建筑业	0.567	0.381	0.433	0.224	0.776
批发零售贸易及修理业	0.410	0.798	0.590	0.303	0.697
住宿餐饮业	0.481	0.476	0.519	0.150	0.850
运输和储存业	0.604	0.768	0.396	0.728	0.272
邮电通信业	0.531	0.829	0.469	0.641	0.359
金融保险业	0.560	0.911	0.440	0.671	0.329
房地产业	0.222	0.694	0.778	0.336	0.664
机械设备租赁	0.230	0.932	0.770	0.930	0.070
计算机及相关活动	0.323	0.844	0.677	0.580	0.420
研究与开发	0.571	0.764	0.429	0.480	0.520
其他经营活动	0.360	0.859	0.640	0.906	0.094
公共行政、国防及社会保障	0.322	0.581	0.678	0.092	0.908
教育	0.221	0.709	0.779	0.168	0.832
卫生和社会工作	0.298	0.534	0.702	0.030	0.970
其他社区、社会及个人服务业	0.383	0.773	0.617	0.438	0.562

注:根据 OECD 提供的德国投入产出表(以本国货币表示)计算得出。

虽然服务业中间投入率整体水平偏低,但中间投入率的细分行业差异十分显著。以不考虑行业产值份额计算的服务业细分行业中间投入率标准差为 0.135,比制造业该指标 0.088 高 0.047。另外,服务业的服务中间投入占总中间投入比的行业差异同样显著,标准差为 0.137,比制造业该指标高 0.061,凸显德国服务业的服务投入具有典型的行业异质性。以房地产业、机械设备租赁、计算机及相关活动,以及具有公共服务性质的教育业、卫生和社会工作等为代表的服务业细分行业,其中间投入率普遍低于 0.4。以批发零售贸易及修理业、住宿餐饮业代表的传统服务业,其中间投入率处于中等水平,介于 0.4 到 0.5 之间。对于运输和储存、邮电通信业、金融保险业,以及研究与开发等现代服务业,其中间投入率则较高,介于 0.5 到 0.7 之间,另外,这些行业的中间投入率与服务中间投入比重表现同步偏高趋势,说明德国现代服务业对物质型中间投入和服务型中间投入存在较高水平的双重依赖。

德国国民经济的行业资本品特性和最终需求特征同样存在差异但并不突出。2012 年投入产出资料显示,制造业整体的中间需求率为 0.598,服务业为 0.461,两大行业的中间需求率差距比中间投入率差距显著降低,说明德国制造业和服务业均具有一定程度的资本品特性,行业差异并不显著。德国国民经济对制造业和服务业的中间需求比较平衡,未出现单方面依赖服务业或制造业的极端情形,凸显德国实体经济和虚拟经济并驾齐驱,产业关联整体较高且相对平衡的产业生态。比较服务业细分行业的资本品特性,各细分行业中间需求率的标准差为 0.294,同样比制造业高 0.084,说明中间需求率的服务行业差异整体高于制造业。表 11 - 7 资料显示,卫生和社会工作行业的中间需求率仅 0.03(服务业最低),机械设备租赁行业的中间需求率则高达 0.93(服务业最高),从产业资本品特性视角再次彰显服务业与国民经济整体的产业关联具有极强的行业异质性。受服务业行业特质、产业功能和市场需求差异影响,德国服务业与国民经济的产业关联必然存在显著的行业差异。

第二节　德国典型服务业发展概况

一、科技服务业

科技服务作为国家和区域创新体系的重要组成部分,是科技发展与经济增长间不可缺少的纽带。科技服务业伴随经济社会与科学技术需求逐步发展起来,经验表明,一国的科技服务业发达程度与其科技水平和经济实力密切相关。科技服务业是指运用现代科技知识、现代技术、研究方法,以及经验、信息等要素向社会提供智力服务的新兴战略产业,具有知识密集性与创新性并存、公益性与经营性服务并存、高风险性和高外部性并存,以及机构专业化和组织网络化并存的产业特征。主要从事科学研究、专业技术服务、技术推广、科技信息交流、科技培训、技术咨询、技术孵化、技术市场、知识产权服务、科技评估和科技鉴证等活动。结合国民经济行业分类和现有服务业机构组成,科技服务业主要包括以下几类机构:(1) 研究与试验发展类:包括自然科学研究与试验发展、工程和技术研究与试验发展、农业科学研究与试验发展、医学研究与试验发展等。(2) 技术研发类:包括工程技术研究中心、生产力促进中心、技术开发与推广中心等。(3) 孵化器类:包括科技创业服务中心、专业技术型孵化器、高校科技园、软件科技园、留学人员创业园等。(4)信息咨询类:包括信息与情报中心、咨询评估与论证机构、技术论坛与交流等。(5)交易市场类:包括技术市场平台、产权代理、人才流动市场、科技条件市场等。(6)科技支持类:包括知识产权保护等法律服务中心、项目融资服务、政策与管理机构等。科技服务业是现代服务业的重要组成部分,更是推动产业结构升级优化的关键产业。德国科技服务业作为专业及科学技术活动业的重要组成部分,受产业特性和市场需求的共同影响,其产业规模和发展绩效与专业及科学技术活动业的其他细分行业相比,仍存在一定差距,但是,德国科技服务业在国民经济中的支撑作用、产业地位和服务质量在发达经济体中享有盛誉。随着次贷危机和欧债危机影响逐步减弱,德国联邦政府对科学和研究领域投资力度不断加大,科技服务产业规模自2015年以来保持快速增长态势。目前,德国已形成政府引导为主,市场与政府协调共融,分工明确且结构完善的科技服务体系,并通过有条不紊地积极部署海外投资战略开展国际科技合作。

(一)产业规模和发展绩效有待提高

表11-8展示了德国专业及科学技术活动业各细分行业的产业规模和发展绩效。其中科学研究与发展业作为科技服务业的重要组成部分,能一定程度反映科技服务业的发展概况。从产业规模看,科学研究与发展同建筑与工程活动、技术测试与分析,法律和会计活动,管理咨询活动等行业存在较大差距。例如,相对于规模较大的建筑与工程活动业,科学研究与发展的企业数低约12万家,就业人数少约49万,行业总营业额、总增加值、总营业盈余和总支出费用分别少586亿欧元、320亿欧元、157亿欧元和404亿欧元,产业规模差距较大。从支出费用构成看,科学研究与发展业受知识技术和人力资本密集的行业特征影响,人工成本占支出费用比重处于行业较高水平,为52%,仅比位列第一的法律和会计活动行业低7个百分点,而管理咨询活动、广告与市场分析以及其他专业技术活动行业的人工成本占比均不足30%。此外,营业额支出费用比、增加值支出费用比和营业盈余支出费用比三项指标进一步反映专业及科学技术活动业各细分行业的发展绩效,指标数值越大,说明发展绩效程度越高。表11-8数据显示,科学研究与发展的产业绩效与其他细分行业同样存在较大差距。科学研究与发展的三项绩效指标值依次为0.89、0.59和0.07,比位列第一的法律和会计活动分别低0.74、0.62和0.55。科学研究与发展行业的绩效指标表现一方面与该行业侧重基础研究和部分公益性有关,另一方面也凸显该行业发展绩效亟需提高,可考虑开展产学研用的全方位合作,通过深度嵌入产业链条提升产业发展绩效。

(二)近期发展态势整体平稳

表11-9展示了专业及科学技术活动业与其他典型服务行业的近期变动趋势。从2015年和2016年相关季度的总营业额同比增长率看,专业及科学技术活动行业增速较快,但波动性较大。如2016年第二季度同比增长率高达7%,比同年第三季度高约5个百分点。相对而言,运输仓储业同比增长率水平最低,波动最小。信息通信业的增长态势同样引人注目,增速不仅维持了连续5个季度超过4%的同比增长,甚至于2015年第四季度飙升到9.4%,高居行业榜首。从雇员数同比增长率看,专业及科学技术活动业近两年同比增长率较低,但维持平稳增长态势。指标显示,2015年第三季度至2016年第三季度,该行业雇员同比增长率在2.2%—2.8%徘徊,波幅不超过0.6个百分点,佐证了该行业雇员总数的稳步增长。对于信息通信业,其雇员同比增长率略高于专业及科学技术活动业,增速同样较为稳定。

表 11－8 2014 年德国专业及科学技术活动及各细分行业的主要统计指标

服务行业	企业数	就业数	总营业额	固定资本形成	总增加值	总营业盈余	支出费用		营业额支出费用比	增加值支出费用比	营业盈余支出费用比
		（千）		（十亿欧元）			（十亿欧元）	人工成本比重（%）			
专业及科学技术活动	460	2452.2	295.5	11	148.3	58.2	238.3	38	1.24	0.62	0.24
法律和会计活动	116	670.5	50.9	1	38	19.3	31.3	59	1.63	1.21	0.62
管理咨询活动	104.5	517	107.1	4.3	38.5	10.9	94	29	1.14	0.41	0.12
建筑与工程活动、技术测试与分析	125.3	651.2	73.2	2.3	41.7	16.9	56.8	44	1.29	0.73	0.30
科学研究与发展	6.3	166.2	14.6	2.2	9.7	1.2	16.4	52	0.89	0.59	0.07
广告与市场分析	33.6	248.1	27.3	0.5	10.3	4.2	22.9	27	1.19	0.45	0.18
其他专业技术活动	64.4	151.8	19.3	0.6	8.2	4.5	14.9	25	1.30	0.55	0.30
兽医活动	10	47.5	3.2	0.1	1.9	1.2	2	35	1.60	0.95	0.60

具有提供公共服务性质的行政及支援服务活动业,其雇员同比增速 2015 年第四季度达到行业最高水平,为 4.7%,但 2016 年第三季度跌为 2.6%,同比增速波幅较大。

表 11-9 　 2015—2016 年相关季度德国典型服务业营业额与雇员数变动情况

服务行业	总营业额同比增长率(%)					雇员数同比增长率(%)				
	2015 第3季度	2015 第4季度	2016 第1季度	2016 第2季度	2016 第3季度	2015 第3季度	2015 第4季度	2016 第1季度	2016 第2季度	2016 第3季度
运输仓储业	1	0.1	−0.1	2.3	−0.8	2.8	3.4	3.2	3	1.6
信息通信业	4.4	9.4	6	6.9	4.8	3	3.2	3.6	3.8	3.1
专业及科学技术活动	4.3	6.8	3.1	7	1.8	2.2	2.2	2.5	2.8	2.4
行政及支援服务活动	3.3	−2.9	6.4	6.9	1.5	4.3	4.7	4.6	4.6	2.6
合计	3.1	3.9	3.4	5.3	1.7	3.2	3.6	3.5	3.6	2.3

(三)科学研究领域投资力度不断加大

尽管科技服务业的产业规模和发展绩效与专业及科技活动服务业其他细分行业存在差距,但德国联邦政府对科学研究与发展高度重视,这一点可从政府预算支出份额的变动趋势观察得到。表 11-10 展示了德国用于教育,研究与发展,其他教育和科学设施,以及教育、研究与科学等细分领域的预算支出变动情况。教育领域的预算支出从 2005 年的 1433 亿欧元增长为 2014 年的 1907 亿欧元,增幅超过 470 亿欧元,占 GDP 份额增加 0.3 个百分点。典型年份中,2010 年的教育预算占当年 GDP 份额最高,为 6.8%。研究与发展的预算支出尽管低于教育领域,但基本维持了稳步增长趋势,2014 年预算支出达到 836 亿欧元,占 GDP 份额为 2.9%。其他教育和科学设施的预算支出规模较小,预算支出额由 2005 年的 41 亿欧元增长到 2014 年的 55 亿欧元,增幅逐年收窄,占 GDP 份额持续稳定在 0.2% 的水平。综上得出,专业及科学技术活动业预算支出的行业分布和变动趋势显示,德国联邦政府高度重视教育,以及研究与发展,两者的预算支出呈现较快增长趋势,占 GDP 份额同样处于稳步上升阶段。

表 11-10 　 2014 年德国专业及科学技术活动业主要细分行业的预算支出情况

支出范围		2005 年	2010 年	2012 年	2013 年	2014 年
教育	十亿欧元	143.3	175.6	181.4	186.5	190.7
	占 GDP 份额(%)	6.2	6.8	6.6	6.6	6.5
研究与发展	十亿欧元	55.9	70	79.1	79.7	83.6
	占 GDP 份额(%)	2.4	2.7	2.9	2.8	2.9
其他教育和科学设施	十亿欧元	4.1	5	5.4	5.5	5.5
	占 GDP 份额(%)	0.2	0.2	0.2	0.2	0.2
教育、研究与科学	十亿欧元	193.9	237.8	251.9	257.4	265.5
	占 GDP 份额(%)	8.4	9.2	9.1	9.1	9.1

表 11－11　德国及其他典型国家代表性年份 R&D 投入情况

（单位：亿本国货币、％）

国家	2000 年		2005 年		2010 年		2012 年		2013 年	
	R&D	R&D/GDP	R&D	R&D/GDP	R&D	R&D/GDP	R&D	R&D/GDP	R&D	R&D/GDP
德国	506	2.45	557	2.48	699	2.82	794	2.98	794	2.94
中国	896	0.9	2450	1.32	7063	1.73	10298	1.93	11847	2.01
美国	2678	2.74	3245	2.62	4087	2.83	4535	2.79	—	—
日本	153044	3.04	166726	3.32	156965	3.26	158836	3.35	166801	3.49
英国	177	1.85	217	1.76	258	1.76	270	1.73	278	1.63
法国	310	2.15	365	2.1	436	2.25	466	2.29	472	2.23

资料来源：中国科技统计年鉴(2015)。

　　表 11－11 对德国和其他典型国家研究与发展投入水平和变动趋势进行比较。资料显示,不考虑通货膨胀因素情形下,德国研发投入额呈较快增长趋势,2013 年达到 794 亿马克。研发投入占国内生产总值比重基本保持上升态势,由 2000 年的 2.45％上升为 2013 年的 2.94％。从典型国家的横向比较看,德国研发投入占国内生产总值比重在英、美、法、日、德为代表的发达经济体中居于领先地位,且优势日益凸显。数据显示,2000 年德国该指标为 2.45％,低于日本（3.04％）和美国（2.74％）,但高于法国（2.15％）、英国（1.85％）和中国（0.9％）,至 2012 年,德国该指标增长到 2.98％,仅低于日本（3.35％）,但已超过美国（2.79％）,并且仍然高于法国（2.29％）、英国（1.73％）和中国（1.93％）。彰显德国研发投入较高的发展水平、稳步增长的变动趋势,以及处于世界的领先地位。

　　（四）政府引导为主,市场与政府协调共融

　　德国的科技服务业实行以政府引导为主的发展模式。其耳熟能详的欧盟创新领导者身份和世界顶尖科技强国地位,得益于联邦政府秉承"社会市场经济秩序"的政策传统。德国国家创新体系中,政府与市场既充分发挥各自优势,又相互促进互为补充。政府本着不干预市场的基本原则,在搭建技术创新制度框架、开展基础研究、提供科技公共服务、形成市场机制、催生中介机构、促进创新联盟和集群发展等多方面积极作为。德国联邦政府通过前期高度重视创新驱动战略,建设过程中持续加大对科学研究领域的投资力度,最终取得创新驱动的可喜成效。目前,德国已建成集中与分散相结合的创新研发体系,构建起层次交叠的技术转移立体网络,这其中政府对科技服务业的支撑功不可没。

　　德国政府除利用政策支撑和人才培养等多项举措联合助推科技服务业发展外,还通过集聚多方面力量大力发展科技中介组织是德国科技服务业的显著特征。科技中介组织是指面向社会开展技术扩散、成果转化、科技评估、创新资源配置、创新决策和管理咨询等专业化服务的机构。按照发挥的社会功能大致分为三类:一是拥有专业技术并了解技术现状及演化趋势,或具有较高技术发展水平的鉴定能力的"技术转移型"机构;二是拥有创业、创新、企业管理方面知识库,为企业创业期的技术转化克服障碍的"创业支撑型"机构;三是为企业的科技活动提供技术、智力、管理等方面知识的"知识提供型"机构。德国科技中介组织作为科技服务体系的重要组成部分,涉及行业广泛,组织体系科学完善,服务功能强大,在信息、咨询、职业教育等方面具有突出优势。其中创建以技术转移中心为主的强大科技中介服务体系尤为关键。德国的技术转移中心是全国性非盈利的公共组织,它们遍布联邦各州,以中小企业为主要服务对象,开展咨询、专利、技术和成果转化等"一站式"系统化的服务。在所有技术转移机构中,史太白技术转移中心和弗朗霍夫协会极负盛名。前者是德国最强大的技术转移服务机构,主要以企业化运作,服务国际化程度高;后者是半官方半企业性质的机构,依托雄厚的基础设施,为德国各中小企业和海外企业提供技术创新及研发服务。这些技术转移中心与创新基地、工商协会等协同合作,构成完整的区域创新网络。德国政府促进科技服务业的具体做法中,构建行业协会同样是其重要举措。德国行业协会服务功能强大、发展时间长且门类多样,主要由德国雇主协会、手工业联合会、德国工业联合会、交通运输业联合会和工商会等组成。它们一方面按市场化运作,另一方面依法享有参与有关立法的权利和借助法制渠道影响政府决策的优势,并通过提供信息、咨询和职业教育服务,以及收取会费创收。

此外,德国政府还通过设立专项基金和搭建服务平台积极促进技术创新。风险基金和研究基金能够为企业创新和成果转化提供充足的经费及降低风险。科研专项基金能进一步促进和深化科技中介机构、科研机构、企业之间形成互惠互利的关系,搭建多方研发主体与科技服务机构交流合作的平台,推动产学研合作的全面开展。与此同时,德国政府始终秉持实现社会市场经济的根本目标很大程度上依赖于中小企业的发展理念,因此还通过重点扶持中小企业发展,为科技服务业创造发展空间和提供市场保障。目前,德国政府已构建起关于中小企业的完备法律体系,如制定了《中小企业法》和《中小企业组织原则》等,该类法律文件不仅规范了中小企业行为,为中小企业创造了良好的社会环境,还提供了实施贴息、投资补贴、担保和信用贷款等财税金融资金扶持;对创业阶段的中小企业实行税收减免政策等,为中小企业发展创造机会,给科技服务业发展寻求广阔空间。科技服务企业为创新型中小企业提供专业化优质服务,推动创新型中小企业加速成为该行业全球技术和系统的领导者,促进德国经济增长,创造新的就业空间。

(五)科研体系分工明确且结构完善

德国拥有一整套结构完善、分工明确并协调一致的科研体系,其中高等院校、独立研究机构和企业科研机构构成德国科研体系的三大支柱。政府公共财政支持的研究机构包括依托在大学里的研究机构、独立研究机构和其他研究机构,而企业科研机构的经费主要由相关企业共同出资,政府仅给予部分补助。高校研究机构主要由一般专科学校和综合性大学研究机构组成,它们在基础理论研究、应用研究和科研人才培养等方面发挥着重要作用。公立研究院所是基础应用研究的主体,其中马克思-普朗克学会、弗朗霍夫恩学会、"蓝名单"研究机构、联邦政府研究机构和州政府研究机构等均享有较高的知名度,它们的研究定位依次为自然、人文、社会科学领域基础研究,先进技术应用和关键技术研究,为城市发展服务,承接联邦政府部门的研究任务并制定部门内部科技发展计划,以及为地方科技发展服务。此外,德国企业研究机构为数众多,它们主要面向市场研究与开发,而较少从事基础研究。受行业性质影响,企业研发机构数量比例参差不齐,工业技术的研发机构相对较多,但从事技术服务的研究机构相对较少。从行业看,三分之一的工业企业拥有独立的研发部门并进行 R&D 活动,其中化学、医药、机械工程以及测量和控制技术行业从事 R&D 活动的比例超过 50%。相对而言,具有独立研发机构并从事 R&D 活动的服务企业比例仅约 10%,它们主要提供各种技术服务,并从事市场定位和顾客需求研究。从企业所属行业和发展规模看,工业企业中近八成大企业拥有独立研究机构,该比例是中小企业的 4 倍;服务业大企业拥有独立研究机构的比例不足四成,而小企业该比例比大企业的四分之一还低。从研究人员分布看,德国产业界科研人员数量最多,高校科研人员数量位居第二,非营利性研究机构的科研人员数量最少。从研究经费投入看,产业界用于研究与开发的经费远远超过高校和非营利性机构。因此,无论是从研究机构数目、研究人员数量还是研究经费投入看,企业特别是工业大企业已成为德国科技创新和科技服务的主导力量。

(六)积极推进国际科技合作

德国国际科技合作一直秉持全球开放战略,并重点锁定中东、非洲以及亚洲地区的发展中国家为合作伙伴,其中,中国与德国的科技合作范围较广。德国对国际科技合作高度重视,年均国际合作经费呈逐年增长趋势。德国实施国际科技合作表现出三方面特征:一是从国策高度推进大科学装置落户德国。这种大型科学装置通过国际费用分担方式,既能够降低资金风险,推进本国产业发展,又培育了德国的科技竞争力。二是大量引进联合国机构,如国际可再生能源机构、环境与人类安全研究所、大型科技计划联络处、国际谈判委员会以及一些重要的国际小组等。三是推进与发展中国家的科技合作网络,如德国已在南非等建立专业研究中心,以推动德国工业制造技术与职业教育国际化这一国家战略。通过上述科技合作路径,德国对外科技合作旨在实现为本国产业集群服务和将本国技术力量特别是职业教育模式出口海外的双重发展目标。

二、环境服务业

工业化和城市化的加速推进使得环境服务业这一新兴产业近二十年获得了井喷式增长。环境产业经历了以设备制造业为核心、以工程建设为核心和以投资营运为核心的三大产业发展阶段,目前正转向以综合环境服务业为核心的产业发展阶段。环境服务业已形成集设计、运营和咨询等多种服务内容为一体的综合服务模式。经济合作与发展组织和欧盟统计局根据环境服务业的广义内涵,对环境服务进行了简要分类。主要包括两部分:一是为一次或多次环境保护、污染控制、补救和预防活动提供的服务,具体指提供有关分析和监测服务、技术工程服务、环境研发、培训与教育、环境核算与法律服务、咨询服务、其他环境事务等;二是具体环境媒介提供的服务,主要包括从事废水处理、废物处置、大气污染控制、消除噪声等的实践应用。从世界环境服务业发展态势看,虽然发展增速有所减缓,但全球环境服务市场规模整体呈稳步上升趋势。在物联网、云计算、大数据等新技术工具的广泛普及与快速应用下,大量环境数据的获取及分析成为可能。在污染问题日益严重和民众意识日趋觉醒的发展背景下,数据信息价值日趋扩大。环境服务业正迎来一个环境数据互联和数据信息价值倍增的发展阶段。从产业进程的地域表现看,完成工业化的美国、西欧和日本等发达经济体的环境服务业已成长为一个成熟产业。对于新兴经济体特别是亚洲国家如中国、印度和东南亚其他各国,受工业化和城市化催生的大量环境服务需求影响,环境服务市场正积聚巨大的发展活力,并推动环境服务贸易快速增长。从环境服务业的细分市场看,随着全球电子垃圾数量不断上升,全球固体废弃物管理领域市场规模将不断扩张,未来数年的市场增长潜力巨大,固体废弃物管理领域将继续占据市场首位。与此同时,环境公共服务范围有望扩大,管网运营与维护、土地修复、水体修复、河湖修复、生态修复等更多环境服务领域市场需求将进一步释放。从环境服务业的服务模式看,第三方治理和合同环境服务等新服务模式应运而生。第三方治理是指环境管理行政主体允许、鼓励甚至强制企业以签订环境服务合同方式履行污染防治及环境保护义务。第三方治理充分尊重企业的市场主体地位,敦促企业在竞争性环境服务市场选择经济可行和效益良好的环境服务,实现企业自主遵守环境法、优化环境服务市场和提高环境管理效率的多重目标。合同环境服务是基于市场的一种环保新机制,通过选择外部专业公司提供的综合性环境服务,并且按照服务前后的环境效果差来计费的付费模式。随着环境治理行为的去行政化,这些新型服务概念和服务模式将催生具有强大综合实力的跨区域的环境一级开发商,发掘广阔的市场空间和创造新的市场需求。作为发达经济体的德国,与美、日和西欧其他各国一道,共同构成全球环境服务生产主要市场。目前,德国在推进环境服务业发展方面已形成极富战略意义的发展思路,并积累了丰富的实战经验。

(一)产业规模近期获得快速增长

德国环保产业处于国际领先地位,特别是在减少温室气体排放、循环利用、污水处理以及资源利用效率方面。据悉,德国环境科技产业的国际销售额有望在2020年超过汽车和机械工程领域。结合德国联邦统计局发布的环境保护行业数据,德国国民经济整体的环境保护支出呈现2002年(约122.8亿欧元)至2006年(约103.3亿欧元)稳步下降,此后至2013年(约260.2亿欧元)快速上升的"U"型变动趋势,凸显德国环境服务业市场需求规模近几年快速扩张的发展势头。德国联邦统计局数据资料进一步显示,2014年德国国民经济全行业中,环保产业单位数合计9547家,环保产业产值约654亿欧元,环保产业雇员数约25万人。相比于2012年德国环保产业发展情况,除环保产业雇员数有少量降低外,环保产业单位数和环保产业营业额均有小幅上升。此外,2012年德国环境保护部发布的《德国环保产业报告》同样显示,环保产业已成长为德国的支柱产业,其产业贸易额占全球环保产业贸易额的15.4%,凸显德国在全球环保产业中的重要地位。表11-12显示,以2014年为例,德国用于环境保护的产品及服务的市场规模存在较明显的行业差异。虽然生产环保商品、施工和提供环保服务的环保企业数目差异不大,但三种环保产业营业额、环保产业雇员数的分布悬殊,制造业构成环保产业营业额和雇员型就业的主体。相比而言,德国环保服务业的发展明显落后于环保制造业。从环保服务业企业数目、营业总额和雇员人数的表现看,环保服务业企业数目可观,占到环保企业总数的28%,但创造的环保营业份额偏低,仅占环保营业总额的8%。此外,环保服务业容纳的雇员数仅占环保产业总雇员数的14%,比环保制造业的雇员占比低52个百分点。

表 11-12　2014 年德国用于环境保护的产品及服务的市场规模

经济活动	环保产业单位数 (家)	环保营业额 (百万欧元)	环保产业雇员数 (人)
主要行业	6669	60061	212683
制造业	2805	53490	164430
机械设备制造	680	19729	54928

经济活动	环保产业单位数（家）	环保营业额（百万欧元）	环保产业雇员数（人）
机械设备修理安装	71	5639	9590
电子产品制造	188	5779	22187
施工	3743	6071	45648
其他经济活动	2878	5357	37707
服务行业	2694	4917	35161
合计	9547	65418	250390

注：根据德国联邦统计局资料整理计算得出。

（二）环保支出的行业差异和类型差异突出

表11-13进一步展示了2010年与2013年德国环保支出的行业分布和支出类型概况。国民经济全行业的环境保护支出指标显示，全行业环保支出涨幅为82.4亿欧元，同期增长46.3%。其中，除制造业中焦炭和精炼石油产品制造这一细分行业环保支出有小幅降低（约0.9亿欧元）外，其他各行业均保持不同涨幅，其中涨幅最高的为供水、污水处理、废物管理和补救活动行业（约61.8亿欧元），占环境保护支出总涨幅的75%，其次是电力、燃气、蒸汽和空调供应业与制造业，各自涨幅分别为11.4亿欧元和8.8亿欧元。制造业细分行业中，化学品和化学产品制造业涨幅最高，约3.1亿欧元。综上看出，德国环境保护支出变动表现出显著的行业差异，供水、污水处理、废物管理和补救活动等特定行业环保支出保持快速增长趋势，不仅环保支出规模大，并且涨幅高、增速快。相比而言，电力、燃气、蒸汽和空调供应业，制造业，以及采矿业环保支出维持稳步增长。环保支出规模和支出增速均低于供水、污水处理、废物管理和补救活动行业。

德国环保支出除存在典型的行业差异外，支出类型同样存在显著差异。从2013年德国国民经济全行业环保支出类型分布看，废物处理支出占环保总支出的47%，为环保支出的重要组成。其次是水保护支出份额约31%，空气质量控制和气候保护则成为环保支出不可或缺的组成部分。支出类型的行业分布进一步显示支出类型的行业差异仍十分突出。对于环保支出的重点行业供水、污水处理、废物管理和补救活动业，废物处理和水保护支出类型构成环保支出的主体部分。制造业整体的废物处理和水保护支出份额相当，均超过30%。除此之外，空气质量控制支出份额高达25%，气候保护等的支出份额最低，仅为7%。对于电力、燃气、蒸汽和空调供应业以及采矿业，其环保支出类型具有鲜明的行业特色。前者以气候保护为主要支出类型，占比高达36%；后者以水保护支出类型为主，占比为33%。综合2010年和2013年国民经济全行业环保支出比重资料，进一步剖析环保支出类型的变动特征，发现四类环保支出类型仅在三年间就出现较大变动。如废物处理份额提高了12个百分点，气候保护份额提高了4个百分点；与之相反，水保护和空气质量控制份额均有不同程度下降，分别降低了10个百分点和5个百分点。此外，绝大多数行业环保支出类型的变动特征与全行业基本一致，凸显了德国国民经济的环保支出除了仍然倚重于废物处理类型外，为应对气候保护产生的环保支出类型正发挥日益重要的作用。

表 11－13　2010 年和 2013 年德国各行业环境保护支出及支出类型比较

经济活动	2010 年					2013 年				
	合计（千欧元）	各类支出占本行业环保支出比重(%)				合计（千欧元）	各类支出占本行业环保支出比重(%)			
		废物处理	水保护	空气质量控制	气候保护		废物处理	水保护	空气质量控制	气候保护
全行业	17782676	35	41	17	4	26024531	47	31	12	8
采矿业	200423	—	34	18	3	241674	16	33	12	4
制造业	8183406	32	35	26	3	9065655	31	33	25	7
食品制造	594760	—	51	5	4	628231	27	57	6	9
造纸业	466294	39	45	9	6	572291	39	39	9	14
焦炭和精炼石油产品的制造	853590	5	27	65	1	768204	7	19	68	2
化学品和化学产品的制造	1797394	29	47	19	2	2109872	32	44	19	2
基本制药产品和药物制剂的制造	196930	36	50	10	—	231117	40	35	7	13
其他非金属矿产品的制造	306264	32	19	39		341027	34	17	37	6
基本金属的制造	1415128	22	30	42	0	1548387	22	28	40	3
机械设备制造	317636	39	29	23	4	322751	44	30	12	8
汽车、挂车和半挂车的制造	808419	33	31	24	5	908459	29	30	26	9
电力、燃气、蒸汽和空调供应	2565950	23	24	32	15	3701200	24	18	18	36
供水、污水处理、废物管理和补救活动	6832896	43	54	—	—	13016002	65	32	1	1
水的收集、处理和供应	438880	5	94	—	—	716207	5	93	0	2
污水处理	3344179	6	93	0	0	3787057	10	89	0	1
废物收集、处理、处置活动及材料回收	—	—	—	—	—	8429553	95	2	1	2

注:根据德国联邦统计局资料整理计算得出。其中企业统计口径是雇员数超过 50 人的企业,行业划分标准参照欧盟经济活动统计标准第二版。

（三）环保行业投资呈加速增长态势

表 11－14 进一步描述了 20 多年来德国国民经济全行业及环境保护行业投资额的变动趋势。环保行业投资额变动经历了 2005 年之前较平稳缓慢的下降,此后连续数年保持高水平涨幅。尽管受美国次贷危机影响,2009 年的环保产业投资额出现了小幅下挫,但触底后即快速反弹,至 2012 年仍维持较高增速,投资总额高达 72.2 亿欧元,占国民经济全行业投资总额的 9.7%,与 2011 年投资份额持平。环保行业投资额占国民经济全行业总投资的比重同样展现稳步下降后快速上升的发展态势,凸显德国环保行业投资规模扩张和投资力度强化的总趋势。

表 11－14　1992—2012 年德国国民经济总投资和环境保护投资表现

年份	总投资 （千欧元）	环境保护投资 （千欧元）	环保投资占总投资比重 （%）
1992	74481739	3245113	4.4
1993	65798346	3201196	4.9
1994	61379224	3024773	4.9
1995	64126492	2557095	4.0
1996	63474054	2597834	4.1
1997	62172199	1855415	3.0
1998	62703443	1680832	2.7
1999	64124889	1810598	2.8
2000	63936840	1608089	2.5
2001	56096554	1608282	2.9
2002	60012596	1667154	2.8
2003	—	1580063	—
2004	—	1654725	—
2005	—	1240335	—
2006	59434285	1998619	3.4
2007	67139827	3068795	4.6
2008	76129695	5991368	7.9
2009	63727970	5576551	8.8
2010	65071542	6033003	9.3
2011	73468237	7100551	9.7
2012	74362867	7220788	9.7

从环保行业投资类型构成看(图 11－2),2006 年以前,用于水保护和空气质量控制的两种环保产业投资为主要投资类型。2006 年后,环保投资主导地位由水保护和气候保护取而代之。用于水保护的投资比重经历 2007 年的大幅下滑,此后基本稳定在 40% 左右的投资份

额。而空气质量控制投资比重从 2005 年持续维持快速下滑态势,截至 2012 年,其投资份额仅为 9%。用于噪声治理和废物管理的投资份额偏低,波幅相对较小,两者分别在 0—10% 区间和 10%—20% 区间呈震荡式波动。最后,受全球气候变化的巨大影响,以及国际组织和世界各国的高度关注,德国用于气候保护方面的投资力度不断加大,至 2012 年,其投资份额高达 34%,仅次于位列第一的水保护投资份额 8 个百分点,气候保护投资增速强劲。

图 11-2 1992—2012 年德国环境保护投资类型构成及变动趋势

(四)环境技术研发有效支撑环保产业发展

环境技术研发是促进环境服务业可持续发展的核心要素和内驱动力。德国拥有良好的环保系统、高素质优秀人才和高端研发能力,为环境技术研发提供了产业基础和人力资源保障。目前,德国已确立高效、可持续利用自然资源,以及最小化环境有害影响的环境技术研发目标。研发支出集中于环境保护、减少温室气体排放、节约用水和水资源管理、废物管理和回收、保护有限的资源,以及水土保持等领域。通过长期专注于过滤、测量和控制技术、节能技术、循环回收技术及其在废物处理、水资源管理和可再生能源的应用,以及电动汽车领域的技术创新,受益于技术研发的大规模持续性推进,德国环境技术在许多领域已处于国际领先地位。凭借过硬的行业核心技术,德国环境技术占全球技术市场交易份额相当可观,如占全球环保技术市场份额约 14%,占全球循环技术市场份额约 24%,占全球污水处理技术市场份额约 19% 等。较高的环境技术市场份额进一步巩固和强化德国环境服务业的国际领先地位。

(五)选择性开放环保服务领域

城乡生活废水处理、社区及工业垃圾处理,以及公共空间绿化养护等均属政府公共服务范畴。德国政府除承担部分行政工作和成本外,还通过购买公共服务等形式转移部分政府职能。不过受政治和文化影响,在购买公共服务方面,德国一般仅将可竞争、可计量的事业型公共物品领域外包给企业,而将社会性服务外包给不同性质的公益性团体。这有别于英、美倾向私人企业提供公共服务的发展理念。这种有选择性开放环保领域的做法,能够一定程度控制私营企业商业行为在长远的环境保护方面可能带来的潜在风险和道德隐患。对于私营部门进入的公共服务领域,通过采取成本收益分析、招标管理,以及全面质量管理等系列措施尽量规避私营部门对公用事业的垄断,有效保障了环保服务的高质量、稳定性和可持续性。

(六)大力推动环境信息化建设

近年来,德国环境管理部门建成了一系列基于互联网的环境信息系统。为促进系统资源共享,德国联邦组织各州制定了环境领域的信息系统开发方案与计划,并着手对多个环境信息系统进行整合与集成。与此同时,德国环保部门还依托互联网,组织联邦和地方共建了一系列大型数据库和专业环境信息系统,以大力促进不同政府部门和组织机构间的合作,使所有与环境和自然资源相关的主题如土壤、空气、水、噪声、气候等数据在同一系统中得到管理利用,大力促进环境相关领域的信息共享。

第三节　德国典型地区服务业发展概况

一、柏林

柏林是德国首都,也是德国最大的城市,总面积为 892 平方公里。至 2011 年底,有来自 190 多个国家和地区的约 350 万人居住在柏林。二战前的柏林是欧洲最大的工业城市之一。二战期间,柏林的大部分工业遭遇到严重破坏。二战后,西德城市的社会经济得以快速复苏和重建。受西德首都迁往波恩,众多政治机构和经济组织随都西迁,以及东西柏林被迫分割的多重影响,柏林的社会经济长期落后于其他主要西德城市。柏林文化创意产业经过百年发展,积淀了深厚的历史底蕴,在出版、影视等方面建立起产业优势,并长期保持良好的文化氛围。文化创意产业的支撑,使得柏林这座城市最终走上了一条全新的以创新为导向的可持续发展道路。尽管如此,柏林选择文化产业带动城市的发展仍带有一定程度的偶然性。柏林房地产业长期的不景气,致使城市的住宅、工厂和办公的租金较西欧城市普遍低廉,以致生活和创业成本长期保持在较低水平。这种低生活成本吸引着全德乃至全欧洲的创意工作者、创意生产者和创意供应商迁来柏林生活和工作,营造出一种既是世界主义的、又是自由主义的,以及激动人心的艺术氛围。2005 年,柏林经济、就业和妇女委员会成立了城市创意产业推进部,发布了《柏林文化产业报告》,这是市政府首次明确文化和创意产业成为柏林这座城市重要的经济支柱。数据显示,2005 年柏林文化和创意产业产值占地区生产总值的 11%,对稳定和促进柏林这座城市的就业市场发挥了重要作用。基于柏林文化创意产业的兴盛繁荣趋势,柏林科学与文化局进一步肯定文化对于城市繁荣发展具有不可替代的社会功能。他们认为,只有当柏林的文化基础设施和文化活动为更多人包括文化和创意产业的从业人员、文化产品生产者、经营者以及游客所认同时,柏林的文化生态环境才能健康繁衍,柏林的文化创意产业才能永续繁荣。

柏林具有良好的文化基础设施,并坚持定期举办丰富多彩的文化创意活动。据统计,柏林拥有约 200 座博物馆和纪念馆、420 多家画廊、3 个大型歌剧院和数不清的剧场及露天演出场地。各种大型国际艺术节如电影节、时装节、舞蹈节、音乐节、戏剧节和文学节吸引着世界各地的创意人才纷至沓来。德国首都文化基金成立17年来,为柏林打造世界文化之都和创意之都做出了积极贡献。该基金由联邦政府出资,资助额度每年不超过1000万欧元。资助范围包括除电影拍摄和制作之外的所有文艺门类,目前有文学、音乐、舞蹈、戏剧、演出、设计、建筑、展览、音乐剧、电影节、造型艺术、媒体艺术、文化交流、跨学科项目和跨领域项目共15个门类。基金每年资助数目从100个到130个不等。对参评项目也有诸多要求,如必须独具创新、为柏林而设计、在柏林展示或举办,并将具有较大的国内外影响,项目执行人或合作执行人必须生活在柏林等。不仅如此,联合委员会还授权执行总监对影响巨大的获助项目予以追加资助,资助额度不超过1.5万欧元。柏林文化创意产业发挥的经济功能和社会功能在全国起到了极大的引领示范作用。从整个德国来看,建筑设计、音乐、广告等文化创意产业目前已成为国民经济的重要组成部分,文化创意产业产值占德国国内生产总值比例接近3%,几乎与德国汽车业相当。同时,文化创意产业对德国就业作出了巨大贡献,2011年数据显示,德国全境隶属于文化创意产业的24万多家企业共创造了约100万个就业机会。

作为首批"设计之都",柏林建成了完整的创意设计服务平台、本土设计品牌国际推广机制、完善的创意人才培训体系,以及成熟的城市创意空间氛围等,为"设计之都"的概念作出了最佳诠释。尤其是柏林夏洛滕堡(Charlottenburg)地区,虽然其并非广为人知,但是与国内其他创意设计产业集群区既存在共通之处,又具有突出特色,并且发展日趋成熟,因此具有较好的借鉴意义与研究价值。夏洛滕堡创意设计功能组织模式可以归纳为"自组织为主导的多主体参与模式"。该模式由一个核心和两个推动力组成。产业核心以小型企业、创意个人与创业细胞为参与主体,以自组织方式集聚而成;推动力一方面来自具有工程类、艺术设计类学科群的科研院校与带有政府背景的合作平台及促进机构联合形成的政策推动力,另一方面来自消费氛围、客户需求以及各类交易会与节庆活动构成的市场推动力。与此同时,社区、社会公共资金、旗舰设计企业与国际资源的通力合作共同营造出创意产业的创业氛围。这种集聚模式因为兼备自下而上和自上而下两种促进力量,恰如其分地切合了创意设计的本质即灵感与需求的统一、艺术与技术的统一,从而有效避免了创意设计集群的两种困境。一是以原创艺术村为典型,由于缺乏技术支持和平台推介而伴随着商业化、绅士化走向衰亡;二是以工程设计产业园为典型,由于缺乏适合于原创思维和灵感生发的宽松氛围和良好的交流空间而伴随着业态单一化、同质化走向衰亡。从空间的角度来看,柏林夏洛腾堡地区的创意设计集群可以总结为"产城融合、有机更新的多核集群模式",它更倾向于产品销售导向型,是创意生产、创意生活和创意交流的有机融合。其具体体现为:多元化的中小型企业及创意个体作为集群主体,以多核心方式集聚;产业空间与消费空间和商业空间相融合,企业以成果转化、产品销售为导向集聚;社区空间与产业空间相融合,企业以生活服务设施为导向集聚;大学校园相对独立,从人才、技术和公共服务平台等角度对产业空间予以支撑;总体规模稳定,以结构调整为发展动力,以功能置换或局部改造方式进行扩容。

二、汉堡

汉堡位于德国北部易北河下游低地,离北海入口处约100公里,被称为德国的北大门。汉堡(或自由汉莎汉堡市)是德国第二大城市,也是德国三大州级市(柏林、汉堡和不来梅)之一,与德国其他 13 个联邦州地位相同。汉堡港诞生于 12 世纪,与之相关的产业和贸易促成并巩固了汉堡繁荣富裕的北海中心城市地位。汉堡港口的巅峰期始于 20 世纪初期,当时易北河主航道北岸、南岸以及南部纵深的开阔地区被开辟为港区和工业区。作为德国重要的进出口岸和经贸中心,汉堡长期以来发展的是传统工业以及与进出口相关的服务业。20 世纪 70 年代以来,受全球经济结构调整影响,汉堡整个城市与附近区域的经济陷入萎缩与萧条,人口大幅衰减并开始急剧外流。汉堡港受货物转运集装箱化影响,港口经济的技术服务与管理模式均发生了较大变化,如 1991 年至 2001 年间,临港产业的流失率达到 40%,港口依赖型就业人数大幅下降。为解决港口经济衰退导致的城市空间环境品质下降、传统工业区和港口区土地与设施的荒废闲置,以及大量失业人口形成的一系列社会问题,汉堡开始推行以保留、升级港口优势产业,培育战略新兴产业和推动产业集群化发展的城市转型。不过受德国重视工业化的国家发展战略影响,作为重要海上门户的汉堡并未随城市功能转型完全"去工业化",而是一方面尽量保留港口工业,充分发挥港区的德国制造优势,另一方面大力推动并确立与港口相关的服务业的优势地位。汉堡秉持这一发展战略,产业发展最终获得显著成效。目前,汉堡港与世界各地的港口保持着密切联系,是联系东西欧、南北欧的交通枢纽,并成为世界最大的港口之一,更是欧洲对华贸易第一大港和德国历史最悠久的自由保税港区。数据显示,汉堡港每年约有 1.5 万条航轮停靠,集装箱转运量位居欧洲第二,仅次于鹿特丹。此外,汉堡作为德国重要的经济中心和最大的外贸口岸,现代物流、国际贸易、金融保险和媒体通讯业等现代服务业发展极为迅速,并达到较高发展水平。

世界著名的物流企业在汉堡比比皆是,它们经手从亚洲、美洲和非洲通往欧洲的货物,以及从德国、斯堪的纳维亚地区、东欧、中欧出口的货物。汉堡的货代公司从早期的仅仅提供货物运输逐步转向提供一系列的增值服务,例如从通关、分拨管理、运输保险到账单提供等,组织起高度复杂的全球货物供应链。汉堡的物流业占到汉堡经济总量的 12%,是德国平均水平的两倍。该行业中有 8000 多家大大小小的企业,港口和船运业的员工超过 7.5 万人,是汉堡物流行业最重要的两个领域。与港口相关的工业和服务领域的就业人口超过 15.6 万人。从基础设施看,汉堡的内河和支线航班、铁路以及卡车构成了一个富有效率的先期和后期运输链,交通线路随着货物流量的增大不断升级。

航运业作为德国港口产业的重要组成部分,在汉堡城市转型中一直是重要的支柱产业。自 20 世纪 70 年代以来,汉堡通过举办航运相关博览会、提供柔性化的航运服务、培养相关航运服务人才等方式,实现了从码头服务、集装箱堆场、仓储服务等下游产业向航运融资、海事保险、航运专业机构等上游产业的延伸拓展。对于融资业务,汉堡尽管曾经因港而衰,但仍然是当今世界三大船舶融资业务中心之一,其中以私募股权方式筹集船舶资金在全球航运金融领域独树一帜。虽然汉堡没有国际航交所,但由于靠近伦敦且政策透明,仍然坚持每两年举行一届德国汉堡国际造船、机械和海上技术贸易博览会,展会既包括造船工业技术和港口技术,又包括大量的海事服务展览,以展示如何根据用户需要及时、有效地处理多货种、多功能、范围广和不同周期的综合航运服务。这种柔性化的航运服务极大地满足了客户的个性化需求,增强了汉堡航运服务业的国际竞争力。到 2014 年,汉堡共有专业航运服务公司 1700 多家,与航运业相关的企业 6000 多家和从业员工 24 万余名,服务范围遍及整个德国和欧洲其他地区,主要提供各种仓储、配送、进出口集装箱装拆箱和门到门服务。

汉堡还是德国乃至欧洲著名的新闻媒介中心,共有 1.1 万家媒体企业。汉堡的出版公司约有 1100 家,其中,报纸出版商有 40 多家,杂志出版商有 200 多家,还有约 200 家书籍出版社、通讯社及专业出版社、电话簿和地址簿出版社。汉堡集中了德国绝大部分的重量级新闻媒介单位,其中德国最大的几家杂志社、出版社、德意志新闻社以及为数众多的电视台和电台都建在此地。德国六大出版集团中有 5 家坐落在汉堡,德国三分之二的畅销杂志和报纸来自汉堡,德国 12 家最大的广告公司中有 4 家设在汉堡,营业额最高的 25 家多媒体公司中有 9 家在汉堡设有代表处。从其他规模指标看,新闻行业营业额高达 250 亿欧元,在汉堡全行业中排名第三。整个行业从业人员超过 7 万人,在全行业中排名第四。此外,其他相关政府服务部门、中介机构和大学组织也积极参与到媒体大都市建设中。如汉堡市政府、经济促进局、各种协会和业内企业联合成立汉堡媒体数码经济创新协会,目的是加强汉堡作为媒体大都市的领导地位。部分联络单位则负责解答汉堡企业、机构和公众关于数码经济的所有问题。汉堡大学、汉堡-哈尔堡工业大学、汉堡实用技术专业大学等还共同推进汉堡工商管理学院(HSBA)建设。汉堡大学的 Hans-Bredow 学院专门从事传媒领域的研究。汉堡传媒学校以及广电学院为本行业新生后继力量的培养提供了多种方案。与此同时,大学和各企业之间持续不断进行项目对接和产学研协作。

汉堡的信息和通信行业作为汉堡经济的新生力军,在过去几年里同样实现了高速增长。数据显示,汉堡约有近万家信息技术企业从事数据处理、软硬件咨询和多媒体、通讯业务。合计有 7 万多人在 6200 多家相关公司工作。世界著名的大公司,如 IBM、AOL、Adobe Systems、SAP、Microsoft Business Solutions 以及世界著名的搜索引擎 Google 等都在汉堡设立了分公司。该行业的核心是软件和硬件咨询、数据加工服务以及多媒体,从事相关业务的企业数分别超过 3000 家、超过 1500 家和接近 1500 家企业,所以 IT 服务业在汉堡同样非常发达。

政 策 篇

关于推动文化文物单位文化创意产品开发的若干意见

文化部　　国家发展改革委　　财政部　　国家文物局

为深入发掘文化文物单位馆藏文化资源,发展文化创意产业,开发文化创意产品,弘扬中华优秀文化,传承中华文明,推进经济社会协调发展,提升国家软实力,根据《国务院关于进一步加强文物工作的指导意见》(国发〔2016〕17号)有关要求,现提出以下意见。

一、总体要求

文化文物单位主要包括各级各类博物馆、美术馆、图书馆、文化馆、群众艺术馆、纪念馆、非物质文化遗产保护中心及其他文博单位等掌握各种形式文化资源的单位。文化文物单位馆藏的各类文化资源,是中华民族五千多年文明发展进程中创造的博大精深灿烂文化的重要组成部分。

依托文化文物单位馆藏文化资源,开发各类文化创意产品,是推动中华文化创造性转化和创新性发展、使中国梦和社会主义核心价值观更加深入人心的重要途径,是推动中华文化走向世界、提升国家文化软实力的重要渠道,是丰富人民群众精神文化生活、满足多样化消费需求的重要手段,是增强文化文物单位服务能力、提升服务水平、丰富服务内容的必然要求,对推动优秀传统文化与当代文化相适应、与现代社会相协调,推陈出新、以文化人,具有重要意义。

推动文化创意产品开发,要始终把社会效益放在首位,实现社会效益和经济效益相统一;要在履行好公益服务职能、确保文化资源保护传承的前提下,调动文化文物单位积极性,加强文化资源系统梳理和合理开发利用;要鼓励和引导社会力量参与,促进优秀文化资源实现传承、传播和共享;要充分运用创意和科技手段,注意与产业发展相结合,推动文化资源与现代生产生活相融合,既传播文化,又发展产业、增加效益,实现文化价值和实用价值的有机统一。力争到2020年,逐步形成形式多样、特色鲜明、富有创意、竞争力强的文化创意产品体系,满足广大人民群众日益增长、不断升级和个性化的物质和精神文化需求。

二、主要任务

(一)充分调动文化文物单位积极性。具备条件的文化文物单位应结合自身情况,依托馆藏资源、形象品牌、陈列展览、主题活动和人才队伍等要素,积极稳妥推进文化创意产品开发,促进优秀文化资源的传承传播与合理利用。鼓励文化文物单位与社会力量深度合作,建立优势互补、互利共赢的合作机制,拓宽文化创意产品开发投资、设计制作和营销渠道,加强文化资源开放,促进资源、创意、市场共享。

(二)发挥各类市场主体作用。鼓励众创、众包、众扶、众筹,以创新创意为动力,以文化创意设计企业为主体,开发文化创意产品,打造文化创意品牌,为社会力量广泛参与研发、生产、经营等活动提供便利条件。鼓励企业通过限量复制、加盟制造、委托代理等形式参与文化创意产品开发。鼓励和引导社会资本投入文化创意产品开发,努力形成多渠道投入机制。

(三)加强文化资源梳理与共享。推进文化文物单位各类文化资源的系统梳理、分类整理和数字化进程,明确可供开发资源。用好用活第三次全国文物普查和第一次全国可移动文物普查数据。鼓励依托高新技术创新文化资源展示方式,提升体验性和互动性。支持数字文化、文化信息资源库建设,用好各类已有文化资源共建共享平台,面向社会提供知识产权许可服务,促进文化资源社会共享和深度发掘利用。

(四)提升文化创意产品开发水平。深入挖掘文化资源的价值内涵和文化元素,广泛应用多种载体和表现形式,开发艺术性和实用性有机统一、适应现代生活需求的文化创意产品,满足多样化消费需求。结合构建中小学生利用博物馆学习的长效机制,开发符合青少年群体特点和教育需求的文化创意产品。鼓励开发兼具文化内涵、科技含量、实用价值的数字创意产品。推动文化文物单位、文化创意设计机构、高等院校、职业学校等开展合作,提升文化创意产品设计开发水平。

(五)完善文化创意产品营销体系。创新文化创意产品营销推广理念、方式和渠道,促进线上线下融合。支持有条件的文化文物单位在保证公益服务的前提下,将自有空间用于文化创意产品展示、销售,鼓励有条件的单位在国内外旅游景点、重点商圈、交通枢纽等开设专卖店或代售点。综合运用各类电子商务平台,积极发展社交电商等网络营销新模式,提升文化创意产品网络营销水平,鼓励开展跨境电子商务。配合优秀文化遗产进乡村、进社区、进校园、进军营、进企业,加强文化创意产品开发和推广。鼓励结合陈列展览、主题活动、馆际交流等开展相关产品推广营销。积极探索文化创意产品的体验式营销。

(六)加强文化创意品牌建设和保护。促进文化文物单位、文化创意设计企业提升品牌培育意识以及知识产权创造、运用、保护和管理能力,积极培育拥有较高知名度和美誉度的文化创意品牌。依托重点文化文物单位,培育一批文化创意领军单位和产品品牌。建立健全品牌授权机制,扩大优秀品牌产品生产销售。

(七)促进文化创意产品开发的跨界融合。支持文化资源与创意设计、旅游等相关产业跨界融合,提升文化旅游产品和服务的设计水平,开发具有地域特色、民族风情、文化品位的旅游商品和纪念品。推动优秀文化资源与新型城镇化紧密结合,更多融入公共空间、公共设施、公共艺术的规划设计,丰富城乡文化内涵,优化社区人文环境,使城市、村镇成为历史底蕴厚重、时代特色鲜明、文化气息浓郁的人文空间。将文化创意产品开发作为推动革命老区、民族地区、边疆地区、贫困地区文化遗产保护和文化发展、扩大就业、促进社会进步的重要措施。鼓励依托优秀演艺、影视等资源开发文化创意产品,延伸相关产业链条。

三、支持政策和保障措施

(一)推动体制机制创新。鼓励具备条件的文化文物单位在确保公益目标、保护好国家文物、做强主业的前提下,依托馆藏资源,结合自身情况,采取合作、授权、独立开发等方式开展文化创意产品开发。逐步将文化创意产品开发纳入文化文物单位评估定级标准和绩效考核范围。文化文物事业单位要严格按照分类推进事业单位改革的政策规定,坚持事企分开的原则,将文化创意产品开发与公益服务分开,原则上以企业为主体参与市场竞争;其文化创意产品开发取得的事业收入、经营收入和其他收入等按规定纳入本单位预算统一管理,可用于加强公益文化服务、藏品征集、继续投入文化创意产品开发、对符合规定的人员予以绩效奖励等。国有文化文物单位应积极探索文化创意产品开发收益在相关权利人间的合理分配机制。促进国有和非国有文化文物单位之间在馆藏资源展览展示、文化创意产品开发等方面的交流合作。鼓励具备条件的非国有文化文物单位充分发掘文化资源开发文化创意产品,同等享受相关政策支持。

(二)稳步推进试点工作。按照试点先行、逐步推进的原则,在国家级、部分省级和副省级博物馆、美术馆、图书馆中开展开办符合发展宗旨、以满足民众文化消费需求为目的的经营性企业试点,在开发模式、收入分配和激励机制等方面进行探索。试点名单由文化部、国家文物局确定,或者由省级人民政府文化文物部门确定并报文化部、国家文物局备案。允许试点单位通过知识产权作价入股等方式投资设立企业,从事文化创意产品开发经营。试点单位具备相关知识和技能的人员在履行岗位职责、完成本职工作的前提下,经单位批准,可以兼职到本单位附属企业或合作设立的企业从事文化创意产品开发经营活动;涉及的干部人事管理、收入分配等问题,严格按照有关政策规定执行。参照激励科技人员创新创业的有关政策完善引导扶持激励机制。探索将试点单位绩效工资总量核定与文化创意产品开发业绩挂钩,文化创意产品开发取得明显成效的单位可适当增加绩效工资总量,并可在绩效工资总量中对在开发设计、经营管理等方面作出重要贡献的人员按规定予以奖励。

(三)落实完善支持政策。中央和地方各级财政通过现有资金渠道,进一步完善资金投入方式,加大对文化创意产品开发工作的支持力度。研究论证将符合条件的文化创意产品开发项目纳入专项建设基金支持范围。认真落实推进文化创意和设计服务与相关产业融合发展、发展对外文化贸易等扶持文化产业发展的税收政策,支持文化创意产品开发。将文化创意产品开发纳入文化产业投融资服务体系支持和服务范围。面向从事文化创意产品开发的企事业单位,培育若干骨干文化创意产品开发示范单位,加强引领示范,形成可向全行业推广的经验。将文化创意产品开发经营企业纳入各级文化产业示范基地评选范围。强化文化市场监管和执法,加大侵权惩处力度,创造良好市场环境。鼓励各级地方政府创新文化创意产品开发机制,用机制创新干事。

(四)加强支撑平台建设。发挥国家级文化文物单位和骨干企业作用,支持实施一批具有示范引领作用的项目,搭建面向全行业的产品开发、营销推广、版权交易等平台。支持有条件的地方和企事业单位建设文化创意产品开发生产园区基地。实施"互联网+中华文明"行动计划,遴选和培育一批"双创"空间,实施精品文物数字产品和精品展览数字产品推广项目。充分发挥重点文化产业、文物展会作用,促进优秀文化创意产品的展示推广和交易。规范和鼓励举办产品遴选推介、创意设计竞赛等活动,促进文化创意产品展示交易。借助海外中国文化中心、国际展览展示交易活动、文物进出境展览和交流等平台,促进优秀文化创意产品走出去。

(五)强化人才培养和扶持。以高端创意研发、经营管理、营销推广人才为重点,同旅游、教育结合起来,加强对文化创意产品开发经营人才的培养和扶持。将文化创意产品设计开发纳入各类文化文物人才扶持计划支持范围。文化文物单位和文化创意产品开发经营企业要积极参与各级各类学校相关专业人才培养,探索现代学徒制、产学研结合等人才培养模式,并为学生实习提供岗位,提高人才培养的针对性和适用性。通过馆校结合、馆企合作等方式大力培养文化文物单位的文化创意产品开发、经营人才。支持文化文物单位建设兼具文化文物素养和经营管理、设计开发能力的人才团队,并通过多种形式引进优秀专业人才,进一步畅通国有和民营、事业单位和企业之间人才流动渠道。鼓励开展中外文化创意产品设计开发、经营管理人才交流与合作,定期开展海外研习活动。

(六)加强组织实施。地方各级文化、发展改革、财政、文物等部门要按照本意见的要求,根据本地区实际情况,加强对推动文化创意产品开发工作的组织实施,做好宣传解读和相关统计监测工作。部门间、地区间要协同联动,确保各项任务措施落到实处。注意加强规范引导,因地制宜,突出特色,科学论证,确保质量,防止一哄而上、盲目发展。强化开发过程中的文物保护和资产管理,制定严格规程,健全财务制度,防止破坏文物,杜绝文物和其他国有资产流失。充分发挥各级各类行业协会、中介组织、研究机构等在行业研究、标准制定、交流合作等方面的作用。

促进科技成果转移转化行动方案

促进科技成果转移转化是实施创新驱动发展战略的重要任务,是加强科技与经济紧密结合的关键环节,对于推进结构性改革尤其是供给侧结构性改革、支撑经济转型升级和产业结构调整,促进大众创业、万众创新,打造经济发展新引擎具有重要意义。为深入贯彻党中央、国务院一系列重大决策部署,落实《中华人民共和国促进科技成果转化法》,加快推动科技成果转化为现实生产力,依靠科技创新支撑稳增长、促改革、调结构、惠民生,特制定本方案。

一、总体思路

深入贯彻落实党的十八大、十八届三中、四中、五中全会精神和国务院部署,紧扣创新发展要求,推动大众创新创业,充分发挥市场配置资源的决定性作用,更好发挥政府作用,完善科技成果转移转化政策环境,强化重点领域和关键环节的系统部署,强化技术、资本、人才、服务等创新资源的深度融合与优化配置,强化中央和地方协同推动科技成果转移转化,建立符合科技创新规律和市场经济规律的科技成果转移转化体系,促进科技成果资本化、产业化,形成经济持续稳定增长新动力,为到2020年进入创新型国家行列、实现全面建成小康社会奋斗目标作出贡献。

(一)基本原则

——市场导向。发挥市场在配置科技创新资源中的决定性作用,强化企业转移转化科技成果的主体地位,发挥企业家整合技术、资金、人才的关键作用,推进产学研协同创新,大力发展技术市场。完善科技成果转移转化的需求导向机制,拓展新技术、新产品的市场应用空间。

——政府引导。加快政府职能转变,推进简政放权、放管结合、优化服务,强化政府在科技成果转移转化政策制定、平台建设、人才培养、公共服务等方面职能,发挥财政资金引导作用,营造有利于科技成果转移转化的良好环境。

——纵横联动。加强中央与地方的上下联动,发挥地方在推动科技成果转移转化中的重要作用,探索符合地方实际的成果转化有效路径。加强部门之间统筹协同、军民之间融合联动,在资源配置、任务部署等方面形成共同促进科技成果转化的合力。

——机制创新。充分运用众创、众包、众扶、众筹等基于互联网的创新创业新理念,建立创新要素充分融合的新机制,充分发挥资本、人才、服务在科技成果转移转化中的催化作用,探索科技成果转移转化新模式。

(二)主要目标

"十三五"期间,推动一批短中期见效、有力带动产业结构优化升级的重大科技成果转化应用,企业、高校和科研院所科技成果转移转化能力显著提高,市场化的技术交易服务体系进一步健全,科技型创新创业蓬勃发展,专业化技术转移人才队伍发展壮大,多元化的科技成果转移转化投入渠道日益完善,科技成果转移转化的制度环境更加优化,功能完善、运行高效、市场化的科技成果转移转化体系全面建成。

主要指标:建设 100 个示范性国家技术转移机构,支持有条件的地方建设 10 个科技成果转移转化示范区,在重点行业领域布局建设一批支撑实体经济发展的众创空间,建成若干技术转移人才培养基地,培养 1 万名专业化技术转移人才,全国技术合同交易额力争达到 2 万亿元。

二、重点任务

围绕科技成果转移转化的关键问题和薄弱环节,加强系统部署,抓好措施落实,形成以企业技术创新需求为导向、以市场化交易平台为载体、以专业化服务机构为支撑的科技成果转移转化新格局。

（一）开展科技成果信息汇交与发布

1. 发布转化先进适用的科技成果包。围绕新一代信息网络、智能绿色制造、现代农业、现代能源、资源高效利用和生态环保、海洋和空间、智慧城市和数字社会、人口健康等重点领域,以需求为导向发布一批符合产业转型升级方向、投资规模与产业带动作用大的科技成果包。发挥财政资金引导作用和科技中介机构的成果筛选、市场化评估、融资服务、成果推介等作用,鼓励企业探索新的商业模式和科技成果产业化路径,加速重大科技成果转化应用。引导支持农业、医疗卫生、生态建设等社会公益领域科技成果转化应用。

2. 建立国家科技成果信息系统。制定科技成果信息采集、加工与服务规范,推动中央和地方各类科技计划、科技奖励成果存量与增量数据资源互联互通,构建由财政资金支持产生的科技成果转化项目库与数据服务平台。完善科技成果信息共享机制,在不泄露国家秘密和商业秘密的前提下,向社会公布科技成果和相关知识产权信息,提供科技成果信息查询、筛选等公益服务。

3. 加强科技成果信息汇交。建立健全各地方、各部门科技成果信息汇交工作机制,推广科技成果在线登记汇交系统,畅通科技成果信息收集渠道。加强科技成果管理与科技计划项目管理的有机衔接,明确由财政资金设立的应用类科技项目承担单位的科技成果转化义务,开展应用类科技项目成果以及基础研究中具有应用前景的科研项目成果信息汇交。鼓励非财政资金资助的科技成果进行信息汇交。

4. 加强科技成果数据资源开发利用。围绕传统产业转型升级、新兴产业培育发展需求,鼓励各类机构运用云计算、大数据等新一代信息技术,积极开展科技成果信息增值服务,提供符合用户需求的精准科技成果信息。开展科技成果转化为技术标准试点,推动更多应用类科技成果转化为技术标准。加强科技成果、科技报告、科技文献、知识产权、标准等的信息化关联,各地方、各部门在规划制定、计划管理、战略研究等方面要充分利用科技成果资源。

5. 推动军民科技成果融合转化应用。建设国防科技工业成果信息与推广转化平台,研究设立国防科技工业军民融合产业投资基金,支持军民融合科技成果推广应用。梳理具有市场应用前景的项目,发布军用技术转民用推广目录、"民参军"技术与产品推荐目录、国防科技工业知识产权转化目录。实施军工技术推广专项,推动国防科技成果向民用领域转化应用。

（二）产学研协同开展科技成果转移转化

6. 支持高校和科研院所开展科技成果转移转化。组织高校和科研院所梳理科技成果资源,发布科技成果目录,建立面向企业的技术服务站点网络,推动科技成果与产业、企业需求有效对接,通过研发合作、技术转让、技术许可、作价投资等多种形式,实现科技成果市场价值。依托中国科学院的科研院所体系实施科技服务网络计划,围绕产业和地方需求开展技术攻关、技术转移与示范、知识产权运营等。鼓励医疗机构、医学研究单位等构建协同研究网络,加强临床指南和规范制定工作,加快新技术、新产品应用推广。引导有条件的高校和科研院所建立健全专业化科技成果转移转化机构,明确统筹科技成果转移转化与知识产权管理的职责,加强市场化运营能力。在部分高校和科研院所试点探索科技成果转移转化的有效机制与模式,建立职务科技成果披露与管理制度,实行技术经理人市场化聘用制,建设一批运营机制灵活、专业人才集聚、服务能力突出、具有国际影响力的国家技术转移机构。

7. 推动企业加强科技成果转化应用。以创新型企业、高新技术企业、科技型中小企业为重点,支持企业与高校、科研院所联合设立研发机构或技术转移机构,共同开展研究开发、成果应用与推广、标准研究与制定等。围绕"互联网＋"战略开展企业技术难题竞标等"研发众包"模式探索,引导科技人员、高校、科研院所承接企业的项目委托和难题招标,聚众智推进开放式创新。市场导向明确的科技计划项目由企业牵头组织实施。完善技术成果向企业转移扩散的机制,支持企业引进国内外先进适用技术,开展技术革新与改造升级。

8. 构建多种形式的产业技术创新联盟。围绕"中国制造2025"、"互联网＋"等国家重点产业发展战略以及区域发展战略部署,发挥行业骨干企业、转制科研院所主导作用,联合上下游企业和高校、科研院所等构建一批产业技术创新联盟,围绕产业链构建创新链,推动跨领域跨行业协同创新,加强行业共性关键技术研发和推广应用,为联盟成员企业提供订单式研发服务。支持联盟承担重大科技成果转化项目,探索联合攻关、利益共享、知识产权运营的有效机制与模式。

9. 发挥科技社团促进科技成果转移转化的纽带作用。以创新驱动助力工程为抓手,提升学会服务科技成果转移转化能力和水平,利用学会服务站、技术研发基地等柔性创新载体,组织动员学会智力资源服务企业转型升级,建立学会联系企业的长效机制,开展科技信息服务,实现科技成果转移转化供给端与需求端的精准对接。

（三）建设科技成果中试与产业化载体

10. 建设科技成果产业化基地。瞄准节能环保、新一代信息技术、生物技术、高端装备制造、新能源、新材料、新能源汽车等战略性新兴产业领域,依托国家自主创新示范区、国家高新区、国家农业科技园区、国家可持续发展实验区、国家大学科技园、战略性新兴产业集聚区等创新资源集聚区域以及高校、科研院所、行业骨干企业等,建设一批科技成果产业化基地,引导科技成果对接特色产业需求转移转化,培育新的经济增长点。

11. 强化科技成果中试熟化。鼓励企业牵头、政府引导、产学研协同,面向产业发展需求开展中试熟化与产业化开发,提供全程技术研发解决方案,加快科技成果转移转化。支持地方围绕区域特色产业发展、中小企业技术创新需求,建设通用性或行业性技术创新服务平台,提供从实验研究、中试熟化到生产过程所需的仪器设备、中试生产线等资源,开展研发设计、检验检测认证、科技咨询、技术标准、知识产权、投融资等服务。推动各类技术开发类科研基地合理布局和功能整合,促进科研基地科技成果转移转化,推动更多企业和产业发展急需的共性技术成果扩散与转化应用。

(四)强化科技成果转移转化市场化服务

12. 构建国家技术交易网络平台。以"互联网+"科技成果转移转化为核心,以需求为导向,连接技术转移服务机构、投融资机构、高校、科研院所和企业等,集聚成果、资金、人才、服务、政策等各类创新要素,打造线上与线下相结合的国家技术交易网络平台。平台依托专业机构开展市场化运作,坚持开放共享的运营理念,支持各类服务机构提供信息发布、融资并购、公开挂牌、竞价拍卖、咨询辅导等专业化服务,形成主体活跃、要素齐备、机制灵活的创新服务网络。引导高校、科研院所、国有企业的科技成果挂牌交易与公示。

13. 健全区域性技术转移服务机构。支持地方和有关机构建立完善区域性、行业性技术市场,形成不同层级、不同领域技术交易有机衔接的新格局。在现有的技术转移区域中心、国际技术转移中心基础上,落实"一带一路"、京津冀协同发展、长江经济带等重大战略,进一步加强重点区域间资源共享与优势互补,提升跨区域技术转移与辐射功能,打造连接国内外技术、资本、人才等创新资源的技术转移网络。

14. 完善技术转移机构服务功能。完善技术产权交易、知识产权交易等各类平台功能,促进科技成果与资本的有效对接。支持有条件的技术转移机构与天使投资、创业投资等合作建立投资基金,加大对科技成果转化项目的投资力度。鼓励国内机构与国际知名技术转移机构开展深层次合作,围绕重点产业技术需求引进国外先进适用的科技成果。鼓励技术转移机构探索适应不同用户需求的科技成果评价方法,提升科技成果转移转化成功率。推动行业组织制定技术转移服务标准和规范,建立技术转移服务评价与信用机制,加强行业自律管理。

15. 加强重点领域知识产权服务。实施"互联网+"融合重点领域专利导航项目,引导"互联网+"协同制造、现代农业、智慧能源、绿色生态、人工智能等融合领域的知识产权战略布局,提升产业创新发展能力。开展重大科技经济活动知识产权分析评议,为战略规划、政策制定、项目确立等提供依据。针对重点产业完善国际化知识产权信息平台,发布"走向海外"知识产权实务操作指引,为企业"走出去"提供专业化知识产权服务。

(五)大力推动科技型创新创业

16. 促进众创空间服务和支撑实体经济发展。重点在创新资源集聚区域,依托行业龙头企业、高校、科研院所,在电子信息、生物技术、高端装备制造等重点领域建设一批以成果转移转化为主要内容、专业服务水平高、创新资源配置优、产业辐射带动作用强的众创空间,有效支撑实体经济发展。构建一批支持农村科技创新创业的"星创天地"。支持企业、高校和科研院所发挥科研设施、专业团队、技术积累等专业领域创新优势,为创业者提供技术研发服务。吸引更多科技人员、海外归国人员等高端创业人才入驻众创空间,重点支持以核心技术为源头的创新创业。

17. 推动创新资源向创新创业者开放。引导高校、科研院所、大型企业、技术转移机构、创业投资机构以及国家级科研平台(基地)等,将科研基础设施、大型科研仪器、科技数据文献、科技成果、创投资金等向创新创业者开放。依托 3D 打印、大数据、网络制造、开源软硬件等先进技术和手段,支持各类机构为创新创业者提供便捷的创新创业工具。支持高校、企业、孵化机构、投资机构等开设创新创业培训课程,鼓励经验丰富的企业家、天使投资人和专家学者等担任创业导师。

18. 举办各类创新创业大赛。组织开展中国创新创业大赛、中国创新挑战赛、中国"互联网＋"大学生创新创业大赛、中国农业科技创新创业大赛、中国科技创新创业人才投融资集训营等活动,支持地方和社会各界举办各类创新创业大赛,集聚整合创业投资等各类资源支持创新创业。

（六）建设科技成果转移转化人才队伍

19. 开展技术转移人才培养。充分发挥各类创新人才培养示范基地作用,依托有条件的地方和机构建设一批技术转移人才培养基地。推动有条件的高校设立科技成果转化相关课程,打造一支高水平的师资队伍。加快培养科技成果转移转化领军人才,纳入各类创新创业人才引进培养计划。推动建设专业化技术经纪人队伍,畅通职业发展通道。鼓励和规范高校、科研院所、企业中符合条件的科技人员从事技术转移工作。与国际技术转移组织联合培养国际化技术转移人才。

20. 组织科技人员开展科技成果转移转化。紧密对接地方产业技术创新、农业农村发展、社会公益等领域需求,继续实施万名专家服务基层行动计划、科技特派员、科技创业者行动、企业院士行、先进适用技术项目推广等,动员高校、科研院所、企业的科技人员及高层次专家,深入企业、园区、农村等基层一线开展技术咨询、技术服务、科技攻关、成果推广等科技成果转移转化活动,打造一支面向基层的科技成果转移转化人才队伍。

21. 强化科技成果转移转化人才服务。构建"互联网＋"创新创业人才服务平台,提供科技咨询、人才计划、科技人才活动、教育培训等公共服务,实现人才与人才、人才与企业、人才与资本之间的互动和跨界协作。围绕支撑地方特色产业培育发展,建立一批科技领军人才创新驱动中心,支持有条件的企业建设院士（专家）工作站,为高层次人才与企业、地方对接搭建平台。建设海外科技人才离岸创新创业基地,为引进海外创新创业资源搭建平台和桥梁。

（七）大力推动地方科技成果转移转化

22. 加强地方科技成果转化工作。健全省、市、县三级科技成果转化工作网络,强化科技管理部门开展科技成果转移转化的工作职能,加强相关部门之间的协同配合,探索适应地方成果转化要求的考核评价机制。加强基层科技管理机构与队伍建设,完善承接科技成果转移转化的平台与机制,宣传科技成果转化政策,帮助中小企业寻找应用科技成果,搭建产学研合作信息服务平台。指导地方探索"创新券"等政府购买服务模式,降低中小企业技术创新成本。

23. 开展区域性科技成果转移转化试点示范。以创新资源集聚、工作基础好的省（区、市）为主导,跨区域整合成果、人才、资本、平台、服务等创新资源,建设国家科技成果转移转化试验示范区,在科技成果转移转化服务、金融、人才、政策等方面,探索形成一批可复制、可推广的工作经验与模式。围绕区域特色产业发展技术瓶颈,推动一批符合产业转型发展需求的重大科技成果在示范区转化与推广应用。

（八）强化科技成果转移转化的多元化资金投入

24. 发挥中央财政对科技成果转移转化的引导作用。发挥国家科技成果转化引导基金等的杠杆作用，采取设立子基金、贷款风险补偿等方式，吸引社会资本投入，支持关系国计民生和产业发展的科技成果转化。通过优化整合后的技术创新引导专项（基金）、基地和人才专项，加大对符合条件的技术转移机构、基地和人才的支持力度。国家科技重大专项、重点研发计划支持战略性重大科技成果产业化前期攻关和示范应用。

25. 加大地方财政支持科技成果转化力度。引导和鼓励地方设立创业投资引导、科技成果转化、知识产权运营等专项资金（基金），引导信贷资金、创业投资资金以及各类社会资金加大投入，支持区域重点产业科技成果转移转化。

26. 拓宽科技成果转化资金市场化供给渠道。大力发展创业投资，培育发展天使投资人和创投机构，支持初创期科技企业和科技成果转化项目。利用众筹等互联网金融平台，为小微企业转移转化科技成果拓展融资渠道。支持符合条件的创新创业企业通过发行债券、资产证券化等方式进行融资。支持银行探索股权投资与信贷投放相结合的模式，为科技成果转移转化提供组合金融服务。

三、组织与实施

（一）加强组织领导。各有关部门要根据职能定位和任务分工，加强政策、资源统筹，建立协同推进机制，形成科技部门、行业部门、社会团体等密切配合、协同推进的工作格局。强化中央和地方协同，加强重点任务的统筹部署及创新资源的统筹配置，形成共同推进科技成果转移转化的合力。各地方要将科技成果转移转化工作纳入重要议事日程，强化科技成果转移转化工作职能，结合实际制定具体实施方案，明确工作推进路线图和时间表，逐级细化分解任务，切实加大资金投入、政策支持和条件保障力度。

（二）加强政策保障。落实《中华人民共和国促进科技成果转化法》及相关政策措施，完善有利于科技成果转移转化的政策环境。建立科研机构、高校科技成果转移转化绩效评估体系，将科技成果转移转化情况作为对单位予以支持的参考依据。推动科研机构、高校建立符合自身人事管理需要和科技成果转化工作特点的职称评定、岗位管理和考核评价制度。完善有利于科技成果转移转化的事业单位国有资产管理相关政策。研究探索科研机构、高校领导干部正职任前在科技成果转化中获得股权的代持制度。各地方要围绕落实《中华人民共和国促进科技成果转化法》，完善促进科技成果转移转化的政策法规。建立实施情况监测与评估机制，为调整完善相关政策举措提供支撑。

（三）加强示范引导。加强对试点示范工作的指导推动，交流各地方各部门的好经验、好做法，对可复制、可推广的经验和模式及时总结推广，发挥促进科技成果转移转化行动的带动作用，引导全社会关心和支持科技成果转移转化，营造有利于科技成果转移转化的良好社会氛围。

推进普惠金融发展规划（2016—2020 年）

普惠金融是指立足机会平等要求和商业可持续原则，以可负担的成本为有金融服务需求的社会各阶层和群体提供适当、有效的金融服务。小微企业、农民、城镇低收入人群、贫困人群和残疾人、老年人等特殊群体是当前我国普惠金融重点服务对象。大力发展普惠金融，是我国全面建成小康社会的必然要求，有利于促进金融业可持续均衡发展，推动大众创业、万众创新，助推经济发展方式转型升级，增进社会公平和社会和谐。

党中央、国务院高度重视发展普惠金融。党的十八届三中全会明确提出发展普惠金融。2015 年《政府工作报告》提出，要大力发展普惠金融，让所有市场主体都能分享金融服务的雨露甘霖。为推进普惠金融发展，提高金融服务的覆盖率、可得性和满意度，增强所有市场主体和广大人民群众对金融服务的获得感，特制订本规划。

一、总体思路

（一）发展现状

近年来，我国普惠金融发展呈现出服务主体多元、服务覆盖面较广、移动互联网支付使用率较高的特点，人均持有银行账户数量、银行网点密度等基础金融服务水平已达到国际中上游水平，但仍面临诸多问题与挑战：普惠金融服务不均衡，普惠金融体系不健全，法律法规体系不完善，金融基础设施建设有待加强，商业可持续性有待提升。

（二）指导思想

全面贯彻党的十八大和十八届三中、四中、五中全会精神，按照党中央、国务院决策部署，坚持借鉴国际经验与体现中国特色相结合、政府引导与市场主导相结合、完善基础金融服务与改进重点领域金融服务相结合，不断提高金融服务的覆盖率、可得性和满意度，使最广大人民群众公平分享金融改革发展的成果。

（三）基本原则

健全机制、持续发展。建立有利于普惠金融发展的体制机制，进一步加大对薄弱环节金融服务的政策支持，提高精准性与有效性，调节市场失灵，确保普惠金融业务持续发展和服务持续改善，实现社会效益与经济效益的有机统一。

机会平等、惠及民生。以增进民生福祉为目的，让所有阶层和群体能够以平等的机会、合理的价格享受到符合自身需求特点的金融服务。

市场主导、政府引导。正确处理政府与市场的关系，尊重市场规律，使市场在金融资源配置中发挥决定性作用。更好发挥政府在统筹规划、组织协调、均衡布局、政策扶持等方面的引导作用。

防范风险、推进创新。加强风险监管，保障金融安全，维护金融稳定。坚持监管和创新并行,加快建立适应普惠金融发展要求的法制规范和监管体系,提高金融监管有效性。在有效防范风险基础上,鼓励金融机构推进金融产品和服务方式创新,适度降低服务成本。对难点问题要坚持先试点,试点成熟后再推广。

统筹规划、因地制宜。从促进我国经济社会发展、城乡和区域平衡出发,加强顶层设计、统筹协调,优先解决欠发达地区、薄弱环节和特殊群体的金融服务问题,鼓励各部门、各地区结合实际,积极探索,先行先试,扎实推进,做到服水土、接地气、益大众。

（四）总体目标

到 2020 年,建立与全面建成小康社会相适应的普惠金融服务和保障体系,有效提高金融服务可得性,明显增强人民群众对金融服务的获得感,显著提升金融服务满意度,满足人民群众日益增长的金融服务需求,特别是要让小微企业、农民、城镇低收入人群、贫困人群和残疾人、老年人等及时获取价格合理、便捷安全的金融服务,使我国普惠金融发展水平居于国际中上游水平。

提高金融服务覆盖率。要基本实现乡乡有机构,村村有服务,乡镇一级基本实现银行物理网点和保险服务全覆盖,巩固助农取款服务村级覆盖网络,提高利用效率,推动行政村一级实现更多基础金融服务全覆盖。拓展城市社区金融服务广度和深度,显著改善城镇企业和居民金融服务的便利性。

提高金融服务可得性。大幅改善对城镇低收入人群、困难人群以及农村贫困人口、创业农民、创业大中专学生、残疾劳动者等初始创业者的金融支持,完善对特殊群体的无障碍金融服务。加大对新业态、新模式、新主体的金融支持。提高小微企业和农户贷款覆盖率。提高小微企业信用保险和贷款保证保险覆盖率,力争使农业保险参保农户覆盖率提升至 95% 以上。

提高金融服务满意度。有效提高各类金融工具的使用效率。进一步提高小微企业和农户申贷获得率和贷款满意度。提高小微企业、农户信用档案建档率。明显降低金融服务投诉率。

二、健全多元化广覆盖的机构体系

充分调动、发挥传统金融机构和新型业态主体的积极性、能动性,引导各类型机构和组织结合自身特点,找准市场定位,完善机制建设,发挥各自优势,为所有市场主体和广大人民群众提供多层次全覆盖的金融服务。

（一）发挥各类银行机构的作用

鼓励开发性政策性银行以批发资金转贷形式与其他银行业金融机构合作,降低小微企业贷款成本。强化农业发展银行政策性功能定位,加大对农业开发和水利、贫困地区公路等农业农村基础设施建设的贷款力度。

鼓励大型银行加快建设小微企业专营机构。继续完善农业银行"三农金融事业部"管理体制和运行机制,进一步提升"三农"金融服务水平。引导邮政储蓄银行稳步发展小额涉农贷款业务,逐步扩大涉农业务范围。鼓励全国性股份制商业银行、城市商业银行和民营银行扎根基层、服务社区,为小微企业、"三农"和城镇居民提供更有针对性、更加便利的金融服务。

推动省联社加快职能转换,提高农村商业银行、农村合作银行、农村信用联社服务小微企业和"三农"的能力。加快在县(市、旗)集约化发起设立村镇银行步伐,重点布局中西部和老少边穷地区、粮食主产区、小微企业聚集地区。

(二)规范发展各类新型机构

拓宽小额贷款公司和典当行融资渠道,加快接入征信系统,研究建立风险补偿机制和激励机制,努力提升小微企业融资服务水平。鼓励金融租赁公司和融资租赁公司更好地满足小微企业和涉农企业设备投入与技术改造的融资需求。促进消费金融公司和汽车金融公司发展,激发消费潜力,促进消费升级。

积极探索新型农村合作金融发展的有效途径,稳妥开展农民合作社内部资金互助试点。注重建立风险损失吸收机制,加强与业务开展相适应的资本约束,规范发展新型农村合作金融。支持农村小额信贷组织发展,持续向农村贫困人群提供融资服务。

大力发展一批以政府出资为主的融资担保机构或基金,推进建立重点支持小微企业和"三农"的省级再担保机构,研究论证设立国家融资担保基金。

促进互联网金融组织规范健康发展,加快制定行业准入标准和从业行为规范,建立信息披露制度,提高普惠金融服务水平,降低市场风险和道德风险。

(三)积极发挥保险公司保障优势

保持县域内农业保险经营主体的相对稳定,引导保险机构持续加大对农村保险服务网点的资金、人力和技术投入。支持保险机构与基层农林技术推广机构、银行业金融机构、各类农业服务组织和农民合作社合作,促进农业技术推广、生产管理、森林保护、动物保护、防灾防损、家庭经济安全等与农业保险、农村小额人身保险相结合。发挥农村集体组织、农民合作社、农业社会化服务组织等基层机构的作用,组织开展农业保险和农村小额人身保险业务。完善农业保险协办机制。

三、创新金融产品和服务手段

积极引导各类普惠金融服务主体借助互联网等现代信息技术手段,降低金融交易成本,延伸服务半径,拓展普惠金融服务的广度和深度。

(一)鼓励金融机构创新产品和服务方式

推广创新针对小微企业、高校毕业生、农户、特殊群体以及精准扶贫对象的小额贷款。开展动产质押贷款业务,建立以互联网为基础的集中统一的自助式动产、权利抵质押登记平台。研究创新对社会办医的金融支持方式。开发适合残疾人特点的金融产品。加强对网上银行、手机银行的开发和推广,完善电子支付手段。引导有条件的银行业金融机构设立无障碍银行服务网点,完善电子服务渠道,为残疾人和老年人等特殊群体提供无障碍金融服务。

在全国中小企业股份转让系统增加适合小微企业的融资品种。进一步扩大中小企业债券融资规模,逐步扩大小微企业增信集合债券发行规模。发展并购投资基金、私募股权投资基金、创业投资基金。支持符合条件的涉农企业在多层次资本市场融资。支持农产品期货市场发展,丰富农产品期货品种,拓展农产品期货及期权市场服务范围。完善期货交易机制,为规避农产品价格波动风险提供有效手段。

鼓励地方各级人民政府建立小微企业信用保证保险基金,用于小微企业信用保证保险的保费补贴和贷款本金损失补偿。引导银行业金融机构对购买信用保险和贷款保证保险的小微企业给予贷款优惠政策。鼓励保险公司投资符合条件的小微企业专项债券。扩大农业保险覆盖面,发展农作物保险、主要畜产品保险、重要"菜篮子"品种保险和森林保险,推广农房、农机具、设施农业、渔业、制种保险等业务。支持保险公司开发适合低收入人群、残疾人等特殊群体的小额人身保险及相关产品。

(二)提升金融机构科技运用水平

鼓励金融机构运用大数据、云计算等新兴信息技术,打造互联网金融服务平台,为客户提供信息、资金、产品等全方位金融服务。鼓励银行业金融机构成立互联网金融专营事业部或独立法人机构。引导金融机构积极发展电子支付手段,逐步构筑电子支付渠道与固定网点相互补充的业务渠道体系,加快以电子银行和自助设备补充、替代固定网点的进度。推广保险移动展业,提高特殊群体金融服务可得性。

(三)发挥互联网促进普惠金融发展的有益作用

积极鼓励网络支付机构服务电子商务发展,为社会提供小额、快捷、便民支付服务,提升支付效率。发挥网络借贷平台融资便捷、对象广泛的特点,引导其缓解小微企业、农户和各类低收入人群的融资难问题。发挥股权众筹融资平台对大众创业、万众创新的支持作用。发挥网络金融产品销售平台门槛低、变现快的特点,满足各消费群体多层次的投资理财需求。

四、加快推进金融基础设施建设

金融基础设施是提高金融机构运行效率和服务质量的重要支柱和平台,有助于改善普惠金融发展环境,促进金融资源均衡分布,引导各类金融服务主体开展普惠金融服务。

(一)推进农村支付环境建设

鼓励银行机构和非银行支付机构面向农村地区提供安全、可靠的网上支付、手机支付等服务,拓展银行卡助农取款服务广度和深度。支持有关银行机构在乡村布放 POS 机、自动柜员机等各类机具,进一步向乡村延伸银行卡受理网络。支持农村金融服务机构和网点采取灵活、便捷的方式接入人民银行支付系统或其他专业化支付清算系统。鼓励商业银行代理农村地区金融服务机构支付结算业务。支持农村支付服务市场主体多元化发展。鼓励各地人民政府和国务院有关部门通过财政补贴、降低电信资费等方式扶持偏远、特困地区的支付服务网络建设。

(二)建立健全普惠金融信用信息体系

加快建立多层级的小微企业和农民信用档案平台,实现企业主个人、农户家庭等多维度信用数据可应用。扩充金融信用信息基础数据库接入机构,降低普惠金融服务对象征信成本。积极培育从事小微企业和农民征信业务的征信机构,构建多元化信用信息收集渠道。依法采集户籍所在地、违法犯罪记录、工商登记、税收登记、出入境、扶贫人口、农业土地、居住状况等政务信息,采集对象覆盖全部农民、城镇低收入人群及小微企业,通过全国统一的信用信息共享交换平台及地方各级信用信息共享平台,推动政务信息与金融信息互联互通。

(三)建立普惠金融统计体系

建立健全普惠金融指标体系。在整合、甄选目前有关部门涉及普惠金融管理数据基础上,设计形成包括普惠金融可得情况、使用情况、服务质量的统计指标体系,用于统计、分析和反映各地区、各机构普惠金融发展状况。建立跨部门工作组,开展普惠金融专项调查和统计,全面掌握普惠金融服务基础数据和信息。建立评估考核体系,形成动态评估机制。从区域和机构两个维度,对普惠金融发展情况进行评价,督促各地区、各金融机构根据评价情况改进服务工作。

五、完善普惠金融法律法规体系

逐步制定和完善普惠金融相关法律法规,形成系统性的法律框架,明确普惠金融服务供给、需求主体的权利义务,确保普惠金融服务有法可依、有章可循。

(一)加快建立发展普惠金融基本制度

在健全完善现有"三农"金融政策基础上,研究论证相关综合性法律制度,满足"三农"金融服务诉求。对土地经营权、宅基地使用权、技术专利权、设备财产使用权和场地使用权等财产权益,积极开展确权、登记、颁证、流转等方面的规章制度建设。研究完善推进普惠金融工作相关制度,明确对各类新型机构的管理责任。

(二)确立各类普惠金融服务主体法律规范

研究探索规范民间借贷行为的有关制度。推动制定非存款类放贷组织条例、典当业管理条例等法规。配套出台小额贷款公司管理办法、网络借贷管理办法等规定。通过法律法规明确从事扶贫小额信贷业务的组织或机构的定位。加快出台融资担保公司管理条例。推动修订农民专业合作社法,明确将农民合作社信用合作纳入法律调整范围。推动修订证券法,夯实股权众筹的法律基础。

(三)健全普惠金融消费者权益保护法律体系

修订完善现有法律法规和部门规章制度,建立健全普惠金融消费者权益保护制度体系,明确金融机构在客户权益保护方面的义务与责任。制定针对农民和城镇低收入人群的金融服务最低标准,制定贫困、低收入人口金融服务费用减免办法,保障并改善特殊消费者群体金融服务权益。完善普惠金融消费者权益保护监管工作体系,进一步明确监管部门相关执法权限与责任标准。

六、发挥政策引导和激励作用

根据薄弱领域、特殊群体金融服务需求变化趋势,调整完善管理政策,促进金融资源向普惠金融倾斜。

(一)完善货币信贷政策

积极运用差别化存款准备金等货币政策工具,鼓励和引导金融机构更多地将新增或者盘活的信贷资源配置到小微企业和"三农"等领域。进一步增强支农支小再贷款、再贴现支持力度,引导金融机构扩大涉农、小微企业信贷投放,降低社会融资成本。

(二)健全金融监管差异化激励机制

以正向激励为导向,从业务和机构两方面采取差异化监管政策,引导银行业金融机构将信贷资源更多投向小微企业、"三农"、特殊群体等普惠金融薄弱群体和领域。推进小微企业专营机构和网点建设。有序开展小微企业金融债券、"三农"金融债券的申报和发行工作。

进一步研究加强对小微企业和"三农"贷款服务、考核和核销方式的创新。推进落实有关提升小微企业和"三农"不良贷款容忍度的监管要求，完善尽职免责相关制度。

积极发挥全国中小企业股份转让系统、区域性股权市场、债券市场和期货市场的作用，引导证券投资基金、私募股权投资基金、创业投资基金增加有效供给，进一步丰富中小企业和"三农"的融资方式。

加强农业保险统筹规划，完善农业保险管理制度，建立全国农业保险管理信息平台，进一步完善中国农业保险再保险共同体运行机制。扶持小额人身保险发展，支持保险公司开拓县域市场，对其在中西部设立省级分公司和各类分支机构适度放宽条件、优先审批。

（三）发挥财税政策作用

立足公共财政职能，完善、用好普惠金融发展专项资金，重点针对普惠金融服务市场失灵的领域，遵循保基本、有重点、可持续的原则，对普惠金融相关业务或机构给予适度支持。发挥财政资金杠杆作用，支持和引导地方各级人民政府、金融机构及社会资本支持普惠金融发展，更好地保障困难人群的基础金融服务可得性和适用性。落实小微企业和"三农"贷款的相关税收扶持政策。推动落实支持农民合作社和小微企业发展的各项税收优惠政策。

（四）强化地方配套支持

地方各级人民政府要加强政策衔接与配合，共筑政策支撑合力。鼓励地方财政通过贴息、补贴、奖励等政策措施，激励和引导各类机构加大对小微企业、"三农"和民生尤其是精准扶贫等领域的支持力度。对金融机构注册登记、房产确权评估等给予政策支持。省级人民政府要切实承担起防范和处置非法集资第一责任人的责任。排查和化解各类风险隐患，提高地方金融监管有效性，严守不发生系统性、区域性金融风险的底线。

七、加强普惠金融教育与金融消费者权益保护

结合国情深入推进金融知识普及教育，培育公众的金融风险意识，提高金融消费者维权意识和能力，引导公众关心、支持、参与普惠金融实践活动。

（一）加强金融知识普及教育

广泛利用电视广播、书刊杂志、数字媒体等渠道，多层面、广角度长期有效普及金融基础知识。针对城镇低收入人群、困难人群，以及农村贫困人口、创业农民、创业大中专学生、残疾劳动者等初始创业者开展专项教育活动，使其掌握符合其需求的金融知识。注重培养社会公众的信用意识和契约精神。建立金融知识教育发展长效机制，推动部分大中小学积极开展金融知识普及教育，鼓励有条件的高校开设金融基础知识相关公共课。

（二）培育公众金融风险意识

以金融创新业务为重点，针对金融案件高发领域，运用各种新闻信息媒介开展金融风险宣传教育，促进公众强化金融风险防范意识，树立"收益自享、风险自担"观念。重点加强与金融消费者权益有关的信息披露和风险提示，引导金融消费者根据自身风险承受能力和金融产品风险特征理性投资与消费。

（三）加大金融消费者权益保护力度

加强金融消费者权益保护监督检查，及时查处侵害金融消费者合法权益行为，维护金融市场有序运行。金融机构要担负起受理、处理金融消费纠纷的主要责任，不断完善工作机

制,改进服务质量。畅通金融机构、行业协会、监管部门、仲裁、诉讼等金融消费争议解决渠道,试点建立非诉第三方纠纷解决机制,逐步建立适合我国国情的多元化金融消费纠纷解决机制。

(四)强化普惠金融宣传

加大对普惠金融的宣传力度。建立普惠金融发展信息公开机制,定期发布中国普惠金融指数和普惠金融白皮书。

八、组织保障和推进实施

(一)加强组织保障

由银监会、人民银行牵头,发展改革委、工业和信息化部、民政部、财政部、农业部、商务部、林业局、证监会、保监会、中国残联等部门和单位参加,建立推进普惠金融发展工作协调机制,加强人员保障和理论研究,制订促进普惠金融发展的重大政策措施,协调解决重大问题,推进规划实施和相关政策落实,切实防范金融风险。国务院各有关部门要加强沟通,密切配合,根据职责分工完善各项配套政策措施。地方各级人民政府要加强组织领导,完善协调机制,结合本地实际抓紧制定具体落实方案,及时将实施过程中出现的新情况、新问题报送银监会、人民银行等有关部门。

(二)开展试点示范

规划实施应全面推进、突出重点、分步开展、防范风险。对需要深入研究解决的难点问题,可在小范围内分类开展试点示范,待试点成熟后,再加以总结推广。各地区要在风险可控、依法合规的条件下,开展推进普惠金融发展试点,推动改革创新,加强实践验证。积极探索发挥基层组织在推进普惠金融发展中的作用。

(三)加强国际交流

深化与其他国家和地区以及世界银行、全球普惠金融合作伙伴组织等国际组织的交流,开展多形式、多领域的务实合作,探索双边、多边的示范性项目合作,提升我国普惠金融国际化水平。

(四)实施专项工程

围绕普惠金融发展重点领域、重点人群,集合资源,大力推进金融知识扫盲工程、移动金融工程、就业创业金融服务工程、扶贫信贷工程、大学生助学贷款工程等专项工程,促进实现规划目标。

(五)健全监测评估

加快建立推进普惠金融发展监测评估体系,实施动态监测与跟踪分析,开展规划中期评估和专项监测,注重金融风险的监测与评估,及时发现问题并提出改进措施。引导和规范互联网金融有序发展,有效防范和处置互联网金融风险。要切实落实监督管理部门对非法集资的防范、监测和预警等职责。加强督查,强化考核,把推进普惠金融发展工作作为目标责任考核和政绩考核的重要内容。

国务院办公厅关于深入实施"互联网＋流通"行动计划的意见

国办发〔2016〕24 号

各省、自治区、直辖市人民政府，国务院各部委、各直属机构：

"互联网＋流通"正在成为大众创业、万众创新最具活力的领域，成为经济社会实现创新、协调、绿色、开放、共享发展的重要途径。实施"互联网＋流通"行动计划，有利于推进流通创新发展，推动实体商业转型升级，拓展消费新领域，促进创业就业，增强经济发展新动能。为贯彻落实国务院决策部署，深入实施"互联网＋流通"行动计划，进一步推进线上线下融合发展，从供需两端发力，实现稳增长、扩消费、强优势、补短板、降成本、提效益，经国务院同意，现提出以下意见：

一、加快推动流通转型升级。以满足消费者需求为中心，积极开展全渠道经营，支持企业突出商品和服务特色，充分应用移动互联网、物联网、大数据等信息技术，在营销、支付、售后服务等方面线上线下互动，全方位、全天候满足消费需求，降低消费成本。（商务部、国家发展改革委、新闻出版广电总局，地方各级人民政府）大力发展体验消费，引导有条件的企业利用现有商业设施改造发展消费体验示范中心，合理布局购物、餐饮、休闲、娱乐、文化、培训、体育、保健等体验式消费业态，增强实体店体验式、全程式服务能力。（商务部、文化部、新闻出版广电总局、体育总局，地方各级人民政府）着力提高供应链管理控制能力，鼓励百货等零售业态积极发展"买手制"，不断提高自营和自主品牌商品比例，通过发展连锁经营、采购联盟等多种组织形式降本增效，提高利用信息化、网络化、智能化技术实现转型升级的能力。（商务部、国家发展改革委，地方各级人民政府）增强老字号等传统品牌影响力，积极运用互联网，创新生产工艺和商业模式，弘扬民族、技艺等优秀传统文化，开展知名品牌示范区创建工作，线上线下互动传播中国品牌。（商务部、工业和信息化部、文化部、质检总局，地方各级人民政府）推动商品交易市场利用互联网创新商业模式，拓展服务功能，加快平台化发展，以转型升级实现市场结构优化、提质增效，带动产业优化重组，发挥好引导生产、促进消费的作用。（商务部、国家发展改革委、国土资源部，地方各级人民政府）

二、积极推进流通创新发展。鼓励发展分享经济新模式，密切跟踪借鉴国外分享经济发展新特点新趋势，结合部门和地方实际创新政府管理和服务，激发市场主体创业创新活力，鼓励包容企业利用互联网平台优化社会闲置资源配置，拓展产品和服务消费新空间新领域，扩大社会灵活就业。（中央网信办、国家发展改革委、工业和信息化部、人力资源社会保障部、商务部、工商总局、国家旅游局、国家邮政局等有关部门，地方各级人民政府）支持发展协同经济新模式，通过众创、众包、众扶等多种具体形式，围绕产业链、供应链、服务链建立上下游企业、创业者之间的垂直纵深与横向一体化协作关系，提升社会化协作水平和资源优化配置能力。(国家发展改革委、科技部、工业和信息化部、商务部、新闻出版广电总局,地方各级人民政府)大力发展流通创新基地,为中小企业应用互联网创业创新提供集群注册、办公场地、基础通信、运营指导、人才培训、渠道推广、信贷融资等软硬件一体化支撑服务。(商务部、科技部、人力资源社会保障部、工商总局,地方各级人民政府)

三、加强智慧流通基础设施建设。加大对物流基地建设、冷链系统建设等的政策性扶持力度,科学规划和布局物流基地、分拨中心、公共配送中心、末端配送网点,加大流通基础设施投入,支持建设农产品流通全程冷链系统,重点加强全国重点农业产区冷库建设。加大农村宽带建设投入,加快提速降费进程,努力消除城乡"数字鸿沟"。加大流通基础设施信息化改造力度,充分利用物联网等新技术,推动智慧物流配送体系建设,提高冷链设施的利用率。科学发展多层次物流公共信息服务平台,整合各类物流资源,提高物流效率,降低物流成本。(国家发展改革委、商务部、工业和信息化部、财政部、国土资源部、住房城乡建设部、交通运输部、农业部、国务院国资委、质检总局、新闻出版广电总局、国家邮政局,地方各级人民政府)推进电子商务与物流快递协同发展,及时总结协同发展试点成果,形成可复制、可推广的制度、做法和经验,着力解决快递运营车辆规范通行、末端配送、电子商务快递从业人员基本技能培训等难题,补齐电子商务物流发展短板。(商务部、国家邮政局,试点城市人民政府)

四、鼓励拓展智能消费新领域。鼓励具备条件的城市探索构建线上线下融合发展的体验式智慧商圈,促进商圈内不同经营模式和业态优势互补、信息互联互通、消费客户资源共享,抱团向主动服务、智能服务、立体服务和个性化服务转变,提高商圈内资源整合能力和消费集聚水平。(商务部、国家发展改革委、科技部、工业和信息化部、国土资源部、环境保护部、住房城乡建设部,地方各级人民政府)加快实施特色商业街区示范建设工程,发掘地方资源禀赋优势,提高产品和服务特色化、差异化、精准化、数字化营销推广能力,振兴城镇商业。(商务部、住房城乡建设部、国家旅游局,地方各级人民政府)拓展智能消费领域,积极开发虚拟现实、现实增强等人工智能新技术新服务,大力推广可穿戴、生活服务机器人等智能化产品,提高智能化产品和服务的供给能力与水平。(国家发展改革委、工业和信息化部、科技部,地方各级人民政府)

五、大力发展绿色流通和消费。推广绿色商品,限制高耗能、高污染、高环境风险、过度包装产品进入流通和消费环节。开展绿色商场示范活动,大力宣传贯彻绿色商场国家标准、行业标准,创建一批集门店节能改造、节能产品销售和废弃物回收于一体的绿色商场。推动仓储配送与包装绿色化发展,提高商贸物流绿色化发展水平。推动"互联网＋回收"模式创新,利用大数据、云计算等技术优化逆向物流网点布局,鼓励在线回收,加强生活垃圾分类回收和再生资源回收有机衔接。开展"绿色产品进商场、绿色消费进社区、绿色回收进校园"主题宣传活动,推动形成崇尚节俭、科学、绿色的消费理念和生活方式。(商务部、国家发展改革委、教育部、工业和信息化部、国土资源部、环境保护部、住房城乡建设部、质检总局、新闻出版广电总局、供销合作总社,地方各级人民政府)

六、深入推进农村电子商务。坚持市场运作,充分发挥各类市场主体参与农村电子商务发展的动力和创造力。促进农产品网络销售,以市场需求为导向,鼓励供销合作社等各类市场主体拓展适合网络销售的农产品、农业生产资料、休闲农业等产品和服务,引导电子商务企业与新型农业经营主体、农产品批发市场、连锁超市等建立多种形式的联营协作关系，拓宽农产品进城渠道，突破农产品冷链运输瓶颈，促进农民增收，丰富城市供应。畅通农产品流通，切实降低农产品网上销售的平台使用、市场推广等费用，提高农村互联网和信息化技术应用能力。鼓励电子商务企业拓展农村消费市场，针对农村消费习惯、消费能力、消费需求特点，从供给端提高商品和服务的结构化匹配能力，带动工业品下乡，方便农民消费。鼓励邮政企业等各类市场主体整合农村物流资源，建设改造农村物流公共服务中心和村级网点，切实解决好农产品进城"最初一公里"和工业品下乡"最后一公里"问题。(商务部、国家发展改革委、工业和信息化部、财政部、交通运输部、农业部、质检总局、国家旅游局、国家邮政局、供销合作总社、中国邮政集团公司，地方各级人民政府)

七、积极促进电子商务进社区。大力发展社区电子商务，鼓励发展社区购物服务应用软件，加强电子商务企业与社区商业网点融合互动，开展物流分拨、快件自取、电子缴费等服务，提高社区商业的信息化、标准化、规范化、集约化水平，提升社区居民生活品质。(商务部、国土资源部、住房城乡建设部、质检总局，地方各级人民政府)完善"一站式"便民服务消费功能，支持老旧小区利用闲置房间、地下空间等打造多层次、多形式的便民服务点，将零散的社区服务资源进行线上线下整合，统筹建设和改造餐饮、住宿、家政、洗染、美容美发、维修、物流、金融、文化、娱乐、休闲等生活服务网点，让门店多起来，提高城市居民生活的便利性和城市发展竞争力。(商务部、国土资源部、住房城乡建设部、文化部、新闻出版广电总局，地方各级人民政府)

八、加快完善流通保障制度。组织开展道路货运无车承运人试点工作，允许试点范围内无车承运人开展运输业务。(交通运输部、国家发展改革委)按照新修订的《高新技术企业认定管理办法》，落实"互联网＋流通"企业的申报认定工作。(科技部、财政部、税务总局，地方各级人民政府)推进工商用电同价，允许大型商贸企业参与电力直接交易，开展商业用户自主选择执行商业行业平均电价或峰谷分时电价试点。(国家发展改革委、商务部)发挥政府、行业协会作用，科学规划，合理布局，盘活存量，优化增量，鼓励各地采取先买后租、先建后租等多种有力措施，引导降低实体店铺租金，保障社区菜市场、社区食堂等惠民便民服务设施低成本供给，引导线上企业到线下开设实体店，推动线上线下融合发展。阶段性适当降低困难流通企业住房公积金缴存比例。(住房城乡建设部、财政部、商务部、人民银行，地方各级人民政府)

九、发挥财政资金引导带动作用。积极推进"互联网＋流通"行动，着力降低流通成本，提高流通效率，扩大有效供给，鼓励有条件的地方设立"互联网＋流通"发展基金，引导社会资本、境外资本加大对流通领域互联网等信息技术应用的投入。(地方各级人民政府)

十、增强流通领域公共服务支撑能力。鼓励整合建设商务公共服务云平台，对接相关部门服务资源，为流通领域提供政策与基础信息服务，为中小微企业提供商业通用技术应用服务。加快建立健全电子商务统计监测体系，建设真实准确的企业、商品、订单、合同、发票、物流运单等电子商务基础信息库，支撑电子商务市场高效规范运行。(商务部、国家统计局、工业和信息化部、工商总局、质检总局、国家邮政局，地方各级人民政府)加大教育培训结构调整力度，加强电子商务人才继续教育，提高线上线下互动实战能力，培养既懂流通又懂创意创新和网络运营的复合型人才。指导支持各类电子商务创新创意创业大赛，对接行业机

构、投融资机构,发现优秀的创业创新项目和创业创新人才。(商务部、教育部)

十一、健全流通法规标准体系。抓紧研究商品流通、电子商务等方面的立法,研究建立流通设施建设、商品流通保障、流通秩序维护等基本制度,解决流通发展中的体制机制问题。(商务部、国家发展改革委、农业部、国务院法制办)研究梳理现行法律法规中与互联网在流通领域创新应用和管理不相适应的内容,加快修订完善,推动线上线下规则统一。(有关部门按职责分工分别负责)健全批发、零售、物流、生活服务、商务服务领域标准体系,加强适应电子商务发展需要的农产品生产、采摘、检验检疫、分拣、分级、包装、配送和"互联网＋回收"等标准体系建设,加大标准贯彻实施力度,引导企业规范化发展。(商务部、国家发展改革委、农业部、质检总局)

十二、营造诚信经营公平竞争环境。适应"互联网＋流通"发展需要,不断创新监管手段,采取合理的监管方式,加强事中事后监管,加大对侵权假冒、无证无照经营、虚假交易等行为的打击力度,保障群众买到质优价廉的商品,放心消费、安全消费。鼓励平台型服务企业利用技术手段加强对违法违规行为的监测、识别和防范,主动与执法部门建立联防联控机制;严厉打击平台型服务企业包庇、纵容违法违规经营行为,营造保障"互联网＋流通"行动计划顺利实施的法治化营商环境。(商务部、工商总局、质检总局、食品药品监管总局)推进商务信用体系建设,结合"三证合一、一照一码"登记制度改革,充分利用全国信用信息共享平台和企业信用信息公示系统,健全政府部门信用信息共享机制,并通过"信用中国"网站向社会提供服务,建立基于消费者交易评价和社会公众综合评价的市场化企业信用信息采集、共享与使用机制,不断优化评价标准和方法,形成多方参与、标准统一的商务诚信体系。(商务部、国家发展改革委、工业和信息化部、人民银行、工商总局、质检总局)

各地区、各部门要加强组织领导和贯彻实施,既要切实发挥好市场在资源配置中的决定性作用,也要发挥好政府的引导调控作用;既要立足当前,也要惠及长远。各地区要结合本地实际制定具体实施方案,明确工作分工,落实工作责任。商务部要会同有关部门建立工作联系机制,加强统筹协调、业务指导和督促检查,重大问题和情况及时报告国务院。

国务院办公厅

2016 年 4 月 15 日

国务院办公厅关于推动实体零售创新转型的意见

国办发〔2016〕78 号

各省、自治区、直辖市人民政府，国务院各部委、各直属机构：

实体零售是商品流通的重要基础，是引导生产、扩大消费的重要载体，是繁荣市场、保障就业的重要渠道。近年来，我国实体零售规模持续扩大，业态不断创新，对国民经济的贡献不断增强，但也暴露出发展方式粗放、有效供给不足、运行效率不高等突出问题。当前，受经营成本不断上涨、消费需求结构调整、网络零售快速发展等诸多因素影响，实体零售发展面临前所未有的挑战。为适应经济发展新常态，推动实体零售创新转型，释放发展活力，增强发展动力，经国务院同意，现提出以下意见：

一、总体要求

（一）指导思想。全面贯彻党的十八大和十八届三中、四中、五中、六中全会精神和国务院决策部署，牢固树立创新、协调、绿色、开放、共享的发展理念，着力加强供给侧结构性改革，以体制机制改革构筑发展新环境，以信息技术应用激发转型新动能，推动实体零售由销售商品向引导生产和创新生活方式转变，由粗放式发展向注重质量效益转变，由分散独立的竞争主体向融合协同新生态转变，进一步降低流通成本、提高流通效率，更好适应经济社会发展的新要求。

（二）基本原则。

坚持市场主导。市场是实体零售转型的决定因素，要破除体制机制束缚，营造公平竞争环境，激发市场主体活力，推动实体零售企业自主选择转型路径，实现战略变革、模式再造和服务提升。

坚持需求引领。需求是实体零售转型的根本出发点，要适应消费需求新变化，引导实体零售企业补齐短板，增强优势，扩大有效供给，减少无效供给，增强商品、服务、业态等供给结构对需求变化的适应性和灵活性。

坚持创新驱动。创新是实体零售转型的直接动力，要抢抓大众创业、万众创新战略机遇，加强互联网、大数据等新一代信息技术应用，大力发展新业态、新模式，进一步提高流通效率和服务水平。

二、调整商业结构

（三）调整区域结构。支持商业设施富余地区的企业利用资本、品牌和技术优势，由东部地区向中西部地区转移，由一二线城市向三四线城市延伸和下沉，形成区域竞争优势，培育新的增长点。支持商务、供销、邮政、新闻出版等领域龙头企业向农村延伸服务网络，鼓励发展一批集商品销售、物流配送、生活服务于一体的乡镇商贸中心,统筹城乡商业基础设施建设,实现以城带乡、城乡协同发展。

（四）调整业态结构。坚持盘活存量与优化增量、淘汰落后与培育新动能并举,引导业态雷同、功能重叠、市场饱和度较高的购物中心、百货店、家居市场等业态有序退出城市核心商圈,支持具备条件的及时调整经营结构,丰富体验业态,由传统销售场所向社交体验、家庭消费、时尚消费、文化消费中心等转变。推动连锁化、品牌化企业进入社区设立便利店和社区超市,加强与电商、物流、金融、电信、市政等对接,发挥终端网点优势,拓展便民增值服务,打造一刻钟便民生活服务圈。

（五）调整商品结构。引导企业改变千店一面、千店同品现象,不断调整和优化商品品类,在兼顾低收入消费群体的同时,适应中高端消费群体需求,着力增加智能、时尚、健康、绿色商品品种。积极培育世界级消费城市和国际化商圈,不断深化品牌消费集聚区建设,进一步推进工贸结合、农贸结合,积极开展地方特色产品、老字号产品"全国行"、"网上行"和"进名店"等供需对接活动,完善品牌消费环境,加快培育商品品牌和区域品牌。合理确定经营者、生产者责任义务,建立健全重要商品追溯体系,引导企业树立质量为先、信誉至上的经营理念,加强商品质量查验把关,用高标准引导生产环节品质提升,着力提升商品品质。

三、创新发展方式

（六）创新经营机制。鼓励企业加快商业模式创新,强化市场需求研究,改变引厂进店、出租柜台等传统经营模式,加强商品设计创意和开发,建立高素质的买手队伍,发展自有品牌、实行深度联营和买断经营,强化企业核心竞争力。推动企业管理体制变革,实现组织结构扁平化、运营管理数据化、激励机制市场化,提高经营效率和管理水平。强化供应链管理,支持实体零售企业构建与供应商信息共享、利益均摊、风险共担的新型零供关系,提高供应链管控能力和资源整合、运营协同能力。

（七）创新组织形式。鼓励连锁经营创新发展,改变以门店数量扩张为主的粗放发展方式,逐步利用大数据等技术科学选址、智能选品、精准营销、协同管理,提高发展质量。鼓励特许经营向多行业、多业态拓展,着力提高特许企业经营管理水平。引导发展自愿连锁,支持龙头企业建立集中采购分销平台,整合采购、配送和服务资源,带动中小企业降本增效。推进商贸物流标准化、信息化,培育多层次物流信息服务平台,整合社会物流资源,支持连锁企业自有物流设施、零售网点向社会开放成为配送节点,提高物流效率,降低物流成本。

（八）创新服务体验。引导企业顺应个性化、多样化、品质化消费趋势,弘扬诚信服务,推广精细服务,提高服务技能,延伸服务链条,规范服务流程。支持企业运用大数据技术分析顾客消费行为,开展精准服务和定制服务,灵活运用网络平台、移动终端、社交媒体与顾客互动,建立及时、高效的消费需求反馈机制,做精做深体验消费。支持企业开展服务设施人性化、智能化改造,鼓励社会资本参与无线网络、移动支付、自助服务、停车场等配套设施建设。

四、促进跨界融合

（九）促进线上线下融合。建立适应融合发展的标准规范、竞争规则,引导实体零售企业逐步提高信息化水平,将线下物流、服务、体验等优势与线上商流、资金流、信息流融合,拓展智能化、网络化的全渠道布局。鼓励线上线下优势企业通过战略合作、交叉持股、并购重组等多种形式整合市场资源,培育线上线下融合发展的新型市场主体。建立社会化、市场化的数据应用机制,鼓励电子商务平台向实体零售企业有条件地开放数据资源,提高资源配置效率和经营决策水平。

(十)促进多领域协同。鼓励发展设施高效智能、功能便利完备、信息互联互通的智慧商圈,促进业态功能互补、客户资源共享、大中小企业协同发展。大力发展平台经济,以流通创新基地为基础,培育一批为中小企业和创业者提供专业化服务的平台载体,提高协同创新能力。深化国有商贸企业改革,鼓励各类投资者参与国有商贸企业改制重组,积极发展混合所有制。鼓励零售企业与创意产业、文化艺术产业、会展业、旅游业融合发展,实现跨行业联动。

(十一)促进内外贸一体化。进一步提高零售领域利用外资的质量和水平,通过引入资本、技术、管理推动实体零售企业创新转型。优化食品、化妆品等商品进口卫生安全等审批程序,简化进口食品检验检疫审批手续,支持引进国外知名品牌。完善信息、交易、支付、物流等服务支撑,优化过境通关、外汇结算等关键环节,提升跨境贸易规模。鼓励内贸市场培育外贸功能,鼓励具有技术、品牌、质量、服务优势的外向型企业建立国内营销渠道。推动有条件的企业"走出去"构建海外营销和物流服务网络,提升国际化经营能力。

五、优化发展环境

(十二)加强网点规划。统筹考虑城乡人口规模和生产生活需求,科学确定商业网点发展建设要求,并纳入城乡规划和土地利用总体规划,推动商业与人口、交通、市政、生态环境协调发展。加强对城市大型商业网点建设的听证论证,鼓励其有序发展。支持各地结合实际,明确新建社区的商业设施配套要求,利用公有闲置物业或以回购廉租方式保障老旧社区基本商业业态用房需求。发挥行业协会、中介机构作用,支持建设公开、透明的商铺租赁信息服务平台,引导供需双方直接对接,鼓励以市场化方式盘活现有商业设施资源,减少公有产权商铺转租行为,有效降低商铺租金。

(十三)推进简政放权。推动住所登记改革,为连锁企业提供便利的登记注册服务,地方政府不得以任何形式对连锁企业设立非企业法人门店和配送中心设置障碍。进一步落实和完善食品经营相关管理规定。连锁企业从事出版物等零售业务,其非企业法人直营门店可直接凭企业总部获取的许可文件复印件到门店所在地主管部门备案。放宽对临街店铺装潢装修限制,取消不必要的店内装修改造审批程序。在保障公共安全的情况下,放宽对户外营销活动的限制。完善城市配送车辆通行制度,为企业发展夜间配送、共同配送创造条件。

(十四)促进公平竞争。健全部门联动和跨区域协同机制,完善市场监管手段,加快构建生产与流通领域协同、线上与线下一体的监管体系。严厉打击制售假冒伪劣商品、侵犯知识产权、不正当竞争、商业欺诈等违法行为。指导和督促电子商务平台企业加强对网络经营者的资格审查。强化连锁经营企业总部管理责任,重点检查企业总部和配送中心,减少对销售普通商品零售门店的重复检查。依法禁止以排挤竞争对手为目的的低于成本价销售行为,依法打击垄断协议、滥用市场支配地位等排除、限制竞争行为。充分利用全国信用信息共享平台,建立覆盖线上线下的企业及相关主体信用信息采集、共享与使用机制,并通过国家企业信用信息公示系统对外公示,健全守信联合激励和失信联合惩戒机制。

(十五)完善公共服务。加快建立健全连锁经营、电子商务、商贸物流、供应链服务等领域标准体系,从标准贯彻实施入手,开展实体零售提质增效专项行动,进一步提高竞争能力和服务水平。加强零售业统计监测和运行分析工作,整合各类信息资源,构建反映零售业发展环境的评价指标体系,引导各类市场主体合理把握开发节奏、科学配置商业资源。加快建设商务公共服务云平台,对接政府部门服务资源,发挥行业协会、专业服务机构作用,为企业创新转型提供技术、管理、咨询、信息等一体化支撑服务。鼓励开展多种形式的培训和业务交流,加大专业性技术人才培养力度,推动复合型高端人才合理流动,完善多层次零售业人才队伍,提高从业人员综合创新能力。

六、强化政策支持

(十六)减轻企业税费负担。落实好总分支机构汇总缴纳企业所得税、增值税相关规定。营造线上线下企业公平竞争的税收环境。零售企业设立的科技型子公司从事互联网等信息技术研发,符合条件的可按规定申请高新技术企业认定,符合条件的研发费用可按规定加计扣除。降低部分消费品进口关税。落实取消税务发票工本费政策,不得以任何理由强制零售企业使用冠名发票、卷式发票,大力推广电子发票。全面落实工商用电同价政策,在实行峰谷电价的地区,有条件的地方可以开展商业用户选择执行行业平均电价或峰谷分时电价试点。落实银行卡刷卡手续费定价机制改革方案,持续优化银行卡受理环境。

(十七)加强财政金融支持。有条件的地方可结合实际情况,发挥财政资金引导带动作用,对实体零售创新转型予以支持。用好国家新兴产业创业投资引导基金、中小企业发展基金,鼓励有条件的地方按市场化原则设立投资基金,引导社会资本加大对新技术、新业态、新模式的投入。积极稳妥扩大消费信贷,将消费金融公司试点推广至全国。采取多种方式支持零售企业线上线下融合发展的支付业务处理。创新发展供应链融资等融资方式,拓宽企业融资渠道。支持商业银行在风险可控、商业可持续的前提下发放中长期贷款,促进企业固定资产投资和兼并重组。积极研究通过应收账款、存货、仓单等动产质押融资模式改进和完善小微企业金融服务,通过创业担保贷款积极扶持符合条件的小微企业。

(十八)开展试点示范带动。支持有条件的地区完善政府引导推动、企业自主转型的工作机制,在财政、金融、人才、技术、标准化及服务体系建设等方面进行探索,推动实体零售创新转型。内贸流通体制改革发展综合试点城市要发挥先行先试优势,突破制约实体零售创新转型的体制机制障碍,探索形成可复制推广的经验。开展智慧商店、智慧商圈示范创建工作,及时总结推广成功经验,示范引领创新转型。

各地区、各部门要加强组织领导和统筹协调,加快研究制订具体实施方案和配套措施,明确责任主体、时间表和路线图,形成合力。商务部要会同有关部门加强业务指导和督促检查,综合运用第三方评估、社会监督评价等多种方式科学评估实施效果,推动各项任务措施落到实处。

国务院办公厅
2016 年 11 月 2 日

"十三五"旅游业发展规划

为认真贯彻《中华人民共和国国民经济和社会发展第十三个五年规划纲要》,根据《中华人民共和国旅游法》,制定本规划。

第一章 把握机遇 迎接大众旅游新时代

第一节 "十二五"旅游业发展成就

改革开放以来,我国实现了从旅游短缺型国家到旅游大国的历史性跨越。"十二五"期间,旅游业全面融入国家战略体系,走向国民经济建设的前沿,成为国民经济战略性支柱产业。

战略性支柱产业基本形成。2015年,旅游业对国民经济的综合贡献度达到10.8%。国内旅游、入境旅游、出境旅游全面繁荣发展,已成为世界第一大出境旅游客源国和全球第四大入境旅游接待国。旅游业成为社会投资热点和综合性大产业。

综合带动功能全面凸显。"十二五"期间,旅游业对社会就业综合贡献度为10.2%。旅游业成为传播中华传统文化、弘扬社会主义核心价值观的重要渠道,成为生态文明建设的重要力量,并带动大量贫困人口脱贫,绿水青山正在成为金山银山。

专栏1 "十二五"旅游规划主要指标完成情况

指标		规划目标		完成情况	
		2015年	年均增速(%)	2015年	完成程度(%)
旅游业总收入(万亿元)		2.5	10	4.13	165
国内旅游人数	(亿人次)	33	10	40	121
	居民出游率(次/人)	2.3	—	3	130
国内旅游收入(万亿元)		2.1	11	3.42	163
入境旅游人数(亿人次)		1.32	3	1.34	102
入境过夜旅游人数(万人次)		5680	8	5689	100
外国人入境旅游人数(万人次)		2573	4.5	2599	101
旅游外汇收入(亿美元)		580	5	1136.5	196
出境旅游人数(万人次)		8800	9	11700	133
直接就业(万人)		1450	4.7	2798	193

现代治理体系初步建立。《中华人民共和国旅游法》公布实施,依法治旅、依法促旅加快推进。建立了国务院旅游工作部际联席会议制度,出台了《国民旅游休闲纲要(2013—2020年)》《国务院关于促进旅游业改革发展的若干意见》(国发〔2014〕31号)等文件,各地出台了旅游条例等法规制度,形成了以旅游法为核心、政策法规和地方条例为支撑的法律政策体系。

国际地位和影响力大幅提升。出境旅游人数和旅游消费均列世界第一,与世界各国各地区及国际旅游组织的合作不断加强。积极配合国家总体外交战略,举办了中美、中俄、中印、中韩旅游年等具有影响力的旅游交流活动,旅游外交工作格局开始形成。

第二节　"十三五"旅游业发展机遇

全面建成小康社会对旅游业发展提出了更高要求,为旅游业发展提供了重大机遇,我国旅游业将迎来新一轮黄金发展期。

全面建成小康社会有利于大众旅游消费持续快速增长。随着全面建成小康社会深入推进,城乡居民收入稳步增长,消费结构加速升级,人民群众健康水平大幅提升,带薪休假制度逐步落实,假日制度不断完善,基础设施条件不断改善,航空、高铁、高速公路等快速发展,旅游消费得到快速释放,为旅游业发展奠定良好基础。

贯彻五大发展理念有利于旅游业成为优势产业。旅游业具有内生的创新引领性、协调带动性、开放互动性、环境友好性、共建共享性,与五大发展理念高度契合。贯彻落实五大发展理念将进一步激发旅游业发展动力和活力,促进旅游业成为新常态下的优势产业。

推进供给侧结构性改革有利于促进旅游业转型升级。供给侧结构性改革将通过市场配置资源和更为有利的产业政策,促进增加有效供给,促进中高端产品开发,优化旅游供给结构,推动旅游业由低水平供需平衡向高水平供需平衡提升。

旅游业被确立为幸福产业有利于优化旅游发展环境。旅游业作为惠民生的重要领域,成为改善民生的重要内容,将推动各级政府更加重视旅游业发展,促进更多的城乡居民参与旅游,带动企业投资旅游,旅游业发展环境将进一步优化。

良好外部环境有利于我国旅游业发展。全球旅游业将持续稳定发展,增速将继续高于世界经济增速。亚太地区旅游业保持强劲增长,全球旅游重心将加速东移,我国旅游业发展处于较为有利的国际环境之中。

"十三五"期间,我国旅游业处于黄金发展期、结构调整期和矛盾凸显期,也面临不少挑战。主要是旅游业发展的体制机制与综合产业和综合执法的要求不相适应,政策环境有待优化;旅游基础设施和公共服务明显滞后,补短板任务艰巨;游客的文明素质和从业人员的整体素质有待提升,市场秩序有待规范等。这些问题要在"十三五"期间重点加以解决。

第三节　"十三五"旅游业发展趋势

"十三五"期间,我国旅游业将呈现以下发展趋势:

消费大众化。随着全面建成小康社会持续推进,旅游已经成为人民群众日常生活的重要组成部分。自助游、自驾游成为主要的出游方式。

需求品质化。人民群众休闲度假需求快速增长,对基础设施、公共服务、生态环境的要求越来越高,对个性化、特色化旅游产品和服务的要求越来越高,旅游需求的品质化和中高端化趋势日益明显。

竞争国际化。各国各地区普遍将发展旅游业作为参与国际市场分工、提升国际竞争力的重要手段,纷纷出台促进旅游业发展的政策措施,推动旅游市场全球化、旅游竞争国际化,竞争领域从争夺客源市场扩大到旅游业发展的各个方面。

发展全域化。以抓点为特征的景点旅游发展模式向区域资源整合、产业融合、共建共享的全域旅游发展模式加速转变,旅游业与农业、林业、水利、工业、科技、文化、体育、健康医疗等产业深度融合。

产业现代化。科学技术、文化创意、经营管理和高端人才对推动旅游业发展的作用日益增大。云计算、物联网、大数据等现代信息技术在旅游业的应用更加广泛。产业体系的现代化成为旅游业发展的必然趋势。

第二章　转型升级　明确旅游业发展新要求

第一节　指导思想

"十三五"旅游业发展的指导思想是:高举中国特色社会主义伟大旗帜,全面贯彻党的十八大和十八届三中、四中、五中、六中全会精神,深入贯彻习近平总书记系列重要讲话精神,落实党中央、国务院决策部署,按照"五位一体"总体布局和"四个全面"战略布局,牢固树立和贯彻落实创新、协调、绿色、开放、共享发展理念,以转型升级、提质增效为主题,以推动全域旅游发展为主线,加快推进供给侧结构性改革,努力建成全面小康型旅游大国,将旅游业培育成经济转型升级重要推动力、生态文明建设重要引领产业、展示国家综合实力的重要载体、打赢脱贫攻坚战的重要生力军,为实现中华民族伟大复兴的中国梦作出重要贡献。

第二节　基本原则

"十三五"旅游业发展要遵循以下原则:

坚持市场主导。发挥市场在资源配置中的决定性作用,遵循旅游市场内在规律,尊重企业的市场主体地位。更好发挥政府作用,营造良好的基础环境、发展环境和公共服务环境。

坚持改革开放。改革体制机制,释放旅游业的发展活力,形成宏观调控有力、微观放宽搞活的发展局面。统筹国际国内两个大局,用好两个市场、两种资源,形成内外联动、相互促进的发展格局。

坚持创新驱动。以创新推动旅游业转型升级,推动旅游业从资源驱动和低水平要素驱动向创新驱动转变,使创新成为旅游业发展的不竭动力。

坚持绿色发展。牢固树立"绿水青山就是金山银山"的理念,将绿色发展贯穿到旅游规划、开发、管理、服务全过程,形成人与自然和谐发展的现代旅游业新格局。

坚持以人为本。把人民群众满意作为旅游业发展的根本目的,通过旅游促进人的全面发展,使旅游业成为提升人民群众品质生活的幸福产业。

第三节　发展目标

"十三五"旅游业发展的主要目标是:

旅游经济稳步增长。城乡居民出游人数年均增长 10% 左右,旅游总收入年均增长 11% 以上,旅游直接投资年均增长 14% 以上。到 2020 年,旅游市场总规模达到 67 亿人次,旅游投资总额 2 万亿元,旅游业总收入达到 7 万亿元。

综合效益显著提升。旅游业对国民经济的综合贡献度达到12％,对餐饮、住宿、民航、铁路客运业的综合贡献率达到85％以上,年均新增旅游就业人数100万人以上。

人民群众更加满意。"厕所革命"取得显著成效,旅游交通更为便捷,旅游公共服务更加健全,带薪休假制度加快落实,市场秩序显著好转,文明旅游蔚然成风,旅游环境更加优美。

国际影响力大幅提升。入境旅游持续增长,出境旅游健康发展,与旅游业发达国家的差距明显缩小,在全球旅游规则制定和国际旅游事务中的话语权和影响力明显提升。

专栏2 "十三五"期间旅游业发展主要指标

指 标	2015 年实际数	2020 年规划数	年均增速(％)
国内旅游人数(亿人次)	40	64	9.86
入境旅游人数(亿人次)	1.34	1.50	2.28
出境旅游人数(亿人次)	1.17	1.50	5.09
旅游业总收入(万亿元)	4.13	7.00	11.18
旅游投资规模(万亿元)	1.01	2.00	14.65
旅游业综合贡献度(％)	10.8	12.00	—

第三章 创新驱动 增强旅游业发展新动能

第一节 理念创新 构建发展新模式

改革开放以来,我国旅游业主要依靠景点景区、宾馆饭店等基础旅游要素的发展模式,已经不能适应大众旅游新时代的要求。"十三五"时期,必须创新发展理念,转变发展思路,加快由景点旅游发展模式向全域旅游发展模式转变,促进旅游发展阶段演进,实现旅游业发展战略提升。

围绕全域统筹规划,全域资源整合,全要素综合调动,全社会共治共管、共建共享的目标,在推动综合管理体制改革方面取得新突破;创新规划理念,将全域旅游发展贯彻到城乡建设、土地利用、生态保护等各类规划中,在旅游引领"多规合一"方面取得新突破;补齐短板,加强旅游基础设施建设,在公共服务设施建设方面取得新突破;推进融合发展,丰富旅游供给,形成综合新动能,在推进"旅游＋"方面取得新突破;实施旅游扶贫,推进旅游增收富民,在旅游精准扶贫方面取得新突破;规范市场秩序,加强旅游综合执法,在文明旅游方面取得新突破;完善旅游业发展评价考核体系,在健全旅游业统计体系方面取得新突破;保护城乡风貌和自然生态环境,在优化城乡旅游环境方面取得新突破。"十三五"期间,创建500个左右全域旅游示范区。(国家旅游局、国家发展改革委等。责任单位为多个部门的,排在第一位的为牵头单位,下同)

第二节 产品创新 扩大旅游新供给

适应大众化旅游发展,优化旅游产品结构,创新旅游产品体系。

一、推动精品景区建设

全面提升以A级景区为代表的观光旅游产品,着力加强3A级以上景区建设,优化5A

级景区布局。重点支持中西部地区观光旅游产品精品化发展。强化A级景区复核和退出机制，实现高等级景区退出机制常态化。（国家旅游局）

二、加快休闲度假产品开发

大力开发温泉、冰雪、滨海、海岛、山地、森林、养生等休闲度假旅游产品，建设一批旅游度假区和国民度假地。支持东部地区加快发展休闲度假旅游，鼓励中西部地区发挥资源优势开发特色休闲度假产品。加快推进环城市休闲度假带建设。（国家旅游局、国土资源部、住房城乡建设部、国家林业局、国家海洋局等）

三、大力发展乡村旅游

坚持个性化、特色化、市场化发展方向，加大乡村旅游规划指导、市场推广和人才培训力度，促进乡村旅游健康发展。建立乡村旅游重点村名录，开展乡村旅游环境整治，推进"厕所革命"向乡村旅游延伸。实施乡村旅游后备厢行动，推动农副土特产品通过旅游渠道销售，增加农民收入。实施乡村旅游创客行动计划，支持旅游志愿者、艺术和科技工作者驻村帮扶、创业就业，推出一批乡村旅游创客基地和以乡情教育为特色的研学旅行示范基地。创新乡村旅游组织方式，推广乡村旅游合作社模式，使亿万农民通过乡村旅游受益。（国家旅游局、国家发展改革委、教育部、人力资源社会保障部、住房城乡建设部、农业部、商务部、文化部等）

四、提升红色旅游发展水平

突出社会效益，强化教育功能，以培育和践行社会主义核心价值观为根本，将红色旅游打造成常学常新的理想信念教育课堂，进一步坚定中国特色社会主义道路自信、理论自信、制度自信、文化自信。推进爱国主义和革命传统教育大众化、常态化。坚持实事求是，相关设施建设要体现应有功能，保障基本需要，同红色纪念设施相得益彰。加强统筹规划，注重与脱贫攻坚、区域发展、城乡建设相衔接，促进融合发展。改革体制机制，创新工作模式，引导社会参与，增强红色旅游发展活力。（国家发展改革委、中央宣传部、财政部、国家旅游局、国家文物局等）

专栏3　红色旅游发展工程

（一）完善全国红色旅游经典景区体系。深挖红色内涵，完善道路交通和服务设施条件，提升服务水平。选择红色资源丰富、基础设施完善、展陈效果较好、教育功能突出、有一定品牌知名度的景区给予重点支持。整合周边自然生态、传统文化、特色乡村等旅游资源，打造推出一批复合型旅游产品，形成覆盖更加全面、内涵更加丰富、特色更加鲜明的景区体系。

（二）着力凸显红色旅游教育功能。结合建党、建军、建立新中国和重要历史事件等重大纪念日，组织系列宣传推广活动。推动大中小学生社会实践活动与红色旅游相结合，依托红色旅游景区组织参观活动，接受红色教育。开展"红色旅游进校园"等形式多样的课外实践活动，深化青少年社会主义核心价值观教育。加强红色旅游国际交流合作，推广红色旅游产品线路。

（三）积极发挥红色旅游脱贫攻坚作用。围绕脱贫攻坚目标，紧密结合集中连片特困地区扶贫开发和革命老区振兴发展，整合当地资源，拓展红色旅游扶贫富民功能。支持当地群众参与餐饮、住宿等经营服务,带动当地贫困人口就业。引导革命老区群众因地制宜发展适合老区的种养业和特色手工业,开发特色旅游商品,培育富有红色文化内涵的旅游品牌。

五、加快发展自驾车旅居车旅游

建设一批公共服务完善的自驾车旅居车旅游线路和旅游目的地,培育营地连锁品牌企业,增强旅居车产品设计制造与技术保障能力,形成网络化的营地服务体系和比较完整的自驾车旅居车旅游产业链。(国家旅游局、国家发展改革委、工业和信息化部、公安部、财政部、国土资源部、环境保护部、住房城乡建设部、交通运输部、体育总局、工商总局)

专栏 4　自驾车旅居车旅游推进计划

(一)编制规划与标准。出台国家旅游风景道自驾车旅居车营地建设规划,制定出台自驾游目的地基础设施和公共服务标准。

(二)完善公共服务体系。将营地标识纳入公共交通标识体系。鼓励服务商利用北斗卫星导航系统智能服务平台提供自驾游线路导航、交通联系、安全救援和汽车维修保养等配套服务。完善自驾游服务体系。

(三)加快营地建设。积极发挥社会资本在建设自驾车旅居车营地中的主导作用。评选一批建设经营和管理服务水平高的示范性营地,引导营地功能升级。到 2020 年建设2000 个营地。

(四)提升租赁服务。大力发展自驾车旅居车租赁产业,促进落地自驾游发展,开展异地还车业务。放宽旅居车租赁企业的资质申请条件和经营范围、经营规模限制,鼓励取得汽车租赁经营许可的企业从事自行式和拖挂式旅居车租赁业务。

(五)加强科学管理。严格落实自驾车旅居车营地住宿实名登记制度。强化营地的安全防护和消防设施建设,加快自驾游呼叫中心和紧急救援基地建设,健全自驾游信息的统计、监测与预警系统。

(六)发展相关制造业。将旅居车纳入汽车行业发展规划,建立旅居车整车和相关零配件制造技术标准体系。畅通旅居车零配件供应和维修渠道,延伸旅居车产业链。

(七)推广旅居生活新方式。积极推广自驾车旅居车露营旅游新方式,传播自驾车旅居车旅游文化品牌,推广精品自驾车线路。举办自驾车旅居车旅游博览会。大力培育青少年露营文化。研究改进旅居车驾驶证管理制度。

六、大力发展海洋及滨水旅游

加大海岛旅游投资开发力度,建设一批海岛旅游目的地。加快海南国际旅游岛、平潭国际旅游岛建设,推进横琴岛等旅游开发。制定邮轮旅游发展规划,有序推进邮轮旅游基础设施建设,改善和提升港口、船舶及配套设施的技术水平。推动国际邮轮访问港建设,扩大国际邮轮入境外国旅游团 15 天免签政策适用区域,有序扩大试点港口城市范围。支持天津、上海、广州、深圳、厦门、青岛等地开展邮轮旅游。制定游艇旅游发展指导意见,发展适合大众消费的中小型游艇。支持长江流域等有条件的江河、湖泊有序发展内河游轮旅游。(国家

旅游局、国家发展改革委、工业和信息化部、公安部、交通运输部、水利部、国家海洋局等)

专栏 5　邮轮游艇旅游发展计划

（一）加强基础设施建设。制定实施邮轮港口布局规划,形成布局合理的始发港、访问港邮轮港口体系。建设一批公共游艇码头和水上运动中心。促进邮轮运输与航空、铁路、公路等其他运输方式的有效衔接。

（二）开发特色旅游线路。打造具有特色的邮轮航线,探索开辟无目的地邮轮航线、洲际及环球邮轮航线。出台系列政策措施,大力发展国际邮轮入境游。

（三）壮大邮轮市场主体。鼓励多元资本进入邮轮旅游产业,加强与外资邮轮企业合作,支持本土邮轮企业发展。

（四）促进游艇租赁消费。鼓励开展游艇租赁业务,规范游艇租赁运营管理,培育大众游艇消费,推出一批游艇休闲示范项目。

（五）培养邮轮游艇人才。加快培养邮轮游艇驾驶人员、海乘、维修保养、法律咨询、经营管理等专业人才。

七、大力发展冰雪旅游

以办好 2022 年冬奥会为契机,大力推进冰雪旅游发展。支持黑龙江、吉林等地做好冰雪旅游专项规划。建设一批融滑雪、登山、徒步、露营等多种旅游活动为一体的冰雪旅游度假区或度假地,推出一批复合型冰雪旅游基地,鼓励冰雪场馆开发大众化冰雪旅游项目。支持冰雪设备和运动装备开发。推动建立冰雪旅游推广联盟,搭建冰雪旅游会展平台。支持院校与企业合作,培养冰雪旅游专业化人才。（国家旅游局、工业和信息化部、教育部、商务部、体育总局）

八、加快培育低空旅游

结合低空空域开放试点,选择一批符合条件的景区、城镇开展航空体验、航空运动等多种形式的低空旅游。开发连接旅游景区、运动基地、特色小镇的低空旅游线路。提高航油、通信、导航、气象等保障能力。出台低空旅游管理办法,强化安全监管。支持低空旅游通用航空装备自主研制,建设低空旅游产业园。（国家发展改革委、工业和信息化部、体育总局、国家旅游局、中国民航局等）

第三节　业态创新　拓展发展新领域

实施"旅游＋"战略,推动旅游与城镇化、新型工业化、农业现代化和现代服务业的融合发展,拓展旅游发展新领域。

一、旅游＋城镇化

完善城市旅游基础设施和公共服务设施,支持大型旅游综合体、主题功能区、中央游憩区等建设。发展城市绿道、骑行公园、慢行系统,拓展城市运动休闲空间。加强规划引导和规范管理,推动主题公园创新发展。建设一批旅游风情小镇和特色景观名镇。（国家旅游局、住房城乡建设部）

二、旅游＋新型工业化

鼓励工业企业因地制宜发展工业旅游,促进转型升级。支持老工业城市和资源型城市通过发展工业遗产旅游助力城市转型发展。推出一批工业旅游示范基地。大力发展旅游用品、户外休闲用品、特色旅游商品制造业。培育一批旅游装备制造业基地，鼓励企业自主研发，并按规定享受国家鼓励科技创新政策。（工业和信息化部、国家发展改革委、科技部、国家旅游局、中国民航局等）

三、旅游＋农业现代化

加强规划引导，开展农业遗产普查与保护。大力发展观光农业和休闲农业，推动科技、人文等元素融入农业，发展田园艺术景观、阳台农艺等创意农业，发展定制农业、会展农业和众筹农业等新型农业业态。推进现代农业庄园发展，开展农耕、采摘、饲养等农事活动，促进农业综合开发利用，提高农业附加值。（农业部、国家旅游局）

四、旅游＋现代服务业

促进旅游与文化融合发展。培育以文物保护单位、博物馆、非物质文化遗产保护利用设施和实践活动为支撑的体验旅游、研学旅行和传统村落休闲旅游。扶持旅游与文化创意产品开发、数字文化产业相融合。发展文化演艺旅游，推动旅游实景演出发展，打造传统节庆旅游品牌。推动"多彩民族"文化旅游示范区建设，集中打造一批民族特色村镇。（文化部、国家民委、国家旅游局、国家文物局）

促进旅游与健康医疗融合发展。鼓励各地利用优势医疗资源和特色资源，建设一批健康医疗旅游示范基地。发展中医药健康旅游，启动中医药健康旅游示范区、示范基地和示范项目建设。发展温泉旅游，建设综合性康养旅游基地。制定老年旅游专项规划和服务标准，开发多样化老年旅游产品。引导社会资本发展非营利性乡村养老机构，完善景区无障碍旅游设施，完善老年旅游保险产品。（国家旅游局、国家民委、国家卫生计生委、保监会、国家中医药局、全国老龄委、中国残联）

促进旅游与教育融合发展。将研学旅行作为青少年爱国主义和革命传统教育、国情教育的重要载体，纳入中小学生综合素质教育范畴，培养学生的社会责任感、创新精神和实践能力。开展文物古迹、古生物化石等专题研学旅行。成立游学联盟，鼓励对研学旅行给予价格优惠。规范中小学生赴境外研学旅行活动。加强组织管理，完善安全保障机制。（国家旅游局、国家发展改革委、教育部、国家文物局）

促进旅游与体育融合发展。编制体育旅游发展纲要，建成一批具有影响力的体育旅游目的地，建设一批体育旅游示范基地，推出一批体育旅游精品赛事和精品线路。培育具有国际知名度和市场竞争力的体育旅游企业和品牌。引导和鼓励特色体育场馆、设施和基地向旅游者开放共享。支持有条件的地方举办有影响力的体育旅游活动。（国家旅游局、体育总局）

促进旅游与商务会展融合发展。加快北京、上海、杭州、昆明等商务会展旅游目的地建设，发展国际化、专业化的商务会议会展旅游业。加快相关场馆设施建设，培育具有国际影响力的会议会展品牌，提高会展旅游专业化水平。加大会议会展促销力度。（国家旅游局、商务部等）

第四节　技术创新　打造发展新引擎

大力推动旅游科技创新，打造旅游发展科技引擎。推进旅游互联网基础设施建设，加快机场、车站、码头、宾馆饭店、景区景点、乡村旅游点等重点涉旅区域无线网络建设。推动游

客集中区、环境敏感区、高风险地区物联网设施建设。(工业和信息化部、科技部、国家旅游局)

建设旅游产业大数据平台。构建全国旅游产业运行监测平台,建立旅游与公安、交通、统计等部门数据共享机制,形成旅游产业大数据平台。实施"互联网＋旅游"创新创业行动计划。建设一批国家智慧旅游城市、智慧旅游景区、智慧旅游企业、智慧旅游乡村。支持"互联网＋旅游目的地联盟"建设。规范旅游业与互联网金融合作,探索"互联网＋旅游"新型消费信用体系。到"十三五"期末,在线旅游消费支出占旅游消费支出20％以上,4A级以上景区实现免费WiFi、智能导游、电子讲解、在线预订、信息推送等全覆盖。(国家旅游局、工业和信息化部、银监会等)

专栏6 旅游信息化提升工程

(一)建设"12301"智慧旅游公共服务平台。建立面向游客和企业的旅游公共服务平台,完善旅游公共信息发布及资讯平台、旅游产业运行监管平台、景区门票预约与客流预警平台、旅游大数据集成平台。

(二)建设旅游行业监管综合平台。完善旅游团队服务管理系统、导游公共服务监管平台、旅游质监执法平台、旅游住宿业标准化管理信息系统、旅行社网上审批系统、旅游志愿者服务管理信息平台、旅游诚信网等。

(三)建设旅游应急指挥体系。建立覆盖主要旅游目的地的实时数据和影像采集系统,建立上下联通、横向贯通的旅游网络数据热线,实现对景区、旅游集散地、线路和区域的突发事件应急处理及客流预测预警。

(四)建设旅游信息化标准体系。建成涵盖旅游服务业态、信息数据、技术体系等在内的旅游信息化标准体系。

(五)建设国家旅游基础数据库。建立旅游统计年鉴数据库、旅游企业直报数据库、国内旅游抽样调查基础数据库、入境花费调查基础数据库、国际旅游基础数据库、旅游产业基础数据库。

第五节 主体创新 提高发展新效能

依托有竞争力的旅游骨干企业,通过强强联合、跨地区兼并重组、境外并购和投资合作及发行上市等途径,促进规模化、品牌化、网络化经营,形成一批大型旅游企业集团。支持旅游企业通过自主开发、联合开发、并购等方式发展知名旅游品牌。(国家旅游局、国家发展改革委、国务院国资委等)

大力发展旅游电子商务,推动网络营销、网络预订、网上支付以及咨询服务等旅游业务发展。规范发展在线旅游租车和在线度假租赁等新业态。支持互联网旅游企业整合上下游及平行企业资源、要素和技术,推动"互联网＋旅游"融合,培育新型互联网旅游龙头企业。(国家旅游局、工业和信息化部、商务部等)

支持中小微旅游企业特色化、专业化发展。加快推进中小旅游企业服务体系建设,打造中小微旅游企业创新创业公共平台,发挥其对自主创新创业的孵化作用。(国家旅游局、国家发展改革委)

积极培育具有世界影响力的旅游院校和科研机构,鼓励院校与企业共建旅游创新创业学院或企业内部办学。支持旅游规划、设计、咨询、营销等旅游相关智力型企业发展。构建产学研一体化平台,提升旅游业创新创意水平和科学发展能力。(国家旅游局、教育部)

第四章　协调推进　提升旅游业发展质量

第一节　优化空间布局　构筑新型旅游功能区

按照分类指导、分区推进、重点突破的原则,全面推进跨区域资源要素整合,加快旅游产业集聚发展,构筑新型旅游功能区,构建旅游业发展新格局。

一、做强跨区域旅游城市群

京津冀旅游城市群。全面贯彻落实京津冀协同发展战略,发挥京津旅游辐射作用,构建城市旅游分工协同体系,推进京津冀旅游一体化进程,打造世界一流旅游目的地。

长三角旅游城市群。全面推进旅游国际化进程,大力推动旅游业与现代服务业融合发展,建设一批高品质的旅游度假区、都市休闲区和乡村度假地,形成面向全球、引领全国的世界级旅游城市群,建设亚太地区重要国际旅游门户。

珠三角旅游城市群。充分利用紧邻港澳区域优势,创新出入境管理方式,促进旅游消费便利化,推进城市群与港澳旅游服务贸易自由化,建设具有世界影响力的商务旅游目的地和海上丝绸之路旅游核心门户。

成渝旅游城市群。充分发挥长江上游核心城市作用,依托川渝独特的生态和文化,建设自然与文化遗产国际精品旅游区,打造西部旅游辐射中心。

长江中游旅游城市群。依托长江黄金水道,发挥立体交通网络优势,推动生态旅游、文化旅游、红色旅游、低空旅游和自驾车旅游发展,打造连接东西、辐射南北的全国旅游产业发展引领示范区。(国家旅游局、国家发展改革委、住房城乡建设部、交通运输部等)

二、培育跨区域特色旅游功能区

依托跨区域的自然山水和完整的地域文化单元,培育一批跨区域特色旅游功能区,构建特色鲜明、品牌突出的区域旅游业发展增长极。(国家旅游局、国家发展改革委、环境保护部、住房城乡建设部、交通运输部、文化部、国家海洋局等)

专栏 7　特色旅游功能区推进计划

（一）香格里拉民族文化旅游区:涉及四川、云南、西藏 3 省区。加强旅游基础设施以及自驾车旅游廊道建设,积极推进以昌都、康定、西昌、香格里拉等为核心的旅游城市建设,实施大生态建设与大文化旅游综合开发协调推进,建设具有全球影响力的一流文化生态旅游目的地。

（二）太行山生态文化旅游区:涉及北京、河北、山西、河南 4 省市。加快保定、石家庄、安阳、鹤壁、新乡、焦作、忻州、太原、阳泉、晋中、长治等旅游城市和旅游集散中心建设。积极推动特色旅游小镇建设,推进旅游精准扶贫,建设全国知名的生态文化旅游目的地。

（三）武陵山生态文化旅游区:涉及湖北、湖南、重庆、贵州 4 省市。积极推进黔江、恩施、吉首、张家界、怀化、铜仁、遵义等建设中心旅游城市。加快核心旅游区的转型升级和新旅游区的规划建设。以旅游基础设施建设推进跨区域精品旅游线路组织,推进民族文化旅游发展,建设国际知名的生态文化旅游目的地。

(四)长江三峡山水人文旅游区:涉及湖北、重庆2省市。完善重庆、宜昌等城市旅游功能,推进长江游轮旅游提档升级,推动旅游业与库区移民搬迁和经济转型紧密结合,实现三峡旅游的水陆联动,全面提升三峡国际旅游目的地整体水平。

(五)大别山红色旅游区:涉及安徽、河南、湖北3省。全面提升红色旅游发展水平,积极推动黄冈、信阳、六安、安庆、随州、驻马店等核心旅游城市建设。加大交通基础设施投入,推进国家旅游风景道建设,积极推进旅游精准扶贫,建设全国知名的红色旅游目的地。

(六)罗霄山红色旅游区:涉及江西、湖南2省。建设以赣州、井冈山、瑞金和吉安为核心的支点旅游城市。发挥井冈山旅游区引领作用,做大做强红色旅游。加强生态环境保护,推进旅游精准扶贫,建设红色生态文化旅游目的地。

(七)乌蒙山民族文化旅游区:涉及云南、贵州2省。建设毕节、遵义和赤水等重要旅游中心城市,推进旅游区(点)的开发建设,培育民族文化旅游品牌,建设全国知名的民族生态文化旅游目的地。

(八)秦巴山区生态文化旅游区:涉及河南、湖北、重庆、四川、陕西、甘肃6省市。强化西安旅游枢纽地位,统筹宝鸡、渭南、天水、汉中、安康、商洛、陇南、十堰等城市集散功能。加强生态环境保护,推进核心旅游区产业空间集聚。完善秦岭南北通道交通和自驾车旅游廊道体系,建设全球知名的生态旅游目的地。

(九)长白山森林生态旅游区:以延边和长白山等为依托,形成长白山旅游产业功能区。推进国家旅游风景道建设,建设森林生态旅游和冰雪旅游目的地。

(十)大小兴安岭森林生态旅游区:涉及内蒙古、黑龙江2省区。全面提升塔河、漠河、黑河、鹤岗、伊春等城市旅游功能。大力开发冰雪旅游、森林旅游和温泉度假旅游产品,推动旅游业与林区生态保护、林业转型融合,建设全国著名的森林生态旅游目的地。

(十一)中原文化旅游区:包括河南豫中、陕西关中、山西晋中地区。以西安、郑州、太原为中心,积极推进晋中、运城、洛阳、开封、渭南、宝鸡等城市文化旅游水平。推动城市文化创意产业和文化旅游综合体发展,建设世界著名的华夏文明旅游目的地。

(十二)海峡西岸旅游区:涉及浙江、福建、江西、广东4省。提升福州、厦门、宁德、泉州、温州、汕头等城市旅游业国际化发展水平。推进平潭综合试验区旅游开放开发,创新两岸旅游合作模式,共同建设世界旅游目的地。

(十三)南海海洋文化旅游区:以海口、三亚、三沙为核心,积极推进南海旅游开放开发,建设全球著名的国际海洋度假旅游目的地。

(十四)北部湾海洋文化旅游区:涉及广西、海南2省区。以广西滨海特色旅游城市为引领,推进国际旅游集散中心建设。推进边境旅游合作示范区建设,促进与东盟国家的旅游合作,建设国际知名的海洋旅游目的地和国际区域旅游合作典范区。

(十五)六盘山生态文化旅游区:涉及陕西、甘肃、青海、宁夏4省区。加大旅游区开发建设力度,推动核心旅游区转型升级。发展民族文化生态旅游,推进旅游精准扶贫。加强旅游基础设施建设,完善旅游公共服务,建设我国西部重要的山地生态旅游目的地。

（十六）祁连山生态文化旅游区：涉及甘肃、青海2省。以旅游资源保护为基础，推动祁连山国家旅游风景道建设。完善酒泉、武威、张掖、敦煌、德令哈、西宁等城市旅游功能，建设全国著名的自驾车户外旅游基地和特种旅游目的地。

（十七）南岭森林生态文化旅游区：完善桂林、永州、贺州、郴州、清远、韶关、赣州等城市旅游功能，推进旅游集散基地和道路交通基础设施建设。以生态环境保护为基础，推进跨区域自驾车旅游廊道建设。推进旅游精准扶贫，建设区域性生态旅游度假目的地。

（十八）塔里木河沙漠文化旅游区：以喀什、阿克苏、和田等城市为支点，推进重点旅游区开发建设与提档升级。发展特种旅游、生态旅游和民族风情旅游，推动南疆自驾车旅游廊道规划建设，建设国际著名的丝绸之路文化旅游目的地。

（十九）滇黔桂民族文化旅游区：涉及广西、贵州、云南3省区。加强旅游基础设施投入，全面提升旅游可进入性。提升红色旅游目的地建设水平，加快民族生态旅游资源开发建设，推动自驾车旅游廊道建设，建设民族文化旅游示范区。

（二十）浙皖闽赣生态旅游协作区：涉及浙江、安徽、福建、江西4省。以黄山、上饶和杭州为中心，推进池州、安庆、宣城、三明、景德镇、衢州等城市旅游协同发展。推进旅游区产业集聚，加快推进华东世界遗产风景道建设。推进区域旅游公共服务一体化，建设国际一流的生态文化旅游目的地和国家生态旅游协作区。

三、打造国家精品旅游带

遵循景观延续性、文化完整性、市场品牌性和产业集聚性原则，依托线性的江、河、山等自然文化廊道和交通通道，串联重点旅游城市和特色旅游功能区。重点打造丝绸之路旅游带、长江国际黄金旅游带、黄河华夏文明旅游带、长城生态文化旅游带、京杭运河文化旅游带、长征红色记忆旅游带、海上丝绸之路旅游带、青藏铁路旅游带、藏羌彝文化旅游带、茶马古道生态文化旅游带等10条国家精品旅游带。（国家旅游局、国家发展改革委、交通运输部、文化部、国家海洋局、国家文物局等）

四、重点建设国家旅游风景道

以国家等级交通线网为基础，加强沿线生态资源环境保护和风情小镇、特色村寨、汽车营地、绿道系统等规划建设，完善游憩与交通服务设施，实施国家旅游风景道示范工程，形成品牌化旅游廊道。（国家旅游局、国家发展改革委、交通运输部等）

专栏8　国家旅游风景道布局

（一）川藏公路风景道（四川成都、雅安、康定、巴塘—西藏林芝、拉萨）

（二）大巴山风景道（陕西西安、安康—四川达州、广安—重庆）

（三）大别山风景道（湖北大悟、红安、麻城、罗田、英山—安徽岳西、霍山、六安）

（四）大兴安岭风景道（内蒙古阿尔山、呼伦贝尔—黑龙江加格达奇、漠河）

（五）大运河风景道（浙江宁波、绍兴、杭州、湖州、嘉兴—江苏苏州、无锡、常州、镇江、扬州、淮安、宿迁）

（六）滇川风景道（云南楚雄—四川攀枝花、凉山、雅安、乐山）

（七）滇桂粤边海风景道（云南富宁—广西靖西、崇左、钦州、北海—广东湛江）

（八）东北边境风景道（辽宁丹东—吉林集安、长白山、延吉、珲春—黑龙江绥芬河）

（九）东北林海雪原风景道（吉林省吉林市、敦化—黑龙江牡丹江、鸡西）

（十）东南沿海风景道（浙江杭州、宁波、台州、温州—福建福州、厦门—广东汕头、深圳、湛江—广西北海）

（十一）海南环岛风景道（海南海口—东方—三亚—琼海—海口）

（十二）贺兰山六盘山风景道（宁夏贺兰山、沙坡头、六盘山，内蒙古月亮湖）

（十三）华东世界遗产风景道（安徽九华山、黄山—浙江开化钱江源、江郎山—江西上饶—福建武夷山、屏南白水洋）

（十四）黄土高原风景道（内蒙古鄂尔多斯—陕西榆林、延安、铜川、西安）

（十五）罗霄山南岭风景道（湖南株洲—江西井冈山、赣州—广东韶关）

（十六）内蒙古东部风景道（内蒙古阿尔山—呼伦贝尔）

（十七）祁连山风景道（青海门源、祁连—甘肃民乐、张掖）

（十八）青海三江源风景道（青海西宁、海北、海南、果洛、玉树）

（十九）太行山风景道（河北石家庄、邢台、邯郸—河南安阳、新乡、焦作—山西晋城、长治）

（二十）天山世界遗产风景道（新疆霍城、巩留、新源、特克斯、和静）

（二十一）乌江风景道（重庆武隆、彭水、酉阳—贵州遵义、贵阳、铜仁）

（二十二）西江风景道（贵州兴义—广西百色、柳州、荔浦、梧州—广东封开、德庆、肇庆）

（二十三）香格里拉风景道（云南丽江、迪庆—四川稻城—西藏昌都）

（二十四）武陵山风景道（湖北神农架、恩施—湖南湘西—贵州铜仁、遵义、黔东南）

（二十五）长江三峡风景道（重庆长寿—湖北神农架、宜昌）

五、推进特色旅游目的地建设

依托特色旅游资源，打造一批特色旅游目的地，满足大众化、多样化、特色化旅游市场需求。（国家旅游局、环境保护部、住房城乡建设部、水利部、国家林业局、国家海洋局、国家文物局等）

专栏9 特色旅游目的地建设

（一）山岳旅游目的地：安徽黄山、山东泰山、四川九寨沟、湖南张家界、吉林长白山、福建武夷山、陕西华山、广东韶关丹霞山、江西三清山等。

（二）海岛旅游目的地：广西涠洲岛，山东长岛，浙江舟山群岛，福建湄洲岛、鼓浪屿岛、平潭岛，广东海陵岛，海南西沙群岛，辽宁大小长山岛等。

（三）湖泊旅游目的地：浙江千岛湖、青海青海湖、云南泸沽湖、黑龙江五大连池、江苏太湖、湖南洞庭湖、江西鄱阳湖、山东微山湖、云南抚仙湖、西藏纳木错等。

（四）湿地旅游目的地：云南普达措、山东东营黄河口湿地、黑龙江齐齐哈尔扎龙湿地、江苏盐城湿地、西藏拉鲁湿地、辽宁盘锦红海滩湿地、内蒙古额尔古纳湿地、吉林通榆向海湿地等。

（五）草原旅游目的地：新疆那拉提、喀拉峻、巴音布鲁克，内蒙古呼伦贝尔、乌兰布统、鄂尔多斯苏泊罕，甘肃甘南玛曲，河北张北等。

（六）沙漠旅游目的地：甘肃敦煌，宁夏沙坡头，内蒙古响沙湾、巴丹吉林、阿拉善腾格里、库布齐，新疆喀什达瓦昆、塔里木，陕西毛乌素等。

（七）古村落旅游目的地：安徽皖南，福建永定、南靖，广东开平，江西婺源，山西平遥，四川阆中，江苏周庄、同里，浙江乌镇、南浔、西塘等。

（八）民俗风情旅游目的地：贵州黔东南，湖南湘西，新疆喀什，重庆黔江，四川阿坝、甘孜、凉山，云南西双版纳，吉林延边等。

第二节　加强基础设施建设　提升公共服务水平

一、大力推进"厕所革命"

加强政策引导、标准规范、技术创新、典型示范，持续推进旅游"厕所革命"。重点抓好乡村旅游厕所整体改造，着力推进高寒、缺水地区厕所技术革新，鼓励大中型企业、社会组织援建中西部旅游厕所，倡导以商建厕、以商管厕、以商养厕。推进厕所无障碍化。积极倡导文明如厕。"十三五"期间，新建、改扩建10万座旅游厕所，主要旅游景区、旅游场所、旅游线路和乡村旅游点的厕所全部达到A级标准，实现数量充足、干净无味、实用免费、管理有效，中西部地区旅游厕所建设难题得到初步解决。（国家旅游局、环境保护部、住房城乡建设部、中国残联）

二、加强旅游交通建设

做好旅游交通发展顶层设计。制定促进旅游交通发展的意见，完善旅游交通布局。推动旅游交通大数据应用，建立旅游大数据和交通大数据的共享平台和机制。（交通运输部、国家旅游局）

改善旅游通达条件。推进重要交通干线连接景区的道路建设，加强城市与景区之间交通设施建设和交通组织，实现从机场、车站、客运码头到主要景区交通无缝衔接。支持大型旅游景区、旅游度假区和红色旅游区等建设连通高速公路、国省道干线的公路支线。力争到"十三五"期末，基本实现4A级以上景区均有一条高等级公路连接。（交通运输部、国家旅游局）

推进乡村旅游公路建设。提高乡村旅游重点村道路建设等级，重点解决道路养护等问题，推进乡村旅游公路和旅游标识标牌体系建设。加强旅游扶贫重点村通村旅游公路建设。（交通运输部、农业部、国家旅游局、国务院扶贫办）

优化旅游航空布局。加强中西部地区和东北地区支线机场建设，支持有条件的地方新建或改扩建一批支线机场。增加重点旅游城市至主要客源地直航航线航班，优化旅游旺季航班配置。加强重点旅游区的通用机场建设。（中国民航局、国家发展改革委、国家旅游局）

提升铁路旅游客运能力。推动高铁旅游经济圈发展。加大跨区域旅游区、重点旅游经济带内铁路建设力度。根据旅游业发展实际需求，优化配置旅游城市、旅游目的地列车班次。增开特色旅游专列，提升旅游专列服务水准，全面提升铁路旅游客运能力。发展国际铁路旅游。（中国铁路总公司、国家发展改革委、国家旅游局、国家铁路局）

三、完善旅游公共服务体系

加强旅游集散体系建设，形成便捷、舒适、高效的集散中心体系。完善旅游咨询中心体系，旅游咨询中心覆盖城市主要旅游中心区、3A级以上景区、重点乡村旅游区以及机场、车站、码头、高速公路服务区、商业步行街区等。完善旅游观光巴士体系，全国省会城市和优秀旅游城市至少开通 1 条旅游观光巴士线路。完善旅游交通标识体系,完成 3A 级以上景区在高速公路等主要公路沿线标识设置,完成乡村旅游点等在公路沿线标识设置。完善旅游绿道体系,建设完成 20 条跨省(区、市)旅游绿道,总里程达 5000 公里以上,全国重点旅游城市至少建成一条自行车休闲绿道。推进残疾人、老年人旅游公共服务体系建设。(住房城乡建设部、国家发展改革委、交通运输部、国家旅游局、全国老龄委、中国残联)

第三节　提升旅游要素水平　促进产业结构升级

一、提升餐饮业发展品质

弘扬中华餐饮文化,开发中国文化型传统菜品,支持文化餐饮"申遗"工作。深入挖掘民间传统小吃,推出金牌小吃,打造特色餐饮品牌,促进民间烹饪技术交流与创新。推动形成有竞争力的餐饮品牌和企业集团,鼓励中餐企业"走出去"。(商务部、食品药品监管总局、国家旅游局)

二、构建新型住宿业

推进结构优化、品牌打造和服务提升,培育一批有竞争力的住宿品牌,推进住宿企业连锁化、网络化、集团化发展。适度控制高星级酒店规模,支持经济型酒店发展。鼓励发展自驾车旅居车营地、帐篷酒店、民宿等新型住宿业态。(商务部、工商总局、国家旅游局)

三、优化旅行社业

鼓励在线旅游企业进行全产业链运营,提高集团化、国际化发展水平。推动传统旅行社转型发展,鼓励有实力的旅行社跨省(区、市)设立分支机构,支持旅行社服务网络进社区、进农村。(国家旅游局、商务部)

四、积极发展旅游购物

实施中国旅游商品品牌提升工程。加强对老字号商品、民族旅游商品的宣传,加大对旅游商品商标、专利的保护力度。构建旅游商品生产标准和认证体系,规范旅游商品流通体系。在机场、高铁车站、邮轮码头、旅游服务中心、重点旅游景区等地,设置特色旅游商品购物区。(国家旅游局、交通运输部、商务部、工商总局、质检总局、国家知识产权局)

五、推动娱乐业健康发展

推广"景区＋游乐"、"景区＋剧场"、"景区＋演艺"等景区娱乐模式。支持高科技旅游娱乐企业发展。有序引进国际主题游乐品牌,推动本土主题游乐企业集团化、国际化发展。提升主题公园的旅游功能,打造一批特色鲜明、品质高、信誉好的品牌主题公园。(国家旅游局、科技部、住房城乡建设部、文化部)

第五章　绿色发展　提升旅游生态文明价值

第一节　倡导绿色旅游消费

践行绿色旅游消费观念,大力倡导绿色消费方式,发布绿色旅游消费指南。鼓励酒店实施客房价格与水电、低值易耗品消费量挂钩,逐步减少一次性用品的使用。引导旅游者低碳出行,鼓励旅游者在保证安全的前提下拼车出行。提高节能环保交通工具使用比例,大力推广公共交通、骑行或徒步等绿色生态出行方式。(国家旅游局、中央文明办、环境保护部、住房城乡建设部、商务部)

第二节　实施绿色旅游开发

推动绿色旅游产品体系建设,打造生态体验精品线路,拓展绿色宜人的生态空间。开展绿色旅游景区建设,"十三五"期间,创建500家生态文明旅游景区。4A级以上旅游景区全部建成生态停车场,所有新修步道和80%以上的旅游厕所实现生态化。(国家旅游局、环境保护部)

实施全国生态旅游发展规划,加大生态资源富集区基础设施和生态旅游设施建设力度,推动生态旅游协作区、生态旅游目的地、生态旅游精品线路建设,提升生态旅游示范区发展水平。以水利风景区为重点,推出一批生态环境优美、文化品位较高的水利生态景区和旅游产品。(国家发展改革委、环境保护部、水利部、国家旅游局等)

拓展森林旅游发展空间,以森林公园、湿地公园、沙漠公园、国有林场等为重点,完善森林旅游产品和设施,推出一批具备森林游憩、疗养、教育等功能的森林体验基地和森林养生基地。鼓励发展"森林人家"、"森林小镇",助推精准扶贫。加强森林旅游公益宣传,鼓励举办具有特色的森林旅游宣传推介活动。(国家林业局、国家旅游局等)

加大对能源节约、资源循环利用、生态修复等重大生态旅游技术的研发和支持力度。推进生态旅游技术成果的转化与应用,推进旅游产业生态化、低碳化发展。推广运用厕所处理先进技术,开展以无害化处理为核心的全球人居示范工程。(国家发展改革委、科技部、环境保护部、住房城乡建设部、国家旅游局)

第三节　加强旅游环境保护

严格遵守相关法律法规,坚持保护优先、开发服从保护的方针,对不同类型的旅游资源开发活动进行分类指导。发挥规划引领作用,强化环境影响评价约束作用,规范旅游开发行为。(国家旅游局、环境保护部)

推进旅游业节能减排。加强旅游企业用能计量管理,组织实施旅游业合同能源管理示范项目。实施旅游能效提升计划,降低资源消耗强度。开展旅游循环经济示范区建设。推广节能节水产品和技术,对酒店饭店、景点景区、乡村客栈等建筑进行节能和供热计量改造,建设节水型景区、酒店和旅游村镇。(国家旅游局、国家发展改革委、环境保护部、水利部、质检总局)

第四节　创新绿色发展机制

实施绿色认证制度。建立健全以绿色景区、绿色饭店、绿色建筑、绿色交通为核心的绿色旅游标准体系,推行绿色旅游产品、绿色旅游企业认证制度,统一绿色旅游认证标识,开展绿色发展教育培训,引导企业执行绿色标准。(国家旅游局、环境保护部、质检总局)

建立旅游环境监测预警机制。对资源消耗和环境容量达到最大承载力的旅游景区,实行预警提醒和限制性措施。完善旅游预约制度,建立景区游客流量控制与环境容量联动机制。(环境保护部、国家旅游局等)

健全绿色发展监管制度。在生态保护区和生态脆弱区,对旅游项目实施类型限制、空间规制和强度管制,对生态旅游区实施生态环境审计和问责制度,完善旅游开发利用规划与建设项目环境影响评价信息公开机制。(环境保护部、住房城乡建设部、国家旅游局)

第五节　加强宣传教育

开展绿色旅游公益宣传,推出绿色旅游形象大使。加强绿色旅游教育和培训工作,制定绿色消费奖励措施,引导全行业、全社会树立绿色旅游价值观,形成绿色消费自觉。(国家旅游局、环境保护部、新闻出版广电总局等)

第六章　开放合作　构建旅游开放新格局

第一节　实施旅游外交战略

一、开展"一带一路"国际旅游合作

推动建立"一带一路"沿线国家和地区旅游部长会议机制。建立丝绸之路经济带城市旅游合作机制。推动"一带一路"沿线国家签证便利化,推动航权开放、证照互认、车辆救援、旅游保险等合作。加强与沿线国家旅游投资互惠合作,推动海上丝绸之路邮轮旅游合作,联合打造国际旅游精品线路,提升"一带一路"旅游品牌的知名度和影响力。(国家旅游局、中央宣传部、外交部、国家发展改革委、公安部、交通运输部、中国民航局等)

二、拓展与重点国家旅游交流

推动大国旅游合作向纵深发展,深化与周边国家旅游市场、产品、信息、服务融合发展,加强与中东欧国家旅游合作,扩大与传统友好国家和发展中国家的旅游交流,推动与相关国家城市缔结国际旅游伙伴城市。(国家旅游局、外交部、公安部)

三、创新完善旅游合作机制

完善双多边旅游对话机制,推动建立更多合作平台,倡导成立国际旅游城市推广联盟,引领国际旅游合作。支持旅游行业组织、旅游企业参与国际旅游交流,形成工作合力。推进我国与周边国家的跨境旅游合作区、边境旅游试验区建设,开发具有边境特色和民族特色的旅游景区和线路。(国家旅游局、外交部、国家民委、公安部、交通运输部等)

第二节　大力提振入境旅游

实施中国旅游国际竞争力提升计划。统筹优化入境旅游政策,推进入境旅游签证、通关便利化,研究制定外国人来华邮轮旅游、自驾游便利化政策。依法扩大符合条件的口岸开展外国人签证业务范围,提升购物退税网络服务水平,开发过境配套旅游产品。完善入境旅游公共服务和商业接待体系,提升入境旅游服务品质。发挥自由贸易试验区在促进入境旅游发展方面的先行先试作用。(国家旅游局、外交部、国家发展改革委、公安部、财政部、商务部、海关总署、税务总局等)

完善旅游推广体系,塑造"美丽中国"形象。加强旅游、外宣合作,健全中央与地方、政府与企业以及部门间联动的旅游宣传推广体系,发挥专业机构市场推广优势。实施入境旅游品牌战略,推出一批入境旅游品牌和线路。调整优化中国旅游驻外办事处职能,适时在巴西、南非等地设立旅游办事机构。实施中国旅游网络营销工程、海外公众旅游宣传推广工程,促进入境旅游持续稳定增长。(国家旅游局、中央宣传部、中央编办、外交部、文化部)

第三节　深化与港澳台旅游合作

一、支持港澳地区旅游发展

创新粤港澳区域旅游合作协调机制,推进便利化建设和一体化发展。支持粤港澳大湾区旅游合作,发挥粤港澳对接广西、福建等内地沿海省份的重要节点作用,开发一程多站旅游线路。支持香港建设多元旅游平台。推动澳门世界旅游休闲中心建设,支持澳门会展业

发展,支持澳门举办世界旅游经济论坛。推动粤澳、闽澳联合开发海上丝绸之路旅游产品,打造旅游精品线路。(国家旅游局、交通运输部、商务部、国务院港澳办等)

二、深化对台旅游交流

巩固旅游在两岸人员交往中的主渠道作用,发挥旅游在增进两岸同胞情感、促进两岸关系和平发展方面的积极作用。推动大陆居民赴台旅游健康有序发展,提升大陆居民赴台旅游品质、安全保障水平等。推进两岸乡村旅游、邮轮旅游、旅游文创等领域合作。支持平潭国际旅游岛、福州新区、江苏昆山等建设成为两岸旅游产业合作示范区。推进海峡西岸经济区与台湾、厦门与金门、福州与马祖区域旅游合作。支持环海峡旅游圈建设。(国务院台办、公安部、商务部、国家旅游局)

三、扩大旅游对港澳台开放

依托中国(广东)自由贸易试验区、中国(福建)自由贸易试验区,开展对港澳台旅游先行先试。探索自由贸易试验区有关涉旅政策措施相互延伸。推进邮轮游艇旅游合作发展,支持香港邮轮母港建设和粤澳游艇自由行。加强与港澳台青少年的游学交流,定期组织港澳台青少年赴内地(大陆)开展游学活动。(国家旅游局、公安部、交通运输部、商务部、国务院港澳办、国务院台办等)

四、规范赴港澳台旅游市场秩序

加强与港澳台旅游部门合作,完善旅游安全保障和预警机制,提升突发事件应急处理能力,共同打击以不合理低价组织的团队游和其他违法违规的不正当竞争行为。建立健全大陆居民赴台游保险机制,扩大大陆居民赴台旅游保险覆盖面。(国家旅游局、公安部、国务院港澳办、国务院台办、保监会)

第四节　有序发展出境旅游

推动出境旅游目的地国家和地区简化签证手续、缩短签证申办时间,扩大短期免签证、口岸签证范围。将中文电视广播等媒体落地、改善中文接待环境、中文报警服务、中国公民安全保障措施和游客合法权益保障等纳入中国公民出境旅游目的地管理体系。完善出境旅游服务保障体系,加强境外旅游保险、旅游救援合作。推动建立与有关国家和地区旅游安全预警机制和突发事件应急处理合作机制。加强与友好国家客源互送合作。(国家旅游局、外交部、公安部、新闻出版广电总局、保监会)

第五节　提升旅游业国际影响力

一、实施旅游业"走出去"战略

将旅游业"走出去"发展纳入国家"走出去"战略,制定旅游业"走出去"战略规划。完善支持旅游企业"走出去"政策服务平台,支持有条件的旅游企业统筹利用国际国内两个市场,建立面向中国公民的海外旅游接待体系。推进自由贸易协定旅游服务贸易谈判,推动旅游业双向开放。(国家旅游局、外交部、国家发展改革委、商务部等)

二、实施国家旅游援外计划

制定实施国家旅游援外计划,对"一带一路"沿线国家、部分发展中国家和地区提供旅游投资、品牌、技术、管理、标准等援助。(商务部、外交部、国家发展改革委、财政部、国家旅游局等)

三、积极参与国际旅游规则制定

在联合国世界旅游组织、世界旅游业理事会和亚太旅游协会等国际旅游机构中发挥更为重要的作用。培养一批符合国际组织需求的旅游专门人才,创造条件输送到国际旅游机构,扩大我国在国际旅游机构中的影响力。(国家旅游局、外交部、教育部)

第七章　共建共享　提高人民群众满意度

第一节　实施乡村旅游扶贫工程

通过发展乡村旅游带动 2.26 万个建档立卡贫困村实现脱贫。

实施乡村旅游扶贫重点村环境整治行动。提升旅游扶贫基础设施,全面提升通村公路、网络通信基站、供水供电、垃圾污水处理设施水平。规划启动"六小工程",确保每个乡村旅游扶贫重点村建好一个停车场、一个旅游厕所、一个垃圾集中收集站、一个医疗急救站、一个农副土特产品商店和一批旅游标识标牌。到 2020 年,完成 50 万户贫困户"改厨、改厕、改客房、整理院落"的"三改一整"工程。(国家旅游局、国家发展改革委、工业和信息化部、住房城乡建设部、交通运输部、国家卫生计生委、国务院扶贫办等)

开展旅游规划扶贫公益行动。动员全国旅游规划设计单位为贫困村义务编制能实施、能脱贫的旅游规划。(国家旅游局、国务院扶贫办)

实施旅游扶贫电商行动。支持有条件的乡村旅游扶贫重点村组织实施"一村一店"。鼓励在景区景点、宾馆饭店、游客集散中心、高速公路服务区等场所开辟农副土特产品销售专区。(国家旅游局、工业和信息化部、交通运输部、国务院扶贫办)

开展万企万村帮扶行动。组织动员全国 1 万家大型旅游企业、宾馆饭店、景区景点、旅游规划设计单位、旅游院校等单位,通过安置就业、项目开发、输送客源、定点采购、指导培训等方式帮助乡村旅游扶贫重点村发展旅游。(国家旅游局、教育部、国务院扶贫办等)

实施金融支持旅游扶贫行动。落实国家对贫困户扶贫小额信贷、创业担保贷款等支持政策。完善景区带村、能人带户、"企业(合作社)＋农户"等扶贫信贷政策,鼓励金融机构加大对旅游扶贫项目的信贷投入。(人民银行、国家旅游局、国务院扶贫办、银监会等)

实施旅游扶贫带头人培训行动。设立乡村旅游扶贫培训基地,建立乡村旅游扶贫专家库,组织全国乡村旅游扶贫重点村村干部和扶贫带头人开展乡村旅游培训。(国家旅游局、国务院扶贫办)

启动旅游扶贫观测点计划。设立全国乡村旅游扶贫观测中心,对乡村旅游扶贫精准度和实效性进行跟踪观测,为有效推进乡村旅游扶贫工作提供决策依据。(国家旅游局、国务院扶贫办)

第二节　实施旅游创业就业计划

建设面向旅游创新创业的服务平台。支持各类旅游产业发展孵化器建设。开展国家旅游文创示范园区、国家旅游科技示范园区、国家旅游创业示范园区和示范企业、示范基地建设。举办中国旅游创新创业大赛。推动旅游共享经济商业模式创新,开展互联网约车、民宿旅游接待、分时度假等共享经济试点项目。建设国家旅游就业需求服务平台,提供人才资源、就业信息等。完善居民参与旅游发展利益共享机制,鼓励旅游企业为当地居民提供工作岗位和就业机会。(国家旅游局、国家发展改革委、科技部、工业和信息化部、人力资源社会保障部、工商总局)

第三节　规范旅游市场秩序

一、创新旅游监管机制

发挥各级政府的主导作用和旅游部门的主管作用,明确各相关部门责任,着力解决执法难、执法软问题。发布全国旅游秩序指数,建立重点地区旅游市场监管机制,完善旅游纠纷调解机制,健全互联网旅游企业监管体系。完善"12301"旅游投诉受理机制。严厉打击扰乱旅游市场秩序的违法违规行为,切实维护旅游者合法权益。(国家旅游局、工业和信息化部、公安部、工商总局等)

二、建立健全旅游诚信体系

建立健全旅游从业者、经营者和消费者的信用体系。将旅游失信行为纳入社会信用体系记录范围,及时发布旅游失信行为信息记录。推进旅游失信行为记录和不文明行为记录与全国信用信息共享平台共享,开展联合惩戒。发挥旅游行业协会的自律作用,引导旅游经营者诚信经营。(国家旅游局、中央文明办、国家发展改革委、公安部、商务部、工商总局等)

三、开展专项治理行动

依法打击不合理低价游、强迫或变相强迫旅游消费、虚假广告行为,集中处理典型案件,查处违法违规企业和从业人员。联合有关国家和地区,推进旅游市场秩序常态化治理。发挥旅游志愿者、社会监督员及新闻媒体对各类旅游企业和从业人员的社会监督作用。(国家旅游局、中央宣传部、外交部、公安部、工商总局)

四、引导旅游者理性消费

规范旅游合同管理,加强旅游信息引导,提高旅游者自我防范意识,自觉抵制不合理低价游。增强旅游者合同意识和契约精神,引导理性消费、依法维权。(国家旅游局、中央宣传部、公安部、新闻出版广电总局等)

第四节　大力推进文明旅游

加强宣传教育,建立文明旅游法规体系,落实旅游文明行为公约和行动指南。开展"为中国加分"文明旅游主题活动,征集"中国旅游好故事"。选树旅游行业文明单位、青年文明号,评选文明旅游公益大使,培养一批能够讲好中国故事的导游人员。完善旅游不文明行为记录制度,建立信息通报机制,加大惩戒力度。(中央宣传部、中央文明办、国家旅游局等)

加强旅游志愿者队伍建设。推进旅游志愿服务制度体系建设,完善旅游志愿者管理激励制度。开展志愿服务公益行动,建立一批旅游志愿服务工作站。培育先进模范志愿者、志愿者组织,树立中国旅游志愿者良好形象。依法登记管理旅游志愿者组织。(国家旅游局、中央文明办、民政部等)

第五节　构筑旅游安全保障网

一、加强旅游安全制度建设

完善旅游安全管理制度,强化有关部门安全监管责任。建立健全旅游安全预警机制,加强境外旅行安全提示、热点景区景点最大承载量警示、旅游目的地安全风险提示。落实旅行社、旅游饭店、旅游景区安全规范。做好高风险旅游项目安全管理。(国家旅游局、外交部、公安部)

二、强化重点领域和环节监管

强化对客运索道、大型游乐设施等特种设备的安全监察及景区地质灾害安全管理。落实旅游客运车辆"导游专座"制度。推动旅游客运车辆安装卫星定位装置并实行联网联控,建设旅游包车安全运营及动态监管平台。实施旅游用车联合检查制度。加强旅游节庆活动安全管理。加强景区景点最大承载量管控。加强旅游场所消防基础设施建设,落实消防安全主体责任。(国家旅游局、公安部、国土资源部、交通运输部、质检总局等)

三、加快旅游紧急救援体系建设

健全旅游突发事件应对机制。完善旅游突发事件信息报送和应急值守制度,完善应急预案体系。建设国家旅游应急管理指挥平台。推动建立政府救助与商业救援相结合的旅游紧急救援体系,推进国家旅游紧急救援基地建设,鼓励有条件的旅游企业建立紧急救援队伍。(国家旅游局、公安部、国土资源部、安全监管总局等)

四、深化旅游保险合作机制

完善旅游保险产品,提高保险保障额度,扩大保险覆盖范围,提升保险理赔服务水平。完善旅行社责任保险机制,推动旅游景区、宾馆饭店、旅游大巴及高风险旅游项目旅游责任保险发展。加强与重点出境旅游目的地开展旅游保险合作,建立健全出境旅游保险保障体系。(国家旅游局、保监会等)

第六节　实施旅游服务质量提升计划

推进旅游标准化建设,完善标准体系,建立政府主导与市场自主相互衔接、协同发展的旅游标准制修订机制。加大对旅游标准化的宣传推广力度,开展旅游标准化试点示范,加强旅游标准实施绩效评估。(国家旅游局、质检总局)

深入实施《旅游质量发展纲要(2013—2020年)》,加快建立以游客评价为主的旅游目的地评价机制。开展"品质旅游"宣传推广活动,鼓励旅游企业公布服务质量承诺和执行标准,实施旅游服务质量标杆引领计划。建立优质旅游服务商目录,推出优质旅游服务品牌。(国家旅游局、工商总局、质检总局)

第八章　深化改革　完善旅游发展保障体系

第一节　推进旅游综合管理体制改革

鼓励各地成立由地方政府牵头的旅游业发展领导协调机构。推动旅游综合管理体制改革,增强旅游部门综合协调和行业统筹能力。加强旅游执法队伍和市场监管、司法仲裁等机构建设。(国家旅游局等)

推进旅游业改革创新先行区发展。到2020年,打造50个先行区,进一步完善旅游业统筹协调机制,实现土地、财政、资源、假日、金融、人才、技术等政策支撑措施基本成熟,旅游产业发展引导和行业管理方式进一步优化。(国家旅游局、科技部、财政部、人力资源社会保障部、国土资源部、人民银行、税务总局、国家林业局等)

改革旅游业统计制度,建立健全旅游核算体系,提高旅游业统计服务决策、引导产业发展的能力。建立健全统一规范的全国旅游业数据采集平台,建立旅游业统计数据共建共享机制。鼓励采用服务外包等形式,选择专业统计机构开展旅游业统计抽样调查。推动建立省级旅游数据中心,改进旅游业统计信息发布方式。加强旅游业统计国际合作,积极参与旅游业统计国际标准和规范制定。(国家旅游局、国家统计局)

第二节　优化景区服务管理机制

建立景区旅游开放备案制度、景区旅游建设与经营项目会商制度、景区建设经营负面清单制度等。推动景区旅游实现特许经营管理,推进经营决策、劳动用工、薪酬制度等去行政化改革。完善景区建设经营活动事中事后监管制度,建立健全景区安全风险评估制度、景区预约预报预订机制。(国家旅游局、国家发展改革委、住房城乡建设部等)

第三节　推进导游旅行社体制改革

以市场主导、执业灵活、服务规范、社会监督为目标,推进导游体制改革,建立适应市场需求的导游准入制度。改革导游注册制度,明确导游资格证终身有效。依法开展导游自由执业改革试点,完善旅行社委派执业制度,打破导游异地执业的区域壁垒。建立导游社会化评价与监督体系。改革导游保险保障体系,建立导游品牌制度,完善导游等级评定制度。(国家旅游局、国务院法制办等)

完善旅行社监管服务平台,实现行政审批公开、透明、可追溯。健全旅行社退出机制,实现动态调整。优化完善旅行社分社网点设立、旅行社质量保证金、旅行社委托招徕、出境旅游保险等方面政策。(国家旅游局、国务院法制办等)

第四节　强化政策扶持

一、落实职工带薪休假制度

将落实职工带薪休假制度纳入各地政府议事日程,制定带薪休假制度实施细则或实施计划,加强监督检查。鼓励机关、社会团体、企事业单位引导职工灵活安排休假时间。各单位可根据自身实际情况,并考虑职工本人意愿,将带薪休假与本地传统节日、地方特色活动相结合,安排错峰休假。(人力资源社会保障部、国家旅游局等)

二、加大投入力度

编制旅游基础设施和公共服务设施建设规划。中央预算内投资加大对革命老区、民族地区、边疆地区和贫困地区等旅游公共服务设施建设的支持力度。落实地方政府对旅游基础设施投入的主体责任。将符合条件的旅游项目纳入新农村建设、扶贫开发等专项资金支持范围。(国家旅游局、国家发展改革委、财政部、交通运输部、农业部、国务院扶贫办等)

三、完善土地供给政策

在土地利用总体规划和城乡规划中统筹考虑旅游产业发展需求,合理安排旅游用地布局。在年度土地供应中合理安排旅游业发展用地。优先保障纳入国家规划和建设计划的重点旅游项目用地和旅游扶贫用地。对使用荒山、荒坡、荒滩及石漠化、边远海岛土地建设的旅游项目,优先安排新增建设用地计划指标。农村集体经济组织可以依法使用建设用地自办或以土地使用权入股、联营等方式开办旅游企业。城乡居民可以利用自有住宅依法从事旅游经营,农村集体经济组织以外的单位和个人可依法通过承包经营流转的方式,使用农民集体所有的农用地、未利用地,从事与旅游相关的种植业、养殖业。(国土资源部、住房城乡建设部、农业部、国家旅游局、国家海洋局)

四、创新金融支持政策

积极推进权属明确、能够产生可预期现金流的旅游相关资产证券化。支持旅游资源丰富、管理体制清晰、符合国家旅游发展战略和发行上市条件的大型旅游企业上市融资。加大债券市场对旅游企业的支持力度。支持和改进旅游消费信贷,探索开发满足旅游消费需要的金融产品。(人民银行、国家旅游局、银监会、证监会)

五、完善旅游财税政策

乡村旅游经营户可以按规定享受小微企业增值税优惠政策。乡村旅游企业在用水、用电、用气价格方面享受一般工业企业同等政策。结合出境旅游消费增长,统筹研究旅游发展基金征收方式。推广实施境外旅客购物离境退税政策。在切实落实进出境游客行李物品监管的前提下,研究进一步增设口岸进境免税店,引导消费回流。(国家旅游局、国家发展改革委、财政部、商务部、海关总署、税务总局)

第五节　加强法治建设

适应旅游业发展要求,修订完善《中国公民出国旅游管理办法》、《旅行社条例》、《导游人员管理条例》等法规和旅游安全监管、发展规划、宣传推广、公共服务等方面规章制度。落实旅游行政处罚、旅游违法行为法律适用指引,推动研究旅行社、导游收取"佣金"、"小费"法律适用问题。积极参与旅游国际规则的研究制定。推动重点地区开展旅游立法试点,健全地方旅游法规体系。加强旅游执法队伍建设。加大旅游执法检查力度,推进依法行政、严格执法。(国家旅游局、国务院法制办等)

第六节　加强人才队伍建设

一、实施重点人才开发计划

依托国家重点人才工程、项目、重点学科等,培育一批具有国际影响力的旅游科研机构、高等院校和新型智库。将旅游人才队伍建设纳入地方重点人才支持计划。(国家旅游局、教育部、人力资源社会保障部)

专栏 10　重点人才开发计划

(一)行政领导干部轮训。开展省级、地市级和重点区域旅游部门领导干部轮训。

(二)经营管理人才开发。实施旅游产业领军人才培训和旅游职业经理人培训项目。

(三)专业技术人才开发。开展旅游业专家库建设项目、旅游业青年专家提升计划、旅游基础研究人才支持计划、专业技术人才知识更新工程。

(四)实施万名旅游英才计划。开展研究型英才、创新创业型英才、实践服务型英才、"双师型"教师英才、旅游企业拔尖骨干管理英才、技术技能大师工作室等 6 个培养项目,培养 1 万名旅游英才。

(五)导游素质提升。开展导游资格考试和等级考核评定项目、导游"云课堂"远程在线研修培训项目、名导进课堂"送教上门"项目。

(六)旅游人才援助。开展旅游援外教育项目,导游援藏项目,贫困地区、少数民族地区、基层边远地区培训项目。

(七)人才工作平台建设。开展旅游人才工作信息化平台建设项目、人才培训基地建设项目。

二、发展现代旅游职业教育

加强对旅游职业教育改革发展的统筹指导和综合保障,加快建立适应旅游产业发展需求、产教深度融合、中高职有机衔接、布局结构更加合理的现代旅游职业教育体系。遴选和建设一批职业院校旅游类专业示范点,适时将旅游管理类新专业纳入全国技工院校专业目录。加强专业教师培养培训,举办旅游职业教育骨干"双师型"教师、旅游管理硕士专业学位(MTA)骨干师资高级研修班。深化校企合作,建设一批旅游职业教育实习实训基地,开展创新型示范性校企合作项目。办好全国职业院校技能大赛等相关赛项。推动省部共建旅游院校、共同培养人才。(教育部、人力资源社会保障部、国家旅游局)

三、加强旅游相关学科专业建设

鼓励高校根据旅游业发展需求,设置酒店管理、会展经济与管理、旅游管理与服务本科专业。推动适应旅游业发展新形势的教材建设和数字化课程资源建设共享。(教育部、国家旅游局)

四、加强人才培养国际合作

开展"一带一路"等国际旅游人才开发合作,推动高校开展国际交流。大力引进海外高端旅游教育人才和创新创业人才,支持旅游专业骨干教师和优秀学生到海外留学进修。(教育部、人力资源社会保障部、国家旅游局)

五、加强旅游基础研究

整合各方面智力资源,加强我国旅游业发展战略、布局、管理、制度等研究,形成一批基础性、战略性研究成果。支持中国旅游研究院、中国旅游智库等专业智库建设。推动成立中国旅游学会,逐步构建旅游智库群,形成产学研互动的旅游学术共同体。推进中国特色旅游发展理论体系建设,培养和造就一批具有国际视野、学术功底深厚、作风扎实的国家级旅游基础研究专家队伍。(国家旅游局、教育部、科技部等)

各地区要结合本地实际制定具体实施方案或者专项规划,明确工作分工,落实工作责任。各部门要按照职责分工,加强协调配合,明确具体举措和工作进度,抓紧推进。国家旅游局要加强对本规划实施情况的评估和监督检查,及时研究解决本规划实施过程中出现的新情况、新问题,重大情况及时报告国务院。